Schriftenreihe

Schriften zur Arbeits-, Betriebs- und Organisationspsychologie

Band 85

ISSN 1611-2806

Verlag Dr. Kovač

Die Eskalationsbedingungen im Kontext von Bossingprozessen

- Eine qualitative Studie mit dem Fokus auf die
subjektive Wahrnehmung der Betroffenen -

Universität Hamburg
Fakultät für Wirtschafts- und Sozialwissenschaften

Dissertation

Zur Erlangung der Würde der Doktorin/des Doktors der
Wirtschafts- und Sozialwissenschaften

(gemäß der PromO vom 24. August 2010)

vorgelegt von

Stephan Rusch

aus Bremerhaven

Hamburg, 2019

Vorsitzende/r: Prof. Dr. Florian Schramm
Erstgutachter/in: Prof. Dr. Daniela Rastetter
Zweitgutachter/in: Prof. Dr. Kerstin Wüstner

Datum der Disputation: 19. Dezember 2018

Stephan Rusch

Die Eskalationsbedingungen im Kontext von Bossingprozessen

Eine qualitative Studie mit dem Fokus auf die subjektive Wahrnehmung der Betroffenen

Verlag Dr. Kovač

Hamburg
2019

VERLAG DR. KOVAČ GMBH
FACHVERLAG FÜR WISSENSCHAFTLICHE LITERATUR

Leverkusenstr. 13 · 22761 Hamburg · Tel. 040 - 39 88 80-0 · Fax 040 - 39 88 80-55

E-Mail info@verlagdrkovac.de · Internet www.verlagdrkovac.de

Bibliografische Information der Deutschen Nationalbibliothek
Die Deutsche Nationalbibliothek verzeichnet diese Publikation
in der Deutschen Nationalbibliografie;
detaillierte bibliografische Daten sind im Internet
über http://dnb.d-nb.de abrufbar.

ISSN: 1611-2806
ISBN: 978-3-339-10868-5

Zugl.: Dissertation, Universität Hamburg, 2018

© VERLAG DR. KOVAČ GmbH, Hamburg 2019

Vorwort

Die vorliegende Arbeit ist im Rahmen meines Promotionsstudiengangs an der Graduate School der Fakultät für Wirtschafts- und Sozialwissenschaften, Fachbereich Sozialökonomie, an der Universität Hamburg entstanden.

Mein Dissertationsprojekt wäre ohne die Unterstützung einer Vielzahl von Personen wohlmöglich gar nicht umsetzbar gewesen.

Zuvorderst gilt mein Dank meiner Familie und vor allem meiner lieben Frau Franziska, die die Mühen des Alltags über das normale Maß hinaus alleine gestemmt und mir immer wieder den Freiraum gewährt hat, der eine solche Arbeit erfordert.

Mein Dank gilt natürlich denen an dieser Studie beteiligten Interviewpartnerinnen und -partner, die sich wie selbstverständlich für die Befragungen zur Verfügung gestellt und mir ihre wertvolle Zeit geopfert haben.

Ein Dank auch an meine Freunde, die das eine oder andere Mal auf meine Anwesenheit für gemeinsame Freizeitaktivitäten verzichten mussten.

Vielen Dank an Professor Dr. Jörg Martens, der immer ein offenes Ohr für mich hatte und mich in schwierigen Phasen ermutigt und unterstützt hat. Dank auch für seine kritischen und konstruktiven Anregungen.

Dank an Michael Kriegel, Miriam Schlimgen, Angelika Grimm und Claudia Dependahl von der Fachhochschule der Diakonie in Bielefeld für die geleistete logistische und kollegiale Unterstützung. An dieser Stelle auch ein Dank an meinen Zweitbetreuer Professor Dr. Florian Schramm, der mir gerade zu Beginn meiner Arbeit mit wertvollen Tipps und aufmunternden Worten zur Seite stand.

Ich danke zu guter Letzt und vor allem meiner Doktormutter Professorin Dr. Daniela Rastetter für das Vertrauen, das sie bereit war in mich zu setzen und insbesondere dafür, wie sie mich stringent und „schnörkellos" durch das Promotionsstudium begleitet hat.

Lilienthal, im August 2018

V

Inhaltsverzeichnis

	Vorwort	V
	Abbildungs- und Tabellenverzeichnis	XIII
	Abkürzungsverzeichnis	XV
1	**Einleitung**	**1**
1.1	Aktualität und Relevanz des Themas	1
1.2	Fragestellung und Zielsetzung der Untersuchung	3
1.3	Gliederung des inhaltlichen Aufbaus	4
2	**Trennschärfe herstellen**	**7**
2.1	Die Verwendung unterschiedlicher Begrifflichkeiten	7
2.2.	Mobbing	8
2.3	Bossing	10
3	**Forschungsstand zum Thema**	**13**
3.1	Sozialer Konflikt	13
3.1.1	Definition des sozialen Konflikts	13
3.1.2	Soziale Konflikte am Arbeitsplatz	14
3.1.3	Auswirkungen sozialer Konflikte	17
3.1.4	Konflikttypologien	19
3.1.5	Der Konfliktrahmen: Mikro-, Meso- und Makro-Konflikte	21
3.1.6	Reichweite der Bemühungen im Konflikt	22
3.1.7	Äußerungsformen des Konfliktes	23
3.1.8	Konfliktmodelle	24
3.1.9	Zusammenfassung	26
3.2	Mobbing/Bossing	27
3.2.1	Einleitung	27
3.2.2	Prävalenz	27
3.2.3	Mobbinghandlungen	32
3.2.4	Dauer und Intensität	37
3.2.5	Mobbing und Gender	39
3.2.6	Mobbing unter dem Gesichtspunkt von Persönlichkeits-eigenschaften der Betroffenen und der Mobbenden	40
3.2.7	Mobbingrisiko differenziert nach Berufsgruppen, Branchen und Betriebsgrößen	43
3.2.8	Mobbing unter hierarchischen Gesichtspunkten	45

3.2.9	Mobbing und Leadership	47
3.2.10	Mobbing und Arbeitsumwelt in Organisationen	50
3.2.11	Mobbingfolgen	55
3.2.12	Mobbingphasenmodelle	57
3.2.13	Zusammenfassung	61
3.3	Zur Unterscheidung bzw. zum Zusammenhang Sozialer Konflikte am Arbeitsplatz und Bossing	65
3.3.1	Unterschiede zwischen sozialen Konflikten und Mobbing	65
3.3.2	Zusammenhang zwischen sozialen Konflikten und Mobbing	67
3.3.3	Dual Concern Theory	69
3.3.4	Zusammenfassung	71
3.4	„Bad Leadership"	72
3.4.1	Zur Definition eines Bad Leaderships	72
3.4.2	Bad Leadership durch toxische Führungsprozesse	73
3.4.3	Bad Leadership durch schädliche Ziele	78
3.4.4	Zusammenfassung	80
4	**Theoretische Herleitung**	**81**
4.1	Konfliktverlauf und Eskalationsdynamik, Wendepunkte in der Eskalation und seelische Funktionen im Konflikt	81
4.1.1	Konfliktverlauf und Eskalationsdynamik	81
4.1.2	Wendepunkte in der Eskalation	82
4.1.3	Die seelischen Funktionen im Konflikt nach Glasl	83
4.2	Glasl's Phasenmodell der Eskalation	87
4.3	Gesamtbild der neun Eskalationsstufen	95
4.4	Arbeiten zu Mobbing und Glasl's Phasenmodell	97
5	**Methodik**	**101**
5.1	Fragestellung und Untersuchungsmethode	101
5.1.1	Untersuchungsleitende Fragestellung und Begründung der Methode	101
5.1.2	Zentrale Prinzipien qualitativer Sozialforschung	103
5.1.3	Gütekriterien	105
5.1.4	Sampling	106
5.2	Empirische Untersuchung	107
5.2.1	Datenerhebung	107
5.2.1.1	Rekrutierung der Teilnehmenden	108

5.2.1.2	Instrumente der Datenerhebung	109
5.2.1.2.1	Das Interviewverfahren	109
5.2.1.2.2	Begründung für den Einsatz des problemzentrierten Interviews	111
5.2.1.2.3	Die Entwicklung des Interviewleitfadens	112
5.2.1.3	Interviewablauf und Rolle des Interviewers	115
5.2.1.4	Tonbandaufnahme und Postskriptum	117
5.2.2	Datenauswertung	117
5.2.2.1	Transkriptum	118
5.2.2.2	Die qualitative Inhaltsanalyse nach Mayring	118
5.2.2.2.1	Inhaltlich strukturierende qualitative Inhaltsanalyse	120
5.2.2.2.2	Deduktive und induktive Kategorienbildung	121
5.2.2.3	Begründung für die Anwendung der Instrumente bei der Datenauswertung	122
5.2.3	Konkretes Vorgehen bei der qualitativen Inhaltsanalyse nach Mayring	123
5.2.3.1	Bestimmen des Ausgangsmaterials	123
5.2.3.1.1	Festlegung des Materials	123
5.2.3.1.2	Analyse der Entstehungssituation	124
5.2.3.1.3	Formale Charakteristika des Materials	124
5.2.3.2	Fragestellung der Analyse	124
5.2.3.2.1	Richtung der Analyse	124
5.2.3.2.2	Theoriegeleitete Differenzierung der Fragestellung	125
5.2.3.3	Konkretes Ablaufmodell der Analyse	125
5.2.3.4	Bestimmen der Analyseeinheiten	126
5.2.3.5	Erstellung der Kategoriensysteme	126
5.2.3.6	Abbildung des praktischen analytischen Vorgehens im Zuge der qualitativen Inhaltsanalyse	129
6	**Auswertung und Ergebnisse**	**131**
6.1	Allgemeines	131
6.2	Beschreibung der Stichprobe	131
6.3	Das subjektive Erleben eines Bossers	133
6.3.1	Einleitung	133
6.3.2	Der Fall	133
6.3.3	Die Ergebnisse im Einzelnen	134
6.3.3.1	Auswertung Bossing	134

6.3.3.1.1   Bossinghandlungen   134
6.3.3.1.2   Intensität und Dauer   135
6.3.3.1.3   Bossingfolgen   136
6.3.3.1.4   Machtverhältnisse   136
6.3.3.1.5   Schädigungsabsicht   137
6.3.3.1.6   Zusammenfassung und Interpretation   138
6.3.3.1.7   Theoretische Einordnung zur Unterscheidung zwischen
             einem sozialen Konflikt und Bossing   142
6.3.3.2   Auswertung Eskalationsverlauf   144
6.3.3.2.1   Eskalationsstufen   144
6.3.3.2.2   Eskalationsschwellen   146
6.3.3.2.3   Konfliktlöseverhalten   147
6.3.3.2.4   Zusammenfassung und Interpretation   149
6.3.3.2.5   Theoretische Einordnung unter dem Gesichtspunkt des
             Eskalationsverlaufes   153
6.3.3.3   Auswertung Seelische Funktionen im Bossingprozess   156
6.3.3.3.1   Gedanken des Bossers   156
6.3.3.3.2   Gefühle des Bossers   157
6.3.3.3.3   Wille des Betroffenen   158
6.3.3.3.4   Ziele des Bossers   159
6.3.3.3.5   Zusammenfassung und Interpretation   160
6.3.3.3.6   Theoretische Einordnung unter dem Gesichtspunkt der
             Seelischen Funktionen   165
6.3.3.4   Auswertung Arbeitsumwelt   166
6.3.3.4.1   Leadership   166
6.3.3.4.2   Organisation   169
6.3.3.4.3   Soziale Beziehungen   171
6.3.3.4.4   Zusammenfassung und Interpretation   171
6.3.3.4.5   Theoretische Einordnung unter dem Gesichtspunkt der
             Arbeitsumwelt   176
6.3.3.5   Auswertung Persönlichkeitseigenschaften   179
6.3.3.5.1   Betroffener   179
6.3.3.5.2   Bosser   180
6.3.3.5.3   Zusammenfassung und Interpretation   181
6.3.3.5.4   Theoretische Einordung unter dem Gesichtspunkt von
             Persönlichkeitseigenschaften   183

6.4   Die zusammenfassende Beschreibung hinsichtlich eines
sozialen Konflikts vs. Bossing, des Eskalationsverlaufs
und der Eskalationsbedingungen   185

6.4.1   Sozialer Konflikt vs. Bossing   185

6.4.2   Eskalationsverlauf   187

6.4.3   Eskalationsbedingungen   189

6.4.3.1   Persönlichkeitsbezogene Eskalationsbedingungen   189

6.4.3.2   Arbeitsweltbezogene Eskalationsbedingungen   194

6.5   Das subjektive Erleben der Betroffenen   196

6.5.1   Die Fälle   196

6.5.2   Die Ergebnisse im Einzelnen   201

6.5.2.1   Auswertung Bossing   201

6.5.2.1.1   Bossinghandlungen   201

6.5.2.1.2   Intensität und Dauer   206

6.5.2.1.3   Bossingfolgen   208

6.5.2.1.4   Machtverhältnisse   210

6.5.2.1.5   Schädigungsabsicht   212

6.5.2.1.6   Zusammenfassung und Interpretation   213

6.5.2.1.7   Theoretische Einordnung zur Unterscheidung zwischen
einem sozialen Konflikt und Bossing   222

6.5.2.2   Auswertung Eskalationsverlauf   224

6.5.2.2.1   Eskalationsstufen   224

6.5.2.2.2   Eskalationsschwellen   235

6.5.2.2.3   Konfliktlöseverhalten   240

6.5.2.2.4   Zusammenfassung und Interpretation   244

6.5.2.2.5   Theoretische Einordnung unter dem Gesichtspunkt des
Eskalationsverlaufes   256

6.5.2.3   Auswertung Seelische Funktionen im Bossingprozess   257

6.5.2.3.1   Gedanken des Betroffenen   257

6.5.2.3.2   Gefühle des Betroffenen   260

6.5.2.3.3   Wille der Betroffenen   262

6.5.2.3.4   Ziele des Bossers/der Bosserin   263

6.5.2.3.5   Zusammenfassung und Interpretation   264

6.5.2.3.6   Theoretische Einordnung unter dem Gesichtspunkt der
Seelischen Funktionen   270

6.5.2.4   Auswertung Arbeitsumwelt   272

6.5.2.4.1	Leadership	272
6.5.2.4.2	Organisation	273
6.5.2.4.3	Soziale Beziehungen	278
6.5.2.4.4	Zusammenfassung und Interpretation	280
6.5.2.4.5	Theoretische Einordnung unter dem Gesichtspunkt der Arbeitsumwelt	294
6.5.2.5	Auswertung Persönlichkeitseigenschaften	297
6.5.2.5.1	Betroffene	297
6.5.2.5.2	Bosserin/Bosser	299
6.5.2.5.3	Zusammenfassung und Interpretation	300
6.5.2.5.4	Theoretische Einordung unter dem Gesichtspunkt von Persönlichkeitseigenschaften	302
6.6	Die zusammenfassende Beschreibung hinsichtlich eines sozialen Konflikts vs. Bossing, der Eskalationsverläufe und der fallbezogenen Eskalationsbedingungen	303
6.6.1	Sozialer Konflikt vs. Bossing	303
6.6.2	Eskalationsverläufe	305
6.6.3	Eskalationsbedingungen	314
6.6.3.1	Persönlichkeitsbezogene Eskalationsbedingungen	314
6.6.3.2	Arbeitsweltbezogene Eskalationsbedingungen	318
7	**Diskussion**	**323**
7.1	Beantwortung der Fragestellung	323
7.1.1	Zentrale Ergebnisse der Studie	323
7.1.2	Diskussion der Forschungsergebnisse	330
7.2	Reflexion des methodischen Vorgehens	339
7.3	Praxisrelevante Fragen	344
7.4	Ausblick und weiterer Forschungsbedarf	348
	Literaturverzeichnis	351
	Zusammenfassung; Summary	371

Abbildungs- und Tabellenverzeichnis

Abbildungsverzeichnis

Abbildung 1: Die toxische Triangel der Führung nach Padilla, Hogan & Kaiser, 2007, S. 180, zitiert nach Weibler, 2012, S. 636.

Abbildung 2: Seelische Funktionen im Konflikt nach Glasl, 2013, S. 40.

Abbildung 3: Die neun Stufen der Konflikteskalation nach Glasl, 2013, S. 238 ff.

Tabellenverzeichnis

Tabelle 1: Mobbingphasenmodelle im Überblick. Eigene Darstellung.

Tabelle 2: Varianten des Führungsverhalten in Anlehnung an Einarsen, Aasland & Skogstad, 2007, S. 212 ff., und Aasland, Skogstad, Notalaers, Nielsen & Einarsen, 2010, S. 441, zitiert nach Weibler, 2012, S. 637, eigene Darstellung.

Tabelle 3: Itembeispiele des IKEAr36, nach Kolodej, Voutsinas, Jiménez & Kallus, 2005.

Tabelle 4: Haupt- und Unterkategorien, Eigene Darstellung.

Abkürzungsverzeichnis

Abb.:	Abbildung
ADHS:	Aufmerksamkeits-Defizit-Hyperaktivitäts-Störung
bspw.:	beispielsweise
bzw.:	beziehungsweise
bzgl.:	bezüglich
ca.:	circa
ebd.:	ebenda
et al.:	(lat.) und andere
etc.:	et cetera
ff.:	folgende Seite(n)
ggfs.:	gegebenenfalls
m.E.:	meines Erachtens
resp.:	respektive
S.:	Seite
Tab.:	Tabelle
u.a.:	unter anderem
usw.:	und so weiter
v.a.:	vor allem
vgl.:	vergleiche
z. B.:	zum Beispiel

1   Einleitung und Aufbau der Arbeit

1.1   Aktualität und Relevanz des Themas

Bei der Betrachtung der modernen Arbeitswelt wird deutlich: Steigende Leistungsanforderungen, alternde und immer älter werdende Belegschaften, rasante technologische Entwicklungen, Fachkräftemangel und mangelnde personelle wie finanzielle Ressourcen sowie die Zunahme psychischer Belastungen bestimmen die Wettbewerbsfähigkeit der Privat- und Sozialwirtschaft sowie die Funktionsfähigkeit der öffentlichen Verwaltung. Dabei hängen die Erfolge der Privat- und Sozialwirtschaft sowie die Funktionstüchtigkeit der öffentlichen Hand maßgeblich von den Menschen ab, die in den jeweiligen Organisationen arbeiten. In den Fokus der Betrachtungen geraten deshalb neben der Leistungsfähigkeit und -bereitschaft sowie der Arbeitsmotivation der Belegschaften unter anderem Themen, wie Betriebliche Gesundheitsförderung und gesundheitsorientierte Personalführung, Arbeitszufriedenheit sowie übermäßige Arbeitsbelastungen und die daraus resultierenden Folgen. Vieles spricht dafür, dass die täglichen Beanspruchungen und Belastungen Nahrung für die täglichen Auseinandersetzungen sind. Manchmal handelt es sich dabei um kleinere Unstimmigkeiten und Ärgernisse, die widrigen Arbeitsverhältnissen geschuldet und daher schnell vergessen sind. Aber häufig sind die entstandenen Konflikte persönlicher Natur, die auch auf Missgunst oder mikropolitische Ziele der beteiligten Protagonisten zurückzuführen sind. Im Zusammenhang mit Konflikten am Arbeitsplatz finden deshalb immer wieder Begriffe wie „Mobbing" und auch „Bossing" Anwendung (vgl. Beermann & Meschkutat, 1995, Schlaugat, 1999).

Eine Recherche im Internet mit den Begriffen „Konflikt am Arbeitsplatz" führt zu rund 650.000 Ergebnissen[1]. Überwiegend finden sich zu der Suche „Konflikt am Arbeitsplatz" Eintragungen wie „Konfliktlösung am Arbeitsplatz" oder „Konfliktbewältigung am Arbeitsplatz". Es finden sich eine ganze Reihe sogenannter Handlungshilfen und Handbücher zum Umgang mit Konflikten am Arbeitsplatz. Bei genauerer Betrachtung dieser Handlungshilfen und Handbücher (vgl. u.a. Meschkutat & Stackelbeck, 2008) fällt auf, dass im Zusammenhang mit Konflikten am Arbeitsplatz immer wieder der Begriff „Mobbing" genannt wird. Das Phänomen „Bossing" – im weitesten Sinne das Mobbing, das ausschließlich durch Vorgesetzte ausgeübt wird – findet in den Handlungshilfen und Handbü-

---

[1] Zugriff: 16.2.2016

1

chern keine Erwähnung. Studien zu Mobbing unter hierarchischen Gesichtspunkten konnten zeigen, dass in über der Hälfte aller Mobbingfälle (von 51 bis zu 81%) Vorgesetzte an Mobbinghandlungen beteiligt waren oder unter deren Mitwirkung ausgeführt wurden (vgl. u.a. Einarsen & Skogstad, 1996; Hoel & Cooper, 2000; Kiener, Graf, Schiffer, von Holzen-Beusch & Fahrni 2002; Meschkutat, Stackelbeck & Langenhoff, 2002; Rowell, 2005; Namie, 2017). Da Führungskräfte proportional zu Nicht-Führungskräften unterrepräsentiert sind, handelt es sich beim Phänomen „Bossing" um die häufigste „Mobbingvariante". Eine aktuelle Recherche im Internet mit dem Begriff „Bossing" führt zu etwa 8.740.000 Ergebnisse[1]. Der Begriff „Bossing" wird im Zusammenhang mit „Mobbing", „Mobbing am Arbeitsplatz", „Psychoterror im Job", „Psychoterror als Führungsstil", „Bossing – Mobbing von oben", „Mobbing durch Vorgesetzte" genannt. Die exorbitante Steigerung der Interneteinträge zum Begriff „Bossing" macht die Relevanz und Aktualität dieses bisher stiefmütterlich betrachteten Phänomens mehr als deutlich.

Deutlich wird im Rahmen der Internetrecherche zum Begriff „Bossing" auch (beispielhaft unter karrierebibel.de/bossing/), dass die Autoren der unterschiedlichen Webeinträge das Bossingphänomen deutlich von Mobbing abgrenzen. Die einzelnen Autoren fokussieren stark auf die Position in der Unternehmenshierarchie und weisen in diesem Zusammenhang auf ein immens großes Stärkeungleichgewicht zwischen dem hierarchisch höher stehenden Bosser und den hierarchisch untergeordneten Betroffenen hin, was die Problematik für die Betroffenen kolossal verschärfen würde. Bossing verfolge in der Regel das Ziel, die Betroffenen *„systematisch einzuschüchtern"*, *„kaltzustellen"* sowie zu *„vergraulen"*. Den Autoren zufolge ist Bossing eine *„Zermürbungstaktik"*, die dazu dient, die Betroffenen aus dem Betrieb zu treiben. Der Erfolg des Bossings sei eingetreten, wenn die Betroffenen selbst kündigen oder wenigstens einem Aufhebungsvertrag zustimmen.

Konflikte mit Vorgesetzten werden von den Betroffenen als überaus belastend erlebt mit der Folge, dass psychische Beschwerden bei den Mitarbeiterinnen und Mitarbeitern sowie Fehlzeiten deutlich zunehmen. Seibel und Lühring (1984) konnten beispielsweise zeigen, dass Arbeitnehmerinnen und Arbeitnehmer, die häufig Schwierigkeiten und Ärger mit ihren Vorgesetzten erfuhren, ein überdurchschnittlich hohes Maß an psychischen Beschwerden aufweisen (vgl. Seibel & Lühring, 1984).

2

Holzer (1993) konnte in einer weiteren Studie ermitteln, dass einer der wichtigsten Einflussfaktoren auf das Ausmaß der Zufriedenheit mit dem Arbeitsplatz die Zufriedenheit des Mitarbeiters mit dem/den Vorgesetzten darstellt (vgl. Holzer, 1993).

Zapf (1999) konnte aufgrund einer durchgeführten Tagebuchstudie aufzeigen, dass Konflikte mit Vorgesetzten, Kollegen und Kunden 71% aller negativen Tagebucheinträge ausmachten (vgl. Zapf, 1999).

1.2 Fragestellung und Zielsetzung der Untersuchung

Das von Vorgesetzten ausgeübte Bossing schädigt das Arbeitsklima in den betroffenen Bereichen, geht mit erhöhten Absentismusraten und betriebswirtschaftlichen Schäden sowie mit Imageverlusten der Unternehmen einher. Betroffene berichten von gesundheitlichen Beeinträchtigungen mit zum Teil schweren Krankheitsverläufen. Ein ungebremster Bossingfall verschlechtert die soziale, psychische und physische sowie berufliche Situation der Betroffenen zusehends und endet nicht selten mit dem Verlust des Arbeitsplatzes, erheblichen Gesundheitsbeeinträchtigungen, dem Verlust des Selbstwertgefühls und/oder der psychischen Integrität (vgl. Esser & Wolmerath, 2011).

Fraglich ist, ob Bossingvorgänge immer einem bestimmten Muster folgen. Während zu Mobbing unterschiedliche Prozess-Phasenmodelle vorliegen (vgl. u.a. Leymann, 1993; Björkvist, 1992; Brinkmann, 2011), finden sich solche Modelle, insbesondere spezielle Eskalationsmodelle, für das Phänomen Bossing bislang nicht.

Ziel der vorliegenden Studie soll es daher sein, die Eskalationsbedingungen im Kontext von Bossingprozessen zu ermitteln. Als theoretisches Konstrukt zur Herleitung der möglichen Eskalationsdynamiken dient dabei das von Friedrich Glasl 1982 entwickelte neunstufige Phasenmodell der Eskalation bei Konflikten (vgl. Glasl, 2013).

Bei der vorliegenden Studie handelt es sich um eine qualitative Untersuchung mit dem Fokus auf die subjektive Wahrnehmung der von Bossing Betroffenen. Das Forschungsdesign orientiert sich am Untersuchungsplan der Einzelfallanalyse. An dieser Stelle sei angemerkt, dass sich im Kontext von Mobbing und Bossing in vielen Publikationen eine sehr eindimensionale Sichtweise von sogenannten „Opfern" und „Tätern" findet, was den Mobbing-, resp. Bossingbetroffenen mehr schadet, als es ihnen nützt, und über dies zu einer Sekundärviktimisierung und in eine aufgezwungene „Opferrolle" führt. Neben einer Schwächung der

Betroffenen und gleichzeitigen Stärkung der Mobber/Bosser werden Betroffene so schließlich als sogenannte „Opfer" stigmatisiert und pathologisiert. Dies gilt es unter allen Umständen zu vermeiden, weswegen sich der Begriff des „Opfers" im Weiteren in dieser Arbeit nicht wiederfinden wird, es sei denn, es ist unumgänglich.

Mithilfe von qualitativen Interviews wurden Menschen aus unterschiedlichen Arbeitskontexten nach ihren Bossingerfahrungen befragt. Der Fokus lag dabei auf das Bossingerleben, die Dynamik des Bossingprozesses sowie den seelischen Funktionen im Bossingprozess.

1.3   Gliederung des inhaltlichen Aufbaus

Lamnek (2010) zufolge betrachtet die qualitative Sozialforschung den Menschen nicht nur als Untersuchungsobjekt, sondern sie sieht in ihm auch ein erkennendes Subjekt. Das Ziel der qualitativen Sozialforschung ist nicht die Herstellung einer naturwissenschaftlichen Objektivität, denn sonst müsste sie außerhalb von Kultur, Gesellschaft und Geschichte stehen. Bei der qualitativen Sozialforschung geht es darum, soziales Handeln als sinnhaftes Handeln zu verstehen. Dies „ ...setzt die Kenntnis der Bedeutung von (Sprach)Symbolen voraus, die ganz wesentlich vom jeweiligen situativen Kontext abhängen" (S. 30). In diesem Zusammenhang ist einerseits das Fremdverstehen erforderlich und andererseits von Bedeutung, sich gedanklich in die Position, die Welt des anderen, hineinversetzten zu können. Dem Autor nach besteht das Forschungsziel qualitativer Untersuchungen darin, einzelne „ ...Prozesse zu rekonstruieren, durch die die soziale Wirklichkeit in ihrer sinnhaften Strukturierung hergestellt wird" (vgl. Lamnek, 2010, S. 30).

Im Rahmen des Samplings fand sich neben den Bossingbetroffenen auch ein Bosser, was eine entsprechende Anpassung an den untersuchten Fall erforderlich machte.

Insofern wurden vor allem im theoretischen Teil der Arbeit auch Inhalte mit aufgenommen, die sich erst im Verlauf der Untersuchung als relevant herauskristallisierten.

Im ersten Teil der Arbeit finden sich Ausführungen zu den Begriffen Mobbing und Bossing. Die Verwendung der Begrifflichkeiten in unterschiedlichen Kontexten macht es erforderlich, zunächst eine Trennschärfe herzustellen, um ein klares Verständnis für die Thematik vermitteln zu können.

4

Im zweiten Teil der vorliegenden Arbeit wird der theoretische Rahmen aufgespannt und der bisherige Forschungsstand dargestellt. Zunächst wird Bezug genommen auf die Themen soziale Konflikte und Konflikte in Organisationen. Daran anschließend finden sich Arbeiten zum Phänomen Mobbing, vor allem zur Häufigkeit, den Mobbinghandlungen, der Intensität und Dauer sowie zu Mobbing und Gender, Mobbing unter dem Gesichtspunkt von Persönlichkeitseigenschaften der Betroffenen und der Mobbenden, Mobbing unter hierarchischen Gesichtspunkten, Mobbing und Leadership, Mobbing und Arbeitsumwelt von Organisationen, Mobbingfolgen, den Mobbingprozessen sowie zur Unterscheidung bzw. zum Zusammenhang sozialer Konflikte am Arbeitsplatz und Bossing. In der Folge finden sich theoretische Ausführungen zum „Bad Leadership", das mit Beginn der 2000er Jahre in der Forschungslandschaft mehr und mehr an Bedeutung gewinnt. Im Weiteren wird im Rahmen der theoretischen Herleitung die Themen Konfliktverlauf und Konfliktdynamik sowie Konflikteskalation und in besonderem Maße das Phasenmodell der Eskalation nach Glasl sowie Arbeiten zu der Eskalationsdynamik in Mobbingprozessen beleuchtet.

Im dritten Teil finden sich unter Bezugnahme auf die theoretische Rahmung die Konkretisierung der Forschungsfrage sowie die Begründung des methodischen Vorgehens. Dabei wird die Art und Weise des Samplings, der Datenerhebungs- und Auswertungsprozess sowie die Auswertungsmethode dargestellt. Zudem finden sich auch Aspekte zu den erforderlichen Gütekriterien im Zuge qualitativer Sozialforschung.

Der vierte Teil der Arbeit ist das eigentliche Herzstück dieser Qualifikationsschrift. Hier finden sich die Ergebnisse der Studie und deren Interpretation. Die Ergebnisdarstellung umfasst zunächst das Phänomen Bossing unter dem Aspekt der Abgrenzung zu einem normalen Konflikt in der Arbeitswelt (Bossinghandlungen, Intensität und Dauer, Bossingfolgen, Machtverhältnisse, Schädigungsabsicht). Im Weiteren werden die Ergebnisse des Eskalationsverlaufes eines Bossingprozesses vorgestellt. Hier spielen die Eskalationsstufen, die Eskalationsschwellen und das Konfliktlöseverhalten der Partcien eine Rolle. Im Weiteren wurden auch die Gedanken, Gefühle, der Wille der Betroffenen sowie die Ziele der Bosserinnen und Bosser während des Bossingprozesses beleuchtet. Darüber hinaus werden Aspekte der Arbeitsumwelt (Leadership, Organisation und soziale Beziehungen) sowie die Persönlichkeitsmerkmale des/der Bossers/Bossserin beleuchtet und die Ergebnisse dieser Eskalationsbedingungen dargestellt.

Im fünften und letzten Teil finden sich eine zusammenfassende Darstellung der Studie und die Diskussion der methodischen Grenzen. Dabei steht die Reflexion des methodischen Vorgehens im Vordergrund. Schlussendlich werden im fünften Teil Fragen der praktischen Relevanz sowie ein Ausblick auf den künftigen Forschungsbedarf zum Thema diskutiert.

2 Trennschärfe herstellen

2.1 Die Verwendung unterschiedlicher Begrifflichkeiten

Im Zuge von Internetrecherchen zu den Begriffen Mobbing und Bossing wird deutlich, dass insbesondere der Begriff Mobbing in sehr unterschiedlichen Kontexten Verwendung findet. Im Internet finden sich zu dem Begriff Mobbing etwa 10.200.000 Einträge[2].

Auf deutschsprachigen Webseiten wird Mobbing vor allem im Zusammenhang mit „Mobbing am Arbeitsplatz", „Mobbing in der Schule", „Schüler-Mobbing", „Cyber-Mobbing", „Mobbing in der Partnerschaft", „Mobbing und ADHS" sowie „Mobbing und Stalking" genannt. Diese inflationäre Verwendung des Mobbing-Begriffs, inklusive der Anwendung in unterschiedlichsten Lebensbereichen und Kontexten ist wenig zielführend, zuweilen eher verwirrend und wenig hilfreich.

International betrachtet haben Cassitto und Kollegen bereits 2003 die unterschiedliche Verwendung von Begriffen zu Mobbingverhaltensweisen in verschiedenen Ländern und Kontexten aufgezeigt. Es finden sich zum Mobbingverhalten die folgenden Begriffe: Bullying, Work or Employee Abuse, Mistreatment, Emotional Abuse, Bossing, Victimization, Intimidation, Psychological terrorization, Psychological violence, Harcèlement Moral, Harcèlement Psychologique, Assédio no Local de Trabalho, Assédio Moral, Acoso Moral, Maltrato psicológico (vgl. Cassitto, Fattorini, Gilioli, Rengo, Gonik, di Perfezionamento, Fingerhut & Kortum-Margot, 2003).

Während die Begriffe Mobbing und Bossing grundsätzlich der Arbeitswelt zugeordnet werden und deren Folgen unter Umständen auch auf das Privatleben ausstrahlen, wird für den Lebensbereich Schule ausschließlich der Begriff Bullying verwandt. Nach Scheithauer et al. (2003) werden unter Bullyingverhaltensweisen „...wiederholt ausgeführte negative Handlungen (z.B. körperliche Übergriffe, Spott, sozialer Ausschluss) einer oder mehrerer Personen gegenüber einer anderen Person über einen längeren Zeitraum, mit dem Ziel der betreffenden Person Schaden zuzufügen. Dabei muss ein Ungleichgewicht in der Stärke zwischen Opfer und Täter/n zu Ungunsten des Opfers bestehen" (S. 137). Spotten, Beschimpfen, Schlagen, Bedrohen und Gerüchte verbreiten sowie der Ausschluss aus der Gruppe stellen die häufigsten Bullying-Formen dar. Auch die Folgen von

---

[2] Zugriff: 26.2.2016

Bullying können sich auf das Privatleben auswirken (vgl. Scheithauer, Hayer & Petermann, 2003).

In der Welt moderner Kommunikationstechnologien, allen voran Smartphones und Tablets, und einer damit einhergehenden Veränderung unserer Sprache und Kommunikation findet sich auch der Begriff des „Cyberspace". Den technologischen Veränderungen folgend wurden schließlich auch Begriffe wie „Cyberbullying" oder „Cybermobbing" kreiert. Aus Sicht des Autors handelt es sich dabei zwar um Phänomene, die einer genaueren Betrachtung bedürfen, aber grundsätzlich handelt es sich zunächst einmal um die Erweiterung möglicher Tathandlungen im jeweiligen Feld.

2.2 Mobbing

Im Duden (2010, S. 679) findet sich zum Mobbingbegriff die folgende Definition: „(engl.): (einen Kollegen, eine Kollegin) ständig schikanieren, quälen, verletzen [mit der Absicht, ihn zur Aufgabe seines Arbeitsplatzes zu veranlassen]" (vgl. Duden, 2010, S. 679).

Das Wort „Mobbing" fand sich zunächst nicht in der englischen Sprache, sondern wurde von dem österreichischen Ethnologen Konrad Lorenz im Zuge von Tierbeobachtungen als Kunstbegriff für eine besondere Form des Tiergruppenverhaltens kreiert, bei der eine Gruppe kleinerer Tiere ein einziges großes Tier attackierten (vgl. Leymann, 1996, S. 165).

„Mobbing bezeichnet (das), was sehr schön zum Ausdruck bringt, dass eine Menge schwächerer Wesen gemeinsam ein stärkeres bedrängt..." (vgl. Lorenz, 1991, S. 194).

Später entlieh der schwedische Arzt Peter-Paul Heinemann den Begriff des Mobbings bei Lorenz für das zerstörierische Verhalten kleiner Gruppen von Schulkindern in den Pausen, die ihr Verhalten gegen ein einziges Kind richteten: „the very destructive behaviour of small groups of children directed against (most often) a single child": (vgl. Leymann, 1996, S. 165).

Die Erkenntnisse Heinemanns führten in der Folge in Skandinavien zur weiteren Erforschung dieses Phänomens. Dabei ist Dan Olweus hinsichtlich der Erforschung der Gewalt unter Schülern als prominentester Vertreter zu nennen (vgl. Niedl, 1995).

In der US-amerikanischen Forschung befasste sich Carrol M. Brodsky (1976) erstmals in ihrem Buch „The harassed worker" mit dem Mobbingphänomen am Arbeitsplatz. Allerdings war Brodsky nicht vordergründig an „Mobbing"

8

interessiert. Vielmehr beschrieb sie das harte Leben des einfachen Arbeiters und befasste sich in ihrem Werk mit Arbeitsunfällen, psychischem Stress und Erschöpfung durch lange Arbeitsstunden oder monotone Arbeitsaufgaben. In diesem Zusammenhang beleuchtete sie auch das Verhalten der Arbeitgeber, Kollegen und Kunden. Dieses Verhalten bzw. diese Handlungen beschrieb sie als *„harassment behaviour"* (vgl. Brodsky, 1976).

In Europa befasste sich Heinz Leymann in den frühen 1980er Jahren intensiv mit dem Phänomen des Mobbings am Arbeitsplatz. Er hatte in Anlehnung an die Erkenntnisse von Heinemann zum Verhalten von Schulkindern ähnliche Verhaltensweisen im Erwachsenenleben unter Arbeitnehmerinnen und Arbeitnehmern gefunden. Bewusst verzichtete er jedoch zur Beschreibung der von ihm beobachteten Verhaltensweisen auf das Wort „Bullying", so, wie es im amerikanischen und australischen Sprachgebrauch für physische Aggression und Bedrohung Anwendung findet. Leymann beobachtete keine körperlichen Aggressionen und Bedrohungen - diese sind seiner Meinung nach am Arbeitsplatz eher selten - sondern fand v.a. ein desaströses Kommunikationsverhalten, das zu stark stigmatisierenden Effekten, bspw. zur Isolation eines Betroffenen führte. Leymann ist der Auffassung, dass das Wort „Bullying" für Verhaltensweisen unter Kindern und Jugendlichen treffend sei, für die Verhaltensweisen von Erwachsenen am Arbeitsplatz jedoch das Wort „Mobbing" Anwendung finden sollte (vgl. Leymann, 1996, S. 167).

In der wissenschaftlichen und populärwissenschaftlichen Literatur finden sich mittlerweile sehr vielfältige und unterschiedliche Definitionen zum Phänomen Mobbing. Neuberger weist darauf hin, dass es zur Erklärung des Mobbingbegriffs *„keine richtigen oder falschen Definitionen gibt, sondern nur zweckmäßige"* (vgl. Neuberger, 1999, S.11).

Leymann (1995) geht beispielsweise von einer konfliktbelasteten Kommunikation am Arbeitsplatz aus. Dagegen bezeichnen Esser und Wolmerath (2000) Mobbing als ein Geschehensprozess in der Arbeitswelt, in dem destruktive Handlungen vorgenommen werden (vgl. Leymann, 1995; Esser & Wolmerath, 2000).

Obwohl sich aus der einschlägigen Literatur bis heute keine eindeutige Definition ableiten lässt, verwendet die überwiegende Mehrzahl der Forscherinnen und Forscher die folgende Definition von Mobbing am Arbeitsplatz:

"Bullying at work means harassing, offending, socially excluding someone or negatively affecting someone's work. In order for the label bullying (or mobbing) to be applied to a particular activity, interaction or process, it has to occur

repeatedly and regularly (e.g., weekly) and over a period of time (e.g., about six months). Bullying is an escalating process in the course of which the person confronted ends up in an inferior position and becomes the target of systematic negative social acts. A conflict cannot be called bullying if the incident is an isolated event or if two parties of approximately equal strength are in conflict"* (vgl. Einarsen, Hoel, Zapf & Cooper, 2011, S. 22).

Dieser Definition folgend bedeutet Mobbing belästigen, beleidigen, sozial ausschließen oder die Arbeit von jemandem negativ beeinflussen. Diese (bestimmten) Aktivitäten, Interaktionen oder Prozesse müssen wiederholt und regelmäßig (z. B. wöchentlich) sowie über einen bestimmten Zeitraum (z. B. etwa sechs Monate) auftreten. Bei Mobbing handelt es sich um einen eskalierenden Prozess, bei dem die von den Mobbinghandlungen betroffene Person in eine unterlegene Position gerät und zum Ziel systematischer, negativer sozialer Handlungen wird. Ein Konflikt kann nicht als Mobbing bezeichnet werden, wenn der Vorfall ein isoliertes Ereignis darstellt oder wenn zwei Parteien von etwa gleicher Stärke aufeinandertreffen.

Durch die Definition von Einarsen und Kollegen (2011) können vier allgemeine Merkmale unterschieden werden: Häufigkeit, Persistenz (Dauerhaftigkeit), Feindseligkeit und Machtungleichgewicht (vgl. Einarsen et al., 2011).

Feindseligkeit bezieht sich Nielsen und Einarsen, (2012) zufolge auf negative Handlungen von Vorgesetzten oder MitarbeiterInnen (vgl. Nielsen & Einarsen, 2012).

Die Betroffenen haben Schwierigkeiten, sich zu verteidigen (vgl. Einarsen & Skogstad, 1996), und es besteht ein Kräfteungleichgewicht zwischen den Parteien (vgl. Hoel et al., 2001), und das ist nicht gleichbedeutend mit hierarchischer Macht (vgl. Cowie et al., 2002).

2.3 Bossing

Im Duden (2010, S. 168) findet sich der Begriff Bossing mit der folgenden Definition: *„(engl.): das Mobbing einzelner Mitarbeiter durch den Vorgesetzten."*

Das Wort Bossing geht auf den Norweger Kile zurück, der das von ihm beobachtete schikanöse Verhalten von Vorgesetzten gegen unterstellte Mitarbeiterinnen und Mitarbeiter *„gesundheitsgefährdende Führerschaft"* nennt (Kile, 1990, zitiert in Brinkmann, 2011, S. 9).

Nach Brinkmann (2011) handelt es sich bei Bossingverhaltensweisen häufig um die Disziplinierung von Mitarbeiterinnen und Mitarbeiter, wenn diese das Führungsverhalten oder defizitäre Arbeitsbedingungen kritisieren. Brinkmann weist auf die Gefährlichkeit des Bossings hin, *„da Führungskräfte die Macht haben, Psychoterror zu betreiben"* (S. 63). Dabei nutzen *„...Vorgesetzte in der Regel das ihnen zur Verfügung stehende Machtinstrumentarium..."* aus (S. 64). Machtmissbrauch führt zu schikanösen Verhaltensweisen der Führungskräfte, die ihre Mitarbeiterinnen und Mitarbeiter dann bspw. über- oder unterfordern, was Brinkamnn zufolge zu *„Selbstwertproblemen"* oder *„Misserfolgserlebnissen"* bei den Betroffenen führt (ebd.).

Brinkmann führt eine ganze Reihe an Beispielen für Bossinghandlungen an. U.a. handelt es sich bei den schikanösen Verhaltensweisen der Führungskräfte um:

- Degradierungen und Entmündigungen,
- Überzogenen Kontrollen,
- Demütigungen,
- Verbauen der Aufstiegschancen und
- Diskreditierungen (vgl. Brinkmann, 2011, S. 63 ff.).

Nach Sewsz (2014) handelt es sich bei Bossing um *„Parajuristische Personalführung"*(S. 21), da bspw. *„gütliche Absprachen zwischen Führenden und Geführten juristisch oft schwierig bis gar nicht nachweisbar sind"* (ebd.). Mitarbeiterinnen und Mitarbeiter werden dann von Führungskräften observiert, die ihrerseits nur auf die Fehlleistungen der unterstellten Arbeitnehmerinnen und Arbeitnehmer setzen müssen, um etwas gegen sie in der Hand zu haben. Als Konsequenz werden den unterstellten Mitarbeiterinnen und Mitarbeitern z. B. Privilegien entzogen oder sie werden kaltgestellt bzw. isoliert. Zu den weiteren Handlungen der Führungskräfte zählen auch die Kontrolle von An- und Abwesenheitszeiten sowie arbeitsrechtliches Vorgehen (Ermahnung, Abmahnung) (vgl. Sewsz, 2014, zitiert nach Rusch, 2014).

3 Forschungsstand zum Thema

3.1 Sozialer Konflikt

3.1.1 Definition des sozialen Konfliktes

Je nach wissenschaftlicher Disziplin finden sich sehr unterschiedliche Definitionen des sozialen Konfliktes, weshalb keine allgemeingültig akzeptierte Definition sozialer Konflikte vorliegt. Zahlreiche Begriffsbestimmungen bedienen sich einer wertenden Terminologie: So gelten Konflikte etwa als *„breaches in normale expected behavior"* (Beals & Siegel, 1966), *„breakdown in standards mechanisms of decision-making"* (March & Simon, 1958) oder als *„antagonistic struggles"* (Coser, 1956). Die in der Literatur vorzufindenden Definitionen unterscheiden sich einerseits nicht nur im Hinblick auf die Bewertung sozialer Konflikte, sondern unterscheiden sich andererseits auch bezüglich der Fragestellung, um welche Art von Konstrukt es sich bei dem Begriff des Konfliktes handelt. So werden Konflikte als Situation (Smith, 1966), Verhaltenstyp (Litterer, 1966), Beziehung (Dahrendorf, 1961) oder als Interaktionsprozess (Kriesberg, 1973; Rahim, 2001; Glasl, 2013) aufgefasst. Einigkeit besteht weitestgehend darin, dass Unvereinbarkeiten zwischen Personen, Gruppen oder Organisationen den Ausgangspunkt von sozialen Konflikten darstellen. Lutz von Rosenstiel etwa definiert den sozialen Konflikt wie folgt:

„Ein interindividueller so genannter sozialer Konflikt liegt dann vor, wenn zwischen Konfliktparteien, die jeweils aus zumindest einer Person bestehen, unvereinbare Handlungstendenzen beobachtet werden" (vgl. von Rosenstiel 1980, zitiert nach Glasl, 2013, S.15).

Zahlreiche Definitionen, wie die von Lutz von Rosenstiel, zielen auf unvereinbare Handlungstendenzen der Parteien oder auf die Ziele der Konfliktparteien ab (vgl. u.a. Kriesberg, 1973; Schmidt & Kochan, 1972; Tedeschi, Schlenker & Bonoma, 1973).

Montada und Kals (2001) weisen darauf hin, dass sich Unvereinbarkeiten jedoch auch auf anderen Ebenen zeigen können, so auf den Ebenen von Interessen, Bedürfnissen, Wertvorstellungen, sozialen Rollen, moralischen Normen, Rechtsnormen oder Glaubensüberzeugungen (vgl. Montada & Kalz, 2001).

Die vorliegende Arbeit folgt diesem Verständnis, dass Unvereinbarkeiten zwischen den Zielen, Interessen, Handlungen usw. von Parteien den zentralen Ausgangspunkt sozialer Konflikte bilden, die die subjektive Wahrnehmung der

Unvereinbarkeit durch einen oder mehrere Konfliktbeteiligte in den Vordergrund stellt. Insofern liegt dieser Arbeit die Definition zum sozialen Konflikt nach Glasl (2013) zugrunde. Glasl versteht unter einem sozialen Konflikt eine

„Interaktion zwischen Aktoren (Individuen, Gruppen, Organisationen usw.), wobei wenigstens ein Aktor eine Differenz bzw. Unvereinbarkeiten im Wahrnehmen und im Denken bzw. Vorstellen und im Fühlen und im Wollen mit dem anderen Aktor (den anderen Aktoren) in der Art erlebt, dass beim Verwirklichen dessen, was der Aktor denkt, fühlt oder will eine Beeinträchtigung durch einen anderen Aktor (die anderen Aktoren) erfolge" (vgl. Glasl, 2013, S. 17).

3.1.2 Soziale Konflikte am Arbeitsplatz

Der soziale Konflikt ist ein untrennbarer Teil menschlichen Lebens und Zusammenlebens. Dazu zählen auch die sozialen Konflikte am Arbeitsplatz.

Nach Lewis et. al. (1997) sind Konflikte innerhalb von Organisation unvermeidlich. Dies ist den AutorInnen zufolge eine Konsequenz von Grenzen, die innerhalb jeder Organisationsstruktur entstehen, indem separate Gruppen geschaffen werden, die um knappe Ressourcen konkurrieren müssen (vgl. Lewis, French & Steane, 1997).

Staehle (1999) weist in seinem Standardwerk *„Management. Eine verhaltenswissenschaftliche Perspektive"* auf drei Ebenen von Konflikten in Organisationen hin: Die *Ebene Organisation-Umwelt* behandelt Konflikte zwischen Ökonomie und Ökologie. Auf der *Organisationsebene* werden Konflikte zwischen Arbeitgeber und Arbeitnehmer betrachtet und auf der *Gruppenebene* handelt es sich um Konflikte zwischen Vorgesetzten und MitarbeiterInnen. Auf der Gruppenebene kommt vor allem den Rollenkonflikten eine besondere Wichtigkeit zu (vgl. Staehle, 1999, zitiert nach Grüne, 2000, S. 44).

Thomas (1992) beschreibt den Prozess eines Konflikts sowie dessen Bedeutung für den Einzelnen. Ihm und weiteren Autoren (u.a. Berkel, 1991; Grunwald & Redel, 1989) zufolge beschreiben Konflikte nicht nur einen destruktiven, sondern auch einen konstruktiven und positiven Prozess, weshalb sie nicht nur auf negative zwischenmenschliche Situationen eine Einschränkung erfahren. Jedoch wird ein sozialer Konflikt nicht immer offen ausgesprochen oder sichtbar ausgetragen; Konflikte können auch im Verborgenen bleiben. Zudem sind von einem Konflikt nicht immer nur die eigentlichen Konfliktparteien betroffen, sondern die Konflikt-Arena kann auch auf Andere (Individuen, Gruppen) oder Inhalte, die die Organisation betreffen, oder außerorganisatonelle Thematiken verschoben werden (vgl. Thomas, 1992; Berkel, 1991; Grunwald & Redel, 1989, zitiert nach Groß, 2004, S, 2).

Northcraft und Neale (1990) postulieren, dass Konflikte für Organisationen gewinnbringend sein können. Den Autoren zufolge entstehen Konflikte, weil Menschen sich in ihren Wahrnehmungen, Überzeugungen und Zielen unterscheiden. Die daraus resultierenden Konflikte müssen jedoch nicht ausschließlich ineffizient für das Unternehmen sein, sondern sie können auch nützlich und gesund sein, wenn mit ihnen angemessen umgegangen wird (vgl. Northcraft & Neale, 1990, zitiert nach Grüne, 2000, S. 45).

Einige Studien konnten zeigen, dass es bei bestimmten Gelegenheiten in Organisationen zu Konflikten kommen kann, die die Kreativität und die berufliche Qualität in einer Gruppe steigern sowie die organisatorische Wirksamkeit und Entwicklung verbessern können (vgl. u.a. Amason, 1996; Eisenhardt & Schoonhoven, 1990).

Glasl (2013) weist auf die widersprüchliche Literatur in Bezug auf Arbeiten zu Konflikten in Organisationen hin. Der Autor postuliert, dass einige Autoren der Auffassung sind, die *„Hierarchie der Führung"* (S. 123) sei für Konflikte verantwortlich. Andere sind der Meinung, die hierarchischen Gegebenheiten seien wichtig für die Konfliktlösung. Während die einen in den *„Prozeduren und stringente Regelungen der Arbeitsabläufe"* (ebd.) Konfliktpotenzial sehen, werden diese Maßnahmen von anderen zur Konfliktvermeidung empfohlen. *„Enge Kontrollen"* (ebd.) sehen manche Autoren als Ursache für Konflikte, andere sehen Kontrollen wiederum als Konfliktlösungsinstrument. Und während einige Autoren in der *„Spezialisierung"* (ebd.) ein großes Konfliktpotenzial sehen, weisen andere die Spezialisierung als Möglichkeit der Konfliktvermeidung aus (vgl. Glasl, 2013).

Hinsichtlich der Ursachen sozialer Konflikte am Arbeitsplatz ist eine ganze Reihe von Autoren der Auffassung, dass die Gründe für soziale Konflikte nicht bei den Konfliktparteien selbst zu suchen sind. Glasl (2013) führt hierzu beispielhaft an, dass es zwischen Mitarbeitern zu Auseinandersetzungen kommen kann, wenn Funktionsbeschreibungen mit den Elementen Kompetenz, Aufgaben, Verantwortlichkeiten unzureichend ausgestaltet sind (vgl. Glasl, 2013).

Baron (1990) bspw. postuliert vier Ursachen für Konflikte in Organisationen: Wettbewerb über begrenzte Ressourcen, Abhängigkeit zwischen Personen oder Teams, Belohnungssystem und Kommunikation. Er schreibt zusammenfassend zu Konflikten (1990, S. 207): *„In sum, conflict in work settings often items from relations between individuals and from their personal characteristics, as well as from underlying structural (organization-based) factors"* (vgl. Baron, 1990, zitiert nach Grüne, 2000, S. 59).

Im Rahmen einer Befragung von Führungskräften konnte Regnet (1992) *„Rahmenbedingungen/Organisation, Wettbewerb, Profilierung und Kommunikationsdefizite"* als Konfliktursachen ermitteln (vgl. Regnet, 1992, zitiert nach Grüne, ebd.).

Staehle (1991) verweist auf eine Vielzahl von Konfliktursachen. Als Ursachen benennt er:

- Ressourcen,
- Ungleichgewicht zwischen Gruppen bezogen auf die gegenseitige Abhängigkeit,
- konkurrierende Ziele, Interessen, Einstellungen,
- unterschiedliche Wahrnehmungen,
- geteilte Verantwortung,
- gruppenegoismus fördernde Anreizsysteme,
- Organisation mit unklaren, mehrdeutigen Verantwortungen, Kompetenzen, Aufgabenbereichen und
- Reorganisationsmaßnahmen (vgl. Staehle, 1991, S. 391 ff., zitiert nach Grüne, ebd.).

Glasl (2013) folgt Walton (1969) und Filley (1975) und weist darauf hin, dass es sich bei Konflikten vor allem um *„ ...Ausflüsse persönlicher Einstellungen oder Auswirkungen von Arbeitsstilen, Persönlichkeitsmerkmalen und deren gegenseitiger Beeinflussung im Rahmen der Interaktion..."* (S. 96) handelt (vgl. Glasl, 2013).

Glasl (2013) postuliert im Weiteren, dass es sich bei Ursachen und Folgen von Konflikten um eine *„mutal causality"* (S. 99), einer *„Wechselwirkung verschiedener Faktoren"* (ebd.) handelt. Er folgt Mack und Snyder (1957), die ebenso eine Wechselwirkung vieler Faktoren postulieren und von *„multipler Kausalität"* (S. 100) sprechen, da erst das Zusammenspiel unterschiedlicher Elemente zum Konflikt führt. In Anlehnung an Walton und Dutton (1969) ist er schlussendlich der Auffassung, dass die Organisation „...*nicht als Konfliktursache sondern als Konfliktpotenzial...*" (S. 100) angesehen werden muss (vgl. Glasl, 2013).

Hinsichtlich der Vielschichtigkeit von Ursachen für Konflikte am Arbeitsplatz kann auf eine Studie des britischen Chartered Institute of Personnel and Development aus dem Jahr 2015 verwiesen werden. Dieser Studie zufolge hatten im Rahmen einer repräsentativen Befragung mit 2.195 Arbeitnehmerinnen und Arbeitnehmer unter Verwendung einer Online-Befragung zum Thema Konflikte am Arbeitsplatz vier von zehn britischen Angestellten innerhalb der letzten 12 Monate eine Art zwischenmenschlichen Konflikt am Arbeitsplatz erlebt. Die Teilnehmenden berichteten von mangelndem Respekt (61%), von physischer Bedrohung (3%) oder Körperverletzung (1%). In zwei von fünf Fällen (39%) führte der Konflikt zu einem Rückgang der Motivation oder des Engagements. In einem von zehn Fällen wurden Beziehungen abgebrochen, in dem eine der Parteien entweder einen Arbeitsplatzwechsel vornahm (5%), kündigte (4%) oder entlassen wurde (1%). Konflikte wurden von öffentlichen Bediensteten am häufigsten im Kontext von Unfairness, Unhöflichkeit und Respektlosigkeit wahrgenommen. Während mehr als ein Viertel der Beschäftigten in mittleren oder großen Organisationen (28%) der Meinung sind, dass Konflikte häufig vorkommen, trifft dies auf kleine Organisationen (10-49 Beschäftigte) mit 19% und in Kleinstorganisationen (weniger als zehn Beschäftigte) mit 16% zu. Die Untersuchung konnte zudem zeigen, dass Konflikte am häufigsten mit Vorgesetzten auftraten, gefolgt von Konflikten mit MitarbeiterInnen im Team und anderen Mitgliedern der Organisation. Mit deutlichem Abstand wurde von den Befragten als häufigste Ursachen Unterschiede in der Persönlichkeit und in den Arbeitsstilen genannt. Insbesondere konzentrieren sich Konflikte innerhalb der Hierarchie der Linienverwaltung – also entweder auf direkte oder indirekte Vorgesetzte (vgl. Gifford, 2015).

3.1.3   Auswirkungen sozialer Konflikte am Arbeitsplatz

Die Auswirkungen sozialer Konflikte können sowohl positiver als auch negativer Art sein. Die Auswirkungen haben demnach also zwei Seiten einer Medaille. Mack und Syder (1971) postulieren dazu passend: „*(...), the functional and dysfunctional aspects of conflict are opposite sides oft the same coin*" (S. 17). Sie sind der Auffassung, dass die Schwierigkeit darin besteht, zu erkennen, wann ein Konflikt noch förderlich ist und wann er schädigend wirkt (vgl. Mack & Snyder, 1971, zitiert nach Grüne, 2000, S. 49).

Eine ganze Reihe an AutorInnen hat sich mit den neagativen und positven Auswirkungen von Konflikten beschäftigt. Hinsichtlich der negativen Konsequenzen von Konflikten weisen bspw. Grunwald und Redel (1989) sowie Martin und Bergmann (1996) darauf hin, dass Konflikte mit psychischen, sozialen und wirtschftlichen Kosten einhergehen. Denn häufig wirken Konflikte überwiegend destruktiv bzw. werden als dysfunktional wahrgenommen und führen zu Frustration, Angst, Misstrauen und Aggression und belasten damit die Arbeits- und Sozialbeziehungen (vgl. Grunwald und Redel, 1989; Martin und Bergmann, 1996; zitiert nach Grüne, 2000, S.ebd.).

Groß (2004) fasst in Anlehnung an Appelberg et al. (1991) und De Dreu et al. (1999, 2001) zusammen, dass soziale Konflikte am Arbeitsplatz u.a. zu *„Arbeitsunzufriedenheit und Unzufriedenheit mit dem Leben, erhöhten Alltagsstress, Neurotizismus sowie ein eingeschränktes Wohlbefinden führt"* (S. 6). Zudem kommt es vermehrt zu Fluktuation und Fehlzeiten, einem belasteten Betriebsklima, eingeschränkten Abstimmungsprozessen und Arbeitsabläufen sowie Zeit- und Energieverschwendung (vgl. Appelberg, Romanov, Honkasalo & Koskenvuo, 1991; vgl. De Dreu, Harinck & Van Vianen, 1999; De Dreu, Evers, Beersma, Kluwer & Nauta, 2001, zitiert nach Groß, 2004, S. 6).

Glasl (2013) zufolge beeinträchtigen Konflikte die Wahrnehmungsfähigkeit, das Denk- und Vorstellungsvermögen, das Gefühls- und Willensleben sowie das Verhalten (vgl. Glasl, 2013. Diese zusammen wirkenden Beeinträchtigungen können zu Kontrollverlusten und aggressivem Verhalten führen (vgl. Glasl, 2013).

Der britische Survey des Chartered Institute of Personnel and Development zu Konflikten am Arbeitsplatz von 2015 zeigt als häufigste Auswirkungen von Konflikten am Arbeitsplatz Stress, Demotivation und Rückgang des Engagements. Frauen waren besonders häufig der Ansicht, dass der Konflikt eine stressige Erfahrung war. Dies wurde in 47% der Fälle berichtet, verglichen mit 38% bei Männern (vgl. Gifford, 2015).

Die AutorInnen haben sich auch mit den positiven Auswirkungen von Konflikten beschäftigt. Deutsch (1976), Grunwald und Redel (1989) De Dreu et al. (1999, 2001) sowie Simmel, (1992) etwa postulieren, dass Konflikte auch konstruktiv wirken können. Sie können u.a. Stagnation verhindern, Neugierde und Interesse wecken, Probleme finden und Problemlösungen aufzeigen, Veränderungen herbeiführen, zur Selbsterkenntnis führen und Gruppen voneinander abgrenzen sowie als Lernchance verstanden werden, wenn die Konfliktparteien bereit sind, sich mit den jeweils anderen Positionen der Gegenseite auseinanderzusetzen. Sie können auch der Steigerung der individuellen Kreativität, der Förderung der Kommunikation und des gegenseitigen Verständnisses dienen und darüber hinaus neue Werte und Normen kreieren (vgl. Deutsch, 1976; Grunwald und Redel 1989; De Dreu, Harinck & Van Vianen, 1999; De Dreu, Evers, Beersma, Kluwer & Nauta, 2001; Simmel, 1992, zitiert nach Grüne, 2000, S. 49).

Das von den Autorinnen und Autoren gezeichnete Janusgesicht des Konfliktes zeigt sich in seinen Facetten in Regnet's (1992) Studie an Führungskräften zu Konflikten. Regnet konnte ermitteln, dass die Befragten Konflikte als seelisch und körperlich belastend erlebten. Dabei spielten auch Emotionen wie Ärger, starke Erregung, Ängste und Frustrationen eine Rolle. Mit fehlender Handlungskontrolle erlebten die Befragten starke negative Beanspruchungen. Hinsichtlich der positiven Folgen von Konflikten konnte Regnet eine höhere Identifikation mit dem Arbeitsergebnis und Anregung von Innovation ermitteln (vgl. Regnet, 1992, zitiert nach Grüne, S. 51).

3.1.4   Konflikttypologien

Nach Glasl (2013) finden sich je nach wissenschaftlicher Disziplin unterschiedliche Konflikttypologien. Eine Systematisierung fällt insofern schwer, als dass in den wissenschaftlichen Disziplinen sehr unterschiedliche Erkenntnisvoraussetzungen vorhanden sind. Glasl schlägt daher einen groben Rahmen vor und ordnet die bestehenden Typologien wie folgt ein:

1. Konflikte nach unterschiedlichen Streitgegenständen,
2. Unterschiedliche Erscheinungsformen der Auseinandersetzung,
3. Konflikte nach Merkmalen der Konfliktparteien, ihrer Position und wechselseitiger Beziehungen (vgl. Glasl, 2013).

Konflikte nach ihren Streitgegenständen:

Nach Glasl (2013) kann ein Streitgegenstand von den Konfliktparteien entweder benannt worden sein oder die Konfliktparteien wissen gar nicht, was Auslöser des Konflikts gewesen ist. Bezugnehmend auf u.a. Krymanski (1971) und Guetzkow und Gyr (1954), handelt es bei Konflikten nach den Streitgegenständen dann einerseits um „echte" oder „substanzielle" Konflikte, die Sachfragen beinhalten, wie z. B. „die Verteilung von Einkommen oder Gewinn" (S. 54) oder andererseits um „unechte" oder „effektive" Konflikte, bei denen es ausschließlich um die Persönlichkeit der Konfliktparteien (u.a. Charakter, Einstellungen und Verhaltensweisen) geht. Um „induzierte" Konflikte handelt es sich in Anlehnung an Kerr (1954), wenn sich die Konflikte auf die Beziehung der Konfliktparteien zueinander kaprizieren. Bei Konflikten nach den Streitgegenständen handelt es sich Glasl folgend auch um die Unterscheidung von *„Wert-Fragen"* und *„Interessen-Streitigkeiten"*, Wertekonflikte führen zu einer unterschiedlichen Bewertung des Gegenstandes durch die Konfliktparteien. Bei Interessen-Streitigkeiten ist es hingegen möglich, dass dem Gegenstand der gleiche Wert zugemessen wird aber die Konfliktparteien in Konkurrenz zueinander stehen, weil es sich bei dem Gegenstand bspw. um ein nur beschränkt zur Verfügung stehendes Gut handelt. In Anlehnung an Walton (1969) und Mastenbroek (u.a. 1981) führen Konflikturschen zu unterschiedlichen Erscheinungsformen und bedürfen daher auch unterschiedliche Behandlungsweisen (vgl. Glasl, 2013, S. 54 ff.).

Konflikte nach ihren Erscheinungsformen:

Glasl (2013) postuliert, dass sich Konflikte völlig unterschiedlich entwickeln können, selbst wenn die Ursache oder der Konfliktgegenstand identisch sind. Bezugnehmend auf u.a. Dahrendorf (1958) handelt es sich bei Konflikten nach den Erscheinungsformen zum einen um *„latente"* und *„manifeste"* Konflikte. Bei latenten Konflikten liegen gegensätzliche Positionen und Ziele der Konfliktparteien zugrunde, bei manifesten Konflikten hingegen führt das Verhalten der jeweiligen Konfliktpartei zu negativen Auswirkungen der jeweils anderen Partei. Von *„extremen"* Konflikten wird in Anlehnung an u.a. Coser (1956) gesprochen, wenn die Konflikte mit einem gewissen Maß an Gewalt ausgefochten werden. Zum anderen werden Konflikte nach ihren Erscheinungsformen in Anlehnung an Mack und Snyder (1957) auch als *„institutionalisierte"* und *„nicht-institutionalisierte"* Konflikte bezeichnet. Während sich institutionalisierte Konflikte aus einer (Arbeits-)Organisation heraus ergeben und der Konfliktlösungsweg grundsätzlich vorgegeben ist (z.B. durch das Arbeitsrecht – Abmahnung), entstehen nicht-institutionalisierte Konflikte u.U. auch spontan und müssen daher auch mit unterschiedlichen Konfliktlösungsstrategien angegangen werden. Im Weiteren können Glasl (2013) folgend, Konflikte nach ihren Erscheinungsformen in Anlehnung an Rapoport (1960) auch nach *„Kampf"*, *„Spiel"* und *„Debatte"* unterschieden werden. In Bezug auf den ausgetragenen Konflikt kann Kampf zur Vernichtung des Gegners führen. Spiel hingegen ist vom gegenseitigen Respekt der Konfliktgegner und Debatte davon geprägt, die jeweils andere Partei über Debatten zu überzeugen (vgl. Glasl, 2013, S. 55 ff.).

Konflikte nach den Eigenschaften der Konfliktparteien:

Glasl (2013) zufolge werden Konflikte nach den Eigenschaften (Individuen, Gruppen, größere soziale Systeme) der Konfliktparteien und – für diese Arbeit von Wichtigkeit – in Anlehnung an Rapoport (1974) danach unterschieden, ob ein Machtgleichgewicht („symmetrisch") oder Machtungleichgewicht („asymmetrisch") vorliegt. Dahrendorf (1961) folgend ist in diesem Zusammenhang einerseits von Bedeutung, ob der Konflikt auf Augenhöhe („Gleiche gegen Gleiche") oder im Rahmen von Über- und Unterstellungsverhältnissen (Führungskräfte – MitarbeiterInnen ohne Führungsverantwortung) stattfindet. Andererseits ist in Anlehnung an Mack und Snyder (1957) von Bedeutung, ob die Konflikte direkt („primär") von Angesicht zu Angesicht (Vorgesetzter – MitarbeiterIn) oder indirekt („sekundär") über andere (bspw. Betriebsrat) ausgetragen werden (vgl. Glasl, 2013, S. 57 ff.).

3.1.5   Der Konfliktrahmen: Mikro-, Meso- und Makro-Konflikte

Glasl (2013) postuliert, dass Konflikte auf Mikro-, Meso- und Makroebene stattfinden können und dass es nicht darauf ankommt, die Konfliktparteien den jeweiligen Arenen zuzuorden. Vielmehr kommt es darauf an, innerhalb welchen Rahmens der Konflikt ausgetragen wird und ob die Konfliktparteien innerhalb dieser Räume verbleiben oder größere Arenen betreten und diese beeinträchtigen (vgl. Glasl, 2013).

Konflikte im mikro-sozialen Raum:

Nach Glasl (2013) fallen unter diese Arena alle Konflikte, *„die zwischen zwei oder mehreren Einzelpersonen oder in kleinen Gruppen..."* (S. 68) stattfinden. Die Interaktionen finden grundsätzlich von Angesicht zu Angesicht, also direkt („primärer Konflikt") statt (vgl. Glasl, 2013, S. 68 ff.).

Konflikte im meso-sozialen Rahmen:

In dieser Arena 'tummeln' sich Glasl (2013) zufolge Organisationen (z.B. Bildungseinrichtungen, Behörden, Produktionsstätten) von mittlerer Größe, unter denen direkte Beziehungen grundsätzlich nicht mehr stattfinden und die von „Repräsentanten" vertreten werden. Die Kommunikation unter den Beteiligten kann auf unterschiedliche Art und Weise erfolgen und weitere Spannungen bei den Beteiligten auslösen. Repräsentanten von kleineren Gruppen können die Auseinandersetzung der Konfliktparteien als Bühne für ihre eigenen Belange nutzen und bspw. versuchen, *„ihre Machtposition auszubauen"* (S. 69). Der eigentliche Konflikt wird dabei zur Nebensache. Glasl merkt an, dass *„bei meso-sozialen Kon-flikten die Organisation mit ihren eigenen Zielen, Aufgaben, Strukturen und Pro-zeduren [...] das persönliche Verhalten, Denken und Fühlen der [Organisations-mitglieder] beeinflussen oder überformen kann"* (S. 70.) (vgl. Glasl, 2013, S. 69 ff.).

Konflikte im makro-sozialen Rahmen:

Im makro-sozialen Raum sind die Vertreter einzelner Gruppierungen Glasl (2013) zufolge verschiedensten „Spannungen" ausgesetzt und sie müssen sich mit den vielschichtigen Interessen und Konflikten verschiedener Mitspieler (Organisation, Politik, Partei usw. – Unternehmensleiter, Bürgermeister, Fraktionsvorsitzender usw.) auseinandersetzen. Als eines der wesentlichen Unterscheidungskriterien zum meso-sozialen Rahmen kann u.a. die über die öffentlichen Medien stattfindende Informations- und Kommunikationsarbeit angeführt werden (vgl. Glasl, 2013, S. 70).

3.1.6 Reichweite der Bemühungen im Konflikt

Glasl (2013) unterscheidet hinsichtlich der Reichweite im Konflikt in 1. Friktion, Reibungskonflikt, Issue-Konflikt, 2. Positionskampf und 3. Systemver-änderungs-Konflikt:

Friktion, Reibungskonflikt, Issue-Konflikt:

Glasl (2013) zufolge handelt es sich bei der Reichweite dieser Bemühungen im Konflikt um Interessensgegensätze, bei denen die Sachfragen unnachgiebig diskutiert werden. Die Position des Konfliktgegners wird respektiert und nicht angezweifelt. Wenn überhaupt, geht es um die Besserstellung der eigenen Position im Konflikt (vgl. Glasl, 2013, S. 72).

Positionskampf:

Glasl (2013) postuliert, dass es beim Positionskampf darum geht, die bisherigen Positionsverhältnisse tatsächlich aufzulösen und zu verändern, bestenfalls eben mit der Besserstellung der eigenen Position, bspw. durch die Erweiterung von Entscheidungsbefugnissen (vgl. Glasl, 2013, S. 73).

Systemveränderungs-Konflikt:

Nach Glasl (2013) sollen bei Systemveränderungs-Konflikten bestimmte Rahmenbedingungen (z.B. Vereinssatzung) verändert werden, bspw. um die Rechte der Vereinsmitglieder zu stärken. Oder das Ansinnen der Satzungsänderung wird abgelehnt, weil der Vereinsvorstand die eigene Machtposition sichern will (vgl. Glasl, 2013, S. 73).

3.1.7 Äußerungsformen des Konfliktes

Glasl (2013) unterscheidet:

1. Formgebundene und formlose Konflikte,
2. Heiße und kalte Konflikte (vgl. Glasl, 2013).

Formgebundener und formloser Konflikt:
Nach Glasl (2013) greifen die Konfliktparteien im Rahmen *formgebundener Konflikte* auf Formen zurück, die ihnen von den *„sozialen Institutionen"* (z. B. dem Unternehmen), in denen sie sich bewegen, schon vorgeben oder vorgeschrieben werden (z. B. das Vorgehen nach einer Richtlinie). Diese vorgeschriebenen Formen legitimieren das Handeln der Konfliktparteien und schützen sie vor dem Vorwurf, sich unlauterer Mittel zu bedienen. Bei *formlosen Konflikten* hingegen kommt keine der beschriebenen Formen zur Anwendung. Entweder wollen die Konfliktparteien die Formen nicht anwenden, weil sie die Mittel nicht akzeptieren oder der Konflikt ist so weit fortgeschritten, dass die Anwendung der ‚Richtlinien' nicht mehr möglich ist. Dies wiederum kann den Konflikt verschärfen, weil jetzt *„die Methoden der Konfliktaustragung"* (S. 76) im Mittelpunkt der Betrachtung stehen (vgl. Glasl, 2013, S. 74 ff.).

Heißer und kalter Konflikt:
Glasl (2013) unterscheidet *heiße* und *kalte* Konflikte und postuliert, dass es dabei um das Beziehungsklima der Konfliktparteien geht. Bei *heißen Konflikten* zeigt sich bei den Konfliktparteien eine überbordende Aktivität, die darauf abzielt, die Gegenseite – notfalls auch mit unlauteren Mitteln – von den eigenen Einstellungen zu überzeugen. Lässt sich die Gegenseite nicht überzeugen und nimmt sie nicht die geforderten Haltungen an, kommt es unweigerlich zur Konfrontation, die in *„explosionsartige Ausbrüche"* (S. 79) der Konfliktparteien münden können. Im Zuge *kalter Konflikte* hingegen lassen sich Aktivitäten nach außen hin gar nicht wahrnehmen. Kommunikation von Angesicht zu Angesicht findet nicht statt, sondern erfolgt, wenn überhaupt, schriftlich. Die Konfliktparteien vermeiden die Begegnung und gehen sich aus dem Weg. Es entsteht *„soziales Niemandsland"* (S. 82, 83). Die Eskalation kalter Konflikte mündet schließlich in Isolation (vgl. Glasl, 2013, S. 76 ff.).

3.1.8   Konfliktmodelle

Grüne (2000) postuliert, dass sich in der Literatur verschiedene Struktur-
und Prozessmodelle finden lassen. Strukturmodelle weisen darauf hin, wie einzelne Verhaltensweisen zu Konflikten führen. Prozessmodelle hingegen zeigen
den Konfliktverlauf auf. In Anlehnung an Thomas (1976) weist die Autorin darauf
hin, dass sich Struktur- und Prozessmodelle ergänzen und gegenseitig bedingen.
Bezugnehmend auf Arbeiten von Thomas (1976), in Anlehnung an Pondy (1967)
und Walton (1969), führt die Autorin aus, dass es sich bei Konflikten um wieder-
kehrende Ereignisse handelt, bei denen eine Konfliktpartei zunächst Frustration
erlebt. Nachdem das Frustrationserleben konzeptualisiert wurde, kommt es zu einem Verhalten, das die Gegenseite zu einer Reaktion auffordert. Die Reaktion des
Konfliktgegners ist schließlich Nährboden für die Weiterungen im Konflikt (vgl.
Grüne, 2000, S. 56 ff.).

Grüne (2000) zitiert hinsichtlich des Strukturmodells Thomas (1976), der
die vier Variablen (1) *Prädisposition im Verhalten*, (2) *Sozialer Druck*, (3) *Anreizstruktur* und (4) *(Verfahrens-)Regeln* für das Verhalten der jeweiligen Konfliktparteien verantwortlich macht (vgl. Grüne, 2000, S. 57).

Grüne (2000) zitiert Krüger (1973), der postuliert, dass es sich bei einem
Konflikt um ein mehrschichtiges, auf *„unterschiedlichen Ebenen"* (S. 56), statt-
findendes Konstrukt handelt. Krüger beschreibt dabei die folgenden drei Dimensionen:

- Die Dimension Sachfragen: diese werden auf einer *„sachlich-intellektuellen
  Dimension"* (ebd.) geführt.
- Die sozio-emotionale Dimension: Sie betreffen die Gefühle der jeweiligen
  Konfliktpartei und die gegenseitige Beziehung der Kontrahenten zueinander.
- Die wertkulturelle Dimension: Die Organisationskultur, resp. -philosophie
  wird in den Konflikt mit einbezogen.

Die Konfliktparteien können sich auf allen drei Ebenen oder auch auf unterschiedlichen Ebenen bewegen. Alle drei Dimensionen stehen in Beziehung zueinander und *„beeinflussen sich gegenseitig"* (ebd.) (vgl. Grüne, 2000, S. 56).

Grüne (2000) zitiert Rüttinger (1977) der Konflikte als dynamische Prozesse bezeichnet, bei denen sich im weiteren Verlauf *„...die Konfliktwahrneh-
mung, das Erleben und Verhalten in der Konfliktsituation sowie die Konfliktbeilegung"* (S. 58) als *„typische Phasen"* (ebd.) beschreiben lassen (vgl. Grüne,
2000, S. 58).

Glasl (2013) beschreibt ein umfangreiches Phasenmodell der Eskalation, das er als Abwärtsbewegung darstellt. Dem Glasl'schen Phasenmodell der Eskalation liegen fünf Basismechanismen der Eskalationsdynamik zugrunde. Glasl bezeichnet diese Basismechanismen auch als „Eskalationstreiber" (ebd., S. 209):

1. Die Konfliktparteien machen den Konfliktgegner für die die entstandenen Probeme und die eigenen Unzufriedneheit (Frustration) verantwortlich. Alles Negative wird ausschließlich beim Konfliktgegener gesehen. Eigenes unbeherrschtes Handeln führt zu noch mehr Selbstfrustration und Unwohlsein. Nach Glasl handelt es sich um „Zunehmende Projektion bei wachsender Selbstfrustration" (ebd.).

2. Im weiteren Verlauf des Konflikts machen die Konfliktparteien immer mehr Probleme zum Gegenstand der Auseinandersetzung, weshalb sich der Konflikt durch diese „Konflikt-Issues" (ebd.) sukssesive vergrößert und verkompliziert, die Situation an sich aber von der jeweils anderen Konfliktpartei als eher unproblematisch angesehen wird. Es folgt insofern die „Ausweitung der strittigen Themen bei gleichzeitiger kognitiver Komplexitätsreduktion" (ebd.).

3. Subjektive und objektive Streitpunkte werden im Weiteren mehr und mehr miteinander verwoben. Kausalitäten werden verschwommen und mehrdeutig wahrgenommen, was zu vereinfachten Erklärungen über Ursache und Wirkung des Konflikts führt. Glasl nennt dies: „Wechselseitige Verflechtung von Ursachen und Wirkungen bei gleichzeitiger Simplifizierung der Kausalitätsbeziehungen" (S. 209, 210).

4. Währen die Konfliktparteien im Zuge des weiteren Verlaufes des Konfliktes auf der einen Seite nach ‚Mitspielern' suchen, mit denen sie Allianzen bilden können, nimmt die Auseinandersetzung von Angesicht zu Angesicht mit dem Konfliktgegene auf der anderen Seite ab. Glasl beschreibt dies als „Ausweitung der sozialen Arena bei gleichzeitiger Tendenz zum Personifizieren des Konflikts" (S. 210).

5. „Gewaltandrohungen" (S. ebd.) sollen den Kontrahenten schließlich zum Einlenken bewegen („Bremsen") (ebd.), provozieren aber Gegengewalt, die den Konflikt noch schneller eskalieren lassen. Glasl nennt diesen Mechanismus „Beschleunigung durch Bremsen" (ebd., S. 210).

3.1.9 Zusammenfassung

Konflikte sind ganz offenbar universell, finden demnach also in allen Gesellschaften statt. Bei einem Konflikt handelt es sich um einen Prozess der Auseinandersetzung, der auf unterschiedliche Interessen sozialer Systeme fußt. Die Erscheinungsformen des Konflikts sind zahlreich: Kriege, Kampf, Streiks, Aussperrungen, Verteilungs-, Macht-, Statusauseinandersetzungen usw. Ein Konflikt sozialer Systeme kann zwischen Individuen, Individuen und Gruppen, Gruppen und Gruppen, Verbänden, Gesellschaften, Staaten und allen sozialen Assoziationen auftreten. Konflikte zwischen Individuen – und somit auch zwischen Vorgesetzten und Mitarbeitern – sind häufig nicht nur auf individualpsychologische Ursachen zurückzuführen. Für das Austragen von Konflikten sind Intensität, Ausmaß des Einsatzes von Gewalt und Macht sowie Art, Umfang und Verbindlichkeit von Konfliktregeln von besonderem Interesse. Konflikte finden im mikro-, meso- und makrosozialen Rahmen statt. Sie können hinsichtlich der Reichweite der Bemühungen in der Sache hart geführt werden, wobei sich die Konfliktparteien respektieren, dass sie zueinander in einem fest gelegten Positionsverhältnis stehen (Friktion, Reibungskonflikt, Issue-Konflikt). Es kann aber auch um die Ablehnung und dem Streben nach Änderung der Positionsverhältnisse (Positionskampf) gehen. Im Rahmen von Systemveränderungs-Konflikten wird entweder eine Änderung des Gesamtrahmens zur Diskussion gestellt oder eine Änderung soll abgewehrt werden. Konflikte können formgebunden oder formlos und auf heiße oder kalte Weise stattfinden (vgl. Glasl, 2013).

Struktur- und Phasenmodelle weisen darauf hin, dass Konflikte als dynamische Prozesse über Stufen und Schwellen eskalieren können (vgl. u.a. Thomas, 1976; Rüttinger, 1977; Grüne, 2000, Glasl, 2013).

Aktuelle Untersuchungen zu Konflikten am Arbeitsplatz in Großbritannien zeigen, dass mangelnder Respekt und physische Bedrohungen bis hin zur Körperverletzung eine übergeordnete Rolle spielen und dass Konflikte am Arbeitsplatz für den Rückgang der Motivation und des Engagements sowie für das Entstehen von Stress verantwortlich sind. Konflikte werden vor allem von öffentlichen Bediensteten am häufigsten im Kontext von Unfairness, Unhöflichkeit und Respektlosigkeit, wahrgenommen. Konflikte treten am häufigsten mit Vorgesetzten auf, dabei sind Unterschiede in der Persönlichkeit und in den Arbeitsstilen die häufigsten Ursachen (vgl. Gifford, 2015).

3.2   Mobbing/Bossing

Forschungsarbeiten explizit zum Phänomen Bossing finden sich im deutschsprachigen Raum bislang nicht.

Da in der Forschungslandschaft Bossing als eine Sonderform des Mobbings betrachtet wird, werden die Ergebnisse der Mobbingforschung in der Folge hilfsweise auf das Phänomen Bossing angewendet.

3.2.1   Einleitung

Mobbing kann als ein extrem abweichendes Verhalten und somit als besondere Herausforderung für die Arbeitswelt betrachtet werden. In den letzten zwei Jahrzehnten haben Forscher drei wichtige Faktoren untersucht: Prävalenz, Vorgeschichte und Ergebnisse von Mobbingprozessen am Arbeitsplatz. Mobbing gilt allgemein anerkannt als einer der Extremstressoren in Organisationen (vgl. u.a. Hauge et al., 2010; Zapf, 1999) mit weitreichenden und nachhaltig negativen Folgen für die Betroffenen, Mitarbeiterinnen und Mitarbeitern einer Organisation, der Organisationen selbst und die Gesellschaft (vgl. Nielsen et al., 2010).

3.2.2   Prävalenz

Mobbing am Arbeitsplatz wurde international in verschiedenen Ländern untersucht. Eine Meta-Analyse von Nielsen et al. (2010) umfasste siebzehn Studien aus skandinavischen Ländern (u.a. Dänemark, Norwegen, Schweden), 23 Studien mit einem anderen europäischen Ursprung (z. B. Kroatien, Finnland, Italien, Spanien, Vereinigtes Königreich). Acht Studien stammten aus Nordamerika (USA und Kanada) und weitere Studien aus Australien, Japan und China. Die Autoren führten im Rahmen der Meta-Analyse 102 Prävalenzschätzungen zu Mobbing aus 86 unabhängigen Stichproben mit insgesamt 130.000 Befragten durch. Im Durchschnitt lieferten die statistisch unabhängigen Stichproben länderübergreifend eine Prävalenzrate für Mobbing von 14,6%, wenn eine Mobbingdefinition vorgegeben wurde. Die Prävalenzrate für Studien ohne vorgegebene Mobbingdefinition lag bei 18,1%. Studien, bei denen im Rahmen der Untersuchungen eine Mobbing-Definition angesprochen wurde, zeigten, dass 11,3% der Befragten negativem Verhalten am Arbeitsplatz ausgesetzt waren (vgl. Nielsen, Matthiesen & Einarsen, 2010).

Außerhalb des Rahmens der Meta-Analyse wurden andere Studien in Indien (vgl. D'Cruz, 2014), Griechenland (vgl. Galanaki & Papalexandris, 2013) und der Türkei (vgl. Yildrim & Yildrim, 2007) zu Mobbing durchgeführt.

Die meisten Studien, die seit Beginn der Mobbing-Forschung durchgeführt wurden, haben einen prospektiven Erhebungsansatz angewandt (vgl. u.a. Einarsen & Raknes, 1997; Mikkelsen & Einarsen, 2001; Zapf, Knorz & Kulla, 1996). Mobbing wurde allgemein als eines von mehreren Themen in allgemeine organisatorische Studienfragebögen aufgenommen. Längsschnittstudien sind bisher selten.

Das Vorkommen von Mobbing ist Martino und Kollegen (2003) zufolge sehr unterschiedlich und reicht von 1% auf der niedrigsten Stufe bis zu über 50% auf der höchsten Ebene, abhängig von der angewandten Messstrategie, dem Beruf oder dem Berufszweig sowie dem Land, in dem die Studie durchgeführt wurde (vgl. Martino, Hoel & Cooper, 2003).

Insgesamt kann konstatiert werden, dass das Forschungsinteresse an dem Phänomen Mobbing nach wie vor hoch ist. In der Folge finden sich einige ausgesuchte nationale und internationale Erhebungen zur Prävalenz.

Deutschland und Europa:

Von Mackensen und Morfeld (1999) konnten im Rahmen ihrer Studie für Deutschland bei Verwendung der Work Harassment Scale (WHS) von Björkqvist und Östermann eine Mobbinghäufigkeit von 2,9% (N = 1.995) ermitteln (vgl. Mackensen, von & Morfeld, 1999).

Meschkutat et al. (2002) ermittelten in ihrer großen Mobbingstudie für das Jahr 2000 durch Selbsteinschätzung unter Vorgabe einer Mobbingdefinition eine Mobbingrate von 2,7% für Gesamtdeutschland. Bei einer Gesamtzahl von 38.988 Mio. Erwerbstätigen mit Stand Dezember 2000 (Statistisches Bundesamt, Wiesbaden) entspricht dies einer absoluten Zahl von etwa 1.053 Mio. Mobbingbetroffenen (vgl. Meschkutat, Stackelbeck & Langenhoff, 2002).

Willingstorfer et al. (2002) fanden im Rahmen ihrer Arbeiten zu Mobbing im Dienstleistungsbereich mit dem Schwerpunkt Verwaltungstätigkeit bei Verwendung der WHS und einer Selbsteinschätzung ohne Mobbingdefinition Prävalenzen von 18% (vgl. Willingstorfer, Schaper & Sonntag, 2002).

Eine 1996 in Norwegen durchgeführte Metastudie unter der Verwendung eines Instrumentes mit Selbsteinschätzung und einer vorgegebenen Mobbingdefinition, in der 14 Unterstichproben auf insgesamt 7.118 Personen zusammengefasst wurden, ergab, dass 8,6 Prozent der Befragten in den letzten sechs Monaten gemobbt wurden (vgl. Einarsen, 1996).

In einer etwa 10 Jahre später durchgeführten Studie zur Prävalenz von Mobbing in Norwegen zeigte sich ein deutlich geringeres Vorkommen. Eine nationale repräsentative Studie, an der 2.539 Teilnehmer teilnahmen, ergab, dass jetzt 4,6% der Befragten angaben, Mobbing ausgesetzt gewesen zu sein (vgl. Einarsen et al., 2007). Der aktuelleren Studie Einarsens folgend hat sich somit das Vorkommen von Mobbing in Norwegen über einen Zeitraum von etwa 10 Jahren offensichtlich um fast 50% verringert.

Finnische Studien von Salin (2003) bei Mitgliedern einer finnischen Organisation (SEFE) für Berufstätige mit Universitätsabschluss (N = 377) weisen bei einer Verwendung eines Selbsteinschätzungsinstruments mit vorgegebener Mobbingdefinition Prävalenzen von 8,8% und bei der Verwendung des Negative Acts Questionnaire (NAQ) von Einarsen, Raknes, Matthiesen & Hellesøy von 24,1% auf. Varhama und Björkqvist (2004) konnten bei Mitarbeitern eines finnischen Produktionsbetriebes bei Selbsteinschätzungen mit vorgegebener Mobbingdefinition Häufigkeiten von 14% ermitteln (vgl. Salin, 2003; Varhama & Björkqvist, 2004).

Dänische Befunde weisen bei einer repräsentativen Stichprobe der Gesamtbevölkerung bei Vorgabe einzelner Items zu Mobbing eine Prävalenz von 2% auf (vgl. Hogh & Dofradottir, 2001).

Für Schweden konnten Hansen und Kollegen (2006) bei Mitarbeitern (N = 332) von fünf schwedischen Unternehmen (Schule, Telekommunikation, Sozialversicherung, Pharmazie, Holzindustrie) unter Verwendung einer Selbsteinschätzungsskala mit vorgegebener Mobbingdefinition Prävalenzraten von durchschnittlich 5% ermitteln (vgl. Hansen, Hogh, Persson, Karlson, Garde & Ørbæk, 2006).

In einer repräsentativen Studie für die Niederlande konnten Hubert und van Veldhoven (2001) im Rahmen ihrer Forschungsarbeiten zu Mobbing in den Branchen Industrie, Ausbildung, Gesundheitssektor, Regierung, Öffentlicher Dienst, Handel, Wirtschaft, Finanzwesen, Produktion, Transportdienst, Dienstleistung, u.a. (N = 66.764) unter Vorgabe einzelner Items zu Mobbing im Mittelwert eine Prävalenz von 2,2% nachweisen (vgl. Hubert & Veldhoven, van, 2001).

Britische Studien zeigen, dass etwa 30% der Beschäftigten mit negativem Verhalten konfrontiert sind, das sich gegen sie richtet - wöchentlich über einen Zeitraum von 6 Monaten oder mehr - (vgl. Rayner & Keashly, 2005).

Hoel und Cooper (2000) konnten anhand einer repräsentativen Stichprobe der Gesamtbevölkerung Großbritanniens (N = 5.288) unter Verwendung einer Selbsteinschätzung mit vorgegebener Mobbingdefinition eine Häufigkeit des Auftretens des Phänomens von 10.5% nachweisen (vgl. Hoel & Cooper, 2000).

In einer Studie von Quine (1999) mit 1.100 Mitarbeitern des britischen National Health Service konnte eine Prävalenzrate von 38% ermittelt werden. Quine (2001) untersuchte zudem das Vorkommen von Mobbing in einer Substichprobe von Gemeindekrankenschwestern und konnte dabei ermitteln, dass 44% der Krankenschwestern innerhalb der 12-monatigen Berichtsperiode eine oder mehrere Arten von Mobbing erfahren hatten. In einer weiteren Studie mit Hausärzten und Standesbeamten konnte Quine (2002) zeigen, dass 37% der Befragten selbst Mobbing betrieben. 84% der Befragten hatten in den vergangenen 12 Monaten eine oder mehrere Mobbingverhaltensweisen erlebt (vgl. Quine, 1999; 2001; 2002).

In einer irischen Untersuchung von Martino, Hoel und Cooper (2003) mit 1.009 Befragten konnte eine Prävalenz von 17% ermittelt werden (vgl. Martino, Hoel & Cooper, 2003). Eine Untersuchung des irischen Departments of Enterprise, Trade and Employment von O'Connell et al. (2007) an über 3.500 Arbeitssuchenden (Rücklaufquote = 36%) unter Verwendung einer Selbsteinschätzungsskala mit vorgegebener Mobbingdefinition zeigt, dass 7,9% der Befragten innerhalb der letzten sechs Monate Mobbing an ihrem letzten Arbeitsplatz erlebt hatten (vgl. O'Connell, Calvert & Watson, 2007).

Nordamerika, Australien, Asien:
Der U.S. Workplace Bullying Survey 2017 zeigt unter Verwendung einer Online-Befragung mit einer vorgegebenen Mobbingdefinition bei 1.008 erwachsenen US-Bürgern, dass 19% der Amerikaner Mobbing am Arbeitsplatz ausgesetzt waren, weitere 19% haben Mobbing am Arbeitsplatz bei anderen erlebt und 63% sind sich bewusst, dass Mobbing am Arbeitsplatz vorkommt (vgl. Namie, 2017).

In einer australischen Online-Befragung von Magee et al. (2015) unter Verwendung des NAQ ohne vorgegebene Mobbingdefinition bei 1.528 australischen Arbeitnehmerinnen und Arbeitnehmer konnte gezeigt werden, dass innerhalb der letzten sechs Monate 7% der australischen Arbeitnehmerinnen und Arbeitnehmer gemobbt worden waren. Zudem hatten 40% der Befragten Mobbing während ihres Arbeitslebens bereits erlebt (vgl. Magee, Gordon, Robinson, Reis, Caputi & Oades, 2015).

In Südkorea wurde über eine Online-Website für Beschäftigungsinformationen Daten zum Phänomen Mobbing erhoben. Die Umfrage zeigt, dass 30,4% der 3.035 Arbeitnehmerinnen und Arbeitnehmer, die an der Umfrage teilgenommen haben, an ihrem Arbeitsplatz gemobbt wurden (vgl. Park, 2013).

In Japan konnten anhand einer vom Ministerium für Gesundheit, Arbeit und Soziales (MHLW) durchgeführten Umfrage mit 10.075 japanischen Arbeitnehmerinnen und Arbeitnehmern ermittelt werden, dass 25,3% aller Befragten in den letzten drei Jahren Mobbing am Arbeitsplatz erlebt hatten (vgl. Naito, 2013). Eine Studie aus Malaysia von Al Bir und Hassan (2014) an 231 Mitarbeiterinnen und Mitarbeiter der Privatwirtschaft und des öffentlichen Dienstes zeigt unter Verwendung des NAQ, dass 39% der Befragten von Zeit zu Zeit negatives Verhalten durch Zurückhalten von Informationen und Leistungsbeeinträchtigung am Arbeitsplatz erlebt hatten. 34,6% deuteten an, dass jemand Gerüchte über sie verbreitet hatte oder dass sie angeschrien wurden (32%). 52,4% sagten, dass ihre Meinung ignoriert worden war, 53,2% sagten, dass ihnen Aufgaben mit unangemessenen Fristen gegeben wurden und 18,2% der Befragten hatten Gewaltandrohungen oder körperliche Übergriffe bei der Arbeit erlebt (vgl. Al Bir & Hassan, 2014).

Anmerkungen zu den ermittelten Prävalenzen:
Die beobachteten Prävalenzraten von Mobbing scheinen stark von der angewandten Forschungsstrategie, dem Beruf oder dem Berufszweig sowie dem Land beeinflusst zu sein. Wird Mobbing anhand einer genauen Definition gemessen und bezieht sich die Definition auf eine regelmäßige wöchentliche Erfahrung über einen Zeitraum von 6 Monaten, werden normalerweise weniger als 5% der Bevölkerung gemobbt (vgl. Martino, Hoel & Cooper, 2003; Zapf, Einarsen, Hoel & Vartia, 2003).

Wenn eine einzelne Itemmethodik verwendet wird, bei der die Befragten gebeten werden, sich nach einer strikten Definition als Opfer zu bezeichnen, ist eine Prävalenz von 3% bis 7% am typischsten (vgl. Zapf et al., 2003).

Mobbing-Häufigkeiten zwischen 8% und 10% wurden wiederholt berichtet, wenn weniger eingeschränkte Häufigkeitskriterien, wie weniger häufig als wöchentlich, in die Prävalenzschätzungen aufgenommen wurden (Einarsen & Skogstad, 1996; Zapf et al., 2003).

Keashly und Jagatic (2003) kommen zu dem Schluss, dass das Fehlen einer gemeinsamen Terminologie und einer gut entwickelten Methodik es schwierig macht, die genaue Prävalenz von Mobbing zu ermitteln (vgl. Keashly & Jagatic, 2003).

3.2.3 Mobbinghandlungen

Mobbing und Bossing bestehen nach Esser und Wolmerath (2011) nicht nur aus aktivem Tun, sondern können auch durch gezieltes Unterlassen erfolgen und bedürfen grundsätzlich immer eines konkreten menschlichen Fehlverhaltens. Die Autoren haben zur besseren Orientierung zehn Kategorien aufgestellt, die das breite Spektrum der Mobbinghandlungen zeigen. Im Folgenden werden die von den Autoren beschrieben Kategorien genannt.

Angriffe gegen die Arbeitsleistung und das Leistungsvermögen: Manipulation, Sabotage oder Missbrauch des Weisungsrechts führen bei den Betroffenen zu schlechterer Leistung, Fehler und beruflicher Frustration. Die Betroffenen werden in ihrer Arbeit gestört, verunsichert und überfordert, um ihr Leistungsvermögen zu mindern. Ziel ist es, Voraussetzungen für eine Abmahnung, Versetzung oder eine Kündigung zu schaffen.

Angriffe gegen das Arbeitsverhältnis: Obwohl kein Anlass dazu besteht, wird direkt auf die Kündigung oder Entlassung der Betroffenen hingewirkt. Hierbei werden nichtige Anlässe herangezogen oder durch Manipulation erzeugt, damit gravierendes arbeitsvertragliches bzw. dienstrechtliches oder strafrechtliches Fehlverhalten behauptet werden kann.

Destruktive Kritik: Bei destruktiver Kritik wird gezielt nach Fehlern gesucht. Kleinigkeiten werden aufgebauscht oder es wird gezielt manipuliert. Ziel ist es, die Betroffenen zu demontieren.

Angriffe gegen die soziale Integration: Den Betroffenen wird jede Hoffnung auf soziale Wertschätzung genommen, indem das Bedürfnis nach sozialer Akzeptanz und das Recht auf ein respektvolles soziales Miteinander gezielt untergraben werden.

Angriffe gegen das soziale Ansehen im Beruf: Chronische Demütigungen, entweder in direkter Konfrontation oder durch Rufschädigung hinter der Rücken, sollen die Betroffenen sowohl beruflich als auch menschlich existenziell isolieren.

Angriffe gegen das Selbstwertgefühl: Unsicherheiten beruflicher und/oder persönlicher Art z. B. von Auszubildenden oder neuen Führungskräften werden gezielt wiederholt angesprochen und somit „bestätigt". Es erfolgt weder eine Aufmunterung noch eine Unterstützung oder Einarbeitung. Ganz im Gegenteil! Es gilt eine „Null-Fehler-Toleranz". Situationen von Unsicherheit werden gezielt herbeigeführt und die Unsicherheit als Waffe gegen die Betroffenen eingesetzt.

Schreck, Angst und Ekel erzeugen: Gefühle von Unsicherheit, Schreck sowie Ekel werden mit dem Ziel provoziert, die Betroffenen elementar zu ängstigen oder in Panik zu versetzen. Die Betroffenen sollen sich zu keiner Zeit und in keiner Situation sicher fühlen (Psychoterror).

Angriffe gegen das Privatleben: Neben der beruflichen Situation wird auch das Privatleben bedroht. Die Betroffene sollen sich in keinem Lebensbereich mehr sicher fühlen, solange sie nicht aufgegeben haben.

Angriffe gegen die Gesundheit und die körperliche Unversehrtheit: Es wird nicht nur die körperliche Unversehrtheit bedroht, sondern auch Nötigungen und Körperverletzungen begangen oder angedroht. Damit soll die Aufgabe der Betroffenen beschleunigt werden.

Unterlassene Hilfeleistung: Hilfeersuchen der Betroffenen werden abgewiesen. Die Untätigkeit wird von Vorgesetzten damit begründet, dass die Betroffenen an den Vorkommnissen eine Mit- oder gar Hauptschuld tragen (vgl. Esser & Wolmerath, 2011).

Im Rahmen seiner Studien zu Mobbing in den 1980er Jahren identifizierte Leymann (1993) bereits 45 Mobbinghandlungen, die er unter den fünf folgenden Kategorien zusammenfasste: 1. Einschränkungen der Kommunikationsmöglichkeiten des Mobbingopfers, 2. Entzug der sozialen Unterstützung, 3. Demontage des sozialen Ansehens, 4. Reduzieren der Arbeits- und Lebenszufriedenheit, 5. Beeinträchtigungen von Gesundheit und Wohlbefinden. Den Ausführungen Leymann's zufolge ist ein Mobbingtatbestand dann erfüllt, wenn eine oder mehrere von 45 genau beschriebenen Handlungen über ein halbes Jahr oder länger mindestens einmal pro Woche vorkommen (vgl. Leymann, 1996).

Andere Autoren kritisieren die Auflistung Leymann's und erklären sie für nicht abschließend, da nichtkommunikative oder nonverbale Mobbinghandlungen nicht berücksichtigt worden seien. Außerdem könnten die von Leymann aufgestellten Kriterien über Dauer und Häufigkeit nicht bindend sein, da beispielsweise Krankheit oder Urlaub des Mobbers nicht berücksichtigt würden (vgl. Esser, Wolmerath & Niedl, 1999).

Niedl (1995) konnte als häufigste Einzelhandlungen (1) das ständige Unterbrochenwerden sowie abwertende Gesten und Blicke (44% in Krankenhäusern; 29% in einem Forschungsinstitut), (2) mit ihnen (den Gemobbten) nicht sprechen und von ihnen (den Mobbern) nicht angesprochen werden (Krankenhäuser 20%; Forschungseinrichtung 10%), (3) Unterforderung (Krankenhäuser 34%; Forschungsinstitut 30,2%), (4) hinter dem Rücken schlecht reden (Krankenhäuser 49,5%; Forschungseinrichtung 31,7%) (5) zu gesundheitsschädigenden Arbeiten gezwungen werden (9,2% in Krankenhäusern) ermitteln. Der Autor konnte im

Zuge einer Faktorenanalyse an dem Leymann Inventory of Psychological Terror (LIPT-Fragebogen) die folgenden Dimensionen finden (vgl. Niedl, 1995): a) aktive Angriffe auf die persönliche Integrität, b) Ausgrenzungen, c) direkte/indirekte Kritik, d) Sanktion durch Arbeitsaufgabe, e) Drohungen, f) sexuelle Übergriffe und g) Angriffe auf die Privatsphäre (vgl. Niedl, 1995, zitiert nach Neuberger, 1999).

Eine andere Kategorisierung von Mobbinghandlungen stammt von Bassman (1992), die die Autorin anhand von Fall-Vignetten vornahm. Sie schlägt folgende Kategorisierung vor: a) Herabwürdigung und Entwertung der Person (z. B. Verletzende, übertriebene, schonungslose Kritik), b) Schikane durch Pedanterie (z. B. Vorschriften machen, wie gearbeitet werden soll, kleinliches Kontrollieren), c) Überbewertung und Manipulation von Informationen (z. B. Herumreiten auf negativen Eigenschaften des Gemobbten), d) Mit Drohung und Einschüchterung führen (z. B. fertigmachen), e) Sich mit fremden Federn schmücken, unfair übervorteilen (z. B. Leistungen anderer als eigene ausgeben), f) Wahrnehmung von Chancen verweigern, g) Die Fähigkeiten einer Arbeitskraft ,runtermachen', um Entlassungen zu rechtfertigen (z. B. schlechte Personalbeurteilung) und h) Impulsives und destruktives Verhalten (z. B. Wutausbrüche) (vgl. Bassman, 1992, zitiert nach Neuberger, 1999).

Knorz und Zapf (1995) weisen aufgrund ihrer qualitativen Studie mit 21 Interviewten darauf hin, dass sie über die von Leymann identifizierten 45 typischen Mobbinghandlungen hinaus weitere feindselige Angriffe identifizieren konnten, z. B. *„Jemand wird absichtlich von betrieblichen Feiern und anderen sozialen Anlässen ausgeschlossen"* oder *„Alle Vorschläge, die von dem Betroffenen gemacht werden, werden prinzipiell abgelehnt"* (vgl. Knorz & Zapf, 1995, zitiert nach Neuberger, 1999, S. 26).

In ihrer telefonischen Befragung im Rahmen der Repräsentativstudie zu Mobbing in Deutschland (n = 495) gaben Meschkutat et al. (2002) zehn Mobbingverhaltensweisen vor: 1. Gerüchte, Unwahrheiten, 2. Arbeitsleistungen falsch bewertet, 3. Sticheleien, Hänseleien, 4. Verweigerung wichtiger Informationen, 5. Arbeit massiv, ungerecht kritisiert, 6. Ausgrenzung, Isolierung, 7. als unfähig dargestellt, 8. Beleidigungen, 9. Arbeitsbehinderung, 10. Arbeitsentzug. Von den Befragten wurden durchschnittlich fünf der o.a. Mobbinghandlungen bejaht. Die Mobbingbetroffenen erleben in der Regel eine Kombination von Angriffen auf der sozialen und fachlichen Ebene. Angriffe auf „nur" einer der beiden Ebenen finden eher selten statt. Im Vordergrund steht bei den erlebten Mobbinghandlungen unter dem Item „Gerüchte, Unwahrheiten" die Diskreditierung einer Person mit dem Ziel, das Ansehen zu schädigen. Ein besonderes Merkmal ist dabei, dass sich die Verursacher von Gerüchten nur schwer bis gar nicht identifizieren lassen. Unter den Items „Sticheleien, Hänseleien" und „Beleidigungen" geht es den Mobbern häufig darum, das Mobbingopfer der Lächerlichkeit preiszugeben, indem sich über Krisen oder Probleme oder besondere Eigenschaften (Gang, Mimik, Gestik) der Person lustig gemacht wird. Unter den Items „Arbeitsleistung falsch bewertet", „Arbeit massiv, ungerecht kritisiert" und „als unfähig dargestellt", betreffen die Mobbinghandlungen die Arbeit im engeren Sinne und stellen die Kompetenzen und Fähigkeiten des/der Betroffenen in Frage. Dahinter steht das systematische Kontrollieren der Arbeit, um Fehler nachweisen zu können. Zudem werden Vorschläge oder Anregungen des/der Betroffenen regelmäßig übergangen oder kritisiert. Es geht dabei um die Demontage der Person. Die Mobbingbetroffenen sollen als Versager und in letzter Konsequenz als eine Belastung für die anderen Mitarbeiterinnen und Mitarbeiter dargestellt werden. Die Items „Verweigerung wichtiger Informationen", „Arbeitsbehinderung" und „Arbeitsentzug" weisen auf Mobbinghandlungen hin, die darauf abzielen, die Mobbingbetroffenen kaltzustellen. Eine vernünftige Arbeitsleistung soll systematisch verhindert werden. Unter dem Item „Ausgrenzung, Isolierung" gehen die Mobber subtil und indirekt vor. Ziel ist es, die Betroffenen von sozialen Bindungen innerhalb des Betriebes abzuschneiden (vgl. Meschkutat, Stackelbeck & Langenhoff, 2002).

Hinsichtlich der Untersuchungen zu den Mobbinghandlungen, differenziert nach Geschlecht, Alter, beruflichem Status und Tätigkeitsniveau kommen Meschkutat et al. (2002) zusammenfassend zu folgendem Ergebnis: Während sich die Angriffe gegen Frauen überwiegend im sozialen Kontext und weniger im arbeitsbezogenen Zusammenhang zeigen, sind Männer häufiger auf der fachlichen Ebene betroffen. Jüngere Arbeitnehmerinnen und Arbeitnehmer werden fachlich diskreditiert, älteren einfach die Arbeit entzogen. Arbeiterinnen und Arbeiter werden überwiegend mit Gerüchten, Unwahrheiten, Sticheleien, Hänseleien und Beleidigungen gemobbt. Ihre Arbeit wird dabei weniger behindert. Bei den Beamtinnen und Beamten spielen Gerüchte, Beleidigungen usw. eine unterrepräsentierte Rolle. Sie sind im Gegensatz zu den Arbeiterinnen und Arbeitern am häufigsten durch Arbeitsentzug betroffen. Hinsichtlich des Tätigkeitsniveaus zeigt sich, dass Betroffene auf niedrigem Tätigkeitsniveau am häufigsten von Mobbinghandlungen betroffen sind, die die unmittelbare Kommunikation betreffen (u.a.

Sticheleien und Beleidigungen). Wichtige Informationen zur Ausübung ihrer Tätigkeit werden ihnen weniger vorenthalten. Personen auf hohem Tätigkeitsniveau sind hingegen weniger von Sticheleien, Beleidigungen usw. betroffen, ihnen werden jedoch überproportional wichtige Informationen verweigert. Darüber hinaus weisen Meschkutat et al. darauf hin, dass sich die Mobber nach Einschätzung der von ihnen befragten Mobbingbetroffenen über den Gesamteffekt ihres Handelns bewusst sind. 83,5% der Befragten gaben an, dass es sich um zielgerichtete bzw. systematische Aktionen des Mobbers gehandelt hat. Lediglich 8,2% der Mobbingbetroffenen glauben an ein unbewusstes Vorgehen (vgl. Meschkutat, Stackelbeck & Langenhoff, 2002).

Einarsen, Hoel und Notelaers (2009) kommen zu dem Schluss, dass Mobbinghandlungen und somit Mobbing als Phänomen drei Haupttypen aufweist: arbeitsbezogenes, personenbezogenes und physisches Mobbing (vgl. Einarsen, Hoel & Notelaers, 2009).

Arbeitsbezogenes Mobbing umfasst Reknes et al. (2014a) zufolge Verhaltensweisen wie unangemessene Fristen oder nicht zu bewältigende Arbeitslasten, übermäßige Arbeitsüberwachung, Zuweisung bedeutungsloser Aufgaben oder gar keine Zuweisung von Aufgaben (vgl. Reknes, Pallesen, Magerøy, Moen, Bjorvatn & Einarsen, 2014a).

Personenbezogenes Mobbing ist nach Spector et al. (2014), Scott et al. (2014), Pilch und Turska (2015) sowie Loerbroks et al. (2015) eine andere Art von Mobbing und beinhaltet Mobbinghandlungen als Angriffe auf das Selbstwertgefühl wie verbale Attacken, Isolation oder soziale Ausgrenzung, emotionalen Missbrauch und Erniedrigung (vgl. Spector, Zhou & Che, 2014; Scott, Zagenczyk, Schippers, Purvis & Cruz, 2014; Pilch & Turska, 2015; Loerbroks, Weigl, Li, Glaser, Degen. & Angerer, 2015).

Darüber hinaus haben Loerbroks et al. (2015) berichtet, dass die Mobbenden beim personenbezogenen Mobbing keine Telefonanrufe, Memos und E-Mails beantworten, wodurch Einzelpersonen weiter isoliert werden. Außerdem beinhaltet das persönliche Mobbing Verhaltensweisen wie das Verbreiten von Klatsch, Lügen und falsche Anschuldigungen sowie das Unterdrücken von Mitarbeiterinnen und Mitarbeitern (vgl. Loerbroks, Weigl, Li, Glaser, Degen. & Angerer, 2015).

Schließlich kann Mobbing Bartlett (2016), Boyle und Wallis (2016) sowie Watters und Hillis (2015) zufolge im Extremfall auch körperlich einschüchterndes Verhalten, wie sexuelle Belästigung, körperliche Gewalt und Androhung von

Gewalt, Manipulation und Drohungen im Allgemeinen beinhalten, wobei sexuelle Belästigungen im Allgemeinen von Frauen erlebt und von Männern begangen werden (vgl. Bartlett, 2016; Boyle & Wallis, 2016; Watters & Hillis, 2015). Modecki et al. (2014) weisen darauf hin, dass eine hohe Korrelation zwischen den verschiedenen Mobbingkategorien existiert, einschließlich Cybermobbing. Daraus folgt, dass Mobbingbetroffene einer großen Anzahl von Mobbingverhaltensweisen aus verschiedenen Mobbingkategorien ausgesetzt sind (vgl. Modecki, Minchin, Harbaugh, Guerra, & Runions, 2014).

3.2.4 Dauer und Intensität

Theoretisch ist Mobbing ein lang andauernder Prozess, der aus wiederkehrenden negativen Handlungen besteht. Große repräsentative Stichproben in Schweden (vgl. Leymann, 1996) und Norwegen (vgl. Einarsen & Skogstad, 1996) haben eine durchschnittliche Mobbingdauer von 15 bis 18 Monaten festgestellt (vgl. Zapf, Einarsen, Hoel & Vartia, 2003). Die norwegische nationale repräsentative Studie fand heraus, dass ein beträchtlicher Teil der Mobbingvorfälle (vier von 10 Fällen) länger als ein Jahr andauerte (vgl. Einarsen Tangedal, Skogstad, Matthiesen, Aasland, Nielsen, Bjorkelo, Glaso & Hauge, 2007).

Eine britische Studie ergab, dass 39% der Betroffenen seit mehr als zwei Jahren gemobbt (vgl. Hoel & Cooper, 2000) und 67% der Stichprobe mehr als ein Jahr gemobbt wurden (vgl. Hoel, Cooper & Farager, 2001).

Eine finnische Studie ergab eine mittlere Dauer von 2,7 Jahren (vgl. Salin, 2001).

Eine deutsche Studie konnte zeigen, dass 50,7% der Betroffenen zwischen 6 Monaten und einem Jahr und 12,1% Mobbing noch nach über drei Jahren erlebt hatten (vgl. Meschkutat, Stackelbeck & Langenhoff, 2002).

Mikkelsen und Einarsen (2001) ermittelten, dass 15% der Mobbingbetroffenen zwei Jahre lang gemobbt wurden.

Die unterschiedlichen Ergebnisse der Studien zur Dauer eines Mobbingprozesses zeigen, dass Mobbing von den Betroffenen einerseits sehr individuell wahrgenommen und erlebt wird. Mobbing beginnt nicht an einem Punkt x und hört an einem anderen Punkt x wieder auf. Je nach Wahrnehmung und Erleben der Betroffenen wird Mobbing vor allem als ein schleichender Prozess erlebt. Andererseits sind die uneinheitlichen Befunde zudem auf die von den Forscherinnen und Forschern vorgelegten unterschiedlichen Mobbingdefinitionen zurückzuführen (vgl. Niedl, 1995).

In der Wissenschaftslandschaft besteht Eingikeit darüber, dass Mobbing einer gewissen Intensität unterliegen muss. Nach Einarsen et al. (2011) ist Mobbing gegeben, wenn eine Person negativen Handlungen wiederholt und regelmäßig und über einen bestimmten Zeitraum ausgesetzt ist: „ ...it has to occur repeatedly and regularly (e.g., weekly) and over a period of time (e.g., about six months)" (vgl. Einarsen, Hoel, Zapf & Cooper, 2011, S. 22).

Meschkutat und Kollegen (2002) ermittelten in ihrer deutschen Studie, dass 23,8% der Befragten täglich Mobbinghandlungen ausgesetzt waren, 32,3% mehrmals in der Woche, 26% mehrmals im Monat und 17,9% seltener als mehrmals im Monat. Den AutorInnen zufolge sah sich demnach jeder vierte Betroffene täglich und knapp jeder Dritte mehrmals in der Woche Mobbinghandlungen ausgesetzt (vgl. Meschkutat, Stackelbeck & Langenhoff, 2002, zitiert nach Rusch, 2014).

Willingstorfer et al. (2002) ermittelten zur Häufigkeit und Dauer eines Mobbingprozesses in Verbindung mit dem Grad der Betroffenheit durch die erlebten Mobbinghandlungen, dass die Betroffenheit durch verbale Aggression und Angriffe über organisationale Maßnahmen von den Betroffenen höher eingestuft wurde, als die Betroffenheit bezogen auf die Häufigkeit von Mobbinghandlungen insgesamt. Daraus lässt sich schließen, dass bestimmte Mobbingverhaltensweisen schwerwiegendere Auswirkungen haben, auch wenn sie nicht häufig auftreten (vgl. Willingstorfer, Schaper & Sonntag, 2002, zitiert nach Rusch, 2014).

Bei der Verknüpfung von Intensität und Dauer von Mobbinghandlungen konnten Einarsen und Skogstad (1996) zeigen, dass Mobbingbetroffene, die sehr häufig (wöchentlich) gemobbt wurden, auch von einer längeren Dauer des Mobbingprozesses berichteten. Hingegen erlebten Betroffene einen viel kürzeren Mobbingprozess, wenn sie den Mobbinghandlungen seltener - z. B. hin und wieder - ausgesetzt waren (vgl. Einarsen & Skogstad, 1996, zitiert nach Rusch, 2014).

In einer quantitativen Studie konnten Zapf und Groß (2000) die Ergebnisse von Einarsen und Skogstad bestätigen und zeigen, dass drei von fünf Mobbingverhaltensweisen häufiger auftraten, je länger ein Mobbinggeschehen andauerte. Zapf und Groß fanden zudem heraus, dass das Mobbing im Verlauf der Zeit immer mehr eskalierte. Es kann postuliert werden: je häufiger und intensiver Mobbing erfolgt, desto länger dauert es an (vgl. Zapf & Groß, 2000, zitiert nach Rusch, 2014).

3.2.5 Mobbing und Gender

Unter dem Gendergesichtspunkt zeigen die meisten Studien, dass es sich bei Mobbingbetroffenen etwa um ein Drittel Männer und ca. zwei Drittel Frauen handelt (vgl. Zapf, Einarsen, Hoel & Vartia, 2003).

Allerdings sind die geschlechtsspezifischen Unterschiede in den skandinavischen Ländern hinsichtlich der Prävalenz von Mobbing nur gering (vgl. Einarsen, Raknes & Matthiesen, 1994).

Vartia (2003) bezieht sich auf eine finnische Studie unter Polizeibeamten, bei der Frauen aus der Minderheit bestehen. In dieser Studie wurden 8% männliche und 14% weibliche PolizistInnen Mobbing am Arbeitsplatz ausgesetzt (vgl. Vartia, 2003).

Ebenso gaben in einer Stichprobe von 6.485 norwegischen Hilfskrankenschwestern und -pflegern (organisiert in der norwegischen Union der Gesundheits- und Sozialarbeiter) 10,2% Männer und 4,3% Frauen an, dass sie während der letzten sechs Monate von Mobbing am Arbeitsplatz betroffen waren. In dieser Stichprobe machten Männer nicht mehr als 3% der Belegschaft aus (vgl. Eriksen & Einarsen, 2004).

Die Studien von Vartia (2003) und Eriksen und Einarsen (2004) weisen darauf hin, dass die Geschlechterminorität ein besonderer Risikofaktor für Mobbing sein kann.

Zapf (1999) postuliert in einem Überblickartikel, dass sich Hinweise darauf finden, Frauen würden aufgrund ihrer Sozialisation häufiger gemobbt als Männer. Empirische Belege finden sich hierfür indes nicht. Auch wenn über alle Untersuchungen hinweg etwa zwei Drittel der befragten Mobbingbetroffenen Frauen sind, müsse berücksichtigt werden, dass sich in diversen Studien in den jeweiligen Grundgesamtheiten mehrheitlich Frauen fanden. Es könnte geschlossen werden, dass in Branchen mit hohem Frauenanteil, wie etwa dem Gesundheitswesen, Mobbing häufiger vertreten ist. Zudem sei aus der Stressforschung bekannt, dass Frauen eher gesundheitliche Probleme zugeben und deshalb auch eher an einer Mobbingstudie teilnehmen würden (vgl. Zapf, 1999).

Salin (2015) hat in einer repräsentativen Umfrage mit finnischen Arbeitnehmerinnen und Arbeitnehmern (N = 4.392) die Rolle von Geschlechterverhältnissen und Risikofaktoren aus einer geschlechtsspezifischen Perspektive heraus analysiert. Während das Arbeiten in einem Beruf, der typischerweise mit dem anderen Geschlecht assoziiert wird, oft als Risikofaktor für Mobbing präsentiert wurde, zeigt Salins Studie, dass eine erhöhtes Mobbingrisiko vor allem für Männer besteht, wenn sie in einem Beruf arbeiten, der vom anderen Geschlecht dominiert wird. Obwohl Frauen im Allgemeinen mehr Mobbing erlebten, waren Frauen, die schlecht geleitete Arbeitsaufgaben verrichten, nicht gefährdeter als andere Frauen. Jedoch sind Frauen bei diesen Tätigkeiten höhere Risiken ausgesetzt als Männer bei der gleichen Arbeit. Dass Frauen in von Frauen dominierten Arbeitsgruppen dem Risiko von Mobbing ausgesetzt sind, könnte die unterschiedlichen beruflichen Unterschiede widerspiegeln. Frauen (und Männer), die in frauendominierten Berufen arbeiten, finden sich häufig in den Branchen Bildung, Gesundheit und soziale Dienste, also in Bereichen, von denen in früheren Studien berichtet wurde, dass sie von höheren Mobbingraten betroffen sind (vgl. u.a. Zapf et al., 2011).

Salin untersuchte in ihrer Studie auch Risikofaktoren für Männer und Frauen getrennt, um mögliche Unterschiede zu identifizieren. Insgesamt waren die Muster für Männer und Frauen ziemlich ähnlich. Das psychosoziale und physische Arbeitsumfeld spielt sowohl für Männer als auch für Frauen eine wichtige Rolle (vgl. Salin, 2015).

Spence Laschinger und Nosko (2015) berichteten, dass Männer in der Regel von ihren männlichen Vorgesetzten gemobbt werden, während Frauen sowohl von Männern als auch von Frauen mit einem etwa gleichen Anteil an Männern und Frauen unter den Mobbenden schikaniert werden (vgl. Spence Laschinger & Nosko, 2015).

Die Ergebnisse von O'Donnell und MacIntosh (2016) legen nahe, dass Mobbing am Arbeitsplatz geschlechtsspezifisch ist, wobei Mobbing häufiger zwischen dem gleichen Geschlecht auftritt (vgl. O'Donnel & MacIntosh, 2016).

3.2.6 Mobbing unter dem Gesichtspunkt von Persönlichkeitseigenschaften der Betroffenen und der Mobbenden

Während einige Autorinnen und Autoren der Auffassung sind, dass Persönlichkeitseigenschaften im Kontext von Mobbing eine gewichtige Rolle spielen können, lehnen andere dies ab. Einige Forschungsarbeiten haben sich schon sehr früh mit dem Zusammenhang der Persönlichkeit der Betroffenen und Mobbing befasst.

Brodsky (1976) etwa postuliert, dass Mobbingbetroffene als Überflieger mit einer unrealistischen Sichtweise sowohl hinsichtlich ihrer eigenen Fähigkeiten und Ressourcen als auch hinsichtlich der Anforderungen ihrer Arbeitsaufgaben wahrgenommen werden (vgl. Brodsky, 1976).

Einarsen und Raknes (1991) konnten in einer norwegischen Studie zeigen, dass häufig gemobbte Menschen einen signifikant geringeren Grad an Selbstachtung und einen hohen Grad an sozialer Angst aufweisen (vgl. Einarsen & Raknes, 1991).

Vartia (1996) konnte in einer finnischen Studie ermitteln, dass Mobbingbetroffene einen höheren Wert an Neurotizismus (emotionale Labilität) aufwiesen als Nichtbetroffene (vgl. Vartia, 1996).

Zapf (1999) weist darauf hin, das sich Mobbingbetroffene selbst als genauer, ehrlicher und pünktlicher als ihre Kolleginnen und Kollegen wahrnehmen, allerdings von anderen auch als herablassend empfunden werden (vgl. Zapf, 1999).

Leymann (1996) hingegen fand bei seinen Studien keine typischen Persönlichkeits-merkmale. Allerdings fand er Hinweise darauf, dass Mobbingbetroffene im Zuge des Mobbingprozesses langsam Persönlichkeitsveränderungen zeigen, bspw. sich ausbildende Hilflosigkeits- und Misstrauensgefühle entwickeln. Leymann postuliert deshalb, dass Persönlichkeitsveränderungen der Betroffenen Folge und die Persönlichkeit selbst nicht Ursache von Mobbing ist (vgl. Leymann, 1996).

Einarsen et al. (2003) sowie Rayner und Hoel (1997) weisen darauf hin, dass organisatorische Faktoren per se für das Entstehen von Mobbing von großer Bedeutung sind, das Gesamtbild eines Mobbingsachverhalts aber nicht ohne die Betrachtung der individuellen Persönlichkeitsfaktoren erklärt werden kann (vgl. Rayner, & Hoel, 1997; Einarsen, Hoel, Zapf & Cooper, 2003).

Coyne et al. (2000) legten bei ihrer Studie an 60 irischen Mobbingbetroffenen das Big-5-Faktoren-Modell (Offenheit für Erfahrungen, Gewissenhaftigkeit, Extraversion, Verträglichkeit, Neurotizismus) zugrunde. Sie konnten ermitteln, dass Mobbingbetroffene weniger extrovertiert und unabhängig waren als Nichtbetroffene. Zudem waren die Mobbingbetroffenen instabiler und gewissenhafter (vgl. Coyne, Seigne & Randall, 2000).

Davenport et al. (2000) konnten in einer Interviewstudie an amerikanischen Mobbingbetroffenen zeigen, dass es sich bei den von Ihnen Interviewten um außergewöhnliche Individuen handelte, die sich durch positive Eigenschaften wie

Intelligenz, Kompetenz, Kreativität, Integrität, Leistung und Hingabe auszeichneten. Die von den Autorinnen und Autoren interviewten Mobbingbetroffenen zeigten eine hohe Loyalität gegenüber ihren Organisationen und identifizierten sich stark mit ihrer Arbeit. Davenport und KollegInnen schlussfolgern, dass Kreativität neue Ideen fördert. Das kann andere herausfordern und als Bedrohung für höhere Positionen angesehen werden, weshalb es diesen Personen gegenüber zu Mobbing kommen kann (vgl. Davenport, Schwartz & Eliot, 2000).

Randle (2006) konnte in einer Studie unter amerikanischen Angehörigen der Gesundheitsberufe zeigen, dass es sich bei den Mobbingbetroffenen um klar denkende und proaktive Individuen handelte (vgl. Randle, 2006).

Einarsen et al. (1994; 2003) folgend, behaupten Mobbingbetroffene und ihre Fürsprecher, dass Mobbing hauptsächlich durch Psychopathen verursacht wird und dass es sich beim Mobber um eine tyrannische Persönlichkeit handelt. Allerdings berichten sowohl die Mobber als auch die Kolleginnen und Kollegen der Betroffenen häufig, dass die Persönlichkeit und die Manieren der Mobbingbetroffenen eine wichtige Rolle bei Mobbing spielen (vgl. Einarsen, Raknes, Matthiesen, 1994; Einarsen, Hoel, Zapf & Cooper, 2003).

Vartia (1996), Zapf (1999) und Einarsen (1999) sind der Auffassung, dass bestimmte Personen aufgrund ihrer Persönlichkeit als Mobbingbetroffene ausgewählt werden, weil sie bspw. einen Mangel an sozialen Fähigkeiten aufweisen, die Tendenz haben, Konflikte zu vermeiden oder die Unfähigkeit besitzen, mit Konflikten umzugehen (vgl. Vartia, 1996; Zapf, 1999; Einarsen, 1999).

Laut Griffin und Gross (2004) wird Mobbing als Teil des Aggressionskonzepts anerkannt (vgl. Griffin & Gross, 2004).

Tuckey und Neall (2014), Fanti und Henrich (2015), Rivers et al. (2009) sowie Zapf und Einarsen (2011) postulieren, dass persönliche Faktoren, wie Selbstwertgefühl, erlerntes Verhalten, soziale Ablehnung und fehlende soziale Kompetenzen Mobbing beeinflussen und zu aggressiven Verhaltensweisen beitragen können (vgl. Tuckey & Neall, 2014; Fanti & Henrich, 2015; Rivers, Poteat, Noret, & Ashurst, 2009; Zapf & Einarsen, 2011).

Kunchandy (2007) sowie Yun und Kang (2014) weisen darauf hin, dass ein hohes Selbstwertgefühl immer mit aggressivem Verhalten assoziiert ist und dass ein geringes Selbstwertgefühl mit einer depressiven Reaktion einhergeht. Menschen mit geringem Selbstwertgefühl hingegen sind selten aggressiv, weil sie Angst haben, eine Auseinandersetzung zu verlieren (vgl. Kunchandy, 2007; Yun & Kang, 2014).

Eine Person mit einem instabilen, aber hohen Selbstwertgefühl kann Pilch und Turska (2015) zufolge aggressiv werden, selbst wenn ihr Selbstwertgefühl geringfügig bedroht ist. Daher kann ein hohes Maß an Selbstwertgefühl ein Faktor für Reaktionen sein, wie bspw. die Behandlung anderer mit grausamen Verhaltensweisen. Ein hohes Selbstwertgefühl wird mit Perfektionismus, Arroganz und Narzissmus in Verbindung gebracht (vgl. Pilch & Turska 2015).

Fryling et al. (2011) postulieren, dass auch erlerntes Verhalten ein Faktor für Mobbing sein kann. Basierend auf der sozialen Lerntheorie ist ein erlerntes Verhalten ein Verhalten, das durch Beobachten des Verhaltens und der Einstellung anderer Personen erworben wird (vgl. Fryling, Johnston & Hayes 2011).

Rivers et al. (2009) sind der Auffassung, dass die meisten „Mobber" selbst Mobbingbetroffene waren und damit Enttäuschungen erlebt haben. Sie litten darunter, verletzt und erniedrigt und von ihren „Mobbern" kontrolliert worden zu sein. Sie hatten deswegen Wut und ein Verlangen nach Rache entwickelt. Später dienten die eigenen Erfahrungen als Rechtfertigung für ihr eigenes Mobbingverhalten (vgl. Rivers, Poteat, Noret, & Ashurst, 2009).

Zapf und Einarsen (2011) weisen darauf hin, dass soziale Ablehnung und mangelnde soziale Kompetenz die vorherrschenden Faktoren bei einer großen Anzahl von „Mobbern" sind (vgl. Zapf & Einarsen, 2011).

Matthiesen und Einarsen (2007) zufolge, können eine begrenzte Selbstreflexion und eine mangelnde Perspektivenübernahme wichtige Vorbedingung für Mobbing darstellen, die dazu führen, dass Menschen zu Tyrannen würden (vgl. Matthiesen & Einarsen, 2007).

3.2.7 Mobbingrisiko differenziert nach Berufsgruppen, Branchen und Betriebsgrößen

Meschkutat und Kollegen (2002) weisen darauf hin, dass sich Mobbing quer durch alle Berufsgruppen, Branchen und Betriebsgrößen zieht (vgl. Meschkutat, Stackelbeck & Langenhoff, 2002).

Leymann (1993) berichtete von einer Überrepräsentation von Mobbing im pädagogischen Bereich (ca. 2:1) und der öffentlichen Verwaltung (1,5:1) sowie von einer Unterrepräsentation im Handel, der Produktion und im Gesundheitsbereich. Die Häufigkeit des Vorkommens von Mobbing in der schwedischen öffentlichen Verwaltung war um ein Prozent höher als die durchschnittliche Prävalenz von 3,5 Prozent. In anderen Studien fand Leymann allerdings auch ein erhöhtes

Auftreten von Mobbing im Gesundheitsbereich. So konnten Leymann und Gustafsson (1996) in ihrer Studie zeigen, dass Mobbing in der öffentlichen Verwaltung, dem Sozial- und Gesundheitsbereich sowie in religiösen Organisationen stärker verbreitet war, während sich Mobbing in Handel und Industrie unterrepräsentiert zeigte (vgl. Leymann, 1993; Leymann & Gustafsson, 1996).

Niedl (1995), Piirainen et al. (2000) und Vartia (1993, 1996) berichten ebenfalls über hohe Mobbingraten im Gesundheits- und Sozialbereich (vgl. Niedl, 1995; Piirainen, Elo, Hirvonen, Kauppinen, Ketola, Laitinen, Lindström, Reijula, Riala, Viluksela & Virtanen, 2000; Vartia, 1993; 1996).

Einarsen und Skogstad (1996) fanden in ihrer Studie die höchste Mobbingrate im kirchlichen Bereich und bei Beamten, (3,9 Prozent) sowie in Handel und Gewerbe (3,5 Prozent). Die höchste Prävalenzrate wurde bei Industriearbeitern gefunden, unter denen 17,4 Prozent der Befragten in den letzten sechs Monaten gemobbt wurden. Häufig wurde von Mobbing auch von Arbeitnehmerinnen und Arbeitnehmern in grafischen Berufen und im Hotel- und Restaurantgewerbe berichtet. Die niedrigste Mobbingrate fand sich unter Psychologen und Universitätsangestellten (vgl. Einarsen & Skostad, 1996).

In Untersuchungen an fast 400 Mobbingbetroffenen konnte Zapf (1999) zeigen, dass sich für die Häufigkeit von Mobbing in Deutschland bezogen auf einzelne Branchen relativ große Unterschiede ergaben. Mobbingbetroffene waren im Gesundheits- (im Verhältnis 7:1) und im Erziehungsbereich (3:1), sowie in der öffentlichen Verwaltung (3,5:1) und dem Kreditgewerbe (etwa 3:1) deutlich überrepräsentiert, in den Bereichen Verkehr und Handel, Gaststättengewerbe, im Baugewerbe, Energie/Wasser sowie in der Landwirtschaft hingegen unterrepräsentiert (vgl. Zapf, 1999).

Salin (2001) und Piirainen et al. (2000) berichteten über höhere Mobbingraten im öffentlichen Sektor als in der Privatwirtschaft (vgl. Salin, 2001; Piirainen, Elo, Hirvonen, Kauppinen, Ketola, Laitinen, Lindström, Reijula, Riala, Viluksela & Virtanen, 2000).

Meschkutat und Kolleginnen (2002) untersuchten im Rahmen ihrer repräsentativen Studie zu Mobbing in Deutschland u.a. auch das Mobbingrisiko differenziert nach Berufsgruppen, Branchen und Betriebsgröße. Hinsichtlich des Mobbingrisikos einzelner Berufsgruppen konnten sie ermitteln, dass die sozialen Berufe (u.a. SozialarbeiterInnen, SozialpädagogInnen, ErzieherInnen) mit einem 2,8-fach höheren Risiko von Mobbing betroffen waren als der Durchschnitt. Für

Verkaufspersonal sowie Arbeitnehmerinnen und Arbeitnehmern aus dem Banken- und Versicherungswesen ermittelten sie ein doppelt so hohes und für TechnikerInnen ein 1,8-fach höheres Risiko. Für Arbeitnehmerinnen und Arbeitnehmer der Gesundheitsberufe ermittelten die Autorinnen ein 1,6-fach, für Rechnungskaufleute und InformatikerInnen ein 1,5-fach und für Büroberufe und kaufmännische Angestellte ein 1,3-fach höheres Mobbingrisiko. Ein unterdurchschnittliches Mobbingrisiko konnten sie für Groß- und Einzelhandelskaufleute, Ein- und Verkaufsfachleute, Reinigungs- und Entsorgungsberufe, Berufe des Landverkehrs und landwirtschaftliche Berufe ermitteln. Unterschieden nach Branchen wiesen das Verlags- und Druckgewerbe (2,2) sowie das Holz- (2,1) und Kreditgewerbe (2), Dienstleistung (1,4), Gesundheits-, Veterinär- und Sozialwesen (1,4), öffentliche Veraltung, Verteidigung und Sozialversicherung (1,2) ein höheres Mobbingrisiko als der Durchschnitt auf. Unterrepräsentiert waren die Branchen Einzelhandel, Landwirtschaft und Jägerei. Hinsichtlich der Betriebsgröße konnten Meschkutat und Kolleginnen keinerlei Signifikanzen feststellen. Damit zieht sich das Vorkommen von Mobbing durch alle Betriebsgrößen (kleine Unternehmen bis 20 Beschäftigte bis Unternehmen mit mehr als 500 Beschäftigten) (vgl. Meschkutat, Stackelbeck & Langenhoff, 2002).

Im Rahmen der 5. Europäischen Erhebung über die Arbeitsbedingungen in Europa von 2010 konnte im Gesundheits- und Sozialwesen das höchste Vorkommen von Mobbing ermittelt werden. Etwa 7 % der Beschäftigten in diesem Sektor berichten von Erfahrungen mit Mobbing (gegenüber durchschnittlich 4 % in der EU-27 Mitgliedsstaaten). Die Analyse der Daten aus dieser Untersuchung zeigen auch, dass im öffentlichen Sektor ein höheres Vorkommen von Mobbing festzustellen ist als im privaten Sektor (vgl. Eurofound, 2013).

3.2.8 Mobbing unter hierarchischen Gesichtspunkten

Mobbing findet auf allen hierarchischen Ebenen statt. In diversen Studien zu Mobbing wurde der hierarchische Aspekt berücksichtigt. In der Folge findet sich eine Auswahl unterschiedlicher Untersuchungen. Einerseits zeigen die Studien, dass Mobbing auf gleicher Hierarchieebene stattfindet, anderseits weisen die Studien Vorgesetzte als die häufigsten Mobber, resp. Bosser aus.

Unter anderem konnten Leymann (1992), Skogstad (1990) und Vartia (1991) in ihren skandinavischen Studien ermitteln, dass Mobbing überwiegend unter Mitarbeiterinnen und Mitarbeitern der gleichen Hierarchieebene stattgefunden hatte. Leymann (1992) identifizierte einen Anteil von 44% Mobbingfälle unter Arbeitsnehmerinnen und Arbeitnehmen auf gleicher Hierarchieebne. Hingegen waren ‚nur' 37% der Befragten von Vorgesetzten gemobbt worden. 10% der von Leymann Befragten gaben an, sowohl von Kolleginnen und Kollegen als auch von Vorgesetzten gemeinsam gemobbt worden zu sein. 9% der Befragten erklärten, dass sie von ihren Untergebenen gemobbt wurden (vgl. Leymann, 1992; Skogstad, 1990; Vartia, 1991, zitiert nach Roscher, 2008, S. 33).

Andere Studien weisen darauf hin, dass Mobbing nicht überwiegend unter Kolleginnen und Kollegen gleicher Hierarchieebene stattfindet, sondern Vorgesetzte im überwiegenden Maße als Mobber in Erscheinung treten.

Niedl (1995), Einarsen und Skogstad (1996), Hoel und Cooper (2000), Kiener et al. (2002), Meschkutat et al. (2002) sowie Rowell (2005) konnten mit ihren Untersuchungen zeigen, dass Vorgesetzte im überwiegenden Maße als Mobber in Erscheinung getreten waren. Die Studien weisen eine prozentuale Beteiligung von Vorgesetzten an einem Mobbingprozess zwischen 51 und 81 Prozent aus (vgl. Niedl 1995; Einarsen & Skostad, 1996; Hoel & Cooper, 2000; Kiener, Graf, Schiffer, von Holzen-Beusch & Fahrni, 2002; Meschkutat, Stackelbeck & Langenhoff, 2002, Rowell, 2005).

Der aktuelle U.S. Workplace Bullying Survey 2017 zeigt, dass es sich bei den Mobbern zu 61% um Vorgesetzte handelt, die zu 63% allein gehandelt hatten. In 33% der Fälle wurden die Betroffenen von MitarbeiterInnen gleicher Hierarchieebene gemobbt (vgl. Namie, 2017).

Meschkutat und Kollegen (2002) weisen darauf hin, dass zu 59,3% Männer und zu 40,7% Frauen als MobberInnen in Erscheinung getreten waren. Unter diesem Aspekt werfen sie vor dem Hintergrund des hohen Anteils von Vorgesetzten unter den Mobbern und dem hohen Anteil von Männern unter den Führungskräften die Frage auf, ob es sich hierbei um ein geschlechts- oder hierarchiespezifisches Problem handeln könnte. Im Weiteren konnten die Autorinnen und Autoren ermitteln, dass Männer zu 18,3% von Frauen und zu 81,7% von Männern gemobbt worden waren. Frauen wurden zu 57,1% von Frauen und zu 42,9% von Männern gemobbt. Den Ausführungen Meschkutat's et al. zufolge besteht für Männer ein fast fünfmal größeres Risiko, von einem männlichen Mobber angegriffen zu werden als von einer mobbenden Frau. Für Frauen hingegen besteht ein etwas höheres Risiko, von Frauen gemobbt zu werden. Demnach werden Männer in der Regel von Männern und Frauen sowohl von Männern als auch von Frauen gemobbt (vgl. Meschkutat, Stackelbeck & Langenhoff, 2002).

Die aufgeführten Studien zu Mobbing unter hierarchischen Gesichtspunkten geben einen Hinweis darauf, dass Vorgesetzte in einem nicht unerheblichen, wenn nicht gar überwiegenden Maße an Mobbingprozessen beteiligt sind, weswegen eine Betrachtung des Mobbingphänomens im Zusammenhang mit Leadership sinnvoll erscheint.

3.2.9 Mobbing und Leadership

Unter dem Aspekt Mobbing und Leadership soll nicht auf führungstheoretische Aspekte eingegangen werden. Vielmehr sollen hier Arbeiten aufgezeigt werden, die sich mit dem Zusammenhang von Mobbing und Leadership bereits befasst haben.

Studien und theoretische Modelle zeigen, dass Führung als ein kritischer Faktor für das Auftreten von Mobbing angesehen werden muss (vgl. u.a. Hoel, Glasø, Hetland, Cooper & Einarsen, 2010).

Führung in Organisationen wird als wesentlicher Prädiktor für das psychosoziale Wohlbefinden der Geführten betrachtet. Führungspraktiken haben insofern eine wichtige Auswirkung auf das (Nicht)Vorhandensein von Stress am Arbeitsplatz (vgl. Tepper, 2007). Theoretisch muss Führung ein gutes Klima schaffen, um zwischenmenschliche Beziehungen und Vertrauen in Organisationen zu fördern um das Risiko von Stress, Aggression, Frustration und Mobbing am Arbeitsplatz zu verringern bzw. zu vermeiden. Schlechte Führung, insbesondere unfaire und missbräuchliche Managementpraktiken können das Auftreten von Mobbing fördern (vgl. Hoel, Glasø, Hetland, Cooper & Einarsen, 2010).

Führungsstile spielen eine wichtige und komplexe Rolle im Zusammenhang mit der Entstehung von Mobbing. Hoel und Salin (2003) kamen zu dem Schluss, dass Manager, die sich bei der Wahrnehmung ihrer Aufgaben als machtlos fühlten, auf Mobbingverhalten zurückgriffen und dabei alle Möglichkeiten nutzten, um die Kontrolle wiederzuerlangen. In solchen Situationen sind Führungskräfte wahrscheinlich defensiv und haben Angst vor jedem, der ihr Regime kritisiert. Die AutorInnen haben auch darauf hingewiesen, dass die Ignoranz und das Versagen von Managern, Mobbingfälle zu erkennen und einzugreifen, indirekt zu Mobbing beitragen kann, indem sie die Botschaft vermitteln, dass Mobbing akzeptabel ist (vgl. Hoel & Salin, 2003).

Einarsen (1999) hat zwischen Fällen von Mobbing unterschieden, die einerseits streitbezogen und andererseits von „räuberischer Art" sind. In Fällen von

räuberischem Mobbing haben die Mobbingbetroffenen persönlich keine Provoka-
tion unternommen, die das Verhalten des Mobbers hätten rechtfertigen können,
sondern das Mobbing ist mehr oder weniger zufällig aus einer Situation heraus
entstanden, in der der Mobber Macht demonstriert oder ein zufällig Betroffenen
in Übereinstimmung ausnutzt. Ein hochaggressiver Chef kann Einarsen zufolge
ein Beispiel für einen solchen Mobber sein. Das Mobbing hat sich aus einem zwischenmenschlichen Konflikt heraus entwickelt, der oft soziale Kontrollreaktionen
auf wahrgenommenes Fehlverhalten beinhaltet (vgl. Einarsen, 1999).

Zahlreiche Studien belegen, dass das Vorkommen von Mobbing mit einer
niedrigen Zufriedenheit der Arbeitnehmerinnen und Arbeitnehmer mit der Führung von Vorgesetzten und mit schlechter Führung insgesamt verbunden ist (vgl.
u.a. Einarsen, 1999; Hoel & Cooper, 2000; Hoel & Salin, 2003; Leymann, 1996;
Hauge, Skogstad & Einarsen, 2007; Hoel, Glasø, Hetland, Cooper & Einarsen,
2010; Nielsen, 2013).

Im Rahmen einer nationalen Umfrage der Belegschaft in Irland (N = 1.057)
untersuchten O'Moore und Lynch (2007) u.a. auch den Zusammenhang zwischen
Mobbing und Führung. Mehr als zwei Drittel aller Befragten (70,8%) waren der
Ansicht, dass ein schlechter Führungsstil zur Mobbing-Prävalenz beigetragen
habe. Wenn mehr als die Hälfte der nicht gemobbten Befragten (51,4%) angaben,
dass sie den Führungsstil in ihrer Organisation für autokratisch hielten, stieg diese
Zahl auf zwei Drittel (67,1%) der Befragten, die behaupteten, gemobbt worden
zu sein. Wenn Befragte gefragt wurden, ob es einen Laissez-faire-Führungsstil in
ihrer Organisation gäbe, stimmten 15,2 Prozent der nicht gemobbten und 18,4
Prozent der gemobbten Befragten zu. Ein demokratischer Führungsstil wurde von
33,4 Prozent der nicht gemobbten und 14,5 Prozent der gemobbten Befragten anerkannt. Etwa die Hälfte (53,4%) aller Befragten war der Ansicht, dass ihre Vorgesetzten über organisatorische Fähigkeiten verfügten, während etwa ein Drittel
(34,9%) der gemobbten Personen angaben, dass sie den organisatorischen Fähigkeiten ihrer Vorgesetzten vertrauten. Die wahrgenommene Fähigkeit der Vorgesetzten, den Konflikt zu lösen, wurde für 37,4 Prozent aller Befragten und 20,4
Prozent für gemobbte Personen als zufriedenstellend angesehen (vgl. O'Moore &
Lynch, 2007).

Nielsen (2013) konnte zeigen, dass Laissez-faire Führung positiv mit Mobbing und transformationelle Führung negativ mit Mobbing korreliert (vgl. Nielsen, 2013).

Tsuno und Kawakami (2015) konnten in einer Studie an japanischen Beamten einer lokalen Regierung (N = 404) über den Zusammenhang von Führungsstilen und Mobbing zeigen, dass der Laissez-faire-Führungsstil im Vergleich mit einem unterstützend-herausfordernden Leadership eine 4,3-fach höhere Wahrscheinlichkeit für das Auftreten von Mobbing aufweist. Befragte, deren Vorgesetzte sehr rücksichtsvoll auf den Einzelnen eingegangen waren, hatten ein um 70% geringeres Risiko einer Exposition gegenüber Mobbing (vgl. Tsuno & Kawakami, 2015).

Jenkins und Kollegen (2012) postulieren im Zusammenhang mit der Selbstwahrnehmung von Führungskräften, dass in den letzten zwei Dekaden diverse Studien zum Phänomen „workplace bullying" vorgelegt wurden. Allerdings habe man sich in der Vergangenheit auf die Betroffenen und andere Rollen in diesem Kontext fokussiert. Insofern finden erst jüngst Untersuchungen statt, die die Sichtweise der handelnden Mobber/Bosser betreffen. In ihrer Studie zu „workplace bullying" in Großbritannien befragten Jenkins et al. 24 Vorgesetzte im Alter zwischen 29 und 63 Jahren. 37% der Befragten arbeiteten im öffentlichen Bereich, darunter auch Krankenhäuser und Schulen, 33% in der Privatwirtschaft, 8% in der Kommunalverwaltung und 20% bei NGO'en. Die Autorinnen und Autoren konnten ermitteln, dass die von ihnen befragten Vorgesetzten gegen sie behauptete Schikanen bestritten. 90% gaben an, andere bislang gar nicht schikaniert zu haben. 10% berichteten, dass sie andere bei seltenen Gelegenheiten schikaniert hatten. 26% erklärten, dass ihnen schon einmal schikanöses Verhalten vorgeworfen wurde. Alle Befragten äußerten, dass sie in den letzten 12 Monaten negative Verhaltensweisen am Arbeitsplatz an den Tag gelegt hatten. Sie bestritten jedoch, dass es sich bei diesen Verhaltensweisen um Bossing gehandelt hatte. Es habe sich vielmehr um angemessene, wenn auch unpopuläre Verhaltensweisen gehandelt. 66% der Befragten gaben an, selbst von Mobbing-, resp. Bossinghandlungen betroffen gewesen zu sein. 17% der befragten Vorgesetzten äußerten, dass sie gar mehrmals die Woche bis täglich solchen Verhaltensweisen ausgesetzt gewesen seien. Die Befragten begründen ihre Verhaltensweisen mit einem stressigen Arbeitsplatz, zweideutigen Rollen, Personalmangel, ein hohes Maß an Konflikten und unangemessenem Verhalten der Mitarbeiterinnen und Mitarbeiter (vgl. Jenkins, Zapf, Winefield & Sarris, 2012).

Matthiesen und Einarsen (2010) konnten an einer Stichprobe von 2.200 norwegischen Arbeitern zeigen, dass sich Personen, die sich selbst als Mobber einstuften, selbst als aggressiv und wenig selbstbewusst einschätzten. Diejenigen, die sich als Mobbingbetroffene einstuften, bezeichneten die Mobber als Provokateure, die sich als wenig sozial kompetent und sozial eingestellt erwiesen (vgl. Matthiesen & Einarsen, 2010).

3.2.10   Mobbing und Arbeitsumwelt in Organisationen

Vartia (1996) identifizierte arbeitsbezogene Mobbing-Risiken im psychologischen Arbeitsumfeld und im Organisationsklima. Sie zeigte auf, dass einige Merkmale in der Funktionsweise der Arbeitsumwelt Mobbing fördern können: zum Beispiel ein schlechter Informationsfluss, eine autoritative Art, Meinungsverschiedenheiten beizulegen, fehlende gegenseitige Gespräche über die Aufgaben und Ziele der Arbeitstätigkeiten und unzureichende Möglichkeiten, Einfluss auf das Individuum zu haben. Sowohl die Betroffenen als auch die Beobachter von Mobbing nahmen Defizite bei diesen genannten Aspekten an ihren Arbeitsplätzen wahr. Die Mobbingbetroffenen fühlten, dass Neid, ein schwacher Vorgesetzter, Wettbewerb um Aufgaben oder Aufstieg sowie Wettbewerb um die Gunst und Zustimmung des Vorgesetzten die häufigsten Gründe waren, gemobbt zu werden (vgl. Vartia, 1996).

Zapf et al. (1996) analysierten den Zusammenhang zwischen Mobbing, Job-charakteristika, Variablen des sozialen Umfelds und psychischem Unwohlseins. Mobbing korrelierte positiv mit schlechtem Arbeitsinhalt, schlechtem sozialen Umfeld und psychischer Gesundheit. Die Ergebnisse deuten darauf hin: 1. Je mehr soziale Unterstützung stattfand, desto weniger berichteten die Mobbingbetroffenen davon, angeschrien worden zu sein sowie verbale Drohungen erhalten zu haben. 2. Je mehr soziale Unterstützung die Mobbingbetroffenen von ihren Kolleginnen und Kollegen erhielten, desto weniger berichteten sie, dass sie in Bezug auf ihr Privatleben sozial isoliert oder verspottet wurden. Die Ergebnisse deuten darauf hin, dass organisatorische Faktoren mögliche Ursachen für Mobbing am Arbeitsplatz sind (vgl. Zapf, Knorz & Kulla, 1996).

Salin (2003) ist der Meinung, dass die unterschiedlichen Rollen und Dynamiken organisatorischer Vorbedingungen von Mobbing untersucht werden sollten. Sie identifizierte drei Faktoren, die mit Mobbing im Zusammenhang stehen: 1. Wahrgenommenes Machtungleichgewicht, schwache Führung sowie Unzufriedenheit und Frustration. 2. Anreize, die in Organisationen mit einem politisierten Klima vorherrschen. 3. Change-Prozesse, die typischerweise Veränderungen mit sich bringen. Salin kommt zu dem Schluss, dass Mobbing typischerweise eine Interaktion zwischen Strukturen und Prozessen aller drei Gruppen darstellt. Die

Ergebnisse Salins zeigten auch, dass es eine positive Korrelation zwischen einer politisierten Umgebung und Mobbing gab, und dass es durchaus vertretbar ist, dass Mobbing eine Form von organisatorischer Politik (Unternehmenskultur) sein kann. Salin argumentierte, dass ein erhöhter Druck auf Effizienz und Umstrukturierung zu einem verstärkten internen Wettbewerb und möglicherweise zu mehr Mobbing führen könnte. Auch Belohnungssysteme können einen Anreiz bieten, Kollegen und Untergebene, die als Bedrohung wahrgenommen werden, los zu werden (vgl. Salin, 2003).

Lewis (1999) konnte bei der Befragung von walisischen Angestellten in weiterführender und höherer Bildung zu Mobbing die folgenden mobbingfördernden Aspekte ermitteln: Kurzfristige Verträge und Arbeitsplatzunsicherheit; die Werte und Überzeugungen der Organisation; Vertragsänderungen; Finanzierungsdruck; Machtungleichgewicht zwischen Managern und Akademikern sowie Mangel an professionell ausgebildeten Managern. Obwohl die Ergebnisse der Studie zeigten, dass die Befragten der Meinung waren, dass alle aufgeführten Faktoren sich auf das Mobbing auswirken könnten, waren die zwei wichtigsten Faktoren ein Mangel an professionell ausgebildeten Managern und ein Machtungleichgewicht zwischen Managern und Dozenten (vgl. Lewis, 1999).

Lynch (2004) zeigte, dass das soziale Klima von der Geschlechterzusammensetzung der Organisation beeinflusst wurde, wobei Männer eine feindliche Umgebung vorfanden, in der überwiegend Frauen beschäftigt waren. Nur eine Person in Lynchs (2004) Studie (N = 30) berichtete, dass ihr Arbeitsplatz wettbewerbsfähig war (vgl. Lynch, 2004).

Erkenntnisse aus anderen Untersuchungen zeigten, dass Mobbingbetroffene ein sehr stressiges und wettbewerbsintensives Umfeld aufwiesen (vgl. O'Moore, Seigne, McGuire & Smith, 1998).

Im Rahmen der nationalen Umfrage der Belegschaft in Irland (N = 1.057) untersuchten O'Moore und Lynch (2007) u.a. auch den Zusammenhang zwischen Mobbing und dem sozialen Klima am Arbeitsplatz. Die Befragten wurden gebeten anzugeben, ob sie mit ihren Arbeitsbedingungen zufrieden waren. Zu diesen Bedingungen gehörten das Ausmaß der Verantwortung, die den Mitarbeitern übertragen wurde, die Arbeitskontrolle, die Anerkennung der Arbeit, das Ausmaß der Herausforderung, das Interesse an der Arbeit, die Möglichkeit des Fortkommens und die Arbeitsbelastung. Fast drei Viertel der Befragten, die behauptet hatten, gemobbt worden zu sein, berichteten über eine freundliche Atmosphäre an ihrem Arbeitsplatz. Weniger als ein Viertel berichtete, dass die Atmosphäre unter-

51

stützend sei. Eine geringere Anzahl berichtete von einer Wettbewerbs-Atmosphäre und einer feindlichen Umgebung. Von den Befragten, die behaupteten, in den vorangegangenen 12 Monaten gemobbt worden zu sein, berichteten weniger als die Hälfte von einer freundlichen Atmosphäre. Zwei Fünftel beschrieben ihr Arbeitsumfeld als feindselig. Von den 15,9 Prozent aller Befragten, die von einem empfundenen feindseligen Arbeitsumfeld berichteten, wurden über die Hälfte bei der Arbeit gemobbt. Weniger als ein Drittel der Befragten war mit den Aufstiegsmöglichkeiten zufrieden. Es gab einen signifikanten Unterschied zwischen denen, die in den letzten 12 Monaten gemobbt wurden und den nicht gemobbten Befragten in Bezug auf Verantwortung, Arbeitskontrolle, Anerkennung der Arbeit (Wertschätzung), Aufstiegsmöglichkeiten sowie Interesse an Arbeit und Arbeitsbelastung. Die Mobbingbetroffenen gaben zu allen aufgeführten Aspekten deutlich ungünstigere Arbeitsbedingungen an. Die Mehrheit (88,2%) der Befragten, die angaben, dass die Mitarbeiterbeziehungen sehr positiv waren, wurde in den letzten 12 Monaten nicht gemobbt. Befragte, die negative und kritische Mitarbeiterverhältnisse angegeben hatten, waren während der letzten 12 Monate gemobbt worden (54,3%). Bei der Beschreibung des Arbeitsklimas wurde ein signifikanter Unterschied zwischen nichtgemobbten und gemobbten Befragten festgestellt. Mehr Nichtgemobbte als Gemobbte empfanden ihr Arbeitsklima als sehr gut und positiv. 26,3% der Befragten, die in den letzten 12 Monaten Mobbing erfahren hatten, gaben an, dass sie das Arbeitsklima als besonders negativ wahrgenommen haben (vgl. O'Moore & Lynch, 2007).

Die bisherigen Konzepte und Hypothesen zur Entstehung von Mobbing können nach Weber et al. (2007) auf drei wesentliche Ansätze fokussiert werden:

Arbeitsumwelt (Makroebene): Mobbing kann primär als Folge risikobehafteter Verhältnisse gesehen werden. Dabei sind die konjunkturellen Rahmenbedingungen, die Arbeitsorganisation, das Betriebsklima und das Führungsverhalten von besonderer Bedeutung. In diesem Kontext spielen die folgenden Mobbing begünstigenden Faktoren des Arbeitsumfeldes eine wesentliche Rolle:

- Arbeitsverdichtung – Überforderung – chronischer Stress,
- Verschärfter Wettbewerb (Zeit-/Erfolgsdruck),
- Unterforderung (Langeweile),
- Perspektivlosigkeit – Inhaltsarmut,
- Unklare Arbeitsorganisation,
- Arbeitsplatzunsicherheit – Angst vor Arbeitsplatzverlust,

- Pathologisches Konkurrenzdenken,
- Schlechtes Betriebsklima,
- Formatierte Arbeitswelt (standardisierter Arbeitnehmer),
- Innerbetriebliche Veränderungen (neue Vorgesetzte, neue Abläufe),
- Unternehmenskultur, die Mobbing verharmlost,
- Defizitäre Führungskompetenz – mangelhafte Personalpolitik,
- Defizitäre Kommunikation – Intransparenz von Entscheidungen,
- Fehlende Anerkennung (Feedback),
- Fehlende gemeinsame Werte – soziales Desinteresse und
- Rollenkonflikte.

Das Auftreten von Mobbing in einem Unternehmen wird mittlerweile in erster Linie Führungsschwäche oder Managementversagen zugeschrieben. Tiefenpsychologen stellen einen hochpathologischen, perversen Narzissmus von Führungskräften in den Vordergrund. Ihr Berufsleben sei von Kräftemessen, Misstrauen und Manipulation bestimmt. Mitarbeiterinnen und Mitarbeiter würden zuvorderst als Rivalen und Bedrohung der eigenen Macht gesehen, weswegen sie dominiert und zerstört werden müssten.

Individuum (Mikroebene): Mobbing ist hier primär als Folge von persönlichem Verhalten oder individueller Einstellungen zu verstehen. Das gesellschaftliche und berufliche Umfeld sind davon weitestgehend nicht berührt. Im Vordergrund stehen hier pathologische Persönlichkeitsmerkmale, eingeschränkte Frustrationstoleranz und soziale Kompetenz von Betroffenen und Tätern. Obwohl bislang keine „Opfer-Typologien" vorliegen, werden in der populärwissenschaftlichen Literatur bestimmte Charaktereigenschaften und Verhaltensweisen als Risiko erhöhend genannt, z. B.

- Nicht gruppenkonform (Außenseiter – Sonderling),
- Fehlende, falsche Beziehungen (keine Lobby – Chef zum Feind),
- Sündenbock-Image,
- Mangelndes Selbstwertgefühl,
- Zu kompetent („Der Bessere ist der Feind des Guten"),
- Zu hohe Erwartungen an Tätigkeit,
- Übersteigertes Bedürfnis nach Anerkennung und
- Übereifrig/zu offensiv.

Den Mobbing-Tätern werden folgende Charakteristika zugeschrieben: fehlende Konfliktbereitschaft, Aggression, Wunsch, andere zu verletzen, Intoleranz, Neid, Eifersucht, Angst, Rivalität sowie persönliche Probleme (gescheiterte Karriereträume, private Beziehungsprobleme, Krankheiten oder Alkohol- bzw. Drogenprobleme).

Person – Environment/Group-Misfit (Mesoebene): In diesem Kontext geht es um das Zusammenspiel von Person – Gruppe (Team) – Arbeitsaufgabe – Organisation. Besondere Bedeutung kommt hierbei der Störung des Gleichgewichts der Gruppe zu. Demnach ist das Mobbingrisiko nicht nur von individuellen Persönlichkeits- und Verhaltensdefiziten oder ungünstigen Arbeitsverhältnissen, sondern auch von gruppendynamischen Prozessen (z. B. soziale Unterstützung) abhängig (vgl. Weber, Hörmann & Köllner, 2007).

Die Ausführungen von Weber (2007) werden durch die Arbeitsumwelthypothese (workplace-environment-hypothesis) von z.B. Baillien und Kollegen (2008) gestützt, bei der berufsbezogene und organisatorische Faktoren eine wichtige Rolle bei der Erhöhung oder Verringerung von Mobbingraten spielen (vgl. z. B. Baillien, Neyens & De Witte, 2008; Reknes, Einarsen, Knardahl & Lau, 2014; Salin & Hoel, 2011).

Zahlreiche Studien belegen, dass das Mobbingrisiko eindeutig mit schlechter Führung (vgl. Ziff. 3.2.9), Mehrdeutigkeit von Rollen und Rollenkonflikten (vgl. Baillien & De Witte, 2009; Hauge, Skogstad & Einarsen, 2007; Reknes, Einarsen, Knardahl & Lau 2014), Stress (vgl. Baillien & De Witte, 2009; Hauge, Skostad & Einarsen, 2007; Hoel & Cooper, 2000), und einem angespannten Klima mit schlechtem Informationsfluss (vgl. Vartia, 1996) verbunden ist.

Eine schlechte Arbeitsumgebung kann das Mobbingrisiko durch verschiedene Mechanismen erhöhen. U.a. Baillien, Neyens, De Witte und De Cuyper (2009) konnten drei verschiedene Zusammenhänge identifizieren:

a) eine schlechte Arbeitsumgebung kann zu verstärkter Frustration führen, die sowohl das Verhalten der Mobber als auch das der Mobbingbetroffenen beeinflusst;

b) eine schlechte Arbeitsumgebung kann zu schlechtem Management und Konflikten führen, die wiederum zu Mobbing eskalieren können; und

c) eine schlechte Arbeitsumgebung und eine destruktive Unternehmenskultur können Anreize für negatives zwischenmenschliches Verhalten schaffen oder dieses erlauben (vgl. Baillien, Neyens, De Witte & Cuyper, 2009).

Neben den Untersuchungen zu psychosozialen Risikofaktoren für das Entstehen von Mobbing im Kontext von Arbeitsumgebungen finden sich auch begrenzt Untersuchungen zu physischen Risikofaktoren. So konnte beispielsweise die Arbeit in einem Restaurant mit einem hohen Mobbingniveau in Verbindung gebracht werden. In einer qualitativen Studie konnten Baillien et al. (2008) ermitteln, dass die Befragten z. B. hohe Temperaturen, überfüllte Räume oder Lautstärke für ein erhöhtes Mobbingrisiko verantwortlich machten. Vor allem schlechte Arbeitsbedingungen können zu mehr Frustration führen und dadurch mehr Aggression und mehr Normenbrüche bei potenziellen Mobbern auslösen. Auch enge Räume können zu mehr Konflikten führen, die sich dann zu Mobbing entwickeln, wenn sie schlecht gemanagt werden (vgl. Baillien, Neyens & De Witte, 2008).

3.2.11 Mobbingfolgen

Folgen für die Betroffenen:

Mobbing führt bei den Betroffenen zu negativen Auswirkungen auf Wohlbefinden und Leistung. Je länger der Mobbingprozess andauert, desto ausgeprägter sind die Belastungen (vgl. Lindemeier, 1996).

Eine ganze Reihe an Studien zeigt, dass es aufgrund von Mobbing bei den Betroffenen zu einer Vielfalt von körperlichen, psychischen und sozialen Beeinträchtigungen kommt, die relativ schnell in ein körperliches oder seelisches Unwohlsein münden. Das Beschwerdebild von Mobbingbetroffenen weist eine Multidimensionalität mit psychischen, psychosomatischen, somatischen sowie sozialen Beeinträchtigungen auf. Mobbingbetroffene beklagen sehr unspezifische Symptome, wie beispielsweise Selbstzweifel/Selbstwertkrise, Schuld-/Ohnmachtsgefühle, Unsicherheit, Gereiztheit, Konzentrationsdefizite, Leistungs- und Denkblockaden, Niedergeschlagenheit, Kopfschmerzen, Schlaf-/Sexualstörungen, Magen-Darm-Beschwerden (Reizmagen, Durchfälle), Herz-/Kreislaufbeschwerden (Schwindel, Schweißausbrüche, Herzrhythmusstörungen, Bluthochdruck), Rückenschmerzen, depressive Störungen, Vitalitätsverlust, Existenzangst, Albträume, Selbstmordgedanken/suizidale Handlungen, Entwicklung von Suchterkrankungen und posttraumatische Belastungsstörungen (vgl. u.a. Schwickerath, Carls, Zielke & Hackhausen, 2004; Weber, Hörmann & Köllner, 2007).

Kivimäki und Kollegen (2003) konnten in einer finnischen Studie mit 5.000 Beschäftigten des Gesundheitswesens eine positive Assoziation mit Mobbing am Arbeitsplatz und dem Auftreten depressiver und kardiovaskulärer Erkrankungen ermitteln (vgl. Kivimäki, Virtanen, Vartia, Elovainio, Vahtera & Keltikangas-Järvinen, 2003).

Auch aktuellere Untersuchungen kommen zu dem Schluss, dass sich aufgrund von Mobbing zunächst einmal Selbstwertprobleme und Selbstzweifel, Arbeitsunzufriedenheit und geringeres Engagement, geringere Motivation und geringere Arbeits- und Leistungsfähigkeit bei den Betroffenen einstellen, die im Weiteren von psychosomatischen Beschwerden ergänzt werden. Bei Mobbingprozessen mit längerer Dauer kommt es zu erheblichen gesundheitlichen Auswirkungen bis hin zu posttraumatischen Belastungsstörungen oder Depressionen (vgl. u.a. Nielsen & Einarsen, 2012; Nielsen, Tangen, Idsoe, Matthiesen & Mageroy, 2015; Trépanier, Fernet, & Austin, 2015).

Folgen für die Organisationen:

Neben den Auswirkungen für die Betroffenen hat Mobbing auch negative Konsequenzen für die Organisationen. Hier sind insbesondere die Verschlechterung des Betriebsklimas und der Arbeitsqualität, einhergehend mit sinkenden Arbeitsergebnissen und mangelhafter Produktivität, zu nennen, was sich negativ auf das Betriebsergebnis sowie die Publicity für das Unternehmen auswirken kann. Wirtschaftlichkeit und die Wettbewerbssituation des Unternehmens können somit unter Bossing leiden. Außerdem führt Mobbing zu erhöhter Fluktuation und erhöhtem Absentismus, was negative Auswirkungen auf Arbeitsgruppen und somit auf ganze Abteilungen haben kann. Die Leistungsfähigkeit und -bereitschaft kann sinken, wenn bei den Mitarbeiterinnen und Mitarbeitern der Eindruck entsteht, dass sie für andere, „kranke" Kolleginnen und Kollegen mitarbeiten müssen. Der Mobber selbst vernachlässigt Arbeitsaufgaben und somit wertvolle Arbeitszeit, die betriebswirtschaftlich nutzbringender eingesetzt werden könnte. Überdies entstehen unnötige Kosten für mögliche Produktionsstörungen, Neueinstellungen, Einarbeitung, Kosten für Aushilfskräfte, für Personalbeschaffungsmaßnahmen usw. (vgl. Hoel, Sheehan, Cooper & Einarsen, 2011).

Gesellschaftliche Folgen:

Volkswirtschaftlich macht sich Mobbing insbesondere durch Krankschreibungen, Arztbehandlungen, einen allgemein größeren Bedarf an sozialer Unterstützung, Psychotherapie, Klinikaufenthalte, Rehabilitationsmaßnahmen, vorzeitige Berentungen und (Langzeit)Arbeitslosigkeit sowie Kosten für Prozesse an Arbeitsgerichten bemerkbar (vgl. Meschkutat, Stackelbeck & Langenhoff, 2002;

Weber, Hörmann & Köllner, 2007; Samnani & Singh, 2012; Slany, Schütte, Chastang, Parent-Thirion, Vermeylen & Niedhammer, 2014).

Weber und Kollegen (2007) postulieren, dass wissenschaftlich bislang nicht hinreichend validiert worden ist, wie hoch die durch Mobbing verursachten Leistungen der Sozialversicherungsträger tatsächlich sind. Ihnen zufolge bleiben Hochrechnungen, wonach 20% der etwa jährlich 11.200 Selbsttötungen und ca. 25.000 von insgesamt etwa 180.000 jährlichen Frühverrentungen auf Mobbing zurückzuführen seien, hoch spekulativ. In diesem Kontext weisen sie auch darauf hin, dass derzeit keine seriösen Studien vorliegen, die einen Zusammenhang zwischen der Zunahme von Mobbing und eine vorzeitige Erwerbsminderung belegen (Weber, Hörmann & Köllner, 2007).

3.2.12 Mobbingphasenmodelle

Leymann (1993) formulierte aufgrund seiner schwedischen Studien ein fünfphasiges Verlaufsmodell für Mobbing. Er beschreibt die Phasen:

1. Konflikte in der Organisation,
2. Mobbing und Psychoterror,
3. Rechtsbrüche durch Fehl- und Übergriffe der Personalverwaltung,
4. Ärztliche Fehldiagnosen, vergebliche juristische Schritte und
5. Mehrere Versetzungen, Krankheit, Verrentung, Kündigung.

Leymann zufolge finden sich in der 1. Phase entstehende Konflikte zwischen den Mobbenden und den Betroffenen, die mit Chuzpe und Fiesigkeiten einhergehen. In der 2. Phase beschreibt Leymann den Übergang zu Mobbing. Die Gründe für die Entstehung des Konfliktes spielen keine Rolle mehr. Jetzt geht es um die Person und Persönlichkeit der Betroffenen. Es entstehen „Opfer"- und „Täterrollen". Es kommt zu intensiveren Angriffen und Schikanen, die einen enormen Druck auf die Verfassung der Betroffenen ausüben und sie mehr und mehr in eine Verteidigungsrolle drängen. Die psychische Befindlichkeit der Betroffenen verschlechtert sich zusehens und es kommt zu vermehrten Mobbingverhaltensweisen. In der 3. Phase machen Rechtsbrüche durch Fehl- und Übergriffe der Personalverwaltung den Mobbingfall jetzt auch zum Thema der nächsthöheren Instanz in der Organisation. Die nächsthöheren Instanzen stellen sich grundsätzlich an die Seite der Mobber und richten ihre arbeitsrechtlichen Maßnahmen grundsätzlich gegen die Betroffenen. Die seelischen und körperlichen Befindlichkeiten der Betroffenen werden zum Anlass genommen, sie weiter auszugrenzen, was zu einer zunehmenden Verschlechterung des Gesundheitszustandes – bis hin zu massiven Erkrankungen – der Betroffenen führen kann. Im Rahmen der 4. Phase kommt es infolge von Fehldiagnosen durch Ärzte, Therapeuten und anderen sozialen Helfern zu einer Verschlimmerung des Gesundheitszustandes der Betroffenen, die sich unverstanden und isoliert fühlen. Die von Leymann beschriebene 5. Phase seines Mobbing-Phasenmodells kann als Endphase bezeichnet werden, in der es zu Versetzungen, Absentismus, Verrentung oder Kündigung kommen kann (vgl. Leymann, 1993, zitiert nach Groß, 2004, 17).

Björkqvist (1992) zeigt ein Dreiphasenmodell: In der 1. Phase werden indirekte Strategien angewandt. Die Atmosphäre wird angespannter und formal. Negative Kommunikationsformen sind an der Tagesordnung und ändern sich von subtilen zu offensiveren Formen. Es werden Gerüchte über die Betroffenen verbreitet; sie werden ständig kritisiert und in Gesprächen unterbrochen und ihre Meinungen nicht ernst genommen. Den Mobbern geht es darum, die Betroffenen schlecht zu machen. Sie wollen das Bild, das Mitarbeiterinnen und Mitarbeiter von den Betroffenen haben, zerstören. In der 2. Phase kommt es zu direkten Aggressionshandlungen (z. B. Isolation oder Demütigung). Der Mobber findet Verbündete. Das Ziel ist es, die Betroffenen zu stigmatisieren. In der 3. Phase ist das Ziel erreicht, dass sich die Betroffenen ohne jegliche Unterstützung völlig hilflos fühlen. In diesem Moment werden extreme Formen der Aggression genutzt, wie bspw. Drohungen oder Epressungen damit, intime Kenntnisse über die Betroffenen zu verbreiten. Den Betroffenen werden darüber hinaus psychische Erkrankungen unterstellt. Alle eingesetzten Strategien verfolgen das Ziel, die Betroffenen aus der Organisation auszuschließen (vgl. Björkqvist, 1992, zitiert nach Gamian-Wilk, Salton Meyer & Wilk, 2017).

Meschkutat et al. (2002) orientierten sich im Rahmen ihrer Repräsentativstudie für Deutschland an dem Leymann'schen Phasenmodell (1993), verkürzten dieses Modell jedoch auf die vier folgenden Phasen:

1. Konflikte, einzelne Vorfälle (ungelöste, schlecht bearbeitete Konflikte).
2. Der Psychoterror setzt ein (die betroffene Person wird zur Zielscheibe systematischer Schikanen).
3. Der Fall wird offiziell, arbeitsrechtliche Sanktionen (Die Entwicklung eskaliert; durch die ständigen Demütigen ist die gemobbte Person verunsichert und die Arbeitsleistung leidet; der gemobbten Person drohen arbeitsrechtliche Konsequenzen, wie Abmahnung, Versetzung oder Kündigung).
4. Der Ausschluss (die betroffene Person verliert den Arbeitsplatz; es kommt zum Ausscheiden aus der Arbeitswelt).

Im Rahmen ihrer Studie konnten die Autorinnen ermitteln, dass 73,3% die 1. Phase, 89,3% die 2. Phase, 61,0% die 3. Phase und 59,0% die 4. Phase erlebt hatten. Die Autorinnen weisen darauf hin, dass im Umkehrschluss ein Viertel der Befragten, die erste Phase gar nicht erlebt hatten und schlussfolgern, dass Mobbing demnach entweder „ ...direkt mit gezielten systematischen Schikanen beginnen [...]oder Mobbing [...]in der Frühphase schwer erkennbar ist" (S. 54). Im überwiegenden Maße hatten die Befragten die 2. Phase erlebt, da „ ...der Konflkit sich zur systematischen Schikane entwickelt und an Intensität gewonnen hat" (ebd.). In dieser Phase ist das Vorhandensein einer Mobbingsituation jetzt nicht mehr zu leugnen. Über die Hälfte der Befragten hatte die 4. Phase erlebt, in der sie massive Einschnitte ihrer Lebensqualität mit nachhaltigen Auswirkungen auf ihre Persönlichkeit erleben und hinnehmen mussten (vgl. Meschkutat, Stackelbeck & Langenhoff, 2002).

Brinkmann (2011) beschreibt ein dreistufiges Eskalationsmodell, das er in ein subtiles und in ein Druck- und Terrorstadium einteilt. Diese drei Eskalationsstufen wendet er auf die folgenden fünf Mobbing-Strategien an:

1. Einschränkungen der Kommunikationsmöglichkeiten des Mobbing-Opfers,
2. Entzug der sozialen Unterstützung,
3. Demontage des sozialen Ansehens,
4. Reduzierung der Arbeits- und Lebenszufriedenheit und
5. Direkte Angriffe auf die Gesundheit und das Wohlbefinden.

Bei allen fünf Brinkmann'schen Mobbingstrategien zeichnet sich das subtile Stadium dadurch aus, dass die Betroffenen ignoriert, isoliert oder abgewiesen werden. Ist die Eskalationsstufe des Druckstadiums erreicht, kommt es zu verbaler Aggression, Abqualifizierung, Ausgrenzung, Versagen von Unterstützung, Verleumdungen, Diskreditierungen, Über- oder Unterforderung, Sabotage von Arbeitsmitteln oder das bewusste Herbeiführen von kleineren Unfällen. Im Rahmen des Terrorstadiums werden Mobbingbetroffene willkürlich kritisiert sowie abschätzend und verächtlich behandelt. Zudem kommt es zu ehrverletzenden Äußerungen, das demonstrative Schließen von Türen, sobald sich der/die Betroffene in der Nähe aufhält, Beschimpfungen, Unterschlagung wichtiger Arbeitsmittel, Fälschung der Arbeiten der Betroffenen, direktes Androhen körperlicher Gewalt, Gewalt gegen Sachen (z. B. Zerstechen der Autoreifen oder Einwerfen der Fensterscheiben) oder zum Versand von Drohbriefen (vgl. Brinkmann, 2011).

Esser und Wolmerath (2011) kritisieren vor allem die Phasenmodelle von Leymann (1993) und Brinkmann (2011). Den Autoren zufolge würden diese Modelle zwar die typisch negativen Verläufe von Mobbing repräsentieren aber nicht mögliche Gegenmaßnahmen der Betroffenen sowie des sozialen Umfeldes berücksichtigen. Die Autoren schlagen deshalb ein eigens Phasenmodell mit einer Vorlauf-, Mobbing- und Endphase vor, bei der die Dauer und Intensität der Übergriffe mit fortschreitendem Mobbingprozess zunehmen. Die Vorlaufphase kann sehr unterschiedliche Formen annehmen, wie z. B. soziale Desorientierung, hilflose Kommunikation oder scheinbare Kompromisse. In der Mobbingphase kommt es den Autoren zufolge in jedem einzelnen Mobbingfall zu einer eigenen Dynamik, die sich durch das Ringen unterschiedlicher Kräfte über einen längeren Zeitraum auszeichnet. Die Mobbingphase kann dabei im schlimmsten Fall im Terrorstadium enden. Die Mobbingphase ist den Autoren zufolge von erfolgloser Hilfesuche, zunehmender Isolation, Angst, Eskalation der Gewalt, Verzweiflung und Resignation geprägt. In der von den Autoren beschriebenen Endphase kann das Mobbing in einer „Residualphase" (S. 39) in einem endlosen Leiden stagnieren. Es muss dabei nicht zum Arbeitsplatzverlust für die Betroffenen kommen. Esser und Wolmerath postulieren, dass es in jeder der von ihnen beschriebenen Phasen des Mobbinggeschehens zu einer krisenhaften Zuspitzung kommen kann. Am Ende eines Mobbingprozesses ohne effektive Hilfe und Gegenwehr kommt es schließlich zum Verlust des Arbeitsplatzes, zu Einbußen der Gesundheit, zu psychischen Beeinträchtigungen, Arbeitslosigkeit oder posttraumatischer Belastung. Die Autoren weisen darauf hin, dass mit effektiver Hilfe und Gegenwehr in der Mobbing- und Endphase zu einem kompletten positiven Neubeginn, einer Stabilisierung und gerechten Lösungen und schlussendlich zur Rekonvaleszenz oder der Stärkung der Persönlichkeit der Betroffenen kommen kann. Unter effektiver Hilfe und Gegenwehr verstehen die Autoren Definitionsmacht, Verletzungsschutz und Handlungsmacht. Im Rahmen der Definitionsmacht geht es um das Anerkennen darum, dass es sich um Mobbing, resp. psychische Gewalt handelt. Als Schutzschirm für Betroffene weisen Esser und Wolmerath Solidarität, Überzeugungsvermögen, Klarheit über die Situation und Unterstützung durch Dritte aus. Im Zuge des Verletzungsschutzes geht es für die Betroffenen darum, zu erkennen, dass die Aggressionen sie nicht zerstören können. Der Schutzschirm besteht nun aus stabiler und wachsende Solidarität, Stressausgleich sowie fachkompetente externe und interne Ressourcen. Im Zuge der Handlungsmacht geht es darum, wie das Mobbing abgestellt werden kann. Als Schutzschild postulieren die Autoren hier eine konfliktkompetente Organisation, Mut, Vorgesetzte mit Zivilcourage, Unterstützer, Rechtsbeistand und Druckmittel (vgl. Esser & Wolmerath, 2011). Zur besseren Übersicht findet sich im Folgenden eine Tabelle über die zitierten Mobbingphasenmodelle.

Leymann (1993)	Björkqvist (1992)	Meschkutat et al. (2002)	Brinkmann (2011)	Esser & Wolmerath (2011)
Konflikte in der Organisation	Phase (indirektes Mobbing)	Konflikte, einzelne Vorfälle	Subtiles Stadium	*Ohne effektive Gegenwehr:*
Mobbing und Psychoterror, Rechtsbrüche durch Fehl- und Übergriffe der Personalverwaltung, Ärztliche Fehldiagnosen, vergebliche juristische Schritte Versetzung, Krankheit, Verrentung, Kündigung.	Phase (direkte aggressive Handlungen) Phase (extreme Formen direkter Aggressionen)	Der Psychoterror setzt ein Der Fall wird offiziell, arbeitsrechtliche Sanktionen Der Ausschluss	Druckstadium Terrorstadium	Vorlaufphase Mobbingphase Endphase *Mit effektiver Hilfe und Gegenwehr* Definitionsmacht Verletzungsschutz Handlungsmacht

Tabelle 1: Mobbingphasenmodelle im Überblick. Eigene Darstellung

Bei der Gesamtbetrachtung der aufgeführten Mobbingphasenmodelle wird deutlich, dass die Beziehung zwischen Vorgesetzten und deren Mitarbeiterinnen und Mitarbeitern bei allen Autorinnen und Autoren nicht besonders beleuchtet wurde, weswegen keines der bisherigen Phasenmodelle als theoretische Herleitung für die vorliegende Untersuchung dienlich erscheint.

3.2.13   Zusammenfassung

Obwohl eine Vielzahl an Studien darauf hinweist, dass Mobbing überwiegend als Bossing vorkommt, findet dieses Phänomen in der Wissenschaftslandschaft bislang wenig bis gar keine Beachtung. Aufgrund mangelnder Trennschärfe wird Bossing überwiegend unter dem Begriff Mobbing mit abgehandelt, weswegen sich hinsichtlich des Vorkommens sowie der Intensität und Dauer von

Bossing keine verlässlichen Angaben machen lassen. Bei der Betrachtung von Studien zu Mobbing unter hierarchischen Gesichtspunkten wird deutlich, dass Vorgesetzte im Rahmen der durchgeführten Untersuchungen eine übergeordnete Rolle spielen. Sie waren an den untersuchten Mobbingfällen zwischen 51 und 81% an den Handlungen beteiligt (vgl. u.a. Einarsen & Skogstad, 1996; Niedl, 1995; Hoel & Cooper, 2000; Meschkutat, Stackelbeck & Langenhoff, 2002, Rowell, 2005; Namie, 2017). Insofern kann festgestellt werden, dass es sich bei Mobbing ganz offensichtlich um ein „Top-Down"-Phänomen, also Bossing (Vorgesetzte vs. Geführte) handelt.

Sehr umfangreich beschreiben Bassman (1992), Niedl (1995), Meschkutat und Kollegen (2002) sowie Esser und Wolmerath (2011) einzelne Mobbinghandlungen. Bei genauerer Betrachtung der von den Autorinnen und Autoren ermittelten und aufgeführten Handlungen wird jedoch deutlich, dass bestimmte Verhaltensweisen (Anordnung von sinnlosen Tätigkeiten, Anordnung von systematisch überfordernden Tätigkeiten, Zuweisung von objektiv zu viel Arbeit, Anordnung von systematisch unterfordernden Tätigkeiten, gezieltes Unterdrücken von Verbesserungsvorschlägen, Wahrnehmung von Chancen verweigern usw.) nur von Vorgesetzten ausgeübt werden können, da nur im Rahmen von Über- und Unterstellungsverhältnissen beispielsweise Anordnungen getroffen oder Zuweisungen gemacht werden können. Zudem nehmen die Autorinnen und Autoren sehr unterschiedliche Kategorisierungen vor (u.a. auch arbeitsbezogenes, persönliches und physisches Mobbing), unter denen einzelne Handlungen subsumiert werden (vgl. u.a. Bassman, 1992; Niedel, 1995; Meschkutat, Stackelbeck & Langenhoff, 2002; Esser & Wolmerath, 2011; Reknes, Pallesen, Magerøy, Moen, Bjorvatn & Einarsen, 2014a; Pilch & Turska, 2015; Loerbroks, Weigl, Li, Glaser, Degen. & Angerer, 2015; Bartlett, 2016; Boyle & Wallis, 2016; Watters & Hillis, 2015). Man kann hinsichtlich der Kategorisierungen von einzelnen Mobbinghandlungen Neuberger (1999) folgen, der postuliert, dass es nicht darauf ankommt, welche inhaltliche Qualität bestimmte Handlungen haben, die als feindselig ausgeführt oder erlebt werden. Vielmehr kommt es auf Häufigkeit, Dauer und Intensität an (vgl. Neuberger, 1999).

Hinsichtlich der Dauer, Häufigkeit und Intensität zeigen die einzelnen Mobbingstudien eine breite Streuung. Ein Mobbingfall reicht von sechs Monaten (vgl. Meschkutat, Stackelbeck & Langenhoff, 2002) bis zu einer mittleren Dauer von 2,7 Jahren (vgl. Salin, 2001). Zur Häufigkeit und Intensität konnte ermittelt werden, dass sich jeder vierte Betroffene täglich und knapp jeder Dritte mehrmals in der Woche Mobbinghandlungen ausgesetzt sah (vgl. Meschkutat, Stackelbeck & Langenhoff, 2002). Mobbing beginnt nicht plötzlich an einem bestimmten Punkt, sondern wird als schleichender Prozess wahrgenommen, weshalb die Mobbingbetroffenen häufig nicht exakt angeben können, wann das Mobbing begonnen hat (vgl. Niedl, 1995). Es kann postuliert werden, dass, je häufiger und intensiver das Mobbing erfolgt, desto länger dauert es an (vgl. Zapf & Groß, 2000).

Auch zum Gender-Aspekt finden sich uneinheitliche Befunde. Auch wenn überwiegend Frauen als Männer als Mobbingbetroffene (2/3 zu 1/3) erfasst wurden (vgl. Zapf, Einarsen, Hoel & Vartia, 2003), sind die geschlechtsspezifischen Unterschiede bspw. in den skandinavischen Ländern hinsichtlich der Prävalenz von Mobbing nur gering (vgl. Einarsen, Raknes & Matthiesen, 1994). Ein erhöhtes Mobbingrisiko vor allem für Männer besteht, wenn sie in einem Beruf arbeiten, der vom anderen Geschlecht dominiert wird. Obwohl Frauen im Allgemeinen mehr Mobbing erlebten, waren Frauen, die schlecht geleitete Arbeitsaufgaben verrichten, nicht gefährdeter als andere Frauen. Jedoch sind Frauen bei diesen Tätigkeiten höhere Risiken ausgesetzt als Männer bei der gleichen Arbeit. Dass Frauen in von Frauen dominierten Arbeitsgruppen dem Risiko von Mobbing ausgesetzt sind, könnte die unterschiedlichen beruflichen Unterschiede widerspiegeln (vgl. Salin, 2015). Mobbing scheint häufiger zwischen dem gleichen Geschlecht aufzutreten. Dabei werden Männer in der Regel von ihren männlichen Vorgesetzten gemobbt, Frauen hingegen werden sowohl von Männern als auch von Frauen mit einem etwa gleichen Anteil an Männern und Frauen unter den Mobbenden schikaniert (vgl. Spence Laschinger & Nosko, 2015; O'Donnel & MacIntosh, 2016).

Bezüglich der Persönlichkeitseigenschaften der Betroffenen und Mobbenden im Kontext Mobbing weisen ältere Untersuchungen einerseits darauf hin, dass Mobbingbetroffene einen signifikant geringeren Grad an Selbstachtung und einen hohen Grad an sozialer Angst sowie einen höheren Wert an Neurotizismus aufweisen als Nichtbetroffene. Darüber hinaus nehmen sich Mobbingbetroffene selbst als genauer, ehrlicher und pünktlicher als ihre Kolleginnen und Kollegen wahr (vgl. Einarsen & Raknes, 1991; Vartia, 1996; Zapf, 1999). Andererseits lägen keine typischen Persönlichkeitsmerkmale vor. Allerdings würde sich die Persönlichkeit der Betroffenen im Zuge des Mobbingprozesses langsam verändern, z. B. durch sich ausbildende Hilflosigkeits- und Misstrauensgefühle. Insofern müssten Persönlichkeitsveränderungen der Betroffenen als Folge und die Persönlichkeit selbst nicht als Ursache von Mobbing angesehen werden (vgl. Leymann,

1996). Neuere Studien zu den Persönlichkeitseigenschaften von Betroffenen und Mobbenden weisen darauf hin, dass persönliche Faktoren, wie Selbstwertgefühl, erlerntes Verhalten, soziale Ablehnung und fehlende soziale Kompetenzen Mobbing beeinflussen und zu aggressiven Verhaltensweisen beitragen können (vgl. u.a. Tuckey & Neall, 2014; Fanti & Henrich, 2015; Rivers, Poteat, Noret, & Ashurst, 2009; Zapf & Einarsen, 2011; Yun & Kang, 2014; Pilch & Turska 2015; Fryling, Johnston & Hayes 2011; Rivers, Poteat, Noret, & Ashurst, 2009; Zapf & Einarsen, 2011).

Hinsichtlich des Mobbingrisikos, differenziert nach Berufsgruppen, Branchen und Betriebsgrößen kann zusammenfassend über alle Studien postuliert werden, dass ein höheres Risiko, gemobbt zu werden, vor allem für die Bereiche Soziales und Gesundheit, öffentliche Verwaltung und Bildung besteht und sich durch alle Betriebsgrößen zieht (vgl. Leymann, 1993; Leymann & Gustafsson, 1996; Niedl, 1995; Piirainen, Elo, Hirvonen, Kauppinen, Ketola, Laitinen, Lindström, Reijula, Riala, Viluksela & Virtanen, 2000; Vartia, 1993; 1996; Zapf, 1999; Einarsen & Skostad, 1996; Salin, 2001; Meschkutat, Stackelbeck & Langenhoff, 2002; Eurofound, 2013).

Eine ganze Reihe an Studien beschäftigt sich mit den Folgen von Mobbing. Es kann postuliert werden, dass Mobbing, resp. Bossing zu gravierenden Gesundheitsbeeinträchtigungen bei den Betroffenen führt. Darüber hinaus werden die Unternehmen und die Volkswirtschaft erheblich geschädigt (vgl. u.a. Nielsen & Einarsen, 2012; Nielsen, Tangen, Idsoe, Matthiesen & Mageroy, 2015; Trépanier, Fernet, & Austin, 2015).

Einigkeit scheint in der Wissenschaft darüber zu bestehen, worauf Mobbing zurückzuführen ist. Die Ursachen werden als multikausales Geschehen beschrieben, bei dem die handelnden Personen, die Situation sowie die organisationalen Strukturen des Arbeitsumfeldes im Mittelpunkt der Betrachtung stehen (vgl. Niedl, 1995; Holzbecher & Meschkutat, 1998; Eiselen & Nowosad, 1998; Weber, Hörmann & Köllner, 2007; Baillien, Neyens & De Witte, 2008; Reknes, Einarsen, Knardahl & Lau, 2014; Salin & Hoel, 2011).

Studien unter dem Aspekt Mobbing und Leadership zeigen, dass das Führungsverhalten einen maßgeblichen Faktor für Mobbing darstellt. Unfaire und missbräuchliche Managementpraktiken fördern das Auftreten von Mobbing. Insbesondere Laissez-faire-Führung korreliert positiv mit Mobbing, transformationelle Führung hingegen korreliert negativ mit Mobbing. Ein Laissez-faire-Führungsstil weist im Vergleich mit einem unterstützend-herausfordernden Führungsstil eine 4,3-fach höhere Wahrscheinlichkeit für das Auftreten von Mobbing auf. In Selbsteinschätzungen geben Vorgesetzte an, in den letzten 12 Monaten negative Verhaltensweisen am Arbeitsplatz an den Tag gelegt zu haben und begründen ihre Verhaltensweisen mit einem stressigen Arbeitsplatz, zweideutigen Rollen, Personalmangel, ein hohes Maß an Konflikten und unangemessenem Verhalten der Mitarbeiterinnen und Mitarbeiter. Sie bestreiten, dass es sich bei ihren Verhaltensweisen um Bossing, sondern vielmehr um angemessene, wenn auch unpopuläre Verhaltensweisen gehandelt habe (vgl. u.a. Nielsen, 2013; Hoel, Glasø, Hetland, Cooper & Einarsen, 2010; O'Moore & Lynch, 2007; Tsuno & Kawakami, 2015; Jenkins, Zapf, Winefield & Sarris, 2012).

Einige Autorinnen und Autoren haben Mobbingphasenmodelle entwickelt (vgl. Leymann, 1993; Björkvist, 1992; Meschkutat, Stackelbeck & Langenhoff, 2002; Brinkmann, 2011; Esser & Wolmerath, 2011). Der Vollständigkeit halber wurden diese Mobbingphasenmodelle in dieser Arbeit berücksichtigt, für die angestellte Studie sind sie jedoch nicht von Belang.

3.3   Zur Unterscheidung bzw. zum Zusammenhang Sozialer Konflikte am Arbeitsplatz und Bossing

Für die vorliegende Untersuchung ist von Bedeutung, was einen „normalen" Konflikt zwischen Vorgesetzten und Mitarbeiterinnen und Mitarbeitern von Bossing unterscheidet.

Explizite Arbeiten zum Themenkomplex soziale Konflikte am Arbeitsplatz im Zusammenhang mit Bossing existieren bisher nicht. Insofern muss an dieser Stelle wieder hilfsweise auf Arbeiten zur Thematik sozialer Konflikt und Mobbing zurückgegriffen werden.

Während sich die Mobbingforschung in der Vergangenheit auf die Entstehung von Mobbing im Zusammenhang mit der workplace-environment-hypothesis von u.a. Baillien und Kollegen (2008) befasst hat, haben sich bisher nur wenige Studien explizit mit der Thematik Konflikte und Mobbing befasst. Allerdings hat die Forschung das Auftreten und das Management von Konflikten als eine der Hauptursachen für Mobbing identifiziert (vgl. u.a. Baillien, Neyens, Witte & De Cuyper, 2009; Einarsen, 1999; Vartia, 1996; Zapf & Gross, 2001).

3.3.1   Unterschiede zwischen sozialen Konflikten und Mobbing

In der Forschungslandschaft besteht hinsichtlich der Unterscheidung sozialer Konflikte am Arbeitsplatz und Mobbing keine Einigkeit. U.a. Leymann

(1996), Neuberger (1995), Niedl, (1995) und Königswieser (1987) sehen in Mobbing einen bereits bestehenden, ungelösten Konflikt oder eine Asymmetrie in den Beziehungen sowie eine Strategie der Konflikthandhabung und ein fehlgeschlagenes Konfliktmanagement. Esser und Wolmerath (2011) hingegen sind der Auffassung, dass es sich bei Mobbing nicht um einen Konflikt handelt. Sie meinen, dass es dem Mobber nicht um einen Interessenausgleich oder um das Bemühen einer gemeinsamen Lösung geht, wie es bei einem Konflikt nach Ansicht der Autoren üblicherweise vorgesehen ist, sondern um die Liquidierung und Beseitigung des Gegners (vgl. Leymann, 1996; Neuberger, 1995; Niedl, 1995; Königswieser, 1987; Esser & Wolmerath, 2011).

Mobbing bezieht sich auf systematische (z. B. wöchentliche) und anhaltende (z. B. sechs Monate) negative Handlungen einer oder mehrerer Personen gegen andere Person(en) am Arbeitsplatz (vgl. Einarsen, 2000; Leymann, 1996; Notelaers, Einarsen, De Witte, & Vermunt, 2006).

Die systematischen und anhaltenden Handlungen können arbeitsbezogene (z. B. Zurückhaltung von Informationen) oder persönliche Probleme (z. B. Klatsch, soziale Isolation) betreffen. Die Handlungen verursachen oft Erniedrigung, Angstzustände, Depressionen und Distress (vgl. Björkvist, Österman & Hjelt Bäck, 1994; Mikkelsen & Einarsen, 2002) und können die Arbeitsleistung beeinträchtigen und/oder eine unangenehme Arbeitsumgebung verursachen (vgl. Hoel, Zapf, & Cooper, 2002; Kivimäki, Elovaino, & Vahtera, 2000; Quine, 2002).

Konflikte hingegen beziehen sich auf eine Interaktion zwischen zwei Individuen, einer Person und einer Gruppe oder zwei Gruppen, in denen sich mindestens eine der Parteien durch die andere behindert oder irritiert fühlt (vgl. Van de Vliert, 1997).

Der Definition von Van der Vliert (1997) folgend haben einige Autoren Mobbing als eine Untergruppe von Konflikten (vgl. z. B. De Dreu, Emans, Euwema, & Steensma, 2001) oder als eine extreme Form relationaler Konflikte betrachtet (vgl. De Dreu, Van Dierendonck, & Dijkstra, 2004).

Einige Autoren betonen, dass es sich bei Mobbing zunächst einmal um die Stigmatisierung eines bestimmten Mitarbeiters mit dem Ziel handelt, den Mobbingbetroffenen in einer unterlegenen Position zu halten, um ihm die Möglichkeiten zu nehmen, den negativen Handlungen entgegenzuwirken. Stigmatisierung allerdings ist kein definierendes Merkmal von Konflikten (vgl. Einarsen, Reknes & Matthiesen, 1994; Leymann, 1996; Zapf & Gross, 2001; z. B. Jehn, 1995).

Darüber hinaus können Konflikte sowohl kurz- als auch langandauernd sein, einschließlich einer einzelnen Episode (z. B. werden unklare Verfahren geklärt, sobald sie ein Missverständnis verursacht haben) oder einer Reihe von Episoden (z. B. eine lang andauernde Diskussion zwischen zwei Parteien darüber, wer für eine bestimmte Aufgabe verantwortlich ist). Mobbing ist demgegenüber definitionsgemäß langfristig und bezieht sich auf das Ergebnis einer nachfolgenden Anzahl von Episoden, in denen negative Handlungen im Laufe der Zeit eskalieren (vgl. Einarsen, Reknes & Matthiesen, 1994).

Mobbing hat zudem eindeutig eine negative Konnotation, die sich darin widerspiegelt, negative Handlungen systematisch auf einen bestimmten Mitarbeiter auszurichten. Konflikte führen nicht notwendigerweise zu einer negativen Konnotation (vgl. Thomas, 1992).

Schlussendlich enthält Mobbing eine tatsächliche oder vom Opfer wahrgenommene Absicht, Schaden anzurichten (vgl. Björkvist, Österman & Hjelt Bäck, 1994).

Keashly und Nowell (2003) postulieren Unterschiede zwischen Konflikten und Mobbing auf den Dimensionen (1) Zeit: Mobbing ist ein andauernder Prozess über einen nicht unerheblichen Zeitraum. (2) Absicht: Mobbing beinhaltet eine Schädigungsabsicht. Dies ist bei Konflikten grundsätzlich nicht der Fall. (3) Machtungleichgewicht: Das asymmetrische Machtverhältnis ist Mobbingprozessen immanent, auch wenn es bei Konflikten entstehen kann (z.B. Vorgesetzter – MitarbeiterInnen; Mehrheiten – Minderheiten). (4) Eingeschränkte Verteidigungsmöglichkeit: Die Asymmetrie in den Machtbeziehungen schränkt die Verteidigungsmöglichkeit der Betroffenen weningstens ein. (5) Reziprozität: Bei Mobbing interagieren die Beteiligten (Mobber – Betroffene) gemeinsam und bestimmen somit jeweils das Verhalten des Gegenübers. Bei Konflikten treten beide Parteien gleichzeit als Überlegen und Unterlegen in Erscheinung (vgl. Keashly & Nowell, 2003, zitiert nach Groß, 2004, S. 23).

Auch Nielsen et al. (2015) weisen ausdrücklich darauf hin, dass Mobbing vier bestimmte Merkmale aufweisen muss: Erstens muss es sich um negative Handlungen handeln, (arbeitsbedingte Belästigung, persönliche Belästigung, Belästigung von Führungskräften und Einschüchterung). Zweitens müssen diese negativen Handlungen häufig und drittens über einen gewissen Zeitraum ausgeführt werden. Ein einmaliger Vorfall reicht demnach für Mobbing nicht aus. Zu guter Letzt sind die Reaktionen der Mobbingbetroffenen maßgeblich, die sich durch die

Handlungen der Mobber beleidigt oder eingeschüchtert fühlen müssen (vgl. Nielsen, Nielsen, Notelaers & Einarsen, 2015 a).

Kolodej (2016) weist darauf hin, dass es sich bei bei Konflikten um normale Formen des Umgangs mit Meinungsverschiedenheiten handelt. Der konstruktive Umgang mit Konflikten kann dabei zu einem reibungslosen Ablauf und guter Kooperation beitragen. Insofern ist nicht jeder Streit in einem Unternehmen mit Mobbing gleichzusetzen. Der Autorin zufolge werden Konflikte mit fairen Mitteln ausgetragen, bei Mobbing hingegen geht es um gezielte Schikanen mit subtilen und oft schweren Attacken. Es herrscht ein Machtungleichgewicht und eine der Konfliktparteien droht aus dem System zu fallen. Insofern ist Mobbing eine destruktive Form der Konfliktaustragung mit stark negativ ausgerichteten Verhaltensweisen des Mobbers (vgl. Kolodej, 2016).

3.3.2 Zusammenhang zwischen sozialen Konflikten und Mobbing

In der Forschungslandschaft finden sich sowohl theoretische als auch empirische Arbeiten, die Konflikte als Vorbedingungen für Mobbing identifizieren. Die Empirie konnte zeigen, dass Konflikte von den Betroffenen als eine der Hauptursachen von Mobbing verantwortlich gemacht werden (vgl. u.a. O'Moore, Lynch & Daéid, 2003; Zapf, 1999; Zapf, Knorz & Kulla, 1996).

Hauge und Kollegen (2003) konnten bei der Untersuchung organisationaler Hintergründe im Hinblick auf die Entstehung von Mobbing (z. B. Job-Stressoren, Führungsverhalten und Aspekte des Organisationsklimas) zwischenmenschliche Konflikte als stärkste Prädiktoren ermitteln. Ayoko, Callan und Härtel (2003) haben ermittelt, dass Konflikte Mobbing erfolgreich vorhersagen. Darüber hinaus weisen die Ergebnisse ihrer Studie auf eine signifikante Beziehung zwischen der Reaktion des Mitarbeiters auf Konflikte und Mobbing hin: *Produktive Reaktionen* (Lösung des Konflikts) stehen in Verbindung mit einem Rückgang von Mobbing, *destruktive Reaktionen* (Konflikte ignorieren oder durch Kampf gewinnen wollen) stehen in Verbindung mit erhöhtem Mobbing. Demnach können nicht nur Konflikte selbst, sondern auch die Art und Weise, wie Arbeitnehmerinnen und Arbeitnehmer mit Konflikten umgehen, Mobbing fördern oder verhindern. Diese Ergebnisse stimmen mit früheren Befunden von Vartia (1996) überein, die Reaktionen auf Konflikte als wichtige Vorbedingungen für Mobbing postuliert (vgl. Hauge et al., 2007; Ayoko, Callan und Härtel, 2003; Vartia, 1996).

Die Bedeutung von Konflikten wurde auch von Einarsen (1999) unterstrichen, der "streitbezogenes Mobbing" (Mobbing als Ergebnis von Streitigkeiten und persönlichen Konflikten) und "räuberisches Mobbing" (Mobbing als Ergebnis von Stress und Frustration) unterschied (vgl. Einarsen, 1999).

Keashly und Nowell (2003) sehen einen Zusammenhang zwischen einem sozialen Konflikt und Mobbing dergestalt, als dass sowohl bei Konflikten als auch bei Mobbing mindestens zwei Parteien interagieren. Beide Phänomene können negativ auf die Beteiligten wirken, allerdings in unterschiedlich starker Ausprägung (vgl. Keashly & Nowell, 2003, zitiert nach Groß, 2004, S. 22 ff.).

Glasl (2013) ist der Auffassung, dass es sich bei Mobbing um einen Konflikt handelt, der die folgenden typischen Komponenten beinhaltet:

- Bei Mobbing eskaliert der Konflikt auf kalte Art und verdeckt,
- weshalb er erst spät wahrgenommen wird.
- Bei Mobbing erlebt eine Person, dass sie von einer Gruppe angefeindet wird. In diesem Kontext nimmt sich der Betroffene zu 100% nur als „Opfer" wahr, während sie die Handelnden zu 100% als „Täter" erlebt (vgl. Glasl, 2013).

3.3.3 Dual Concern Theory

Die Dual Concern Theory von Pruitt und Carnevale (1993) definiert vier Konfliktmanagementstile: *kämpfen, vermeiden, lösen* und *nachgeben*. Diese Konfliktmanagementstile werden von zwei zentralen Anliegen bestimmt. Ein erstes Anliegen betrifft das Eigeninteresse, eigene Ziele zu erreichen. Das zweite befasst sich mit den Bedenken hinsichtlich des Wohlergehens der Gegenpartei. *Kämpfen* resultiert aus einem hohen Eigeninteresse für die eigenen Ziele und einem geringen Interesse an den Zielen der Gegenseite und spiegelt die Notwendigkeit wider, sich auf Kosten der Gegenpartei durchzusetzen. *Vermeiden* verbindet eine geringe Sorge um die eigenen Ziele und die Ziele der Gegenseite und bezieht sich auf die Verhinderung oder Beendigung des tatsächlichen Umgangs mit dem Konflikt. Echte Aufmerksamkeit für die eigenen Ziele wie auch für die Ziele der Gegenseite führen zur *Problemlösung*. *Nachgeben* spiegelt eine große Sorge um die Ziele der Gegenpartei wider, verbunden mit weniger Sorgen um die eigenen Ziele, und tritt auf, wenn man dem Standpunkt oder der Forderung des Gegners nachgibt (vgl. u.a. Pruitt & Carnevale, 1993; Pruit & Rubin, 1986; Van de Vliert, 1997).

Die aufgeführten Konfliktmanagementstile können auf zwei Dimensionen lokalisiert werden. Die erste Dimension bezieht sich auf das Verteilungsverhalten und zielt darauf ab, die Ergebnisse für eine Partei auf Kosten der anderen Partei zu maximieren. Die zweite Dimension beinhaltet integratives Verhalten und beinhaltet die Maximierung versus Minimierung der Ergebnisse für alle Beteiligten.

Kämpfen und Nachgeben markieren die Pole der Verteilungsdimension, während Problemlösung und Vermeidung auf der integrativen Dimension liegen. Anhand beider Dimensionen können Vorhersagen zu eskalativen und deeskalativen Konfliktmanagement getroffen werden. In Bezug auf die Verteilungsdimension begünstigen niedrige (Nachgeben) sowie hohe Bewertungen (Kämpfen) eine Konflikteskalation. In Bezug auf die integrative Dimension stehen niedrige Bewertungen (Vermeiden) mit Konflikteskalation im Zusammenhang, wohingegen hohe Bewertungen (Problemlösen) Konfliktdeeskalation beinhalten (vgl. De Dreu, Evers, Beersma, Kluwer & Nauta, 2001; Van de Vliert, 1997).

Leon-Perez und Kollegen (2015) konnten im Rahmen einer Studie zum Zusammenhang zwischen Mobbing, dem Auftreten von Konflikten und spezifischen Konfliktlösungen zeigen, dass sich soziale Konflikte und Mobbing zwar unterscheiden, aber als verwandte Konstrukte beschrieben werden können. Mobbing kann den Autorinnen und Autoren zufolge als ein Konflikteskalationsprozess oder ein lang andauernder Konflikt bezeichnet werden, der über einen bestimmten Zeitraum hinweg entwickelt wird. Im Weiteren zeigen die Ergebnisse der Studie, dass aktive Versuche, Konflikte durch Problemlösung und Forcierung zu managen, die beste Strategie zu sein scheint, um die Eskalation von einem Aufgabenkonflikt hin zu einem Beziehungskonflikt zu verhindern. Hingegen kann der Versuch, Konflikte zu vermeiden, zu einer Eskalation des Konflikts und zu mehr emotionalen Problemen führen (Beziehungskonflikt). Hinsichtlich des Phänomens Mobbing konnten die Autoren in ihrer Studie die Problemlösung oder die Integration der Interessen und Standpunkte der Konfliktparteien als Strategien ermitteln. Im Hinblick auf die Konfliktmanagementstile zeigten die Ergebnisse, dass Kämpfen mit mehr Mobbing und Problemlösen mit weniger Mobbing verbunden sind. Die Konfliktmanagementstile *Vermeiden* und *Nachgeben* konnten für das Phänomen Mobbing nicht gefunden werden, obwohl das Nachgeben positiv mit Mobbing korreliert (vgl. Leon-Perez, Medina, Arenas & Munduate, 2015).

Kolodej (2005) ist der Auffassung, dass es sich bei Mobbing nicht um den Konflikt selbst, sondern um dessen Eskalation handelt. Als entscheidenden Schritt hin zum Mobbing bezeichnet die Autorin die Personifizierung des Konfliktes, weil es nicht mehr um Sachinhalte geht, sondern die Integrität der Betroffenen angegriffen wird. Die Person des Gegners und dessen Ausgrenzung steht im Mittelpunkt des Geschehens (vgl. Kolodej, 2005).

3.3.4 Zusammenfassung

In der Forschung findet sich hinsichtlich der Unterscheidung und dem Zusammenhang von sozialen Konflikten und Bossing keine Literatur. Im Kontext von Mobbing besteht Uneinigkeit darüber, ob es sich bei Mobbing um einen sozialen Konflikt handelt. Einige Autoren grenzen Mobbing deutlich von einem sozialen Konflikt ab. Als Kernelemente von Mobbing weisen sie aus: *1. Systematische, anhaltende negative Handlungen mit negativer Konnotation, 2. Stigmatisierung der Gegenpartei, 3. Asymmetrie in den Beziehungen, 4. Unterlegenheit des Mobbingbetroffenen mit der mindestens eingeschränkten Möglichkeit der Gegenwehr, 5. Schädigungsabsicht* (vgl. Leymann, 1996; Neuberger, 1995; Niedl, 1995; Königswieser, 1987; Esser & Wolmerath, 2011; Notelaers, Einarsen, De Witte, & Vermunt, 2006; Hoel, Zapf, & Cooper, 2002; Kivimäki, Elovaino, & Vahtera, 2000; Quine, 2002; Einarsen, Raknes & Matthiesen, 1994; Zapf & Gross, 2001; z. B. Jehn, 1995; Thomas, 1992; Keashly & Nowell, 2003; Nielsen, Nielsen, Notelaers & Einarsen, 2015a).

Andere Autoren sehen Mobbing im Zusammenhang mit sozialen Konflikten vor allem im Hinblick eskalierender sozialer Konflikte. Als Kernelemente weisen diese Autoren aus: *1. Konflikte sind Hauptursache für Mobbing, 2. Konflikte selbst und die Art und Weise des Umgangs mit Konflikten können Mobbing fördern oder verhindern, 3. Reaktionen auf Konflikte sind wichtige Vorbedingungen für Konflikte, 4. Interaktion zwischen zwei oder mehreren Parteien, 5. beide Konstrukte können negative Assoziationen hervorrufen, jedoch in unterschiedlicher Stärke, 6. Mobbing ist ein Konflikteskalationsprozess oder ein lang andauernder Konflikt, der über einen bestimmten Zeitraum hinweg entwickelt wird, 7. Mobbing ist die Folge eines mangelhaften Konfliktmanagementprozesses* (vgl. O'Moore, Lynch & Daéid, 2003; Zapf, 1999; Zapf, Knorz & Kulla, 1996; Hauge et al., 2007; Ayoko, Callan und Härtel, 2003; Vartia, 1996; Einarsen, 1999; Keashly & Nowell, 2003; Glasl, 2013; De Dreu, Evers, Beersma, Kluwer & Nauta, 2001; Van de Vliert, 1997; Leon-Perez, Medina, Arenas & Munduate, 2015; Kolodej, 2016).

Im Ergebnis der vorliegenden Studien zur Unterscheidung und zum Zusammenhang von sozialen Konflikten und Bossing handelte es sich bei dem Phänomen Bossing um keine einmalige, isolierte Handlung (z. B. einzelne negativ auf den Betroffenen wirkende unpopuläre Entscheidungen eines Vorgesetzten), sondern es handelt sich bei Bossing um eine über einen längeren Zeitraum anhaltende

Episode mit negativen Handlungen und negativer Konnotation (z. B. Diskriminierung, Diskreditierung, Informationen vorenthalten, beschimpfen, beleidigen usw.) mit dem Ziel, den *einen* Betroffenen (Stigmatisierung) zu schädigen oder die Schädigung wenigstens billigend in Kauf zu nehmen (Schädigungsabsicht). Bei Bossing besteht ein Machtungleichgewicht aufgrund der asymmetrischen Machtverhältnisse (Vorgesetzter vs. Geführter), wodurch die Fähigkeit und die Möglichkeit der Gegenwehr des Betroffenen zumindest eingeschränkt sind. Bei Bossing handelt es sich um einen intensiven Konflikteskalationsprozess, der sich über einen längeren Zeitraum entwickelt. Dabei können sich Aufgabenkonflikte zu Beziehungskonflikte entwickeln und aufgrund der mangelnden Konfliktlösungskompetenz der Vorgesetzten und Geführten eskalieren.

3.4   „Bad Leadership"

3.4.1   Zur Definition eines Bad Leaderships

Weibler (2012) weist hinsichtlich dieser neuen Forschungsrichtung auf die Arbeiten von Barbara Kellerman (2004) hin. Die Autorin postuliert zwei grundlegende Dimensionen von schlechter Führung: *ineffektive* und *unethische Führung*. Unter ineffektiver Führung versteht sie, dass Führende wegen fehlender Eigenschaften und Qualifikationen die angestrebten Führungsziele nicht erreichen. Bei unethischer Führung würde nicht richtig zwischen (moralisch) guten und schlechten Zielen unterschieden. Dies führe zur Überhöhung eigener Ziele auf Kosten der Ziele der Geführten und der Gemeinschaft. Der Autorin zufolge können daraus unterschiedliche Kombinationsmöglichkeiten entstehen. Beispielsweise kann Führung höchst effektiv (i.S. der Zielerreichung) und gleichzeitig höchst unethisch (i.S. der Zielsetzung) sein. Kellerman hat vor dem Hintergrund der von ihr postulierten zwei grundlegenden Dimensionen von schlechter Führung sieben Idealtypen eines „bad leadership" kreiert, wobei die drei erstgenannten Idealtypen auf ineffiziente und die vier letztgenannten auf unethische Führung verweisen:

- Inkompetent („incompetent"): Es besteht ein mangelhafter Wille oder die mangelhafte Fähigkeit oder beides in Kombination zum effektiven Führen sowie zum Erreichen der Führungsziele.
- Unbeweglich („rigid"): die Unfähigkeit oder Nichtbereitschaft zur Anerkennung neuer Ideen, neuer Informationen oder geänderter Umstände.
- Unmäßig („intemperate"): mangelnde Selbstkontrolle.

- Gefühllos („callous"): Es besteht ein mangelhaftes Interesse an den Zielen und Bedürfnissen der Geführten.
- Korrupt („corrupt"): unnachgiebige Verfolgung der eigenen Interessen, auch unter Inkaufnahme von Lüge, Betrug und Diebstahl.
- Beschränkt („insular"): Es besteht eine Gleichgültigkeit hinsichtlich des Wohlergehens jener, die nicht unmittelbar der Gruppe oder Organisation angehören.
- Böse („evil"): Nutzen physischer und psychischer Macht bzw. Gewalt gegenüber anderen als Mittel der Führung.

Kellerman (2004) stellt klar, dass die Intensität eines bad leadership stark variieren kann: *„some leaders (...) are very bad, others are less bad"* (vgl. Kellerman, 2004, S. 38). Darüber hinaus können die Einschätzungen individuell stark divergieren. Der Vorwurf einer schlechten Führung kann von der anderen Seite bezweifelt oder von vornherein zurückgewiesen werden. Zu guter Letzt ist schlechte Führung auch einem zeitlichen Wandel unterworfen. Was heute als schlechte Führung angesehen ist, kann Morgen als gute Führung gelten und umgekehrt (vgl. Kellerman, 2004; Weibler, 2012).

3.4.2 Bad Leadership durch toxische Führungsprozesse

Padilla und Kollegen (2007) sind der Auffassung, dass destruktive Führung fünf zentrale Bestimmungsgrößen aufweist:

- Destruktive Führung ist selten absolut oder ausschließlich destruktiv, in den meisten Führungssituationen gibt es wünschenswerte und unerwünschte Ergebnisse.
- Der Prozess der destruktiven Führung beinhaltet eher Kontrolle und Zwang als Überredung und Engagement.
- Der Prozess der destruktiven Führung hat eine selbstbezügliche Ausrichtung. Er konzentriert sich mehr auf die Bedürfnisse des Führenden als auf die Bedürfnisse der Geführten.
- Eine destruktive Führung beeinträchtigt die Lebensqualität und ist dem Zweck sowie den eigentlichen Zielsetzungen der Organisation abträglich.

Destruktive organisationale Ergebnisse sind nicht ausschließlich das Resultat von destruktiven Führenden; sondern auch das Ergebnis von empfänglichen Geführten und einer begünstigenden Situation.

Die Autoren sehen destruktive Führung als ein Ausdruck rein egoistischer Interessenverfolgung durch den Führenden, der die Interessen anderer, vor allem die der Geführten, systematisch außer Acht lässt. Die Schädigung der Geführten kalkulieren destruktiv Führende ein und sie tendieren zu einem Führungsverhalten, das auf Zwang und Manipulation, denn auf Überzeugung und Verpflichtung fußt. Die Autoren postulieren, dass für die Entstehung destruktiver Führung die Führenden selbst, die Geführten und die Rahmenbedingung von Bedeutung sind und sprechen daher von einer „toxic triangle", wie sie sich in der folgenden Abbildung wiederfindet (vgl. Padilla, Hogan & Kaiser, 2007).

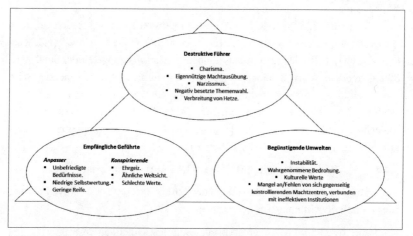

Abbildung 1: Die toxische Triangel der Führung nach Padilla, Hogan & Kaiser, 2007, S. 180, zitiert nach Weibler, 2012, S. 636

Weibler (2012) beschreibt in Anlehnung an Padilla und Kollegen (2007) fünf kritische Faktoren, die Führende zu destruktiven Führern werden lassen:

- Destruktive und charismatische Führung korrelieren stark. Nicht alle charismatischen Führer sind destruktiv aber die meisten destruktiven Führer verfügen über besonderes Charisma.
- Destruktiv Führende zeichnen sich durch ein starkes Bedürfnis nach persönlicher Macht aus und stellen ihre bereits erworbene Macht in den Dienst ihrer eigenen (Karriere-)Ziele.
- Destruktiv Führende sind stark narzisstisch geprägt.
- Destruktiv Führende tragen negative Weltbilder in sich, die auf Kindheitserfahrungen zurückzuführen sind.

- Destruktiv Führende verfolgen eine Ideologie des Hasses, um Rivalen zu besiegen und Feinde zu vernichten (vgl. Weibler, 2012).

Padilla et al. (2007) postulieren mit Blick auf die einschlägige Literatur, dass destruktive Führung stark mit Narzissmus korreliert und mit einem personalisierten Gebrauch von Macht verbunden ist. Narzissmus beinhaltet den Autoren zufolge Dominanz, Grandiosität, Arroganz, Anspruchsdenken und das selbstsüchtige Streben nach Vergnügen. In extremen Fällen ist *"bösartiger Narzissmus"* (S. 181) mit Hyperaggressivität und sadistischen, ausbeuterischen persönlichen Beziehungen assoziiert. Narzisstische Führer sind von sich selbst überzeugt, aufmerksamkeitssuchend und ignorieren die Standpunkte oder das Wohlergehen anderer. Sie beanspruchen oft etwas Besonderes und fordern bedingungslosen Gehorsam. Ihre Einstellung zu Recht führt häufig zu eigennützigen Machtmissbräuchen und der Führungsstil ist typischerweise autokratisch (vgl. Padilla, Hogan & Kaiser, 2007).

Weibler (2012) weist darauf hin, dass Narzissmus als eine menschliche Eigenschaft angesehen werden muss, die auf eine moralisch schlechte oder wenigstens fragwürdige Persönlichkeit verweist, offensichtlich aber *„in besonderer Weise zur Führung zu prädestinieren scheint und die in dieser Diktion damit die Tendenz einer schlechten Führung fast schon unweigerlich in sich birgt"* (vgl. Weibler, 2012, S. 640).

Bardes & Piccolo (2010) weisen darauf hin, dass zerstörerisches Führungsverhalten Eigenschaften des Führenden sind. Beispielsweise weisen einige Führungskräfte negative Persönlichkeitsmerkmale, wie Wut, Feindseligkeit und negative Affektivität auf und sind daher eher in einer destruktiven Überwachung der Geführten involviert. Sie zeigen Verhaltensweisen, wie Untergebene lächerlich machen oder Kritisieren der Mitarbeiterinnen und Mitarbeiter in der Öffentlichkeit. Es fällt auf, dass diese Führer die Macht missbrauchen und charismatisch sowie narzisstisch sind. Sie haben bereits negative Lebenserfahrungen gemacht und tragen eine Ideologie des Hasses in sich. Zusammengenommen führen die aufgeführten Gründe eher zu destruktivem Führungsverhalten (vgl. Bardes & Piccolo, 2010).

Hinsichtlich der Geführten unterscheiden Padilla et al. (2007) Anpasser und Konspirierende:

- Konforme Geführte („conformers") sind durch eine unzureichende Befriedigung ihrer (Grund-)Bedürfnisse, ein geringes Selbstwertgefühl und eine geringe psychologische Reife geprägt. Sie sind durch Furcht geleitet und dulden deshalb destruktive Führung.

- Konspirierende Geführte („colluders") fallen durch Ehrgeiz, Egoismus und Gier auf und unterstützen daher destruktive Führung, weil sie sich davon die verbesserte Befriedigung ihrer Bedürfnisse versprechen (vgl. Padilla, Hogan & Kaiser, 2007).

Lipman-Blumen (2005) ist der Frage nachgegangen, warum schlechte Führung entstehen und anhalten kann, obwohl sie aus Sicht der Geführten negativ oder destruktiv wirkt. Lipman-Blumen hat im Rahmen ihrer Arbeiten zu dieser Fragestellung psychologische Schlüsselfaktoren bestimmt, die die Attraktivität toxischer Führer erklären sollen:

- *Tiefenpsychologische Grundbedürfnisse*: Sie sind überwiegend unbewusst und frühkindlich angelegt. Sie äußern sich in dem Wunsch nach (autoritären) Führungspersönlichkeiten. Sie sollen Mut machen, Trost spenden und für die Befriedigung der wesentlichen Grundbedürfnisse (Sicherheit, Schutz, soziale Wärme, Anerkennung und Selbstverwirklichung) sorgen.

- *Existenzielle Grundbedürfnisse*: Existenzielle Ängste des Menschen werden den Geführten von den Führungskräften genommen, indem sie den Geführten *„ewiges Leben verheißen"*

- *Situative Ängste*: Sie sind der Vielschichtigkeit und Unübersichtlichkeit einer modernen und krisenbehafteten Welt geschuldet. Diesen Ängsten treten die Führenden entgegen, indem sie eine einfache, geordnete und überschaubare Welt schaffen.

- *Misserfolgsängste*: Sie sind einer erfolgsorientierten Gesellschaft geschuldet. Diese Ängste werden von den Führenden genommen, indem sie den Geführten das Gefühl geben, Teil des erfolgreichen Ganzen zu sein.

- *Wunsch nach einem wert- und sinnvollen Leben*: Dieser Wunsch wird von toxischen Führern aufgegriffen. Die Führenden zeichnen ein Bild großer, aber unrealistischer Illusionen und suggerieren, dass diese erreichbar wären (vgl. Lipman-Blumen, 2005).

Padilla und Kollegen (2007) sehen auch in der Situation eine gewichtige Rolle für die Förderung und Begrenzung destruktiven Führungsverhaltens:

- Zentralisierte und führerexklusive Entscheidungsprozesse aufgrund von Instabilität gesellschaftlicher und organisationaler Art.
- Wahrgenommene Bedrohungen, die eine unkritische Gefolgschaft fördern. Daher werden Bedrohungen von Führenden oftmals inszeniert.
- Die Befriedigung kultureller Werte, die sich in einem starken Bedürfnis nach Strukturen und Regeln äußern, wird tendenziell einer starken Führung überantwortet.
- Wenige oder schwache Kontrollinstanzen, vor allem in Hinblick auf obere Führungsetagen, kleinere oder neu gegründete bzw. schnell wachsende oder sich stark wandelnde Organisationen (vgl. Padilla, Hogan & Kaiser, 2007).

Bardes & Piccolo (2010) sind der Auffassung, dass die Variablen Zielsetzung und Anreizstruktur mit dem personalen Phänomen Stress bei Führungskräften und destruktives Führungsverhalten in Verbindung stehen und insgesamt eine Zunahme schlechter Führung vor allem auf mittleren und unteren Führungsebenen befürchten lässt. Der Ansatz der Autorinnen und Autoren geht von den folgenden Annahmen aus:

1. Der Grad der Schwierigkeit, der von Führenden bei der Erreichung vorgenommener Zielsetzungen wahrgenommen wird, korreliert positiv mit dem von Führungskräften empfundenen Grad an Stress.
2. Der Grad leistungsorientierter Vergütung korreliert positiv mit dem von Führungskräften empfundenen Grad an Stress.
3. Der Grad empfundenen Stresses korreliert positiv mit den Grad destruktiven Führungsverhaltens (vgl. Bardes & Piccolo, 2010).

Weibler (2012) zufolge begründen immer höhere Leistungsvorgaben in Verbindung mit zunehmend leistungsorientierten Vergütungssystemen zunehmenden Stress bei Führungskräften, der sich in einem zunehmend destruktiven und unethischen Führungsverhalten manifestieren kann. In diesem Kontext steht das Setzen individueller Interessen vor Organisationsinteressen und/oder kurzfristige Organisationsziele über langfristige Organisationsziele als destruktive Führung im Vordergrund. Für ein solches Verhalten ist u.a. der persönliche Charakter des Führenden wahrscheinlich. Unter die psychologischen Merkmale der führenden Person fallen dem Autor zufolge Narzissmus, Angst, Ergebnisunsicherheit, egoistische Machtmotive, der Glaube, andere gerechterweise als Objekt zur Erreichung eigener Ziele ansehen zu dürfen sowie Negativismus (vgl. Weibler, 2012).

3.4.3 Bad Leadership durch schädliche Ziele

Einarsen et al. (2007) gehen mit ihren Ansatz der Frage nach, welches Führungsverhalten dafür verantwortlich ist, die Ziele der Organisation sowie die der Geführten zu erreichen. Zu einem umfassenden Verständnis schlechter Führung führen sie aus:

- Es sollen alle Formen destruktiven Führungsverhalten berücksichtigt werden: a) physische und verbale, b) aktive und passive sowie c) direkte und indirekte Formen. Destruktive Führung kann danach z. B. vorliegen, wenn Führende ihre Mitarbeiterinnen und Mitarbeiter in einem gesundheitsgefährdenden Arbeitsumfeld arbeiten lassen (passive-physical-indirect behaviour) oder wenn sie Mitarbeiterinnen und Mitarbeitern erforderliche Informationen vorenthalten (passive-verbal-indirect behaviour).

- Destruktives Führungsverhalten muss systematisch und wiederholt erfolgen. Ein einziger Wutausbruch gilt noch nicht als destruktive Führung.

- Destruktives Führungsverhalten muss nicht bewusst und gezielt erfolgen, sondern es kann auch aufgrund fehlender Sensibilität, geringer sozialer Kompetenz oder auch aufgrund von Gedankenlosigkeit erfolgen. Schlechte Führung hat insofern nicht vordergründig mit dem Willen der Führungskraft, sondern vor allem mit den konkreten Wirkungen des Führungshandelns zu tun.

- Unter *legitimes Interesse der Organisation* wird alles das zusammengefasst, was unter *rechtmäßig* und *gesetzmäßig* zu verstehen ist, was wiederum impliziert, dass destruktive Führung keinen universellen Charakter aufweist, sondern in unterschiedlichen Kulturen und zu unterschiedlichen Zeiten völlig anders definiert werden kann (vgl. Einarsen, Aasland & Skogstad, 2007)

Einarsen und Kollegen. (2007) haben zur Differenzierung und Analyse destruktiver Führung fünf Varianten benannt, die sich in der folgenden Tabelle wiederfinden.

Variante	Beschreibung
Tyrannical leadership behaviour	Führungsverhalten, das organisationale (Leistungs-)Ziele auf Kosten der Mitarbeiter(-Ziele) zu erreichen sucht. Hierunter fallen auch Schikane, Mobbing, Demütigung und Bestrafung (vgl. Einarsen et al., 2007, S. 212).

Derailed leadership *behaviour*	Völlig entgleistes Führungsverhalten. Das Führungsverhalten richtet sich u.a. aufgrund von Drohungen oder Einschüchterungen gegen die Mitarbeiterziele und aufgrund von Drückebergerei oder Absentismus gegen die Organisationsziele (vgl. Einarsen et al., 2007, S. 212 ff.).
Supportive-disloyal *leadership behaviour*	Führungsverhalten, das auf ein kameradschaftliches Verhältnis mit den Mitarbeitern abzielt und die Verfolgung organisationaler Ziele vernachlässigt (vgl. Einarsen et al., 2007, S. 214).
Lassez-faire leadership *behaviour*	Führungsverhalten, bei der die Führungskraft zwar formal eine Führungsposition bekleidet, sich aber innerlich von allen Führungsverantwortungen und -verpflichtungen verabschiedet hat. Typisch für dieses Führungsverhalten sind die Verweigerung oder Verschiebung von Führungsentscheidungen. Dies geht mit einem geringen Interesse an der Erreichung von Zielen sowie mit der Abnahme der Verbundenheit und Kontakthäufigkeit mit den Geführten einher (vgl. Aasland et al., 2010, S. 441).
Constructive leadership *behaviour*	Ideales Führungsverhalten. Die Führenden sind bestrebt, den Mitarbeitern und ihren Zielen sowie den legitimen Zielen der Organisation gerecht zu werden (vgl. Einarsen et al., 2007, S. 214).

Tabelle 2: Varianten des Führungsverhalten in Anlehnung an Einarsen, Aasland & Skogstad, 2007, S. 212 ff., und Aasland, Skogstad, Notalaers, Nielsen & Einarsen, 2010, S. 441, zitiert nach Weibler, 2012, S. 637

Aasland und Kollegen (2010) konnten in einer empirischen Studie in Norwegen zeigen, dass über 80% der 2.500 Befragten die oben in der Tabelle stehenden Verhaltensweisen in ihrer Organisation beobachtet hatten. Insgesamt konnte ermittelt werden, dass konstruktives Führungsverhalten dominiert, mit am häufigsten jedoch das Laissez-faire und das unterstützend-disloyale Führungsverhalten von den Befragten beobachtet worden war (vgl. Aasland, Skogstad, Notalaers, Nielsen & Einarsen, 2010).

3.4.4 Zusammenfassung

Von einem „bad leadership" ist dann auszugehen, wenn zwei grundlegende Dimensionen von schlechter Führung vorherrschen: *ineffektive* und *unethische Führung*. Unter ineffektiver Führung ist zu verstehen, dass Führende wegen fehlender Eigenschaften und Qualifikationen die angestrebten Führungsziele nicht erreichen. Bei unethischer Führung wird nicht richtig zwischen (moralisch) guten und schlechten Zielen unterschieden. Dies führt zur Überhöhung eigener Ziele auf Kosten der Ziele der Geführten und der Gemeinschaft (vgl. Kellerman, 2004).

„Bad leadership" wird auf toxische Führungsprozesse (vgl. Padilla, Hogan & Kaiser, 2007) und auf das Verfolgen schädlicher Ziele (vgl. Einarsen, Aasland & Skogstad, 2007; Aasland, Skogstad, Notalaers, Nielsen & Einarsen, 2010) zurückgeführt.

Toxische Führungsprozesse umfassen die Führenden, die Geführten und die Führungssituation. Schlechte Führung wird häufig mit Narzissmus der Führenden in Verbindung gebracht. Narzissmus muss als eine menschliche Eigenschaft angesehen werden, die auf eine moralisch schlechte oder wenigstens fragwürdige Persönlichkeit hinweist. Auf die Führungssituation bezogen besteht die Auffassung, dass die Variablen Zielsetzung und Anreizstruktur mit dem personalen Phänomen Stress (immer höhere Leistungsvorgaben in Verbindung mit zunehmend leistungsorientierten Vergütungssystemen) bei Führungskräften und destruktives sowie unethisches Führungsverhalten in Verbindung stehen und insgesamt eine Zunahme schlechter Führung vor allem auf mittleren und unteren Führungsebenen zu erwarten ist (vgl. Kellerman, 2004; Padilla, Hogan & Kaiser, 2007; Bardes & Piccolo, 2010; Lipman-Blumen, 2005; Weibler, 2012).

Einarsen und Kollegen (2007) sowie Aasland et al. (2010) verfolgen den Ansatz des „bad leadership" unter der Thematik eines „destructive leadership behaviour" und stellen damit die Verfolgung schädlicher Ziele in den Vordergrund. Führungsverhalten, das organisationale (Leistungs-)Ziele auf Kosten der Mitarbeiter(-Ziele) zu erreichen sucht, bezeichnen die Autoren als tyrannisches Führungsverhalten. Hierunter fallen auch Schikane, Mobbing, Demütigung und Bestrafung (vgl. Einarsen, Aasland & Skogstad, 2007; Aasland, Skogstad, Notalaers, Nielsen & Einarsen, 2010).

4.   Theoretische Herleitung

Zur Beantwortung der Forschungsfrage, welche Eskalationsbedingungen Bossingprozessen zugrunde liegen, bedarf es einer theoretischen Herleitung. Zur theoretischen Herleitung in diesem Forschungsprozess soll das Phasenmodell der Eskalation nach Glasl (2013) dienen. Zur Erklärung dieses Phasenmodells ist es aus Sicht des Autors unumgänglich, einen Blick auf den Konfliktverlauf, die Eskalationsdynamik und die Wendepunkte in der Eskalation zu werfen. Zudem sollen die seelischen Funktionen im Konflikt sowie bisherige Arbeiten zum Glasl'schem Phasenmodell im Kontext Mobbing beleuchtet werden.

4.1   Konfliktverlauf und Eskalationsdynamik, Wendepunkte in der Eskalation und seelische Funktionen im Konflikt

4.1.1   Konfliktverlauf und Eskalationsdynamik

Glasl (2013) weist darauf hin, dass einige Autoren den Versuch unternommen haben, Konfliktverlaufs- und Eskalationsmodelle zu entwickeln und verweist auf die fünf Eskalationsstufen nach Pondy (1967), die vier Eskalationsphasen bei internationalen Krisen nach Wright (1965) und die Vierundvierzig Stufen der Eskalation nach Kahn (1965) (vgl. Glasl, 2013, S. 199 ff.).

Im Folgenden sollen exemplarisch die fünf Phasen des Eskalationsprozesses nach Pondy (1967) beschrieben werden:

1. *Latenter Konflikt*: Unterschwellig wirken anfänglich unbewusste Faktoren („es gärt"), die das Verhalten der Konfliktparteien beeinflussen und schließlich in einen offenen Konflikt münden. Der Konflikt kann sich dabei auf sehr unterschiedliche Problematiken beziehen.

2. *Perzipierter Konflikt*: Die Konfliktparteien erkennen jetzt, worum es geht und sehen auch die unterschiedlichen Auffassungen der Gegenseite. Es kommt auch vor, dass nur eine Seite einen Konflikt sieht, obwohl dieser noch gar nicht existiert. Unklare Perzeptionen und Fehldeutungen führen zu Unstimmigkeiten, die als Konflikte wahrgenommen werden können.

3. *Erlebter Konflikt*: Die Betroffenen erleben die Unstimmigkeiten nicht mehr nur noch auf der kognitiven, sondern auch auf der emotionalen Ebene und versuchen, ihre Gefühlen zu ordnen.

4. *Manifester Konflikt*: Die wahrgenommenen und emotional erlebten Unstimmigkeiten führen zu Konfliktverhalten, das sich in *„offener oder verdeckter Gewaltanwendung"* (S. 202) mit dem Ziel äußert, dem Kontrahenten Schaden zuzufügen.

5. *Nachwirkungen des Konflikts*: Der bisher geführte Konflikt kann die für den latenten Konflikt ursächlichen Aspekte verändern. Das in dieser Phase abgeschlossene Konfliktereignis kann Nährboden für das nächste ‚Intermezzo' sein und der Eskalationsprozess beginnt von vorn (vgl. Glasl, 2013, S. 201 ff.).

Glasl (2013) weist auf weitere unterschiedliche Konfliktverlaufsmodelle bzw. -theorien hin, bspw. von Rapoport (1957), Schelling (1958), Senghaas (u.a. 1970), Frei (1970) und Peschanel (1993). Glasl zufolge charakterisieren die Autoren den Eskalationsprozess des Konfliktes überwiegend als sich regelmäßig wiederholende Abläufe mit den entsprechenden Wahrnehmungen, Beurteilungen und Entscheidungen. Schließlich steigt die Gewaltbereitschaft *„spiralartig"* (S. 207) an (vgl. Glas, 2013).

4.1.2 Wendepunkte in der Eskalation

Glasl (2013) postuliert, dass kleinere Dispute eskalieren und ‚step by step' zu handfesten Konflikten ausufern können. Zunächst wahrnehmbare verbale, auf der kognitiven Ebene stattfindende kleinere Scharmützel können durch eine einzige Aktion der Konfliktgegner zu einer Eskalation führen, die in Gewalt enden kann. Bisherige Regeln zeigen in der Auseinandersetzung keine Wirkung mehr und die Konfliktparteien wählen für die Sache, für die sie kämpfen, eine noch größere Waffengattung. Auch der Konfliktgegner denkt in diesen Regionen, sodass für einen gewissen Zeitraum wieder Waffengleichheit hergestellt ist. Weitere Aktionen der Kontrahenten führen zu einer immer härteren Gangart und zur Eskalation des Konfliktes. Demnach handelt es sich bei jedem Konflikt um ein stufenartiges Ereignis (vgl. Glasl, 2013).

Glasl (2013) weis darauf hin, dass jede nächsthöhere Eskalationsstufe einen „Wendepunkt" (S. 229) als sogenannten „point of no return" (S. 232) aufweist. Wird das Maß der Gewaltanwendung von einer Partei überzogen, wird ein Wendepunkt überschritten und es öffnet sich der bislang grenzende Schlagbaum für die nächsthöhere Eskalationsstufe. Jedes Überschreiten eines Wendepunkts macht dann die Rückkehr auf eine niedrigere Eskalationsstufe um ein Vielfaches schwieriger. Jede einzelne, durch die Wendepunkte begrenzte Eskalationsstufe stellt für sich genommen einen abgeschlossenen Raum dar. In diesem Raum gelten neue Vorschriften für die Wahl der Mittel und neue Begründungen für die Gewaltausübung, was den Konfliktparteien in der Beziehung zueinander Sicherheit und Orientierung verleiht. In diesen Räumen geht es insofern nicht um ‚alles oder nichts' sondern darum, das Ausmaß der Gewalt bis zu einem kritischen Punkt zu dosieren. Die Schwelle zur nächsthöheren Eskalationsstufe wird erst dann überschritten, wenn es nicht mehr anders geht. Allerdings scheuen die Konfliktparteien den Übertritt zur nächsthöheren Eskalationsstufe. Einerseits haben sie haben ein gutes Gespür dafür, was ihnen auf der nächsten Stufe blüht und andererseits wollen sie von der anderen Konfliktpartei nicht für die Grenzüberschreitung verantwortlich gemacht werden. Insofern hat jede in sich geschlossene Eskalationsstufe auch einen Präventivcharakter (vgl. Glasl, 2013).

4.1.3 Die seelischen Funktionen im Konflikt nach Glasl

Glasl (2013) weist darauf hin, dass Konflikte die seelischen Funktionen eines Menschen beeinträchtigen. Die im Menschen wirkenden Funktionen *Wahrnehmung, Gedanken, Gefühle* und *Wille* führen zu einem *Verhalten*, dass der Konfliktgegner entweder äußerlich über Worte und Taten oder über eigene Emotionen und Intuition erleben kann. Das Verhalten wiederum führt zu *Effekten* beim Kontrahenten, die innerlich wirken (subjektive Empfindungen) oder äußerlich tatsächlich feststellbar sind (objektive Beeinträchtigungen) (vgl. Glasl, 2013).

Im Folgenden findet sich eine schematische Abbildung, die die beschriebenen Funktionen mit ihren gegenseitigen Verknüpfungen darstellt.

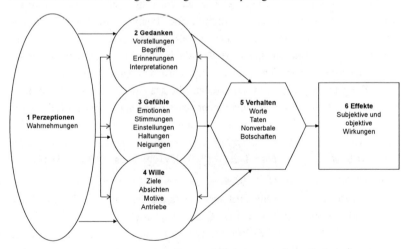

Abbildung. 2: Seelische Funktionen im Konflikt nach Glasl, 2013, S. 40

Verzerrungen der Perzeptionen (1) sowie des Denk- und Vorstellungslebens (2):

Im Zuge des Konfliktes nehmen die Konfliktparteien die Situation nur noch selektiv und verzerrt wahr. Während die negativen Wesenszüge, Haltungen und Handlungen des Kontrahenten deutlich sichtbar werden und benannt werden können, werden die eigenen Unzulänglichkeiten in diesem Kontext abgetan und heruntergespielt. Es wird immer schwieriger, die Komplexität der problembehafteten Situation zu erkennen, weshalb sie auf ein einfaches Konstrukt unserer subjektiven Wirklichkeit heruntergebrochen wird. Die Sicht auf die Konsequenzen unseres Handelns ist nur noch kurzfristig und wird von einer *„Affektlogik"* (S. 41) getrieben. Die Sichtweise des Gegners wird nicht registriert, weil nur die eigenen Belange im Mittelpunkt der Betrachtung stehen. Dies führt zu einem unvollständigen und nicht der objektiven Wirklichkeit entsprechenden Bild der Gesamtumstände. Obwohl wir selbst das Problem ausgelöst haben, wird die Ursache für den Konflikt beim Gegner gesucht. Erzählungen der Konfliktparteien zu den Ursachen und den Verlauf des Konfliktes sowie zu den wichtigen Streitpunkten weichen stark voneinander ab. Auf Dauer ist die Sicht auf den Konfliktgegner und auf uns selbst stark kontrastiert. Während wir uns selbst positive Eigenschaften zuschreiben, werden dem Konfliktgegner ausschließlich negative zugeschrieben. Sobald es zu einer erheblichen Konflikteskalation kommt, driften die *„Selbst- und Fremdbilder"* (ebd.) so weit auseinander, dass *„...dem Gegner schwere moralische Mängel..."* (ebd.) unterstellt werden, die bei uns hingegen nicht vorhanden sind. Die beschriebenen Verzerrungen der Wahrnehmungen sowie des Denk- und Vorstellungslebens führen zu Vorurteilen, die fest in uns verankert und auch durch andere Wahrnehmungen nicht mehr veränderbar sind. Glasl postuliert, dass nicht die Konfliktparteien gegeneinander kämpfen *„sondern das Bild, das sich A von sich selbst gemacht hat, kämpft gegen das Bild, das sich A von B geschaffen hat. Und B tut dies gegenüber A ebenso"* (S. 42) (vgl. Glasl, 2013, S. 41 ff.).

Beeinträchtigungen des Gefühlslebens (3):

Mit Beginn des Konflikts tritt eine verstärkte Sensibilität auf, die zu Misstrauen und Unsicherheit führt. Unsere Gefühlswelt erleben wir insgesamt als disparat. Sie schwankt zwischen Pro und Contra für den Kontrahenten, zwischen Respekt und Respektlosigkeit, zwischen Sympathie und Antipathie und zwischen Verbundenheit und Ablehnung. Die Ambivalenz dieser Gefühle zerreißt uns und wir sehnen uns nach eindeutigen Empfindungen. Im weiteren Verlauf des Konfliktes muss die Ambivalenz unserer Gefühle einer *„Monovalenz"* (S. 43) weichen. Sich widersprechende Gefühle haben keinen Platz mehr in uns und somit muss die eine Empfindung (z. B. Sympathie) der anderen (z. B. Antipathie) weichen. Die Beziehung der Konfliktparteien kühlt mehr und mehr ab, bis eine vollständig Entfremdung eingetreten ist. Es kommt zum Verlust der Empathie und zu einer übersteigerten Selbstwahrnehmung (vgl. Glasl, 2013, S. 42 ff.).

Korrumpierungen des Willenslebens (4):
 Unsere Gedanken und unser Wille werden von unserem Konfliktgegner nicht ohne weiteres akzeptiert. Wir stoßen auf Widerspruch, Verständnislosigkeit und Renitenz. Dies führt zu der Überlegung, sich entweder zurückzuziehen oder die eigenen Absichten mit Eifer durchzusetzen. Die Entscheidung für das Beharren auf dem eigenen Standpunkt und für die Durchsetzung des eigenen Willens führt zu *„Erstarrung und Fixierung"* (S. 45), schränkt mögliche Alternativen der Konfliktbehandlung ein und führt im weiteren Verlauf der Konflikt-eskalation zur Alternativlosigkeit: Entweder oder! Dem Gegner werden im Zuge eines Schlagabtauschs mit Angriffen Verletzungen beigebracht, die in ihm starke negative Emotionen (u.a. Wut) auslösen. Die Reaktionen des Gegners triggern in uns tieferliegende Zerstörungs-fantasien an, die dann an die Oberfläche gelangen und von denen wir uns jetzt treiben lassen. Unsere Handlungen entsprechen nicht mehr unserer tatsächlichen Reife, sondern zeigen starke Tendenzen der *„Regression"* (ebd.). Es geht schließlich nicht mehr ums Gewinnen, sondern nur noch darum, den Gegner zu verletzten und ihm einen möglichst großen Schaden zuzufügen (vgl. Glasl, 2013, S. 45 ff.).

Veränderungen im äußeren Verhalten (5):
 Das Denk-, Vorstellungs-, Gefühls- und Willensleben einer Konfliktpartei führt Glasl (2013) zufolge zu einem Verhalten, das eine Gegenreaktion der Gegenpartei auslöst. Mit Blick auf das Verhalten kommt es stark darauf an, wie achtsam und kontrolliert wir in Lebenssituationen außerhalb von Konflikten damit umgehen und inwieweit ein Unterschied zwischen dem besteht, was wir denken und wie wir handeln oder was wir wollen und tatsächlich verwirklichen. Wenn Unterschiede bestehen, dann zeigen sie sich bei Konflikten noch stärker. Darüber hinaus schränken die Konfliktparteien mögliche Verhaltensalternativen ein, weshalb es zu *„ ...stereotypen und fixierten Verhaltensmustern... "* (S. 47) kommt. Da

den Konfliktparteien diese Verhaltensmuster bekannt sind, können die Kontrahenten die jeweiligen Reaktionen relativ gut vorhersagen. In Konflikten wird das Verhalten von den folgenden acht Faktoren bestimmt:

1. *Inhalt*: Im Vordergrund steht das Anliegen.
2. *Selbst-Image-Funktion*: Die Kontrahenten erklären, welches Selbstbild sie haben und welches Bild der Konfliktgegner von ihnen haben soll.
3. *Gegner-Image-Funktion*: Die Konfliktparteien machen deutlich, welches Fremdbild sie haben.
4. *Selbstverstärkungsfunktion*: Die Konfliktparteien meinen, nicht beachtet zu werden und treten vehementer auf um sich Mut zu machen.
5. *Ventil-Funktion*: Es geht den Parteien darum, ‚Dampf‘ abzulassen
6. *Erreichungsziel-Funktion*: Das Auftreten ist darauf ausgerichtet, als *„ Verhandlungspartner "* (S. 49) anerkannt zu werden. Forderungen, etwa der Ausgleich für entstandene Schäden, werden mit Nachdruck gestellt.
7. *Hinderziel-Funktion*: Den Konfliktparteien geht es um das Durchsetzen eigener Forderungen und um das Verhindern der Durchsetzung der Ziele des Gegners.
8. *Signal-Funktion*: Den Konfliktparteien geht es darum, dass die Gegenseite das bestehende Problem zur Kenntnis nimmt (vgl. Glasl, 2013, S. 47 ff.).

Effekte des Konfliktverhaltens (6):

Das auf den Perzeptionen, Gedanken, Gefühlen und Absichten fußende Verhalten führt beim Konfliktgegner zu bestimmten Effekten:

a) *Subjektive Effekte*: Hierbei handelt es sich um subjektive Empfindungen (z. B. sich beleidigt fühlen) die zu verletzenden Gegenmaßnahmen führen.
b) *Objektive Effekte*: Hierbei handelt es sich um tatsächlich feststellbare Beeinträchtigungen, wie Sachschäden, die zu den subjektiven Effekten hinzutreten.

Die Konfliktparteien verlieren die Folgen ihrer Handlungen für den Gegner aus den Augen, denn für die Kontrahenten ist nur das eigene *„ Überleben "* (S. 51) von Belang. Die schädigenden Verhaltensweisen des Gegners werden jedoch im vollen Umfang wahrgenommen, wofür er sich sofort zu verantworten hat. Dabei ist nicht von Belang, ob die Folgen von der Gegenseite überhaupt beabsichtigt waren. Die Gegenpartei wiederum wird sich gegen dieses Ansinnen zur Wehr setzen und darauf bestehen, dass eine Absicht nicht im Spiel gewesen ist. Hieraus folgt, dass zwischen dem *„ ...Wollen und den Wirkungen des Tuns [...] eine große*

Diskrepanz auftreten... " (ebd.) kann, wodurch der Konflikt noch mehr eskaliert (vgl. Glasl, 2013, S. 50 ff.).

4.2 Glasl's Phasenmodell der Eskalation

Glasl (2013) stellt im Gegensatz zu anderen Autorinnen und Autoren sein Konflikt-Eskalationsprozess als *„Abwärtsbewegung "* (S. 235) dar, weil sich die Akteure seiner Meinung nach auf einem unebenen, abfallenden Terrain befinden, auf dem sie sich nicht halten können und deshalb gemeinsam in den Abgrund rutschen. Im Verlaufe des Konflikts führt das Verhalten der Konfliktparteien zur einer immer rasanteren ‚Rutschpartie', die die Kontrahenten nicht mehr steuern können. Glasl beschreibt neun Stufen der Eskalation und ist der Auffassung, dass mit dem Erreichen jeder neuen Eskalationsstufe die Handlungsmöglichkeiten der Konfliktparteien immer mehr eingeschränkt werden. Die Wendepunkte zwischen den einzelnen Eskalationsstufen bezeichnet der Autor als *„Regressionsschwellen "* (S. 236), weil sich die Konfliktparteien hinsichtlich ihrer Gedanken, Emotionen, Haltungen und Absichten nicht altersgemäß verhalten (vgl. Glasl, 2013, S. 235 ff.).

Im Folgenden werden die einzelnen Eskalationsstufen des Glasl'schen Eskalationsmodells vorgestellt.

Stufe 1: „Verhärtung":

Im Rahmen des gewöhnlichen Umgehens miteinander, das gelegentliche Unstimmigkeiten oder Animositäten beinhaltet, verfestigen sich Rollen verschiedener Akteure sowie deren Annahmen und Auffassungen. Diese Annahmen und Auffassungen beginnen sich mit denen anderer Akteure gegenseitig auszuschließen und das Verhältnis der Parteien zueinander verändert sich. Eindrücke werden selektiert und es kommt zu einer Verzerrung der Perzeptionen. Die Akteure beginnen, die Situationen durch eine Lupe zu betrachten und schärfen dadurch den Blick für bestehende Unterschiede. Dabei wird alles Positive bei sich selbst erkannt und bei dem Kontrahenten übersehen. Die Konfliktparteien sind sich sicher, dass die erkannten Unterschiede und Unstimmigkeiten noch ohne großen Aufwand im Zaum gehalten werden können. Allerdings empfinden die Kontrahenten schon diesen geringen Aufwand sowie die Beziehungspflege als lästig und sind sich bewusst darüber, dass sie sich mehr bemühen müssen, wenn die erkannten Probleme nicht anschwellen sollen. Offen ausgetragene Meinungsverschiedenheiten verändern die Sicht auf den Konfliktgegner und die Unbekümmertheit im

Umgang miteinander geht verloren. Die Konfliktparteien erleben jetzt „ ...Widerstand, Gegensatz sowie Durchsetzungs- und Beharrungswille... " (240) und jedes neu auftretende Problem erzeugt Beklommenheit und lässt die Konfliktparteien in einer Beobachtungsposition verharren. Bei auftretenden Schwierigkeiten werden schließlich tieferliegende Gründe vermutet. Alles in Allem aber sind die Konfliktparteien davon überzeugt, dass die registrierten Unstimmigkeiten und Animositäten mit Rationalität und vernünftigen Argumenten beigelegt werden können (vgl. Glasl, 2013, S. 236 ff.).

Stufe 2: „Debatte und Polemik":

Es kommt zu einem kontrastierten Denken und die Meinungen werden jetzt vehementer durchgesetzt. Dabei wird verbalen Auseinandersetzungen nicht aus dem Wege gegangen. Das Bestreben der Konfliktpartei besteht darin, sich zu positionieren und die eigene Position nicht schwächen zu lassen. Eigene Grundgedanken und Neigungen treten jetzt in den Vordergrund, obwohl die Parteien wissen, dass die gemeinsamen Ziele besser durch gemeinsame Anstrengungen zu erreichen wären. Diese Divergenz führt zu einer Zunahme der Unstimmigkeiten zwischen den Konfliktparteien. Die Beziehung zum Konfliktpartner ist im weiteren Verlauf durch Vorsicht und Argwohn geprägt und die Suche nach Widersprüchen beim Konfliktgegner beginnt. Werden Widersprüche in der verbalen Auseinandersetzung erkannt, werden sie dem Kontrahenten sofort gespiegelt. Über den Weg der Kommunikation versuchen die Konfliktgegner ein Übergewicht zu bekommen, was in Überheblichkeit münden kann und den Kontrahenten provoziert. In der Folge entfremden sich die Konfliktparteien mehr und mehr, allerdings sind sie in dieser Phase des Konflikts weiterhin darum bemüht, die Beziehung aufrecht zu erhalten und dem Konfliktgegner wird nach wie vor „ ...Recht auf Erwiderung und Rechtfertigung... " (S. 250) eingeräumt (vgl. Glasl, 2013, S. 241 ff.).

Stufe 3: „Taten statt Worte!":

Auf dieser Stufe kommt es zu einer zunehmenden Rivalität und weiterer Verhärtung der Standpunkte. Es herrscht die Auffassung, dass Reden nicht mehr hilft und Taten folgen müssen. Der Kontrahent soll nun dominiert und seine Aktionen blockiert werden. Aktionen treten in den Vordergrund, denn die Konfliktparteien erachten verbale Kommunikation als wenig überzeugend, weswegen non-verbale Kommunikation in den Vordergrund tritt. Einzelne Handlungen werden als Überzeugungswerkzeuge eingesetzt und die Konfliktparteien meinen, dass aktives Tun „ ...einseitig und [...] schnell erfolgen... " (S. 253) kann. Diese

Einstellung der Konfliktparteien führt zur Beschleunigung der Eskalation des Konflikts. Aktionen der einen werden von der anderen Seite mit einer Gegenaktion beantwortet und es treten Radikalisierungstendenzen auf, weil der jeweils anderen Konfliktpartei überwiegend negative Motive unterstellt werden. Die Konfliktparteien entzweien sich zusehends und die Beziehung ist schwer belastet. Zwar besteht noch der Glaube an einer gemeinsamen Problemlösung aber in den Konfliktgegnern wohnt auch die Angst, dass die Basis für gemeinsame Problemlösungen zerstört werden könnte. Da sich die Konfliktparteien auf die Ebene der *„Affektlogik"* (S. 258) begeben haben, schwindet auch ihre Empathiefähigkeit (vgl. Glas, 2013, S. 251 ff.).

Stufe 4: „Sorge um Image und Koalition":

Die Konfliktparteien zeigen sich jetzt mit unbeugsamen, unumstößlichen und aggressiven Auffassungen, die mit jeder neuen Aktion des Konfliktgegners in ihrer Intensität zunehmen. Je bedrohlicher die Standpunkte des Konfliktgegners wahrgenommen werden, desto feindseliger werden die eigenen Empfindungen. Vor allem aber geht es den Konfliktparteien darum, das Gesicht zu wahren, wobei das Selbstbild erhöht und das Bild des Gegners abgewertet wird. Das dem Konfliktgegner zugewiesene Bild ist trotz neuer Erfahrungen unveränderlich. Es wird im Konfliktgegner nur das gesehen, was mit den eigenen Vorstellungen korreliert. Die Konfliktparteien lehnen die ihnen zugewiesenen Bilder strikt ab und versuchen der jeweils anderen Seite ihr Bild überzustülpen. Neben dem Versuch der Imagewahrung wird dem Konfliktgegner jetzt gezielt Ärger bereitet, notfalls durch das Umgehen von Normen. Auf der Stufe vier ist das Werben um Koalitionspartner, resp. das Werben um Allianzen, typisch. Einerseits versuchen sich die Konfliktparteien bei den möglichen Bündnispartnern ins rechte Licht zu rücken. Andererseits versuchen sie den möglichen Verbündeten das schlechte Bild vom Konfliktgegner schmackhaft zu machen. Sinn und Zweck der Koalitionen und Allianzen ist das Erzielen einer Übermacht, um eigene Interessen durchsetzen zu können. Darüber hinaus soll der Gegner beeinflusst werden. Die Beziehung steht jetzt im Vordergrund, nicht mehr die Sachfragen (vgl. Glasl, 2013, S. 259 ff.).

Stufe 5: „Gesichtsverlust":

Auf der fünften Stufe geht es den Konfliktparteien nicht mehr darum, die Gegenseite bloßzustellen, sondern jetzt geht es darum, die bis dato im Verborgenen liegenden unlauteren Motive des Gegners für jedermann sichtbar zu machen. Sind die Motive des Gegners aufgedeckt worden, stellt sich hinsichtlich seines

"Gesichtsverlusts" (S. 268) ein *"Aha-Erlebnis"* (ebd.) ein. Endlich ist der Kontrahent nicht mehr in der Lage, seine Absichten zu verbergen. Die Unmoral des Gegners wertet ihn noch mehr ab. Hingegen ist das Bild von sich selbst mit hohen moralischen Ansprüchen verbunden. Die Vertrauensbasis ist grundlegend zerstört. Positive Aktionen werden vom Konfliktgegner nicht mehr erwartet. Wollen sich die Konfliktparteien vom Gegenteil überzeugen, braucht es dafür gehörige Anstrengungen. Hingegen braucht es nur eine einzige Aktion, um das negativ besetzte Bild vom Gegner bestätigt zu sehen. Die Konfliktparteien erwarten voneinander, dass jeweils der Andere aktiv wird, damit Vertrauen wieder entstehen kann. Die Konfliktparteien legen großen Wert darauf, sich im Sinne einer ‚Ehrenrettung' das verlorene Standing und den verlorenen Respekt zurück zu erobern. Der eingetretene Gesichtsverlust ist unmittelbar mit Gesichtsangriffen des Konfliktgegners verbunden. Werden die Gesichtsangriffe schon im Versuchsstadium aufgedeckt, dienen sie als Beweis der Unmoral des Kontrahenten, der jetzt öffentlich vorgeführt wird. Die Konfliktparteien demütigen einander, was zu einer Aggressionssteigerung führt, um den Selbstwert nicht noch mehr zu gefährden. Angriffe und zerstörerisches Verhalten werden jetzt nicht mehr nur noch dem Kontrahenten, sondern einer ganzen Gruppe zugerechnet. Im Zuge des bisherigen Konfliktverlaufs haben die Konfliktparteien den Glauben an eine gemeinsame Problemlösung verloren. Nach Einschätzung der Akteure ist ein Umkehren nicht mehr möglich, was die Eskalationsdynamik des Konfliktes stark forciert (vgl. Glasl, 2013, S. 268 ff.).

Stufe 6: *"Drohstrategien und Erpressung":*

Auf der sechsten Stufe kommt es zu starken Radikalisierungstendenzen. Während im bisherigen Konfliktverlauf schon hin und wieder gedroht wurde, sind Erpressungen und Bedrohungen jetzt Mittel zum Zweck. Der Konflikt hat gewalttätige Formen angenommen. Durch die gegenseitigen negativen Zuschreibungen eskaliert der Konflikt unkontrolliert und ungebremst mit hoher Geschwindigkeit. Die Konfliktparteien driften immer weiter auseinander und die gesamte Situation ist durch weitere Bedrohungen von Misstrauen und mangelnder Empathie geprägt. Die Bilder vom Konfliktgegner und von sich selbst werden stark fixiert und die Haltungen der Konfliktparteien starr und unumstößlich. Dabei wird das Verhalten des Gegners überaus aggressiv erlebt. Eigenes Verhalten hingegen wird als Effekt auf das Verhalten des Kontrahenten reflektiert. Drohungen führen zu Gegendrohungen und gehen mit Stress einher. Weder die eine, noch die andere Seite ist jetzt noch zu Kompromissen bereit. Die Konfliktparteien wollen die Situation kontrollieren und die Drohungen sollen dem Konfliktgegner die Spielregeln für weiteres Handeln auferlegen. Die dadurch eingeschränkten Handlungsspielräume führen bei den Kontrahenten zu Handlungsunfähigkeit, die mit Frustration einhergeht. Die Konfliktparteien holen zum Gegenschlag aus und es kommt jetzt zu *„massiven Gegendrohungen"* (S. 285). In der Folge kommt es zu Überdrohungen mit dem Ziel, Gewaltausbrüche zu verhindern oder den Gegner einzuschüchtern bzw. abzuschrecken. Glaubwürdig erscheint den Konfliktparteien die Drohung allerdings nur, wenn die im Raume stehende *„ ...Forderung und das Drohungspotential [in einem] realistischen Verhältnis zueinander stehen"* (S. 288). Sehen die Konfliktparteien über Drohungen hinweg und machen dies publik, zwingen sie die Gegenseite zum Umsetzen der Drohung. Dazu kommt es aber nicht, da der Droher eine Gewalteskalation gerade mit der ausgesprochen Drohung vermeiden will. Bei der Drohung handelt es sich demnach also um ein strategisches Instrument. Insofern wird der Droher mit kleineren gewalttätigen Aktionen versuchen, seine Glaubwürdigkeit zurück zu gewinnen. Drohungen und Gegendrohungen wachsen sich zu einem Wechselspiel aus. Der Droher muss sich im Klaren darüber sein, dass er die angedrohte Maßnahme auch umsetzen kann. Der Bedrohte prüft, ob er die angedrohten Konsequenzen abwenden und einen Gegenangriff starten kann (vgl. Glasl, 2013, S. 279 ff.).

Stufe 7: „Begrenzte Vernichtungsschläge":
Auf der siebten Eskalationsstufe ist *„ ...das Sicherheitsgefühl"* (S. 294) der Kontrahenten schwer beeinträchtigt. Es geht für beide Seiten nur noch ums Überleben. Da Misstrauen im Vordergrund steht, können sich die Konfliktparteien eine gemeinsame Konfliktlösung überhaupt nicht vorstellen. Jegliche Kooperation mit dem Konfliktgegner wird in dieser Hinsicht abgelehnt. Die Konfliktparteien wollen dem Gegner in dieser Phase des Konflikts nur noch schaden. Plötzliche Angriffe dienen dazu, dem Gegner jedwede Beeinflussungsmöglichkeiten zu nehmen. Ab der siebten Stufe wird der Konfliktgegner enthumanisiert und Empathie ist vollends verlorengegangen. Deshalb kann der Gegner ohne Bedenken eliminiert werden. Im organisationalen Zusammenhang richten sich die Angriffe gegen den Konfliktgegner vor allem mittelbar, bspw. über seine Arbeitsmittel. Als übertrieben bewerte Angriffe werden sofort mit Gegenschlägen beantwortet. Da auch die Gegenschläge als übertrieben angesehen werden, erfolgt hierauf erneut eine Reaktion. Schädigungen des Gegners werden *„ ...als eigener Gewinn verbucht... "* (S. 297) und eigene Schäden in Kauf genommen. Hauptsache der Konfliktgegner

hat den größeren Schaden. Die Parteien gehen davon aus, dass es nichts mehr zu gewinnen gibt (vgl. Glasl, 2013, S. 294 ff.).

Stufe 8: „Zersplitterung, totale Zerstörung":
Auf der achten Stufe zeigt sich eine noch intensivere Verschärfung des Konflikts. Es geht den Konfliktparteien nicht mehr darum, zu gewinnen, sondern der Gegner soll maximal geschädigt werden. Noch extremer als auf der siebten Stufe werden eigene Verluste hingenommen. Wichtig ist, dass die Verluste beim Kontrahenten um einiges überwiegen. Den Konfliktparteien geht es nur noch um die absolute Vernichtung des Kontrahenten und um das eigene nackte Überleben (vgl. Glasl, 2013, S. 300 ff.).

Stufe 9: „Gemeinsam in den Abgrund":
Auf der neunten Stufe bedienen sich die Konfliktparteien gegenseitig mit zerstörerischen Gewaltakten. Eine Umkehr ist nicht mehr möglich. Wie in einem Strudel ziehen sich die Konfliktparteien gemeinsam in die Tiefe. Ohne Rücksicht auch auf eigene Verluste bewegen sich die Konfliktgegner auf einem selbstmörderischen Konfrontationskurs. Die Konfliktparteien schätzen den zu zahlenden Preis für die Selbsttötung geringer ein als den zu zahlenden Betrag für die Konfliktbeilegung. Blind vor Eifer verlieren sie im Zuge ihrer gewalttätigen Handlungen ihre Umwelt aus den Augen, auch wenn sie durch ihr Verhalten Unbeteiligte treffen. Die einzige Befriedigung, resp. der einzige Triumph der Konfliktparteien besteht darin, den Kontrahenten mit in die Tiefe zu ziehen, damit auch der ertrinken muss (vgl. Glasl, 2013, S. 302).

In früheren Arbeiten fasste Glasl (1980) die neun Eskalationsstufen unter Hauptphasen zusammen. Die *1. Hauptphase (Stufen 1 bis 3)* zeichnet sich durch *„Sachbezogenheit"* (S. 183) aus. Die Konfliktparteien sind noch an einer Lösung des Konfliktes interessiert. Zwar bestehen die Akteure mehr und mehr auf ihre Haltungen, aber die Möglichkeit, dass die Konfliktparteien aus dem entstandenen Konflikt als Gewinner hervorgehen, ist groß (vgl. Glasl, 1980, zitiert nach Neuberger, 1999).

In der *2. Hauptphase (Stufen 4 bis 6)* tritt die Beziehungsebene der Konfliktparteien in den Vordergrund. Jetzt wird die Persönlichkeit des Kontrahenten als Problem angesehen. Der Konfliktgegner ist es auch, der einer Problemlösung im Wege steht. Der Konflikt weitet sich in der zweiten Hauptphase aufgrund seiner Vielschichtigkeit und Undurchsichtigkeit mehr und mehr zu einer *„Krisensi-*

tuation" (S. 184) aus. Die Grenzen werden klar abgesteckt und die Konfliktgegner geben sich kaum noch die Möglichkeit, auf Verhaltensweisen reagieren zu können (vgl. Glasl, 1980, zitiert nach Neuberger, 1999).

In der *3. Hauptphase (Stufen 7 bis 9)* kommt für die Konfliktparteien eine Konfliktlösung nicht mehr infrage. Der Gegner soll schließlich mit aller Gewalt und allen Mitteln vernichtet werden, auch wenn damit ein eigener Schaden einhergeht. (vgl. Glasl, 1980, zitiert nach Neuberger, 1999).

Glasl beschreibt überdies zwei *Hauptschwellen,* die sich zwischen der ersten und zweiten sowie der zweiten und dritten Hauptphase befinden.

Die *1. Hauptschwelle* von der ersten zur zweiten Hauptphase wird für die Konfliktparteien zu einem Aha-Erlebnis. Der Gegenseite wird jetzt zugschrieben, dass sie für alle Hemmnisse verantwortlich ist. Das Konfliktgeschehen ist von (Über)Sensibilität und ungezielten Angriffen geprägt. Geltende Regeln werden nur zum Schein beachtet. Innerlich aber denken die Konfliktparteien darüber nach, die Normen zu brechen (vgl. Glasl, 1980, zitiert nach Neuberger, 1999, S. 183).

Die *2. Hauptschwelle* von der zweiten zur dritten Hauptphase ist von der Erkenntnis der Konfliktparteien geprägt, dass Drohstrategien und Erpressungen jetzt nicht mehr weiterhelfen. Die eigene Existenzsicherung steht im Vordergrund. Mit Übergang in die dritte Hauptphase geht es zunächst darum den Gegner zu schädigen. Mit voranschreitender Eskalation geht es den Parteien um Vernichtung zu jedem Preis (vgl. Glasl, 2013).

Die Differenzierung in die drei Hauptphasen kann heute als statistisch gesichert angesehen werden (vgl. Kolodej, Voutsinas, Jiménez, Kallus, 2004; Kolodej, 2008).

Die folgende Abbildung zeigt die neun Eskalationsstufen der Konflikteskalation mit den jeweiligen Wendepunkten, dargestellt mit Ω, in der Übersicht.

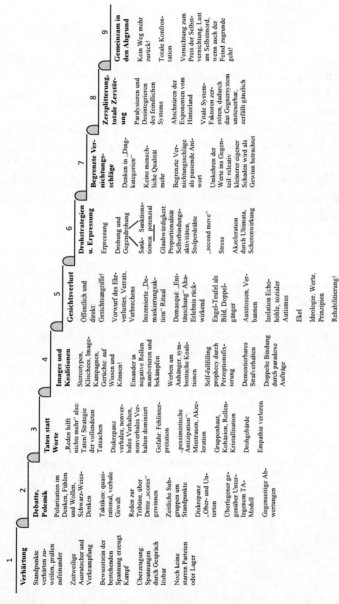

1	2	3	4	5	6	7	8	9
Verhärtung	**Debatte, Polemik**	**Taten statt Worte**	**Images und Koalitionen**	**Gesichtsverlust**	**Drohstrategien u. Erpressung**	**Begrenzte Vernichtungsschläge**	**Zersplitterung, totale Zerstörung**	**Gemeinsam in den Abgrund**
Standpunkte verhärten zuweilen, prallen aufeinander	Polarisation im Denken, Fühlen und Wollen, Schwarz-Weiss-Denken	„Reden hilft nichts mehr" also: Taten! Strategie der vollendeten Tatsachen	Stereotypen, Klisches, Image-Kampagnen, Gerüchte auf Wissen und Können!	Öffentlich und direkt: Gesichtsangriffe!	Erpressung	Denken in „Dingkategorien"	Paralysieren und Desintegrieren des feindlichen Systems	Kein Weg mehr zurück!
Zeitweilige Ausrutscher und Verkrampfung	Taktiken; quasi-rational, verbale Gewalt	Diskrepanz verbales, nonverbales Verhalten, nonverbales Verhalten dominiert	Einander in negative Rollen manövrieren und bekämpfen	Vorwurf des Ehrverlustes, Verrats, Verbrechens	Drohung und Gegendrohung	Keine menschliche Qualität mehr		Totale Konfrontation
Bewusstsein der bestehenden Spannung erzeugt Kampf	Reden zur Tribüne, über Dritte „scores" gewinnen	Gefahr: Fehlinterpretation	Werben um Anhänger, symbiotische Koalitionen	Inszenierte „Demaskierungsaktion" Ritual	Sank- Sanktionstionen potenzial	Begrenzte Vernichtungsschläge als passende Antwort	Abschnüren der Exponenten vom Hinterland	Vernichtung zum Preis der Selbstvernichtung, Lust am Selbstmord, wenn auch der Feind zugrunde geht!
Überzeugung: Spannungen durch Gespräch lösbar	Zeitliche Subgruppen um Standpunkte	Empathie verloren	Self-fulfilling prophecy durch Perzeptionsfixierung	Demasqué: „Enttäuschung" Aha-Erlebnis rückwirkend	Glaubwürdigkeit: Proportionalität Selbstbindungsaktivitäten, Stolperdrähte	Umkehren der Werte ins Gegenteil: relativ kleinerer eigener Schaden wird als Gewinn betrachtet	Vitale Systemfaktoren zerstören, dadurch das Gegnersystem unsteuerbar, zerfällt gänzlich	
Noch keine starren Parteien oder Lager	Diskrepanz „Ober- und Unterton"		Gruppenhaut, Kohäsion, Rollen-Kristallisation	Engel-Teufel als Bild, Doppelgänger	„second move"			
	Überlegener gegenüber unterlegenem TA-Modell		Drohgebärde	Austossen, Verbannen	Stress			
	Gegenseitige Abwertungen		Doppelte Bindung durch paradoxe Aufträge	Isolation Echo-höhle, sozialer Autismus	Akzeleration durch Ultimata, Scherenwirkung			
				Ekel				
				Ideologie, Werte, Prinzipien				
				Rehabilitierung!				

Abbildung. 3: Die neun Stufen der Konflikteskalation nach Glasl, 2013, S. 238 ff.

4.3   Gesamtbild der neun Eskalationsstufen

Glasl (2013) weist darauf hin, dass die Eskalation des Konflikts über die neun Stufen ganz wesentliche Veränderungen aufzeigt:

Die Perzeption der Gesamtsituation:
Während die Konfliktparteien ihre Aufmerksamkeit zunächst auf die Unterschiede in der Sache richten, richten sie sie auf den Stufen 4 bis 6 auf die Unterschiedlichkeit ihrer Personen. Auf den Stufen 7 bis 9 betrachten die Akteure die Beziehungen zueinander wie Objekte und versuchen, den Konflikt ohne menschliche Regungen zu lösen (vgl. Glasl, 2013).

Die gegenseitigen Perzeptionen der Parteien:
Zu Beginn, auf den Stufen 2 und 3, werden von den Konfliktparteien, von wenigen Ausnahmen abgesehen, von der Gegenseite starre, „ ...stereotype Bilder... " (S. 302) gezeichnet. Auf Stufe 4 beinhalten diese Bilder zudem bestimmte negative Ressourcen und Persönlichkeitsmerkmale, die dem Kontrahenten beigemessen werden. Im weiteren Verlauf des Konflikts kontrastieren die Bilder auf den Stufen 5 und 6 immer mehr bis sie gegensätzliche Pole (z. B. Schwarz-Weiß) einnehmen. Auf den Stufen 7 bis 9 mutieren die Bilder von der Gegenseite schließlich zu enthumanisierten Objekten (vgl. Glasl, 2013).

Die Einstellungen der Konfliktparteien:
Während auf den Stufen 1 bis 3 vereinbare mit unvereinbaren Einstellungen zusammen vorkommen, führt auf den Stufen 4 bis 6 die Gewinner-Verlierer-Haltung zu einer Kontraietät in allen Belangen. Auf den Stufen 7 bis 9 gehen die Konfliktparteien davon aus, dass es nichts mehr zu gewinnen gibt. Es geht um die eigene Schadensbegrenzung und der Schaden soll wenigstens geringer sein als für den Konfliktgegner. Unzufriedenheit, Frustration und Starrheit führen zu einer Beschleunigung des Konflikts. Kommunikationsbeeinträchtigungen verstärken auf den Stufen 2 bis 4 denn bestehenden Argwohn, der zu einem feindseligen Verhalten anschwillt (Stufen 5 und 6) und schließlich auf den Stufen 6 bis 8 „ ...zum Hass auf den Gegner [und auch zu] Selbsthass... " (S. 303) führen kann (vgl. Glasl, 2013).

Die gegenseitigen Beziehungen:
Zu Beginn erkennen die Konfliktparteien, dass sie gegenseitig Unannehmlichkeiten verursachen können, weshalb sie den Konfliktgegner mit Argwohn begegnen. Auf den Stufen 2 und 3 versuchen sie Oberwasser zu bekommen und auf

den Stufen 4 bis 7 streben sie danach, die jeweils andere Partei zu unterjochen. Die Beziehung zueinander frustriert die Konfliktparteien zusehends, was ihnen mehr und mehr die Kraft raubt. Hinsichtlich des Verhaltens werden dem Kontrahenten zunächst „stereotype Bilder" (S. 303) zugeschrieben (Stufen 3 und 4) und auf den Stufen 5 und 6 werden die Bilder schließlich soweit kontrastiert, dass sie auf Gut oder Böse reduziert werden. Die Konfliktparteien versuchen nun, dem jeweils anderen das Bild aufzudrängen. Es gilt, das Bild unter allen Umständen anzugreifen. Auf den Stufen 7 bis 9 soll der Kontrahent abgehängt werden und jede Konfliktpartei will den Konflikt allein beherrschen (vgl. Glasl, 2013).

Die Beeinflussungsbemühungen der Parteien:

Auf den Stufen 2 und 3 geht jegliche Geschmeidigkeit verloren und Haltungen werden jetzt vehement eingenommen und nach außen klar gemacht. Die Konfliktparteien versuchen sich noch auf der Sachebene zu überzeugen, aber nach und nach ersetzen Taten Worte. Während auf den Stufen 3 und 4 über die Person des Kontrahenten Einfluss auf die Sachfragen genommen werden soll, richten sich auf den Stufen 5 und 6 die Maßnahmen direkt gegen den Kontrahenten. Auf Stufe 6 engen „*Drohstrategien*" (S. 303) beide Konfliktparteien ein, sodass die Konfliktparteien nur noch wenig „*Entscheidungs- und Handlungsspielräume*" (ebd.) zur Verfügung haben. Die Stufen 7 und 8 sind von der Einschätzung geprägt, dass es in der Sache nur noch ohne den Kontrahenten vorangeht. Deshalb gilt es, den Konfliktgegner ohne Rücksicht auf Verluste zu zerstören (vgl. Glasl, 2013).

Das Verhältnis der Parteien zu bestehenden Normen:

Anfänglich werden bestehende Regeln angenommen und die Konfliktparteien achten penibel darauf, sie nicht zu brechen. Auf den Stufen 4 und 5 suchen die Kontrahenten nach Grauzonen, die sie gegen den Konfliktgegner einsetzen können. Bestehende Regeln werden dabei scheinbar eingehalten. Auf den Stufen 6 bis 8 spielen die Regeln keine Rolle mehr. Sie werden bewusst umgangen, sobald sie die eigenen Ziele gefährden könnten (vgl. Glasl, 2013).

Die Beziehungen zur sozialen Umgebung:

Am Anfang sind die sozialen Beziehungen zum Umfeld lose und Bindungen sind wenig ausgeprägt. Das verändert sich, sobald die Konfliktparteien auf der Stufe 4 zur Sicherung des eigenen Standings nach Allianzen streben und versuchen, Koalitionen zu bilden. Auf Stufe 5 buhlen sie um Mitspieler und auf den

Stufen 5 und 6 wenden sie sich mit ihren Attacken auch gegen die soziale Umgebung, wobei dabei nicht mehr zwischen Anhängern und Teilnahmslosen unterschieden wird (vgl. Glas, 2013).

Die Erwartungen hinsichtlich der Lösbarkeit der Differenzen:
Auf den Stufen 1 bis 3 wollen die Konfliktparteien die Lösung auf der Sachebene. Dabei sind sie zu Konzessionen bereit. Auf den Stufen 4 und 5 überlagen die Schwierigkeiten der Beziehung zueinander die Situation und die Konfliktparteien können sich die Lösung des Problems nur dann vorstellen, wenn auch auf die Beziehungen der Parteien zueinander Einfluss genommen wird. Auf den Stufen 6 bis 9 sehen die Konfliktparteien eine Lösung der Probleme nur noch über andere Personen. Am Ende des Konflikts können sich die Konfliktparteien eine gütliche Konfliktlösung nicht mehr vorstellen und tolerieren nur noch den Eingriff durch eine legitimierte und geachtete Machtinstanz (Glasl, 2013).

4.4   Arbeiten zu Mobbing und Glasl's Phasenmodell

Arbeiten zu Mobbing und Glasl's Phasenmodell der Eskalation finden sich nur wenige.

Neuberger (1999) befasste sich ausgiebig mit dem Glasl'schen Phasenmodell der Eskalation sozialer Konflikte im Kontext Mobbing. Der Autor nimmt Bezug auf ältere Arbeiten Glasl's von 1980 und postuliert, dass Glasl's Phasenmodell eine besondere Nähe zum Mobbingverlauf aufweist. Neuberger sieht im Zusammenhang mit dem Phänomen Mobbing zwei wesentliche Leistungen Glasl's. Zum einen zeigt Glasl, dass Konflikte nicht nur allein auf der Sachebene stattfinden würden. Im Verlaufe der Konflikteskalation trennen sich Sachthema und Emotionen und münden in einer immer größer werdenden Irrationalität der Konfliktparteien, was eine Interaktion der Beteiligten impliziert. Die hohe emotionale Qualität des Mobbinggeschehens weist darauf hin, dass Mobbing nicht allein über die Handlungen des Mobbers definiert werden kann. Zum anderen sieht Neuberger das von Glasl entwickelte treppenartige Modell als bemerkenswerte Leistung an. Vor allem weist der Autor auf den Begriff der *Schwelle* hin, die Glasl als *point of no return* bezeichnet hat (vgl. Glasl, 2013). Neuberger zufolge kann es im Zuge von Mobbing zu Entwicklungen kommen, im Rahmen derer die Beteiligten die Sicherungen ausschalten und sich auf die nächste Eskalationsstufe begeben – wie auf einer Einbahnstraße, „ ...*auf der man nicht mehr wenden kann, und zielsicher ins nächste Fiasko führt*" (S. 187).

Von Holzen-Beusch, Zapf und Schallberger (1998) sind der Auffassung, dass sich die überwiegende Mehrzahl der Mobbingfälle unter der zweiten Hauptphase (Stufen 4 bis 6) des Glasl'schen Eskalationsmodells subsumieren lassen, weil die zweite Hauptphase durch die Beziehungen zwischen den Konfliktparteien geprägt ist und nun die eigene Reputation gewahrt, resp. das eigene Gesicht nicht verloren werden soll. Es besteht kaum noch Hoffnung auf Besserung. Ganz im Gegenteil! Es geht in der Folge um die Vernichtung der Mobbingbetroffenen, was der dritten Hauptphase des Glasl'schen Konfliktmodells entspricht. (vgl. Holzen-Beusch, Zapf und Schallberger, 1998, zitiert nach Groß, 2004, S. 16).

Groß (2004) postuliert in Anlehnung an Zapf und Groß (2001), dass die ersten fünf Stufen des Glasl'schen Phasenmodells Übereinstimmungen mit einem Mobbingprozess aufweisen. In der von der Autorin mit Zapf durchgeführten Interviewstudie berichteten 14 von 19 Mobbingbetroffene von einer *„kontinuierlichen Eskalationsentwicklung, bei der sich die eigene Situation im Laufe der Zeit zunehmend verschlechterte"* (S. 16). In fast der Hälfte aller Fälle konnten Zapf und Groß eine stufenförmige Eskalation ausmachen. Sie reihen Mobbing an der Grenze zwischen den Stufen 2 und 3 des Glasl'schen Eskalationsstufenmodells ein (vgl. Zapf & Groß, 2001, zitiert nach Groß, 2004, S. 16 ff.).

Kolodej, Voutsinas, Jiménez und Kallus (2005) entwickelten das Inventar zur Messung des Eskalationsgrades von Konflikten in der Arbeitswelt (IKEAr36). Das IKEAr36 misst den Grad der Eskalation von Konflikten zwischen Parteien in der Arbeitswelt auf Basis von 36 Items und basiert auf dem Konflikteskalationsmodell von Glasl (neun Eskalationsstufen in drei Hauptphasen). Die Autorinnen und Autoren konnten mit der Entwicklung des IKEAr36 zeigen, dass sich vier Gruppen von Eskalationsstufen unterscheiden lassen können. Allerdings sind die Eskalationsstufen nicht eindeutig voneinander zu trennen:

1. Items der ersten Eskalationsstufe können deutlich von denen anderer Stufen abgegrenzt werden. Sie spiegeln eine von den Parteien erlebte Meinungsverschiedenheit wider.

2. Items der Eskalationsstufen sechs und sieben sind von Items der Stufen acht und neun differenzierbar.

3. Items aus den Eskalationsstufen zwei, drei, vier, fünf und sechs bilden eine eindeutige klar abgrenzbare, homogene Gruppe. Sie lassen eine Stufendifferenzierung jedoch kaum zu.

4. Items der Eskalationsstufen sechs, sieben, acht und neun bilden eine eigene Gruppen und können von den restlichen Eskalationsstufen abgegrenzt werden.

Die Autorinnen und Autoren postulieren, dass Meinungsverschiedenheiten mit dem IKEAr36 gut erfasst werden können. Bei getrennter Betrachtung aller neun Eskalationsstufen können die unteren und oberen Eskalationsstufen sehr gut abbildet werden, jedoch können die Eskalationsstufen im mittleren Bereich nicht eindeutig voneinander differenziert werden, was auf die Komplexität und die Eigendynamik von Konflikten hinweist. Aufgrund der mittleren Itemschwierigkeiten wurden die Items der neun Eskalationsstufen auf die drei Hauptphasen nach Glasl reduziert und überprüft, ob diese eigene statistisch klar abgrenzbare Gruppen ergeben. Die Autorinnen und Autoren konnten zeigen, dass sich alle drei Hauptphasen mithilfe des Instruments IKEAr36, abbilden und differenzieren lassen. Nach Meinung der Autorinnen und Autoren unterstützen die Ergebnisse die Arbeiten Glasl's (1990), einen Konfliktverlauf in einem Konflikteskalationsmodell mit steigender Intensität darzustellen (vgl. Kolodej, Voutsinas, Jiménez & Kallus, 2005).

Die folgende Tabelle zeigt Itembeispiele des IKEAr36.

Hauptphase	Formulierung
1	Wenn ich im Unrecht bin, bin ich bereit mich zu entschuldigen.
2	Die Gegenpartei will meinen „guten Ruf" zerstören.
3	Ich freue mich über den Schaden, den die Gegenpartei erlitten hat.

Tabelle 3: Itembeispiele des IKEAr36, nach Kolodej, Voutsinas, Jiménez & Kallus, 2005. S. 23.

Kolodej (1999; 2005; 2016) ist der Auffassung, dass Mobbing ab der zweiten Hauptphase ab Eskalationsstufe fünf des Glasl'schen Eskalationsphasen-Modells eingeordnet werden kann. Wie bereits unter Ziffer 3.3.2 unter der Überschrift Zusammenhang zwischen soziale Konflikten und Mobbing erwähnt, handelt es sich der Autorin zufolge bei dem entscheidenden Sprung vom Konflikt zum Mobbing um die Personifizierung des Konfliktes (vgl. Kolodej 1999; 2005; 2016).

Glasl (2013) ist der Auffassung, dass der Konflikt im Kontext von Mobbing nicht auf heiße, sondern auf kalte Art und Weise eskaliert und deshalb von den Betroffenen erst sehr spät, auf Eskalationsstufe 3, wahrgenommen wird.

Bei Gesamtbetrachtung der bisherigen Arbeiten zu Mobbing und Glasl's Phasenmodell der Eskalation wird deutlich, dass die Autorinnen und Autoren den Beginn des Mobbings auf unterschiedlichen Stufen des Eskalations-Phasenmodells von Glasl (1980) einordnen: Holzen-Beusch et al. (1998) ab Stufen 4-6, Zapf & Groß (2001) zwischen den Stufen 2 und 3 und Kolodej (2005) ab Stufe 5. Die unterschiedliche Einstufung des Mobbingbeginns kann möglicherweise auf das den Autorinnen und Autoren zur Verfügung gestandene Datenmaterial sowie vor allem dessen Interpretationen zurückgeführt werden. Kolodej (2016) etwa legt bei ihrer Einstufung des Mobbingbeginns das IKEAr36 zugrunde, was impliziert, dass der Beginn eines Mobbingprozesses auf den Stufen 1-3 und somit auf der Sachebene nicht beginnen kann. Mobbing ist ihrer Meinung nach demnach erst mit der Personifizierung des Konfliktes (Beziehungsebene) ab Stufe 5 (Gesichtsverlust) möglich.

5. Methodik

5.1 Fragestellung und Untersuchungsmethode

Die vorliegende Arbeit und Analyse basiert auf einem qualitativen Untersuchungsdesign. Zum Verständnis der empirischen Untersuchung und der späteren Darstellung der Auswertung und Ergebnisse werden zunächst einmal die untersuchungsleitende Fragestellung und die Untersuchungsmethode begründet. Im Anschluss daran erfolgt ein Überblick über die Grundannahmen und Kennzeichen qualitativer Sozialforschung und deren Gütekriterien sowie des Samplings.

5.1.1 Untersuchungsleitende Fragestellung und Begründung der Methode

Untersuchungsleitende Fragestellung:

Gegenstand der Analyse in der vorliegenden Studie sind die subjektiven Wahrnehmungen von Bossingbetroffenen hinsichtlich der von ihnen erlebten Eskalationsbedingungen in einem Bossingprozess.

Die Konkretisierung der Fragestellung für die vorliegende Untersuchung resultiert aus den bisherigen Erkenntnissen der Mobbingforschung, wonach es sich bei Mobbing um einen interaktiven Prozess handelt, der vom Handeln und Verhalten der Mobber und Gemobbten abhängig ist. Die Ursachen werden als multikausales Geschehen beschrieben, bei dem die involvierten Protagonisten, die Situation sowie die organisationalen Strukturen des Arbeitsumfeldes im Mittelpunkt der Betrachtung stehen. Zudem kann Mobbing aus einem nicht richtig gelösten oder auch ungelösten Konflikt resultieren. Mobbing stellt demnach eine Form eines fehlgeschlagenen Konfliktmanagements dar, das bewusst und unbewusst ausgeführte Feindseligkeiten, asymmetrische Beziehungen und daraus resultierend eine zunehmende Unterlegenheit des betroffenen Individuums, dessen schwindende Verteidigungsmöglichkeiten, eine Abnahme der Reziprozität sowie eine Einschränkung bzw. ein Erliegen der Interaktionen zum Inhalt hat. Bei Mobbing kann der schwelende Konflikt aufgrund der Häufigkeit und Dauer der einzelnen Verhaltensweisen, der Intensität sowie der tatsächlichen bzw. nur als solche wahrgenommenen Intention bzw. Schädigungsabsicht eine höhere Eskalationsstufe mit zunehmendem Machtungleichgewicht erreichen. Bisherige Arbeiten zu den Eskalationsdynamiken bei Mobbing zeigen, dass die Stufen 2 bis 5 des Eskalations-Phasenmodells nach Friedrich Glasl Gemeinsamkeiten mit einem Mobbingprozess zeigen und deshalb gut zu dessen Beschreibung und Erklärung herangezogen werden kann. Insofern war es folgerichtig, sich im Rahmen der theoretischen Herleitung am Phasenmodell der Eskalation nach Friedrich Glasl auszurichten. Da aus bisherigen Forschungen bekannt ist, dass Mobbing von etwa 51 bis 81% Vorgesetzte an ihren Mitarbeiterinnen und Mitarbeitern betrieben wird, können die Erkenntnisse der Mobbingforschung auf das Phänomen weitestgehend übernommen werden.

Als übergeordnete zentrale Fragestellung dieser Studie lässt sich folglich formulieren:

„Welche Eskalationsbedingungen zeigen sich aus subjektiver Sicht der Betroffenen beim Phänomen Bossing?"

Diese Fragestellung impliziert die folgenden Teilfragestellungen:

- Was unterscheidet Bossing von einem „normalen" sozialen Konflikt?
- Wie wurde der Bossingprozess (Auslöser, Handlungen, Folgen und Verlauf) von den Betroffenen wahrgenommen?
- Was haben die Bossingbetroffenen während des Bossingprozesses gedacht und gefühlt und was haben sie während des Bossingprozesses gewollt?
- Welches Selbstbild haben die Betroffenen und welches Bild haben sie von den Bosserinnen und Bossern gewonnen?
- Welchen sozialen, organisationalen und strukturellen Bedingungen sahen sich die Betroffenen ausgesetzt?

Begründung der Methode:

Wie im theoretsichen Teil aufgezeigt werden konnte, führt die Forschung zum Phänomen Bossing bislang ein Schattendarsein. Für die Beantwortung von Fragen im Zusammenahng mit wenig bis gar nicht untersuchten Phänomenen eignet sich Flick und KollegInnen (2000) zufolge die Anwendung qualitativer Forschung, weil mithilfe qualitativer Methoden Informationen und Kenntnissse gewonnen werden können, die das Generieren von Hypothesen ermöglichen. Im Gegensatz zur quantitaven Forschung, bei der es um die eine gewisse Vorstellung des Untersuchungsgegenstandes voraussetzt (vgl. Flick, Kardoff & Steinke, 2000).

Damit Kenntisse und Informationen im Sinne der qualitativen Forschung gewonnen werden können, stellt Lamnek (2010) den Menschen in den Mittelpunkt der Betrachtung und ist der Auffassung, dass *„ ...der Mensch nicht nur ein Untersuchungsobjekt, sondern auch ein erkennendes Subjekt"* (S. 30) darstellt.

Im Zuge des qualitativen Forschungsprozesses geht es dem Autor zufolge nicht darum, eine „…Objektivität im naturwissenschaftlichen Sinne…" (ebd.) herzustellen, sondern es geht um das Fremdverstehen „ …sozialen Handels als sinnhaftes Handeln…" (ebd.). Um soziales Handeln verstehen zu können, müssen Sprache und Sprachsymbole im jeweils situativen Kontext verstanden werden Dies setzt das Wissen der Bedeutung über verwendete (Sprach)Symbole im jeweiligen situativen Kontext voraus. Es geht demnach darum, sich im Rahmen des Forschungsprozesses in die Positionen des jeweils anderen hineinversetzen zu können. Der Sinn und Zweck besteht also in der Prozessrekonstruktion, um die soziale Wirklichkeit sinnhaft abbilden zu können (vgl. Lamnek, 2010).

Bortz und Döring (2006) zufolge ist das Erleben und Verhalten sinnvoll handelnder Menschen nicht mit äußeren, objektiv beobachtbaren Wirkfaktoren erklärbar. Vielmehr bedarf es eines Verstehens der sozialen Wirklichkeit durch ein „ …kommunikatives Nachvollziehen der subjektiven Weltsicht und inneren Gründe der Akteure" (S. 301). Insofern zielen qualitative Untersuchungen vor allem auf das Verstehen der Perspektive der Untersuchungspersonen durch Rekonstruktion ab (vgl. Bortz & Döring, 2006).

Die Perspektive der Untersuchungspersonen ist gerade für die dieser Arbeit zugrunde liegende Fragestellung von besonderer Bedeutung. Im Rahmen von Konflikten – und Bossing wird hier als eine Form des Konfliktes verstanden – ist das Wahrnehmen, Denken, Fühlen, Wollen und Handeln der Akteure beeinträchtigt. Die qualitative Herangehensweise ist insofern geradezu dazu prädestiniert, um die sich verändernden seelischen Funktionen im Konflikt aus der Perspektive der Untersuchungspersonen verstehen und erklären zu können.

5.1.2 Zentrale Prinzipien qualitativer Sozialforschung

Lamnek (2010) weist darauf hin, dass eine einheitliche sowie verbindliche und von jedermann akzeptierte Methodologie qualitativer Forschung dem Selbstverständnis der Vertreter des qualitativen Paradigmas widerspräche. Insofern können unter der qualitativen Sozialforschung verschiedene Verfahren der qualitativen Forschung zusammengefasst werden. Die Verfahren unterscheiden sich hinsichtlich ihrer theoretischen Annahmen, des Gegenstandsverständnisses und der Methodik voneinander. Vorgehensweise und Methodik in einem Forschungsprozess richten sich vor allem nach dem *Untersuchungsgegenstand*. Neben dem Untersuchungsgegenstand sind für die qualitative Sozialforschung die Prinzipien Offenheit, Forschung als Kommunikation, Prozesscharakter von Forschung und

Gegenstand, Reflexivität von Gegenstand und Analyse, Explikation und Flexibilität existenziell (vgl. Lamnek, 2010).

Nach Lamnek (2010) steht das Prinzip der *Offenheit* dafür, für das Neue offen zu sein und zu bleiben, und nicht schon im Vorwege das untersuchte Feld mit zuvor gebildeten (starren) Hypothesen zu überziehen. Denn die Gefahr mit der Arbeit starrer Hypothesen besteht in einer „*...informationsreduzierenden Selektion...*" (S. 20), die eine bestehende Informationsbereichtschaft der Untersuchungspersonen durch bereits vorformulierte Antwortskalen geradezu „abwürgen". Offen für das Neue zu sein bedeutet auch, offen für Unerwartetes zu sein und zu bleiben und damit auch überraschende Informationen zu erhalten. Diese Herangehensweise impliziert, dass der Forschende im Zuge seiner Untersuchung neuen Entwicklungen und Dimensionen vorurteilsfrei gegenübertreten muss (vgl. Lamnek, 2010).

Lamnek (2010) postuliert, dass *Forschung als Kommunikation* zu denken ist. Dies gilt im besonderen Maße für die Kommunikation und Interkation zwischen Forschendem und Untersuchungsperson. Kommunikation und Interaktion haben Einfluss auf das Resultat der Untersuchung, gelten aber nicht als Störgröße, sondern als konstitutiver Bestandteil der Forschungsarbeit (vgl. Lamnek, 2010).

Unter dem Gesichtspunkt *Prozesscharakter von Forschung und Gegenstand* weist Lamnek (2010) darauf hin, dass der Forschungsprozess als Kommunikationsprozess verstanden werden muss, indem die Verhaltensweisen und Aussagen des Erforschten als prozesshafte Ausschnitte einer Reproduktion und Konstruktion dessen soziale Realität darstellen. Das Prinzip der Prozessualität soll insofern den Entstehungszusammenhang sozialer Phänomene wissenschaftlich erfassen. Forschungsgegenstand und Akte des Forschers, Kommunikation zwischen Forscher und Untersuchungsperson sowie Involviertheit des Forschers sowie die Ergebnisse des Prozesses gelten als prozesshaft und sind konstitutiver Bestandteil des Forschungsprozesses (vgl. Lamnek, 2010).

Der qualitative Forschungsprozess folgt auch dem Prinzip der *Reflexivität von Gegenstand und Analyse*. Lamnek (2010) meint, dass sich auch die Reflexivität am Forschungsgegenstand und -akt orientieren muss. Dabei muss sich die qualitative Sozialforschung „*...in mehrfacher Hinsicht kritisch reflektieren*" (S. 31). In diesem Kontext setzt eine Reflexivität der Methode eine reflektierte Einstellung des Forschers und die Anpassungsfähigkeit seines gewählten Instrumentariums voraus (vgl. Lamnek, 2010).

Unter dem Prinzip der *Explikation* versteht Lamnek, (2010) die Erwartung an den Forschenden, einzelne Schritte des Untersuchungsverlaufs weitestgehend offen zu legen. Es sollen die Regeln dargestellt werden, nach denen die erhobenen Daten interpretiert und ausgewertet wurden. Die Explikation dient der Nachvollziehbarkeit des Forschungsprozesses und somit der Intersubjektivität des Forschungsergebnisses (vgl. Lamnek, 2010).

Unter dem Prinzip der *Flexibilität* versteht Lamnek (2010) den gesamten Forschungsprozess mit seiner Methodik sowie seinen Erhebungs- und Auswertungsverfahren, die den jeweiligen Eigenheiten des Untersuchungsgegenstandes anzupassen sind. In der Konsequenz bedeutet dies für den Forschungsprozess, dass z.B. Leitfaden, Methodik und Stichprobe an sich neu ergebende Situationen angepasst werden müssen. Dies geht damit einher, dass Daten hinterfragt, aufeinander bezogen, mit neuen Informationen ergänzt oder modifiziert werden (vgl. Lamnek, 2010).

5.1.3   Gütekriterien

Hinsichtlich der Gütkriterien bezogen auf die Qualitative Sozialforschung besteht in der Wissenschaftslandschaft keine Einigkeit.

Steinke (2000) etwa fordert für die Qualitative Forschung eigene Standards und ist der Auffassung, dass die Gütekriterien Quantitativer Forschung (Objektivität, Reliabilität und Validität) zwar übernommen aber „reformuliert" und „operationalisiert" (S. 320) werden müssen. Dieser Idee folgend, formuliert Steinke die folgenden Kernkriterien für die Qualitative Sozialforschung: intersubjektive Nachvollziehbarkeit, Indikation des Forschungsprozesses, empirische Verankerung, Limitation, reflektierte Subjektivität, Kohärenz und Relevanz (vgl. Steinke, 2000).

Mayring (2002) hingegen lehnt eine Anwendbarkeit der Gütekriterien Quantitativer Forschung von vornherein strikt ab und fordert für die Qualitative Forschung eigens definierte Gütekriterien. Er postuliert die folgenden sechs Gütekriterien: Verfahrensdokumentation, argumentative Interpretationsabsicherung, Regelgeleitetheit, Nähe zum Gegenstand, kommunikative Validierung und Triangulation. (vgl. Mayring, 2002).

Reichertz (2005) widerspricht Mayring und Steinke und ist der Auffassung, dass an den Qualitätskriterien Zuverlässigkeit, Repräsentativität und Gültigkeit, wie sie aus der Quantitativen Forschung bekannt sind, festgehalten werden muss, da sie als Standards jeglicher wissenschaftlicher Forschung gelten. Er führt aber weiter aus, dass die Methoden der Gütesicherung bei der Qualitativen und Quantitativen Forschung nicht dieselben sein können. Die qualitative Vorgehensweise benötigt eigene Standards für die Qualitätssicherung, die sich auf Fragen der Zuverlässigkeit und Repräsentativität der Datenerhebung sowie auf die Gültigkeit der Generalisierung beziehen müssen (vgl. Reichertz, 2005).

Im Rahmen dieser Untersuchung wird den Vorschlägen von Mayring (2002) und Steinke (2000) gefolgt, was vor allem für das Prinzip der intersubjektiven Nachvollziehbarkeit nach Steinke (2000) gelten soll. Nach Steinke (2000) beinhaltet die intersubjektive Nachvollziehbarkeit u.a. die Dokumentation des Forschungsprozesses, damit der Forschungsprozess nachvollziehbar und die Ergebnisse der Forschungsarbeit nach eigenen Maßstäben beurteilt werden können sowie die Anwendung kodifizierter Verfahren, also einer Vereinheitlichung durch die Befolgung von Kodierreglen (vgl. Steinke, 2002).

Der intersubjektiven Nachvollziehbarkeit soll im Zuge dieser Forschungsarbeit dadurch nachgekommen werden, indem im folgenden empirischen Teil der Prozess der Datenerhebung und -auswertung detailliert beschrieben werden soll. Zudem ist die präzise Dokumentation, wie bspw. die wörtlichen Äußerungen der Interviewpartnerinnen und -partner sowie Deutungen des Autors im Zuge des Auswertungsprozesses einem Anlagenband zu entnehmen.

Die weiteren Gütkriterien finden sich jeweils in den weiteren Abschnitten des empirischen Teils.

Eine kritische Bewertung der Güte der vorliegenden Arbeit findet sich im Schlussteil.

5.1.4 Sampling.

Zu den wichtigen Gütekriterien in der Qualitativen Forschung zählt auch die Auswahl der Fälle, die untersucht werden sollen. Nach Lamnek (2010) stellt sich in diesem Zusammenhang die Frage, *"...wie sichergestellt werden kann, dass für die Untersuchungsfragestellung und das Untersuchungsfeld relevante Fälle in die Studie einbezogen werden"* (S. 169). Dem Autor zufolge werden die Fälle nicht zufällig ausgewählt, sondern es kommen gezielt Auswahlverfahren zum Einsatz. Damit soll gewährleistet werden, dass für die Beantwortung der Fragestellung auch geeignete Fälle erfasst werden (vgl. Lamnek, 2010).

Nach Lamnek (2010) kommen bei der Ziehung von Stichproben mehrere unterschiedliche Vorgehensweisen in Betracht. Eine der möglichen Vorgehensweisen ist das Theoretical Sampling, das sich anbietet, wenn zu einem Phänomen

„...nicht über empirisch gehaltvolles theoretisches Vorwissen verfügt..." (s. 171)
wird (vgl. Lamnek, 2010).

Mit dem Phänomen Bossing und der Forschungsfrage hinsichtlich der Eskalationsbedingungen wird in diesem Zusammenhang weitestgehend Neuland betreten, weswegen sich zu *„... empirisch gehaltlosen (...) Konzepten ... trivialerweise nicht empirische Gegenbeispiele suchen und finden"* lassen (ebd.) (vgl. Lamnek, 2010).

Lamnek (2010) folgend ist es das Ziel des *theoretical sampling,* für die Beantwortung der Fragestellung geeignete Fälle auf relevante Unterschiede oder große Ähnlichkeiten hin miteinander zu vergleichen. Dabei gilt das Prinzip der Minimierung und Maximierung nach Glaser und Strauss (1998). Die Minimierung von Unterschieden über die untersuchten Fälle erhöht die Wahrscheinlichkeit, ähnliche Daten zu einem Phänomen zu finden und darauf aufbauend deren theoretische Wichtigkeit zu bestätigen. Die Maximierung von Unterschieden erhöht die Wahrscheinlichkeit, Verschiedenartigkeit und Abweichungen zum untersuchten Phänomen zu ermitteln. Sowohl Minimierung als auch Maximierung können im Verlaufe des Forschungsprozesses jederzeit modifiziert werden. Das *theoretical sampling* ist mit der theoretischen Sättigung, d.h., wenn keine relevanten Ähnlichkeiten und Unterschiede mehr gefunden werden können, beendet (vgl. Lamnek, 2010).

Bei der Durchführung dieser Studie waren der theoretischen Sättigung schon mit der Rekrutierung der Interviewteilnehmerinnen und -teilnehmern Grenzen gesetzt, da es sich als problematisch erwies, überhaupt Bossingbetroffene zu finden, die bereit waren, über ein für sie psychisch stark belastendes Phänomen Auskunft zu geben.

5.2 Empirische Untersuchung

Nachfolgend wird die konkrete Vorgehensweise der vorliegenden Studie vorgestellt.

5.2.1 Datenerhebung

Nachfolgend finden sich Informationen zum genauen Untersuchungsablauf und zur Datenerhebung. Die Darstellung dient der Transparenz und der Begründung der eingesetzten Erhebungsinstrumente.

5.2.1.1 Rekruitierung der Teilnehmenden

Für die Ansprache potenzieller Interview-Interessentinnen und -Interessenten wurde ein Anschreiben (siehe Anhang der Arbeit) formuliert, in dem das Dissertationsthema, das Phänomen Bossing, die Themenblöcke und die ungefähre Dauer des Interviews beschrieben wurden. Darüber hinaus lassen sich dem Anschreiben Hinweise auf Anonymität, die Möglichkeit, Kenntnis von den Ergebnissen der Studie zu erhalten, sowie die Kontaktdaten des Autors entnehmen. Der Zugang zu den Interviewpartnerinnen und -partner erfolgte über den eigenen Account im sozialen Netzwerk facebook, den eigenen Account im sozialen Netzwerk Xing sowie über das Moodle der Fachhochschule der Diakonie gGmbH (FHdD) in Bielefeld. Sowohl im facebook – mit der Bitte ‚den Beitrag zu teilen' – als auch im Moodle der FHdD – mit der Bitte, sich an der Studie zu beteiligen bzw. das Anschreiben an Interessierte weiterzuleiten – wurde das Anschreiben als pdf.-Dokument eingestellt. Die eigenen Kontakte in Xing (zum Zeitpunkt der Rekrutierungsaktion 135 Kontakte) wurden per E-Mail benachrichtigt. Die Nachrichten enthielten exakt den gleichen Inhalt des Anschreibens. Darüber hinaus wurde das Anschreiben per E-Mailing an 30 eigene persönliche E-Mail-Kontakte versandt, jeweils mit der Bitte, die E-Mail auch an Interessierte weiterzuleiten.

Erfahrungen aus einer eigenen Studie im Jahr 2014 hatten gezeigt, dass das postalische Versenden eines entsprechenden Anschreibens (damals an neun NGOen) nicht zur Rekruitierung von Studienteilnehmerinnen und -teilnehmer führte. Deshalb wurde im Rahmen dieser Untersuchung auf einen postalischen Versand verzichtet.

Über facebook, Xing und per E-Mail konnten schließlich keine Studienteilnehmerinnen und -teilnehmer gewonnen werden, obwohl zunächst vier Personen ihre Bereitschaft zur Teilnahme an der Studie signalisiert hatten. Über das Moodle der FHdD Bielefeld konnten sieben Interviewpartnerinnen und -partner generiert und drei Interviewpartnerinnen konnten über persönliche Kontakte rekruitiert werden.

Die Rekruitierung sollte vereinzelt auch über das so genannte *Schneeball-Verfahren* erfolgen (vgl. Kromrey, 2009). Bei diesem Verfahren werden Untersuchungspersonen nach der Befragung nach weiteren Zielpersonen aus ihrem Bekanntenkreis gefragt. Das ‚snowballing' führte nicht zur Generierung weiterer Studienteilnehmerinnen und -teilnehmer.

Eine Excel-Aufstellung zur Rekruitierung der Teilnehmenden findet sich im Anhang zu dieser Arbeit.

Die Interviews fanden in der Zeit vom 5. Februar bis 3. Juni 2016 statt. Die Zeitspanne über einen Zeitraum von vier Monaten lässt sich damit erklären, dass sich die Studienteilnehmerinnen und -teilnehmer vereinzelt nach und nach beim Autor gemeldet hatten und die Interviews an unterschiedlichen Standorten in Deutschland geführt werden mussten. Die Interviews wurden im niedersächsischen Lilienthal und Hannover, in Bremen, in Berlin, im nordrhein-westfälischen Bielefeld, Minden und Lüdenscheid sowie im bayerischen München geführt, was mit nicht unerheblichem Reiseaufwand verbunden war.

5.2.1.2   Instrumente der Datenerhebung

Im Zuge der vorliegenden Untersuchung wurde mit qualitativen Interviews gearbeitet, die anhand eines zuvor erarbeiteten Interviewleitfades durchgeführt wurden. Im Folgenden finden sich die Beschreibung der theoretischen Verfahren sowie die Begründung für deren methodologischen Einsatz.

5.2.1.2.1   Das Interviewverfahren

In der qualitativen Sozialforschung findet sich eine ganze Reihe an Erhebungsmethoden, wie bspw. die Einzelfallstudie, die Gruppendiskussion, die biografische Methode oder das qualitative Experiment. In den 1980er Jahren hat sich neben der Methode der teilnehmenden Beobachtung auch die Methode des qualitativen Interviews durchgesetzt und mittlerweile etabliert. Lamnek (2010) zufolge ist das qualitative Interview auf dem besten Wege, der Königsweg in der qualitativen Sozialforschung zu werden. Der Autor führt weiter dazu aus, dass der Zugang zum sozialen Feld mit der Absicht, beobachten zu können, immer schwieriger wird, weswegen es leichter fällt, einzelne Personen zu einem Interview zu bewegen. Darüber hinaus seien für die Sozialwissenschaften relevante Themen besser über qualitative Interviews zu erfassen als über die Beobachtung. Eine wesentliche Rolle spielt für Lamnek, dass Interviews im Hier und Jetzt entstehen und aufgezeichnet werden können und dass sie dadurch unverzerrt und authentisch sind. Die aufgezeichneten Interviews sind intersubjektiv nach zu vollziehen und können beliebig reproduziert werden. Kontrollmöglichkeiten ergeben sich durch den Vergleich von Texten und deren Interpretationen, was dem Interview einen methodisch und methodologisch Status zuweist (vgl. Lamnek, 2010).

Methodologische Aspekte des qualitativen Interviews:
Lamnek (2010) fasst die methodologischen Aspekte des qualitativen Interviews wie folgt zusammen. Die Explikation und der Prozesscharakter des qualitativen Interviews manifestieren sich im Prinzip der Reflexivität von Gegenstand und Analyse. Qualitative Interviews versuchen, den Charakter des Alltagsgesprächs zu realisieren. Dabei gelten die folgenden Prinzipien: *Zurückhaltung durch den Forscher* (Qualitative Interviews lassen den Befragten zu Wort kommen. Er ist nicht nur Datenlieferant, sondern er beeinflusst das Gespräch qualitativ und quantitativ), *Relevanzsysteme der Betroffenen* (Es erfolgt keine Beeinflussung durch den Forscher, sondern eine Wirklichkeitsdefinition durch den Befragten), *Kommunikativität* (Es gilt das kommunikative Regelsystem des Befragten), *Offenheit* (Zugänglichkeit für unerwartete Informationen), *Flexibilität* (Der Forscher reagiert variabel auf die Bedürfnisse des Befragten), *Prozesshaftigkeit* (Ermittlung bevorzugter Deutungs- und Handlungsmuster der Befragten, die sich im Verlauf des Interviews entwickeln), *datenbasierte Theorie* (Das qualitative Interview dient der Genese, weniger der Prüfung von Theorien) sowie *Explikation* (Die Aussagen im Interview führen zur Theorie (Typenbildung), indem sie im Interviewprozess interpretiert werde) (vgl. Lamnek, 2010).

Methodisch-technische Aspekte des qualitativen Interviews:
Lamnek (2010) führt zu den methodisch-technischen Aspekten des qualitativen Interviews zusammenfassend auf: Qualitative Interviews finden im Milieu des Befragten statt, um eine natürliche Situation herstellen und authentische Informationen erhalten zu können. Sie sind nicht standardisiert (Fragen sind nicht vorab formuliert und es gibt keine spezifische Abfolge von Fragen). Es muss eine Vertrauensbasis geschaffen werden (Es empfiehlt der Zugang über Dritte, die als Vermittler zwischen Forscher und Befragtem fungieren) und die Atmosphäre beim Interview ist vertraulich und freundschaftlich-kollegial. Es geht bestenfalls um einige typische Fälle (Gewinnung durch theoretical sampling). Das Interview führt in der Regel der Forscher, der keine geschlossenen Fragen verwendet. Der zu Befragende muss Verbalisierungs- und Artikulierungsvermögen besitzen. Eine offene Gesprächstechnik ist zu praktizieren. Dabei ist der Interviewer anregend-passiv. Aufzeichnungsgeräte (Tonband oder Video) sind unverzichtbar, um die Fülle der Informationen komplett und systematisch auswerten zu können (vgl. Lamnek, 2010).

5.2.1.2.2 Begründung für den Einsatz des problemzentrierten Interviews

Im Rahmen dieser Studie kam die Form des problemzentrierten Interviews nach Witzel (2000) zum Einsatz. Der Autor verweist bei dieser Interviewart auf die folgenden Grundprinzipien: (1) Problemzentrierung (2) Gegenstandsorientierung und (3) Prozessorientierung (vgl. Witzel, 2000).

Das Grundprinzip *Problemzentrierung* weist darauf hin, dass sich die Untersuchung an einem gesellschaftlich relevanten Problem - hier die Eslkalationsbedinungen im Kontext von Bossingprozessen - orientiert. Dabei nutzt der Forschende sein bereits vorhandenes theoretisches Vorwissen, um die Einlassungen der Interviewpartnerinnen und -partner verstehen, resp. nachvollziehen und problemorientiert nachfragen zu können (vgl. Witzel, 2000).

Das Grundprinzip *Gegenstandsorientierung* verweist auf die Flexibilität der Methode. Zwar stellt das Interview das wichtigste Instrument der Datenerhebung dar, es kann aber durchaus mit anderen Datenerhebungsinstrumenten kombiniert werden. Zudem kann der Forschende, resp. Inerviewende, je nach Reflexivität und Redegewandheit der Interviewpartnerinnen und -partner, entweder stärker auf Narration oder auf Nachfragen im Dialog setzen (vgl. Witzel, 2000).

Das Grundprinzip *Prozessorientierung* umfasst die gesamte Erhebungs- und Auswertungsphase. Hierzu zählt vor allem auch der Kommunikationsprozess. Je sensibler und akzeptierender auf die Untersuchungsperson eingegangen wird, desto eher entsteht Vertrauen und Offenheit, weil sich die Befragten mit ihrer Sicht der Dinge ernst genommen fühlen, was zu einer erhöhten Erinnerungsfähigkeit und die Motivation zur Selbstreflexion führt. Folgen sind auch das Entwickeln neuer Aspekte, Korrekturen an vorausgemachten Aussagen, Redundanzen, und Widersprüchlichkeiten, die für die Interpretation von gehörigem Gewicht sein können. Das problemzentrierte Interview fördert die Gesprächsentwicklung, regt u.a. zu Erzählungen der erlebten Begebenheiten an und verhindern, dass die Interviewpartnerinnen und -partner *"isolierte Antworten auf isolierte Fragen"* geben (müsen) (vgl. Witzel, 2000).

Das eigentliche Interview, bzw. die Interviewführung wird Lamnek (2010) folgend von vier bis fünf Abschnitten bestimmt, die je nach Interviewsituation angewendet werden: (1) Einleitung, (2) allgemeine Sondierung, (3) spezifische Sondierung, entweder durch Rückspiegelung, Verständnisfrage oder Konfrontation, (4) direkte Fragen und ggfls. (5) Kurzfragebogen (vgl. Lamnek, 2010).

Für diese Studie wurde das problemzentrierte Interview genutzt, da sich der Forschende Lamnek (2010) folgend nicht ohne theoretisches Vorwissen in die

Erhebungsphase begibt, denn er bereitet sich u.a. durch Literaturstudium auf seine Untersuchung vor, filtert relevante Aspekte des Problembereiches heraus und entwickelt dazu ein theoretisches Konzept. Gedanken, Vorstellungen und theoretische Konzepte des Forschenden fließen in die empiriche Untersuchung mit ein, womit der interessierende Problembereich eingegrenzt wird (vgl. Lamnek, 2010).

Die vorliegende Untersuchung kaprizierte sich auf das Bossingerleben sowie vor allem auf die Eskalationsbedingungen im Bossingprozess sowie die damit im Zusammenhang stehenden Wahrnehmungen, Gedanken, Gefühle, Ziele, Verhaltensweisen und Reaktionen der Bossingbetroffenen. Insofern konnten den Interviewpartnerinnen und -partnern mit dem problemzentrierten Interview bereits ein Rahmen des interessierden Problembereiches vorgegeben, resp. mit völlig offenen Fragen eingegrenzt werden. Allerdings wurde die *„Bedeutungsstrukturierung der sozialen Wirklichkeit"* (S. 333) vollständig in den Händen der Befragten belassen. Dies wurde dadruch gewährleistet, dass den Interviewpartnerinen und -partnern die theoretsichen Vorüberlegungen im Zuge der Interviewdurchführung nicht mitgeteilt wurden, um Suggestionen zu vermeiden (vgl. Lamnek, 2010).

5.2.1.2.3 Die Entwicklung des Interviewleitfadens

Für die vorliegende Untersuchung wurde ein Interviewleitfaden entwickelt, dessen Konstruktion in Anlehnung der von Stigler und Felbinger (2005) aufgestellten Kriterien *Theoretische Relevanz von Fragen , Relevanz der Frage in Bezug auf die Lebenswelt der Interviewpartnerinnen und -partner, Strategien der Strukturierung des Leitfadens* sowie *Formulierungsstrategien und Fragetypen* erfolgte (Stigler & Felbinger, 2005, S. 130 ff.).

Der anhand der oben dargestellten Kriterien entwickelte Interviewleitfaden enthält drei Themenblöcke:

1) *Fragen zu den Bossinghandlungen und -folgen:* Hier findet sich die Einstiegsfrage, inwieweit Bossing erlebt wurde und sich das Bossing geäußert hat. Es folgen drei weitere inhaltstragende Leitfragen: Wie oft und über welchen Zeitraum waren Sie diesen Handlungen ausgesetzt? Welches Verhalten Ihres Vorgesetzten hätten Sie noch hingenommen? Was war die Folge des erlebten Bossings?
Dieser Themenblock beinhalt zudem die folgenden Fragen als Filterfunktion: Wurden Sie isoliert oder Ihre Kontaktmöglichkeiten eingeschränkt? Hat sich etwas an der Arbeitsaufgabe geändert? Gab es Angriffe auf Ihr Ansehen? Wurde Gewalt angedroht oder gar ausgeübt?

2) Fragen zu den Eskalationsbedingungen: Im zweiten Frageblock wurde mit den folgenden Leitfragen konkret nach den Eskalationsbedingungen gefragt: Wann und wodurch haben Sie erstmalig Veränderungen in der Beziehung zu Ihrem/Ihrer Vorgesetzten wahrgenommen? Wie haben Sie die Dynamik des Bossinggeschehens wahrgenommen?

Auch in diesem Themenblock finden sich konkrete Fragen als Filterfunktion: Gab es einen konkreten Auslöser für die Bossinghandlungen? Wie haben Sie das Bossing am Anfang wahrgenommen? Wir hat sich das Bossing entwickelt? Gab es entscheidende Momente im Verlauf des Bossings? Welche Episoden haben Sie am dramatischsten erlebt? Wurden die Bossinghandlungen intensiviert? Wurden in den Bossingprozess weitere Personen mit eingebunden? Gab es Phasen, in denen der Bosser freundlich wirkte, einsichtsvoll, sich entschuldigte, sein Verhalten zu erklären versuchte, eine vernünftige Lösung für alle Beteiligten finden wollte? Haben Sie Phasen der Unsicherheit erlebt, in denen Sie glaubten, sich im Bosser getäuscht zu haben, übertrieben reagiert haben? Hatten Sie Zweifel an sich selbst und/oder der eigenen Wahrnehmung?

3) Fragen zu den seelischen Funktionen im Bossingprozess: Hier waren die Leitfragen: Was haben Sie während des Bossingprozesses gedacht? Was haben Sie während des Bossingprozesses gefühlt? Was haben Sie während des Bossingprozesses gewollt? Wie haben Sie sich während des Bossingprozesses verhalten? Welche Wirkungen hat ihr Verhalten im Rahmen des Bossingprozesses ausgelöst?

Im dritten Themenblock wurde mit den folgenden Fragen als Filterfunktion gearbeitet: Wie haben Sie die Handlungen des Bossers interpretiert? Worüber haben Sie sich konkret Gedanken gemacht? Haben sich Ihre Gedanken mit Fortgang des Bossings verändert? Was waren Ihre Einstellungen, Haltungen und Neigungen? Haben sich Ihre Gefühle mit Fortgang des Bossings verändert? Hat sich Ihr Verhalten mit Fortgang des Bossings verändert? Haben sich die Wirkungen Ihres Verhaltens mit Fortgang des Bossings verändert?

Im Rahmen der Rekrutierung der Interviewpartnerinnen und -partner stellte sich auch eine Führungskraft zur Verfügung, die der Auffassung war, einen Mitarbeiter gebosst zu haben. In Vorbereitung auf das Interview mit dieser Person wurde der Interviewleitfaden wie folgt modifiziert.

1) Fragen zu den Bossinghandlungen und -folgen: Hier findet sich die Einstiegsfrage, inwieweit Bossing erlebt wurde und sich das Bossing geäußert hat. Es folgen zwei weitere inhaltstragende Leitfragen: Wie oft und über welchen Zeitraum haben Sie diese Handlungen ausgeführt? Was war die Folge des Bossings?

Dieser Themenblock beinhalt zudem die folgenden Fragen als Filterfunktion: Haben Sie isoliert oder Kontaktmöglichkeiten eingeschränkt? Haben Sie Arbeitsaufgaben des/der Mitarbeiter/s geändert? Haben Sie Angriffe auf das Ansehen der Person verübt? Haben Sie Gewalt angedroht oder gar ausgeübt?

2) *Fragen zu den Eskalationsbedingungen:* Im zweiten Frageblock wurde mit den folgenden Leitfragen konkret nach den Eskalationsbedingungen gefragt: Wann und wodurch haben Sie erstmalig Veränderungen in der Beziehung zu Ihrem/Ihrer Mitarbeiter/in wahrgenommen? Wie haben Sie die Dynamik des Bossinggeschehens wahrgenommen?

Auch in diesem Themenblock finden sich konkrete Fragen als Filterfunktion: Gab es einen konkreten Auslöser für die Bossinghandlungen? Wie haben Sie das Bossing am Anfang wahrgenommen? Wir hat sich das Bossing entwickelt? Gab es entscheidende Momente im Verlauf des Bossings? Welche Episoden haben Sie am dramatischsten erlebt? Wurden die Bossinghandlungen intensiviert? Wurden in den Bossingprozess weitere Personen mit eingebunden? Gab es Phasen, in denen Sie sich für Ihr Verhalten entschuldigten, versuchten, Ihr Verhalten zu erklären oder eine vernünftige Lösung für alle Beteiligten wollten? Haben Sie Phasen der Unsicherheit erlebt, in denen Sie glaubten, übertrieben reagiert haben? Hatten Sie Zweifel an sich selbst und/oder der eigenen Wahrnehmung?

3) *Fragen zu den seelischen Funktionen im Bossingprozess:* Hier wurden die gleichen Leitfragen gestellt, wie bei den Betroffenen.

Die in diesem Themenblock verwendeten konkreten Fragen als Filterfunktion lauteten wie folgt: Wie haben Sie die Handlungen Ihres/Ihrer Mitarbeiters/ Mitarbeiterin interpretiert? Worüber haben Sie sich konkret Gedanken gemacht? Haben sich Ihre Gedanken mit Fortgang des Bossings verändert? Was waren Ihre Einstellungen, Haltungen und Neigungen? Haben sich Ihre Gefühle mit Fortgang des Bossings verändert? Was waren Ihre Ziele, Absichten und Motive? Haben sich Ihre Absichten, Ziele und Motive mit Fortgang des Bossings verändert? Haben Sie Handlungen bewusst durchgeführt? Hat sich Ihr Verhalten mit Fortgang des Bossings verändert? Haben sich die Wirkungen Ihres Verhaltens mit Fortgang des Bossings verändert?

Die entwickelten Interviewleitfäden finden sich in der Anlage. Vor ihrem Einsatz wurden sie mittels Pre-Test mit jeweils zwei Personen hinsichtlich ihrer Anwendbarkeit überprüft. Die Interviews mit den Testpersonen dauerten im Durchschnitt 45 Minuten.

5.2.1.3 Interviewablauf und Rolle des Interviewers

Interviewablauf:

Es wurden insgesamt 10 Interviews geführt. Vier fanden im häuslichen Bereich der Interviewten statt, zwei Interviews wurden an der FHdD Bielefeld, drei am Arbeitsplatz der Interviewten und eines in Räumlichkeiten der Universität Bremen geführt. Alle Interviews konnten termingerecht erfolgen. Die Atmosphäre im Rahmen der Interviews war insgesamt locker und entspannt. Im Zuge der Interviews kam es zu keinerlei Störungen. Sieben Interviews wurden in der Sie- und drei in der Du-Ansprache geführt. Die Interviewpartnerinnen und -partner vermittelten allesamt einen äußerst engagierten Eindruck. In drei Fällen war die emotionale Betroffenheit der Interviewten deutlich hör- und spürbar. In zwei Fällen fingen die Interviewten an zu weinen und mussten getröstet werden. Dabei wurde auch körperliche Nähe hergestellt, indem der Interviewer die Hand der Betroffenen nahm, sie leicht drückte und beruhigend über den Handrücken strich.

Mit Beginn jedes Interviews wurde mit den Interviewten die Platzfrage geklärt, sodass die Interviewpartnerinnen und -partner sich ihre Sitzposition frei wählen konnten. Allen Interviewten wurde für ihre Teilnahme an dem Interview gedankt und sie wurden gefragt, ob sie vor Beginn des Interviews Fragen an den Forschenden stellen möchten. Über informelle Gespräche, zumeist über allgemeine Dinge hinsichtlich des Arbeitsplatzes (Eisbrecher), konnte eine offene und vertraute Gesprächsatmosphäre geschaffen werden. Sodann wurden die Interviewpartnerinnen und -partner über den weiteren Verlauf des Interviews, die Aspekte des Datenschutzes und die Anonymität der Daten informiert sowie die demografischen Daten aufgenommen. Alle Interviewten erklärten sich mit der Aufzeichnung des Interviews einverstanden, sodass nach Klärung der Formalitäten mit dem eigentlichen Interview begonnen werden konnte.

Jedes Interview begann mit der Einstiegsfrage nach dem Bossingerleben. Je nach Erzählpotenzial und Redefluss der Interviewten wurden im Sinne der spezifischen Sondierungsphasen vertiefende oder weitergehende Fragen gestellt. Diese Impulse sollten den Befragten dazu verhelfen, schwierig erlebte Situationen sowie eigene Gedanken, Gefühle, Absichten und das eigene Verhalten näher beschreiben zu können.

Jedes Interview wurde weitestgehend gelöst vom Interviewleitfaden geführt und mit den folgenden Fragen beendet: „Gibt es noch etwas, was wir nicht besprochen haben? Haben Sie noch Fragen?" Sofern nach einiger Zeit des Nachdenkens keine weiteren Aspekte seitens der Interviewten genannt wurden, beendete der Interviewer das Interview. Den Interviewpartnerinnen und -partner wurde nochmals gedankt. Zudem wurden Sie nach möglichen Interviewpartnerinnen und -partnern gefragt. Ihnen wurde noch einmal Raum und Zeit gelassen, Fragen zu stellen und etwas zur Interviewsituation sagen zu können.

Die Interviewdauer betrug je nach Interview zwischen 28 und 72 Minuten.

Die Rolle des Interviewers:

Nach Reißmüller (2008) handelt es sich bei einem Interview um eine soziale Situation und somit um einen Kommunikations- und Interaktionsprozess, für dessen Verlauf der Interviewer verantwortlich zeichnet. Das Interview ist als wichtige Erkenntnisquelle anerkannt, stellt jedoch hohe Anforderungen an die Selbstreflexion und Selbstkritik des Interviewers (vgl. Reißmüller, 2008, zitiert nach Rusch, 2014).

Im Zuge der durchgeführten Untersuchung führte der Autor alle Interviews selbst. Kritisch muss die Ausbildung und 32jährige Tätigkeit des Autors als Kriminalbeamter im Sinne der Selbstreflexion und Selbstkritik erörtert werden, denn kriminalpolizeiliche Vernehmungstechniken und -taktiken sind eindeutig investigativ und suggestiv ausgerichtet. Eine besondere Herausforderung bestand für den Autor insofern darin, im Rahmen einer sozialwissenschaftlichen, qualitativen Arbeit als Interviewer die erforderliche Zurückhaltung zu wahren (vgl. Rusch, 2014).

Lamnek (2010) postuliert, dass auch in qualitativen Interviewsituationen eine Asymmetrie zwischen den Befraggen und dem Interviewer nicht unüblich ist. *„Jemand erzählt und andere hören interessiert zu"* (S. 324). Insofern gelang es dem Autor durch ein erkennbar gegebenes Interesse für die Befragten, stimulierend auf sie hinsichtlich der Fortsetzung ihrer Erzählungen einzuwirken. Im Gegensatz zur Vernehmung, bei der *„...einer nur Fragen stellt und ein anderer nur antwortet..."* (ebd.). Alle Interviews führten unter diesem Gesichtspunkt bei allen Interviewten zu einer positiven Sanktion, weshalb alle Interviews in einer vertraulichen und freundschaftlich-kollegialen Atmosphäre geführt werden konnten (vgl. Lamnek, 2010).

5.2.1.4 Tonbandaufnahme und Postskriptum

Alle Interviews wurden mithilfe digitaler Technik aufgenommen. Um einem möglichen Datenverlust vorzubeugen, wurden die Interviews zum einem mit einem digitalen Diktiergerät der Marke Philips, Serie Voice Tracer, und zum anderen mit einem Tablet der Marke Samsung, Serie Galaxy Tab 7.0, aufgenommen. Mit der Aufzeichnung der jeweiligen Interviews wurde begonnen, sobald die Interviewpartnerinnen und -partner dazu ihre Einwilligung gegeben hatten.

Nach Beendigung eines Interviews wurde ein Postskriptum gefertigt, das die folgenden Punkte umfasste (vgl. Lamnek, 2010, online-Material):

- Datum, Ort, Beginn, Dauer und Ende des Interviews.
- Alter und Geschlecht der/des Interviewten.
- Länge der Betriebszugehörigkeit.
- Pseudonym der/des Interviewten.
- Rekrutierungsweg.
- Interviewsituation.
- Besondere Vorkommnisse während des Interviews.
- Gespräche vor Einschalten des Aufnahmegerätes.
- Gespräche nach Abschalten des Aufnahmegerätes.
- Verhalten der/des Interviewten.
- Sonstige Auffälligkeiten, Informationen oder Ähnliches.

Jedes Postskriptum wurde hinsichtlich der/des Interviewten mit einem Code anonymisiert. Damit war eine Zuordnung zu den jeweiligen Interviewtranskripten möglich, jedoch nicht zu persönlichen Daten. Lediglich in einem Fall mussten die digitalen Aufnahmegeräte noch einmal eingeschaltet werden, weil sich die interviewte Person im Zuge der Verabschiedungsphase noch an etwas erinnerte. Die fortgesetzte Aufnahme wurde im transkribierten Interview an der entsprechenden Stelle gekennzeichnet. Wesentliche Notizen sowie Anmerkungen aus dem Postskriptum gingen als ergänzende Informationen mit in den Auswertungsprozess ein.

5.2.2 Datenauswertung

Im Folgenden finden sich die Instrumente der Datenauswertung und deren theoretische Grundlage. Bei den Instrumenten der Datenauswertung handelt es sich im Einzelnen um das Transkriptum und die qualitative Inhaltsanalyse nach Mayring.

5.2.2.1 Transkriptum

Nach Lamnek (2010) handelt es sich bei der Transkription um die erste Phase der Auswertung qualitativer Daten und zunächst einmal um einen technischen Schritt, der notwendig und Voraussetzung für die weiteren Analyseschritte ist: (1) Das im Original auf einem Datenträger vorliegende Material – in diesem Fall als Tonträger – wird durch Abtippen in eine lesbare Form umgewandelt. Dabei soll das Gehörte situations- und inhaltsgetreu wiedergegeben werden. (2) Über die gesprochenen Sätze hinaus müssen Regeln für die Behandlung nonverbaler Aspekte (kürzere und längere Pausen, Lachen, Räuspern, Unterbrechungen, etc.) festgelegt werden. Diese Regeln müssen sich im Transkript wiederfinden, denn sie können für die weitere Analyse von Bedeutung sein. Der Detaillierungsgrad der Transkriptionen hängt vom Auswertungsinteresse des Forschenden ab.

1. Transkriptionen werden mit den originalen Bandaufnahmen verglichen und Tipp- und Hörfehler verbessert. Bei diesem Arbeitsschritt können notwendige Anonymisierungen vorgenommen werden.
2. Im Zuge der Überprüfung der Transkriptionen ist es möglich, den Interviews – soweit nicht bereits durch das Interview erhoben – weitere sozialstatistische Daten oder biografische Besonderheiten hinzuzufügen.
3. Die Transkripte werden schlussendlich noch einmal auf Plausibilität überprüft (vgl. Lamnek, 2010).

Die aufgezeichneten Interviews wurden im Sinne der gesprächsanalytischen Transkription (GAT) nach Selting et al. (1998) vollständig wörtlich transkribiert (drei Interviews durch den Autor; die restlichen Interviews durch einen professionellen Schreibdienst), und die Wortprotokolle nach den Transkriptionsregeln nach Lamnek (2010) mit entsprechenden Sonderzeichen versehen (vgl. Selting, Auer, Barden, Bergmann, Couper-Kuhlen, Günthner, Quasthoff, Meier, Schlobinski & Uhmann,1998; Lamnek, 2010).

5.2.2.2   Die Qualitative Inhaltsanalyse nach Mayring

Im Folgenden finden sich Ausführungen zur qualitativen Inhaltsanalyse, der inhaltlichen Strukturierung sowie zur deduktiven und induktiven Kategorienbildung.

Lamnek (2010) beschreibt fünf verschiedene qualitative inhaltsanalytische Techniken, u.a. auch die Inhaltsanalyse von Mayring. Dem Autor zufolge dienen qualitative Inhaltsanalysen in der qualitativen Forschung grundsätzlich der Auswertung empirischen Datenmaterials. Sie verfolgen das Ziel, schriftliches und nichtschriftliches Material hinsichtlich inhaltlicher Bedeutungen, formalen Aspekten oder latenten Sinngehalten zu bearbeiten (vgl. Lamnek, 2010).

Seit den 1980er Jahren hat sich im deutschsprachigen Raum das Verfahren der qualitativen Inhaltsanalyse nach Mayring durchgesetzt. Mayring (2015) postuliert, dass der Ansatz der qualitativen Inhaltsanalyse auf den Stärken der quantitativen Inhaltsanalyse fußt. Der Autor weist seinem Ansatz folgend auf acht Punkte hin:

- *Einbettung des Materials in den Kommunikationszusammenhang:* Der Vorteil des Vorgehens besteht in der kommunikationswissenschaftlichen Verankerung, da das Datenmaterial immer in seinem Kommunikationszusammenhang verstanden werden und der Forschende deswegen angeben muss, aus welchem Material er seine Schlussfolgerungen zieht.
- *Systematisches regelgeleitetes Vorgehen:* Dies stellt ein Hauptmerkmal dar. Unter Systematik ist die Orientierung an vorab festgelegten Regeln der Analyse zu verstehen. Dabei ist ein konkretes Ablaufmodell der Analyse von besonderer Wichtigkeit, das vorab mit den einzelnen Analyseschritten beschrieben wird. Jeder Analyseschritt und jede Entscheidung kann somit auf begründete und getestete Regeln zurückgeführt werden. Die Begriffsbestimmungen inhaltsanalytischer Einheiten (Kodiereinheit, Kontexteinheit, Auswertungseinheit) sollen auch in der qualitativen Inhaltsanalyse Geltung haben. D.h., dass vorab die Entscheidung getroffen werden muss, wie das vorliegende Material angegangen, was nacheinander analysiert werden soll und welche Bedingungen vorliegen müssen, um Kodierungen vornehmen zu können.
- *Kategorien im Zentrum der Analyse:* Das zentrale Instrument der qualitativen Inhaltsanalyse stellt das Kategoriensystem dar, weil hierüber die Analyse für andere im Sinne der intersubjektiven Nachvollziehbarkeit begreiflich wird.
- *Gegenstandsbezug statt Technik:* Die qualitative Inhaltsanalyse soll keine bloße Technik sein, die beliebig eingesetzt werden kann, sondern findet ihre besondere Rolle in der Anbindung am konkreten Gegenstand. Sie ist aus alltäglichen Zusammenfassungen abgeleitet und muss immer wieder auf die konkrete Studie hin verändert werden. Es lassen sich drei technische Grundformen beschreiben: Zusammenfassung, Explikation und Strukturierung

- *Überprüfung der spezifischen Instrumente durch Pilotstudien:* Bei der qualitativen Inhaltsanalyse wird bewusst auf standardisierte Instrumente verzichtet, um den Gegenstandsbezug herstellen zu können. Deshalb sollen die eingesetzten Instrumente hinsichtlich der grundlegenden Verfahrensweise und für das spezifische Kategoriensystem in einer Pilotphase getestet werden. Die Probeläufe müssen im Sinne der intersubjektiven Nachprüfbarkeit im Forschungsbericht dokumentiert werden.

- *Theoriegeleitetheit der Analyse:* Bei der qualitativen Inhaltsanalyse handelt es sich nicht um eine starre Technik. Vielmehr sind die vielen Festlegungen und Entscheidungen von theoretischen Argumenten abhängig, die im Forschungsprozess mit herangezogen werden müssen.

- *Einbezug quantitativer Analyseschritte:* Es soll die Integration qualitativer und quantitativer Verfahrensweisen angestrebt werden. D.h., dass im Analyseprozess quantitative Schritte begründet sinnvoll eingebettet und bei der Ergebnisdarstellung gründlich interpretiert werden sollen.

- *Gütekriterien:* Die Einschätzung der Ergebnisse nach allgemeinen Gütekriterien spielt auch in der qualitativen Inhaltsanalyse eine wichtige Rolle. Dabei ist die Intercoderreliabilität von besonderer Bedeutung. Unabhängig voneinander sollen mehrere Personen das Material analysieren und die Analysen miteinander verglichen werden. Unterschiedliche Analyseergebnisse sollen nicht zum Abbruch der Analyse führen, sondern Un-Reliabilitäten versteh- und interpretierbar machen. Der Interrater-Prozess soll vor allem in der Pilotphase dazu dienen, Fehlerquellen aufzudecken, damit ggfs. die Analyseinstrumente modifiziert werden können (vgl. Mayring, 2015).

5.2.2.2.1 Inhaltlich strukturierende qualitative Inhaltsanalyse

Mayring (2015) ist der Auffassung, dass es sich bei der strukturierenden Inhaltsanalyse um die zentralste Technik handelt, da sie das Ziel verfolgt, bestimmte Strukturen aus dem Material herauszufiltern. Dies erfolgt unter Verwendung eines Kategoriensystems, mit dem Textbestandteile, die von den Kategorien betroffen sind, systematisch aus dem Material heraus extrahiert werden können. Dem Autor zufolge sind bei dem Verfahren der Strukturierung die folgenden Punkte von Wichtigkeit:

- *Bestimmen der grundsätzlichen Strukturierungsdimensionen:* Sie müssen aus der Fragestellung abgeleitet und theoretisch begründet werden.

- *Differenzierung der Strukturierungsdimensionen:* Weitere Differenzierung, indem in einzelne Ausprägungen aufgespaltet wird. Dimensionen und Ausprägungen werden zu einem Kategoriensystem zusammengestellt.

- *Festlegen, wann ein Materialbestandteil unter eine Kategorie fällt:* Vorgehen mit (1) Definition der Kategorien (genaue Definition, welche Textbestandteile unter eine Kategorie fallen), (2) Ankerbeispiele (konkrete Textstellen werden angeführt, die unter eine Kategorie fallen und als Beispiele für diese Kategorie gelten sollen. (3) Kodierregeln (bei Abgrenzungsproblemen zwischen Kategorien werden Regeln formuliert, um eindeutige Zuordnungen zu ermöglichen.

Die Kategorien, Definitionen, Ankerbeispiele und Kodierregeln werden durch einen ersten, wenigstens ausschnittweisen Materialdurchgang erprobt. Sodann werden entsprechende Textstellen im Material den Kategorien zugeordnet. Nachdem der Probedurchgang durchgeführt wurde, erfolgt ggfs. eine Überarbeitung und evtl. eine teilweise Neufassung des Kategoriensystems und seinen Definitionen. Daran anschließend kann der Hauptmaterialdurchgang beginnen, wobei wiederum zunächst die Fundstellen bezeichnet werden und im Anschluss daran die Bearbeitung und Extraktion der Fundstellen vorgenommen werden kann. Mayring weist darauf hin, dass strukturierende Inhaltsanalysen verschiedene Ziele haben können und unterscheidet formale, inhaltliche, typisierende und skalierende Strukturierungen. Dem Autor zufolge bestimmen theoriegeleitet entwickelte Kategorien und (soweit notwendig) Unterkategorien, welche Inhalte aus dem Material extrahiert werden sollen. Das extrahierte Material wird schließlich in Form von Paraphrasen anhand der möglichen Unterkategorien und schlussendlich pro Hauptkategorie zusammengefasst. Die Zusammenfassung richtet sich dabei nach den Regeln der zusammenfassenden Inhaltsanalyse (vgl. Mayring, 2015).

5.2.2.2.2 Deduktive und Induktive Kategorienbildung

Nach Mayring (2015) wird bei *deduktiven* Kategoriendefinitionen das Auswertungsinstrument aufgrund theoretischer Überlegungen gewählt. Es wird also hergeleitet und u.a. aus bisherigen Forschungserkenntnissen Kategorien in einem Operationalisierungsprozess auf das Material hin entwickelt.

Bei *induktiven* Kategoriendefinitionen hingegen werden die Kategorien direkt aus dem vorliegenden Material in einem Verallgemeinerungsprozess abgeleitet, ohne sich auf bisherige Theorien zu beziehen. Der Logik der Inhaltsanalyse folgend muss auch bei der induktiven Kategorienbildung zunächst das Thema der

Kategorienbildung in Abhängigkeit der Fragestellung entwickelt und ein Selektionskriterium eingeführt werden, das festlegt, was anhand des vorliegenden Materials Ausgangspunkt der Kategoriendefinition sein soll. Nach Festlegung der Kategorien wird das Material Zeile für Zeile durchgearbeitet. Sobald eine dem Selektionskriterium entsprechende Textstelle gefunden wird, wird diese als erste Kategorie in Form eines Begriffes oder eines Kurzsatzes ausformuliert. Weitere potenzielle Textstellen werden anschließend danach bewertet, ob sie unter die erste Kategorie subsumiert werden können, oder ob eine neue Kategorie gebildet werden muss. Wird im Zuge der Materialbearbeitung klar, dass sich keine neuen Kategorien mehr bilden lassen, steht eine Revision des Kategoriensystems sowie der Kategoriendefinitionen an, was Mayring zufolge bei größeren Datenmengen schon bei zehn Prozent des Materials sein kann. Die Revision dient der Überprüfung, ob die gebildeten Kategorien dem Ziel der Analyse nahekommen und ob das Selektionskriterium sowie das Abstraktionsniveau vernünftig ausgewählt worden sind. Müssen an diesem Punkt Veränderungen vorgenommen werden, muss das Material nochmals von vorne durchgegangen werden. Andernfalls kann fortgefahren werden und es kommen nur noch neue Kategorien hinzu. Die weiterführende Analyse kann jetzt auf unterschiedlichen Wegen erfolgen:

- Interpretation des gesamten Kategoriensystems im Sinne der Fragestellung.
- Bildung induktiver (i.S. der zusammenfassenden Inhaltsanalyse) oder deduktiver (unter Hinzunahme theoretischer Erwägungen) Hauptkriterien.
- Quantitative Analysen (bspw. Häufigkeit der Kategorien).

5.2.2.3 Begründung für die Anwendung der Instrumente bei der Datenauswertung

Für die Beantwortung der Forschungsfrage war hinsichtlich der Datenauswertung die methodische Entscheidung für die *inhaltlich strukturierende Inhaltsanalyse im Rahmen eines deduktiven Vorgehens* aus den folgenden Gründen gefallen:

Die vorliegenden Interviewtranskripte enthalten viel mehr Informationen als für die Beantwortung der Forschungsfrage notwendig sind. Die Forschungsfrage stellt auf die Eskalationsbedingungen in Bossingprozessen ab. Überflüssiges, nicht sinntragendes und für die Beantwortung der Forschungsfrage nicht relevantes Material kann daher unbeachtet bleiben. Die Menge an Textinformationen muss deshalb also reduziert und für eine weitere Analyse und Interpretation aufbereitet werden, damit bestimmte Themen, Inhalte und Aspekte (z. B. der Bossingprozess, Perzeptionen, Verhalten der Betroffenen) aus dem Material herausgefiltert und zusammengefasst werden können, wie es die inhaltliche Strukturierung im Rahmen der Inhaltsanalyse nach Mayring vorsieht. Daher wird der gesamte Text mithilfe eines Art „Suchrasters", dem Kategoriensystem, durchgearbeitet. Die Suchergebnisse, also die herausgefilterten Textstellen, werden zusammengefasst, nach für die Auswertung relevanten Kriterien sortiert sowie auf Redundanzen und Widersprüche überprüft (vgl. Gläser & Laudel, 2009)

Bei inhaltlich strukturierenden Inhaltsanalysen wird das Kategoriensystem vorab festgelegt (deduktive Kategorienanwendung) und das Material zu bestimmten Inhaltsbereichen extrahiert und zusammengefasst (vgl. Mayring, 2015).

Eine deduktive Vorgehensweise war im Rahmen dieser Arbeit geboten, weil bestimmte Kategorien (z. B. Phasenmodell der Eskalation nach Glasl, Perzeptionen, Gedanken, Gefühle, Absichten, Verhalten der Betroffenen, organisationale Bedingungen, soziale Beziehungen) aus der Theorie abgeleitet werden konnten.

5.2.3 Konkretes Vorgehen bei der qualitativen Inhaltsanalyse nach Mayring

5.2.3.1 Bestimmen des Ausgangsmaterials

5.2.3.1.1 Festlegung des Materials

Der vorliegenden Studie liegen insgesamt zehn problemzentrierte Interviews zugrunde. Ein Interview wurde mit einem Bosser und neun Interviews mit Bossingbetroffenen geführt. Unter zeitökonomischen Gesichtspunkten wurden nur jene Textpassagen aus den Interviews der Inhaltsanalyse zugeführt, die sich auch auf die Forschungsfrage beziehen. Im Einzelnen handelt es sich um Interviewpassagen aus Interviews mit den folgenden Interviewpartnerinnen und -partner:

- IP1: Geschäftsführerin einer Stiftung.
- IP2: Angestellte in einer kirchlichen Einrichtung.
- IP3: Pflegedienstleiter in einer Alteneinrichtung.
- IP4: Bereichsleiter der Behindertenhilfe.
- IP5: Gruppenleiterin in einer Pflegeeinrichtung.
- IP6: Krankenschwester eines städtischen Klinikums.
- IP7: Teamleiter in einer kirchlichen Einrichtung.

- IP8: Einrichtungsleiterin eines freien Trägers.
- IP9: Selbstständige in der freien Wirtschaft.
- IP10: Verwaltungsangestellte im Öffentlichen Dienst.

5.2.3.1.2   Analyse der Entstehungssituation

Der Autor dieser Studie befasst sich seit 2004 unter anderem mit dem Phänomen des Schulbullyings. In diesem Zusammenhang befasste er sich 2014 im Rahmen einer Qualifikationsschrift mit dem Phänomen Bossing und insbesondere mit der Fragestellung, inwieweit die im Schulbullying-Kontext gefundenen participant roles auch auf das Arbeitsleben anwendbar sind und welche organisationalen Einflüsse Bossing hemmen bzw. begünstigen. Bei der Durchführung der Studie im Zuge der Qualifikationsschrift wurde deutlich, dass das Phänomen Bossing einer genaueren Betrachtung bedarf. Denn es führt in bisherigen Forschungsarbeiten zum Verhalten von Führungskräften gegenüber ihren Mitarbeiterinnen und Mitarbeitern ein Schattendasein, obwohl Führungskräfte überproportional an Mobbing beteiligt sind. Diese Studie soll dazu beitragen, dem Bossingphänomen mehr Gewicht zu verleihen. Ausgehend von den Ergebnissen der Studie im Jahr 2014 ist es nun das Ziel, die Eskalationsbedingungen in Bossingprozessen zu untersuchen.

Zu diesem Zweck wurden mit den Interviewpartnerinnen und -partner problemzentrierte, leitfadengestützte, qualitative Interviews, geführt. Die Teilnahme an den Interviews war freiwillig. Alle Interviews wurden vom Autor selbst geführt.

5.2.3.1.3   Formale Charakteristika des Materials

Grundlage für die Inhaltsanalyse bilden transkribierte Interviews. Die Tonband-aufnahmen wurden im Sinne der gesprächsanalytischen Transkription (GAT) vollständig wörtlich transkribiert, damit konnten auch sprachliche Besonderheiten und Dialekte mit dem gebräuchlichen Alphabet dokumentiert werden. Die Wortprotokolle wurden nach den Transkriptionsregeln nach Lamnek (2010) mit den entsprechenden Sonderzeichen versehen.

5.2.3.2   Fragestellung der Analyse

5.2.3.2.1   Richtung der Analyse

Nachdem das Material detailliert bestimmt wurde, kann jetzt am Material genauer bestimmt werden, über welche Aspekte überhaupt Aussagen getroffen werden sollen.

Im Rahmen dieser Studie soll die Analyse auf den thematischen Gegenstand (die Eskalationsbedingungen im Bossingprozess) des Materials ausgerichtet werden. Dabei geht es im Besonderen um die subjektiven Wahrnehmungen der Befragten (den Kommunikatoren) im Rahmen der von ihnen erlebten Bossingprozesse, ihrer Wahrnehmungen, Gedanken, Gefühle, Absichten, das eigene Verhalten und das wahrgenommene Verhalten der Bosser als Effekte, sowie den organisationalen und sozialen Bedingungen im Kontext von Bossingprozessen.

Im Sinne des einfachen inhaltsanalytischen Kommunikationsmodells nach Lagerberg (1975) sollen keine Wirkungen des Textes (des vorliegenden Interviewmaterials) bei einer bestimmten Zielgruppe ermittelt werden, sondern den Rezipienten (den Autor) in die Lage versetzen, Aussagen über den Untersuchungsgegenstand treffen zu können (vgl. Mayring, 2015).

5.2.3.2.2   Theoriegeleitete Differenzierung der Fragestellung

Mayring (2015) zufolge zeichnet sich die qualitative Inhaltsanalyse einerseits durch das Merkmal Regelgeleitetheit und andererseits durch die Theoriegeleitetheit der Interpretation aus. Dem Autor zufolge muss die Analyse *„einer präzisen theoretisch begründeten inhaltlichen Fragestellung"* (S. 59) folgen. Dem Autor zufolge muss die Fragestellung der Analyse vorab genau geklärt werden, sie muss theoretisch an die bisherige Forschung über den Gegenstand, das Phänomen, angebunden sein und grundsätzlich in Unterfragestellungen differenziert werden (vgl. Mayring, 2015).

Die theoriegeleitete Differenzierung der Fragestellung ist unter Ziff. 5.1.1 unter der Überschrift untersuchungsleitende Fragestellung umfangreich beschrieben worden.

5.2.3.3   Konkretes Ablaufmodell der Analyse

Mayring (2015) ist der Auffassung, dass die Stärke der qualitativen Inhaltsanalyse gegenüber anderen Interpretationsverfahren darin besteht, *„dass die Analyse in einzelne Interpretationsschritte zerlegt wird, die vorher festgelegt werden"* (S. 61). Damit wird sie für andere nachvollvollziehbar und intersubjektiv überprüfbar. Das von Mayring dargestellte, allgemeine inhaltsanalytische Ablaufmodell ist an das dieser Studie zugrunde liegende Material und die spezifische Fragestellung angepasst worden.

5.2.3.4 Bestimmen der Analyseeinheiten

Zur Präzisierung der Analyse schlägt Mayring (2015) die Bestimmung von Analyseeinheiten vor. Die Maßeinheiten, unter denen die Kategorien für die weitere Auswertung gebildet werden sollen, sind dem Autor zufolge die *Kodiereinheit*, die *Kontexteinheit* und die *Auswertungseinheit*.

Die *Kodiereinheit* bestimmt, welches der kleinste Materialbestandteil sein soll, der ausgewertet wird. Es handelt sich demnach um den minimalsten Textanteil, der unter eine Kategorie fallen soll. In der vorliegenden Studie ist die Kodiereinheit das, was im linguistischen Sinne mit der Proposition gemeint ist, also der Inhalt, der mit einem Satz zum Ausdruck gebracht wird.

Die *Kontexteinheit* legt den größten Textbestandteil fest, der unter eine Kategorie fallen kann, was für diese Studie die Transskripte der jeweiligen Interviews umfasst.

Die *Auswertungseinheit* gibt an, welche Textteile jeweils nacheinander ausgewertet werden. Auf die vorliegende Studie bezogen kann festgehalten werden, dass sie alle Fundstellen im Material des jeweiligen Erhebungszeitpunktes markiert (vgl. Mayring, 2015).

5.2.3.5 Erstellung des Kategoriensystems

Im Rahmen der theoretisch hergeleiteten Kategorien im Sinne eines deduktiv/induktiven Vorgehens wurden zunächst die Hauptkategorien und einige Unterkategorien als quasi Basishypothesen aufgrund theoretischer Arbeiten (Forschungsstand) und auf Basis des Projektplans und dem darauf aufbauenden Interviewleitfaden gebildet und als erstes grobes Kategoriensystem zusammengestellt (deduktives Vorgehen). Bei der Analyse des Interviewmaterials wurden die Hauptkategorien durch weitere Unterkategorien ergänzt (induktives Vorgehen) und das Kategoriensystem verfeinert, um die Interviewinhalte schließlich unter dem endgültigen Kategoriensystem einordnen und abbilden zu können.

Das endgültige Kategoriensystem mit entsprechenden Konstruktions- und Zuordnungsregeln (Kodierleitfaden) wurde während der gesamten Analyse immer wieder überarbeitet und rücküberprüft. Das Ergebnis sind theoretisch fundierte und an den Interviews überprüfte Kategorien.

Für die Beantwortung der Forschungsfrage ist zunächst von Bedeutung, ob es sich bei den von den Betroffenen geschilderten Sachverhalten überhaupt um Bossing handelt. Aus diesem Grunde wurde die erste deduktive Hauptkategorie unter dem Begriff Bossing gebildet. Aus der Mobbingforschung abgeleitet, besteht der Unterschied zwischen Mobbing und einem normalen Konflikt darin, dass bei Mobbing (und im Sinne der Forschungsfrage deshalb auch bei Bossing) Handlungen mit negativer Konnotation über eine gewisse Dauer und Intensität erfolgen müssen. Zudem ist die Asymmetrie in den Beziehungen zwischen Mobber/Bosser und Betroffenen und die daraus entstehende, mindestens eingeschränkte Möglichkeit der Gegenwehr für die Betroffenen sowie die Schädigungsabsicht des Mobbers/Bossers von Bedeutung (vgl. hierzu ausführlich Ziff. 3.2 und 3.3). Insofern wurden deshalb unter der Hauptkategorie HK1-Bossing die Unterkategorien UK1.1-Bossinghandlungen, UK1.2-Bossingdauer und -intensität, UK1.3-Bossingfolgen, UK1.4-Machtverhältnisse sowie UK1.5-Schädigungsabsicht gebildet, um eine entsprechende Abgrenzung zwischen Bossing und einem normalen Konflikt vornehmen zu können.

Im Weiteren ist für die Beantwortung der Forschungsfrage von Bedeutung, wie sich die Eskalationsverläufe bei Bossing darstellen. Mit Rückgriff auf theoretische Arbeiten zu Mobbing und Konflikten (hier insbesondere von Glasl unter Ziff. 4) wurde daher die Hauptkategorie HK2-Eskalationsverlauf mit den Unterkategorien UK2.1-Eskalationsstufen, UK2.2-Eskalationsschwellen und UK2.3 Konfliktlöseverhalten gebildet, um darstellen zu können, wann Bossing beginnt und wann es endet.

Für die Beantwortung der Forschungsfrage waren ebenso die seelischen Funktionen im Konflikt von Wichtigkeit, um die Wahrnehmungen, das Denken, die Vorstellungen, das Fühlen und den Willen der Beteiligten in einem Bossingprozess nachvollziehen zu können. Aus der Theorie hergeleitet (siehe Ziff. 4.1.3) wurde aus diesem Grunde die Hauptkategorie HK3-seelische Funktionen mit den Unterkategorien UK3.1-Gedanken, UK3.2-Gefühle, UK3.3-Wille sowie UK3.4-Zielde des/der Bossers/Bosserin gebildet,

Darüber hinaus sind für die Beantwortung der Forschungsfrage die weiteren Eskalationsbedingungen bei einem Bossingfall relevant. Aus der Theorie hergeleitet (vgl. hierzu im besonderen Ziff. 3.2.8 unter der Überschrift Mobbing und Arbeitsumwelt in Organisationen sowie Ziff. 3.4 unter der Überschrift „Bad Leadership") wurde aus diesem Grund die Hauptkategorie HK4-Arbeitsumwelt mit den Unterkategorien UK4.1-Leadership, UK4.2-Organisation und UK4.3-soziale Beziehungen sowie die Hauptkategorie HK5-Persönlichkeitseigenschaften mit den Unterkategorien UK5.1-Betroffene(r) und UK5.2-Bosser/Bosserin gebildet.

Die vorliegenden Transkripte der neun Bossingbetroffenen wurden mit dem erarbeiteten Kategoriensystem gerastert. Dabei wurde das in Form von Paraphrasen extrahierte Material zunächst pro Unterkategorie, dann pro Hauptkategorie zusammengefasst.

Ob und inwieweit das erarbeitete Kategoriensystem greift, wurde anhand eines ersten Materialdurchgangs an den ersten drei Interviews getestet und fortlaufend im Sinne des vorliegenden Materials verändert sowie dem Untersuchungsgegenstand angepasst. Für das vorliegende Transkript des einen Bossers wurde das Kategoriensystem an 50% des Materials zunächst getestet und schließlich auch fortlaufend im Sinne des vorliegenden Materials verändert sowie dem Untersuchungsgegenstand angepasst.

Die folgende tabellarische Übersicht zeigt die fünf Hauptkategorien mit ihren Unterkategorien.

Hauptkategorien (HK)	*Unterkategorien (UK)*
HK1-Bossing	UK1.1-Bossinghandlungen
	UK1.2-Bossingdauer und -intensität
	UK1.3-Bossingfolgen
	UK1.4-Machtverhältnisse
	UK1.5-Schädigungsabsicht
HK2-Eskalationsverlauf	UK2.1-Eskalationsstufen
	UK2.2-Eskalationsschwellen
	UK2.3-Konfliktlöseverhalten
HK3-Seeliche Funktionen	UK3.1-Gedanken
	UK3.2-Gefühle
	UK3.3-Wille
	UK3.4-Ziele des/der Bossers/Bosserin
HK4-Arbeitsumwelt	UK4.1-Leadership
	UK4.2-Organisation
	UK4.3-Soziale Beziehungen
HK5-Persönlichkeitseigenschaften	UK5.1-Betroffene(r)
	UK5.2-Bosser/Bosserin

Tabelle 4: Haupt- und Unterkategorien, Eigene Darstellung

5.2.3.6 Abbildung des praktischen analytischen Vorgehens im Zuge der qualitativen Inhaltsanalyse

Das vorliegende Datenmaterial (Interviews) wurde im Sinne der inhaltlich strukturierenden Inhaltsanalyse nach Mayring (2015) ausgewertet. Nachdem in einem *ersten Schritt* die Analyseeinheiten bestimmt worden waren, erfolgte in einem *zweiten Schritt* die theoriegeleitete Festlegung der Strukturierungsdimensionen und in einem *dritten Schritt* die theoriegeleitete Bestimmung der entsprechenden Ausprägungen und schließlich die Zusammenstellung der Kategoriensysteme (Bosser und Betroffene). Die Kategoriensysteme wurden in einem *vierten Schritt* mit entsprechenden Definitionen, Ankerbespielen und Kodierregeln versehen (siehe Anlage). Mit dem *fünften Schritt* erfolgte die Materialaufbereitung (Materialdurchlauf) mit entsprechender Fundstellenbezeichnung. Die Materialaufbereitung erfolgte im Sinne der zusammenfassenden Inhaltsanalyse, wobei zunächst pro vorliegendem Interview die Paraphrasierung inhaltstragender Textstellen (sog. Z1-Regel) und anschließend deren Generalisierung erfolgte (sog. Z2-Regel). Anschließend wurde eine erste Reduktion durch Selektion und Streichen bedeutungsgleicher Paraphrasen vorgenommen (sog. Z3-Regel). Mit dem *sechsten Schritt* wurden durch Extraktion der Fundstellen sinntragende Textstellen zumindest ausschnittsweise den erstellten Hauptkategorien, resp. Unterkategorien zugeordnet und die Kategoriensysteme hinsichtlich ihrer Anwendbarkeit erprobt. Das Kategoriensystem des Bossers musste, wie in Ziff. 5.2.3.5 bereits beschrieben, in einem *siebten Schritt* entsprechend angepasst werden. Nachdem das Kategoriensystem für das vorliegende Material vom Bosser entsprechend verändert worden war, erfolgte hierfür der abschließende Materialdurchgang. Für das vorliegende Datenmaterial der Betroffenen erfolgte eine zweite Reduktion, bei der sich aufeinander beziehende Paraphrasen zusammengefasst (Bündelung) und durch eine neue Aussage wiedergegeben (Konstruktion und Integration) wurde (sog. Z4-Regel). Das Ergebnis dieser Reduktionphase wurde fortlaufend an dem Ausgangsmaterial dahingehend rücküberprüft, ob das Ausgangsmaterial noch repräsentiert wird. Anschließend wurde auch dieses Material abschließend ausgewertet. In einem *achten Schritt* erfolgte für das gesamte Material die abschließende Ergebnisaufbereitung. Für die Ergebnisaufbereitung erfolgte zunächst in einem *neunten Schritt* die Zusammenfassung pro Unterkategorie und in einem *zehnten* und letzten *Schritt* pro Hauptkategorie.

6 Auswertung und Ergebnisse

6.1 Allgemeines

Die vorliegende Untersuchung hatte das Ziel, Eskalationsbedingungen im Kontext von Bossingprozessen mit dem Fokus auf die subjektive Wahrnehmung der Betroffenen zu ermitteln. Zur Ermittlung dieser Eskalationsbedingungen orientierte sich das methodische Vorgehen an die inhaltlich strukturierende qualitative Inhaltsanalyse nach Mayring (2015), die im Methodenteil unter Ziff. 5 hinreichend beschrieben worden ist. Der folgende Ergebnisteil gliedert sich in die folgenden Hauptpunkte auf:

Zunächst wird unter *Ziff. 6.2-Stichprobe* die Zusammensetzung der Interviewpartnerinnen und -partner beschrieben. Daran anschließend finden sich unter *Ziff. 6.3-Das subjektive Erleben eines Bossers* und unter *Ziff. 6.4-Zusammenfassende Beschreibung hinsichtlich eines sozialen Konflikts vs. Bossing, des Eskalationsverlaufs und der Eskalationsbedingungen* die Ergebnisse, die aus den Aussagen des Bossers generiert werden konnten

Im Weiteren finden sich unter *Ziff. 6.5-Das subjektive Erleben der Betroffenen* und unter *Ziff. 6.6 Zusammenfassende Beschreibung hinsichtlich eines sozialen Konflikts vs. Bossing, des Eskalationsverlaufs und der Eskalationsbedingungen* die Ergebnisse, die aus den Aussagen der Bossingbetroffenen gewonnen werden konnten.

Die Darstellung der Ergebnisse zum subjektiven Erleben aller Interviewpartnerinnen und -partner orientiert sich an dem theoretisch hergeleiteten (deduktiven) Kategoriensystem mit seinen fünf Haupt- und entsprechenden Unterkategorien. Damit kann eine Übersichtlichkeit und methodische Nachvollziehbarkeit gewährleistet werden.

6.2 Beschreibung der Stichprobe

Insgesamt wurden zehn Interviews mit Menschen geführt, die Bossing erlebt hatten. Von den zehn Teilnehmenden der Studie waren sieben weiblich und drei männlich. Die Altersspanne der Interviewpartnerinnen und -partner lag zwischen 38 und 70 Jahre, wobei drei Teilnehmende zwischen 31 und 40 Jahre, drei Teilnehmende zwischen 41 und 50 Jahre, zwei zwischen 51 und 60 Jahre und zwei über 60 Jahre alt waren.

Die Interviewteilnehmerinnen und -teilnehmer waren zum Zeitpunkt des von ihnen wahrgenommen Bossings bei kirchlichen Trägern (3), freien Trägern/Stiftungen (2), Pflegeeinrichtungen (3), im Öffentlichen Dienst (1) und in der Privatwirtschaft (1) tätig. Die Dauer der Betriebszugehörigkeit beträgt, resp. betrug zwischen sechs und 23 Jahre, wobei zwei Interviewteilnehmerinnen und -teilnehmer dem Unternehmen zwischen 5 und 10 Jahre, fünf Teilnehmende dem Unternehmen zwischen 11 und 20 Jahre und drei Teilnehmende dem Unternehmen zwischen 21 und 30 Jahre angehören, resp. angehörten.

Die Teilnehmenden der Studie übten zum Zeitpunkt des Bossings völlig unterschiedliche Tätigkeiten aus. Sie waren tätig als pädagogische Mitarbeiterin, Sekretärin, Pflegedienstleiter, Bereichsleiter, Gruppenleiterin in der Pflege, Krankenschwester, Teamleiter in der Pflege, stellvertretende Einrichtungsleiterin, Projektmanagerin und Verwaltungsangestellte.

Die folgende Tabelle zeigt die Stichprobe im Überblick.

Stichprobe	
Teilnehmende insgesamt: 9	*Gender:* 7 ♀, 3 ♂
Altersstruktur:	*Beschäftigungsdauer:*
zwischen 31 und 40 Jahren: 3	zwischen 3 und 10 Jahren: 2
zwischen 41 und 50 Jahren: 3	zwischen 11 und 20 Jahren: 5
zwischen 51 und 60 Jahren: 2	zwischen 21 und 30 Jahren: 3
über 60 Jahre: 2	
Beschäftigungsstelle:	*Ausgeübte Tätigkeit:*
Kirchlicher Träger: 3	Pädagogische Mitarbeiterin
Freier Träger/Stiftung: 2	Sekretärin
Pflegeeinrichtung: 3	Pflegedienstleiter
Öffentlicher Dienst: 1	Gruppenleiterin in der Pflege
Freie Wirtschaft: 1	Krankenschwester
	Teamleiter in der Pflege
	Stellvertretende Einrichtungsleiterin
	Projektmanagerin
	Verwaltungsangestellte
	Bereichsleiter

Tabelle 4: Geschlechts-, Alters- und Beschäftigungsstruktur der Teilnehmenden

6.3   Das subjektive Erleben eines Bossers

6.3.1   Einleitung

Im Zuge dieser Studie konnte ein Interviewpartner gewonnen werden, der nach eigenem Bekunden einen Mitarbeiter gebosst hatte. Erste Überlegungen führten dazu, dieses Interview nicht zu führen, da „Eskalationsbedingungen in Bossingprozessen aus subjektiver Sicht der Betroffenen" untersucht werden sollten. Weitere Überlegungen und Diskussionen im Kollegenkreis führten dazu, den Begriff „Betroffene" näher zu beleuchten. Demnach handelt es sich bei Betroffene um Menschen, die von einer Sache betroffen, also in Mitleidenschaft gezogen worden sind. Im Zuge von Bossingprozessen handelt es sich bei Bossingbetroffenen und Bossern um Menschen, die wenigstens von einer Sache (dem Bossing) betroffen sind, weswegen schlussendlich die Entscheidung für die Durchführung des Interviews und die weitere Aufbereitung des generierten Materials gefallen ist.

Die Aufbereitung des Datenmaterials erfolgte nach den gleichen methodologischen Prinzipien, wie sie bei den Bossingbetroffenen angewandt worden waren.

Die folgende Ergebnisdarstellung orientiert sich an dem unter Ziff. 5 aufgestellten Kategoriensystem mit den entsprechenden Haupt- und Unterkategorien. Eine Zusammenfassung und Interpretation der Ergebnisse sowie eine theoretische Einordnung findet sich jeweils zu den vier Hauptkategorien Bossing, Eskalationsverlauf, Arbeitsumwelt und Persönlichkeitsmerkmale.

6.3.2   Der Fall

Bei dem Interviewpartner handelt sich um einen Bereichsleiter der Behindertenhilfe, männlich, 40 Jahre alt, 15 Jahre tätig in einer Einrichtung der Eingliederungshilfe mit insgesamt 800 Mitarbeiterinnen und Mitarbeiter.

Der Interviewpartner ist in Vorgesetztenfunktion und trifft Entscheidungen nach eigenem Bekunden nicht immer zum Wohl der Beschäftigten, sondern zum Wohl des Unternehmens, weshalb es in der Mitarbeiterschaft zu Drucksituationen kommt. Der Interviewpartner sieht sich in einer Sandwich-Position, allerdings eher der Geschäftsleitung zugehörig. Er ist strategisch tätig. Die Einrichtung, in der der Interviewpartner arbeitet, leidet unter Fachkräftemangel, weshalb per se immer Druck vorherrscht. In den letzten fünf Jahren sind drei nachgeordnete Führungskräfte an einem Burnout-Syndrom erkrankt. Zwei der drei erkrankten Führungskräfte sind wieder in den Betrieb eingegliedert worden, die dritte Führungs-kraft ist im dritten Jahr krank. Der Interviewpartner hat diese langfristig erkrankte, nachgeordnete Führungskraft, trotz Hilfesuche, mit Arbeitsaufträgen allein gelas-sen. Zudem hat er diesen Mitarbeiter nach eigenen Aussagen stark überfordert und dessen Engagement und Loyalität missbraucht. Weder der Interviewpartner, noch andere Führungskräfte oder Teammitglieder haben den Betroffenen unter-stützt. Die Situation eskaliert, nachdem der Interviewpartner dem Mitarbeiter ge-genüber immer wieder leere Versprechen macht und es in der Folge zu Überreak-tionen des betroffenen Mitarbeiters kommt. Die Situation löst sich mit Krankmel-dung des Mitarbeiters auf.

6.3.3 Die Ergebnisse im Einzelnen

6.3.3.1 Auswertung Bossing

Zur Abgrenzung zwischen einem sozialen Konflikt und Bossing wurden in dieser Studie unter der Hauptkategorie 1-Bossing die Unterkategorien *Bossing-handlungen*, die *Intensität und Dauer* des Bossings, die *Bossingfolgen*, die *Macht-verhältnisse* sowie die *Schädigungsabsicht* untersucht.

6.3.3.1.1 Bossinghandlungen

Unter der Kategorie Bossinghandlungen wurden alle Aussagen erfasst, die der Interviewpartner während des Bossingprozesses vollzogen hatte. Der Inter-viewpartner berichtete davon, dass er von Problemen abgelenkt hatte, indem er dem Betroffenen z. B. ein Coaching anbot, obwohl ihm bewusst war, dass damit die eigentlichen Probleme nicht gelöst werden konnten.

„Du darfst dich nicht in so kleinen Aufträgen verfransen oder verlieren, ähm, habe ihm dann ein Coaching angeboten, was er auch angenommen hat, ähm, wie man sich selber, ähm, den Tag über besser strukturiert. Und (--) ich beschreibe das als wahnwitzig, weil ich eigentlich wusste, dass die ursprünglichen Probleme damit natürlich nicht gelöst werden" (IP4: 340-344). Darüber hinaus ignorierte der Befragte bestehende Probleme oder saß sie aus: *„Diese Frage habe ich nie beantwortet. Ich habe ihn machen lassen. So, und habe das im Raume stehen las-sen"* (IP4: 536-537) *„(...) ich habe gesagt, pass auf, ich kümmere mich drum, strategische Aufgaben sind ja meine, ich suche nach Lösungswegen, wie wir dieses Problem lösen können (...) Das dauerte wieder drei Monate, bis ich eine Lösung gefunden hatte"* (IP4: 97-100).

Im Weiteren gab der Interviewpartner an, dass er den Betroffenen bewusst ausgenutzt und überfordert und seine Macht missbraucht hatte.

„Und (.) solche Situationen ähm auszunutzen, wo ich, ja, ein Fehlverhalten, das war ja, glaube ich, eben die Frage, wo ich das ganz bewusst ausgenutzt habe (...)" (IP4: 521-523). *„(...) ganz*

konkret, dass ich ihn mit Arbeitsaufträgen allein lasse, die er nicht bewältigen konnte (...)" (IP4: 79-80). *„Und das macht natürlich gute Vorgesetzte aus, wenn sie wissen, wie ihre Mitarbeiter ticken, ähm, das zu missbrauchen, das war ja, glaube ich, vorhin der Begriff, den du ähm verwendet hast, (.) ja, das könnte so eine Stelle sein"* (IP4: 277-279).

Desinteresse, das Ignorieren von Ideen und Interesse vorgaukeln nannte der Befragte als weitere von ihm ausgeführte Handlungen: *„Deswegen habe ich jetzt so weit ausgeholt, um das einmal zu erklären, ähm, ich habe irgendwann nicht mehr gefragt. Ich wollte es auch nicht mehr hören"* (IP4: 330-332). *„(...) ich denke, in den fünf Jahren waren das, ja, so zwei, drei richtig gute Ideen, die ich heute auch tatsächlich noch in der Schublade habe, aber wo ich selber auch keine Zeit habe, mich darum zu kümmern"* (IP4: 245-247). *„In der dritten Blockwoche habe ich mich mit ihm mal unterhalten, (--), so, wie schaffst du das denn alles? Und ich wusste das ja, wie er das alles schafft"* (IP4: 531-532).

Auch Anschreien und dem Betroffenen Ausreden auftischen wurden von dem Befragten als Bossinghandlungen genannt: *„Er ist dann irgendwann – gab es auch laute Wortgefechte ganz zum Schluss"* (IP4: 467). *„Also (.) die Ausreden, die – oder na ja, doch, ich sage ja selber Ausreden, ähm, die Ausreden, die ich ihm halt aufgetischt habe, die waren für ihn ja nichts Neues"* (IP4: 132-134).

6.3.3.1.2 Intensität und Dauer

Unter der Kategorie Bossingintensität und -dauer wurden alle Aussagen erfasst, die Hinweise auf die Intensität und Dauer des Bossingprozesses geben. Der Interviewpartner gab hinsichtlich der Dauer und Intensität des Bossings an, dass er mit dem Betroffenen zehn Jahre zusammengearbeitet hatte. Den Bossingprozess hatte der Befragte für sich selbst als schleichend wahrgenommen: *„Es ist ein (.) ähm fortlaufender Prozess, ein schleichender Prozess gewesen (...) der sich ähm fortgeführt hat"* (IP 4: 369-371). Mit Fortschreiten des Bossingprozesses nahm der Befragte eine Steigerung der Intensität der Reaktionen des Betroffenen wahr, bis das Bossing durch Krankmeldung des Betroffenen beendet wurde: *„(...) also erst mal hat sich die Intensität dieser (.) eben beschriebenen Reaktion (---) deutlich verschlimmert [zögert], ja, verschlimmert, also das ist nicht nur einmal passiert, das ist dann häufiger passiert"* (IP 4: 468-460). *„Am Ende (--), von außen betrachtet, also ich glaube, ich bin mir sicher, er hat das so gesehen, dem Typ ist das egal, worum es da geht, und diese zwei, drei Tage später war ja schon mit Krankmeldung"* (IP4: 571-573).

Hinsichtlich der von dem Interviewpartner wahrgenommenen Dynamik des Bossingprozesses beschrieb der Befragte das folgende Bild: *„Und ähm ab und zu wirft man dem Mitarbeiter dann ein freundliches Lächeln zu, und dann bleibt er mal einen Moment stehen, aber trotzdem sieht man zu, wie er immer weiter sich dem Abgrund – das finde ich gerade ein sehr gutes Bild, ähm, und man hält ihn eigentlich nicht auf (...) Man (--) verrin-*

gert eigentlich nur die Zeit, bis er dann tatsächlich in den Abgrund fällt (...) und dann festge-
stellt habe, dass halt dieses Bild entstand tatsächlich, dass man zwar auch am Abgrund sitzt,
aber man sitzt halt und guckt zu, wie der Mitarbeiter immer Schritt für Schritt (--), ähm, zwar
manchmal langsam, manchmal bleibt er stehen, aber er geht auf den Abgrund zu" (IP4: 689-
714).

6.3.3.1.3 Bossingfolgen

Unter der Kategorie Bossingfolgen wurden alle Aussagen erfasst, die Hinweise auf somatische und psychosomatische Auswirkungen durch das erlebte
Bossing sowie gesundheitliche und arbeitsrechtliche Konsequenzen geben. Der
Befragte berichtete hinsichtlich der Bossingfolgen vor allem von Krankmeldung,
Krankheit und langfristiger, resp. schwerer Erkrankung: *„Und tatsächlich, das war*
auf einen Donnerstag, das weiß ich noch genau, am Freitag hat er dann Außentermine gehabt,
und am Montagmorgen war er krank, und dann seitdem drei Jahre" (IP4: 503-505).

Zudem wurden vom Befragten psychische Belastung, psychosomatische
Beschwerden, somatische Reaktionen und Burnout als Folgen des Bossings ge-
nannt: *„(...) er war in sich schon (3s) seelisch und (---) geistig, glaube ich, (.) eingebrochen"*
(IP4: 155) *„Dass ähm (---) am Anfang es schlimm war, diesen Mitarbeiter so zu sehen, wie*
fahrig der wird, also hektische Flecken kriegt und äh mit jeder neuen Aufgabe er sich immer
weiter eigentlich dem Abgrund näherte" (IP4: 684-686) *„(...) in den letzten fünf Jahren ist es*
halt so gewesen, dass drei Führungsverantwortliche, die mir nachgeordnet sind, in ein so ge-
nanntes Burn-out gerutscht sind" (IP4: 52-54)

Der Befragte hatte als Folgen des Bossings beim Betroffenen auch das Gefühl des Ausgebeutet Werdens und Enttäuschung wahrgenommen: *„Das ist, glaube*
ich, so die letzte (.), für diesen Mitarbeiter war das, glaube ich, so die, die, die Krönung dieses,
ähm ja, sich Ausgebeutetfühlens" (IP4: 467-469). *„Aber (.) um wie viel mehr sind die Mitar-*
beiter dann enttäuscht, wenn du ihnen eben nicht (.) sagen kannst, super, entwickel das mal
weiter" (IP4: 256-257).

6.3.3.1.4 Machtverhältnisse

Unter der Kategorie Machtverhältnis wurden alle Aussagen erfasst, die
Hinweise auf das Machtverhältnis zwischen Bosser und Betroffenen geben. Hin-
sichtlich der Machtverhältnisse zwischen dem Betroffenen und sich selbst gab der
Interviewpartner an, dass er den Betroffenen über Jahre gepusht hatte und dem
Betroffenen unter ihm hierarchisch stehend schließlich Führungsverantwortung
übertragen worden und insofern von ihm abhängig war.

„Und (--) das macht mich ähm, ja, manchmal unruhig, wenn du solche Menschen, und das ist
auch noch ein sehr junger Mensch, also dreißig Jahre alt, der sich traut, in diese Führungsver-
antwortung zu gehen, den ich auch noch gepusht habe über Jahre, also dem habe ich seine

Ausbildung ermöglicht, dann ist der in eine Führungsfortbildung gekommen und ist führungs-
verantwortlich unter mir geworden" (IP4: 64-68).

Überdies könnten nachgeordnete Führungskräfte keine größeren Kontexte nachfragen und Auskünfte nur über den Befragten erlangen.

„Die können keine großen Kontexte nachfragen (--) oder direkt eben um Verständnis
bitten in bestimmten Situationen, sondern müssen immer über mich laufen (...)" (IP4: 34-45).

Die Wahrnehmung der Machtverhältnisse mit Blick auf die eigene Funktion beschreibt der Befragte mit Möglichkeiten der Kommunikation nach oben und unten: *„Ich für mich habe die Möglichkeit, sowohl nach oben zu meinen Geschäftsführern*
direkt Kontakt aufzunehmen als auch zu meinen mir nachgeordneten Führungsverantwortli-
chen" (IP4: 31-33), der Möglichkeit des Blockierens von Mitarbeiterwünschen.

„Ich glaube, das war schon ein, ja, richtig intrinsischer Wunsch von ihm, in so eine Stabstel-
lenfunktion einer Projektleitung zu kommen oder so was. Wo du dann aber sagen musst, stopp,
hier ist die Grenze (.) ähm, schaff erst mal deine eigentliche Aufgabe" (IP4: 259-260). *„Und*
bei mir ist sofort die Betriebswirtschaftsleuchte angegangen und hat gesagt, in diesem Jahr,
weil wir sowieso einen (.) Fachkräftemangel haben, und ich kann diesen Mitarbeiter nicht in
eine Weiterbildung geben, die eben (--), ja, fünf, sechs, acht Wochen im Jahr (--) ähm uns dieser
Mitarbeiter fehlt und ich natürlich sofort im Hinterkopf ausrechne, wie viel Ressourcen brauche
ich und so" (IP 4: 382-387) und des Blockierens und Ignorierens von Ideen der Mitarbeiter:
„Das ist mir aber in der Situation ähm nicht schwer gefallen, ihm zu sagen, pass mal auf, ist
eine super Sache, kümmern wir uns irgendwann drum, es wird nicht verloren gehen, aber küm-
mere dich bitte erst mal um deine eigentlichen Aufgaben" (IP4: 264-266). *„Und diese neuen*
Projekte konnte ich eigentlich nie, keine seiner Ideen, und ich denke, in den fünf Jahren waren
das, ja, so zwei, drei richtig gute Ideen, die ich heute auch tatsächlich noch in der Schublade
habe, aber wo ich selber auch keine Zeit habe, mich darum zu kümmern" (IP 4: 244-247). Des Weiteren berichtete der Befragte davon, dass er über Möglichkeiten des Delegierens verfügte:
„Ich gebe (--) meine Verantwortung, delegiere die oder Teile meiner Verantwortung an die mir
nachgeordneten Führungskräfte" (IP4: 167-168).

Die Machtverhältnisse zwischen sich und seinen unterstellten Führungskräften beschreibt der Interviewpartner auch damit, dass er für Strategie und die ihm unterstellten Führungskräfte für das operative Geschäft zuständig seien:
„Strategie ist meine Aufgabe (...)operatives Geschäft die meiner nachgeordneten Führungs-
verantwortlichen" (IP4: 50-51).

6.3.3.1.5   Schädigungsabsicht

Unter der Kategorie Schädigungsabsicht wurden alle Aussagen erfasst, die Hinweise darauf geben, inwieweit seitens des Bossers eine Schädigung des Betroffenen beabsichtigt war oder eine Schädigung billigend in Kauf genommen wurde.

Der Befragte berichtete davon, dass er die Folgen der Überforderung bewusst in Kauf genommen hat.

„Wir haben Fachkräftemangel, es gibt keine Fachkräfte auf dem Markt ähm, wir müssen die Mitarbeiter motivieren, länger zu arbeiten, auch mal Doppelschichten zu machen und so" (IP4: 134-136). *„Im Nachhinein, heute denke ich, zu allen anderen Belastungen, die sich wahrscheinlich irgendwie aufgestaut haben, bis das Ventil dann irgendwann geplatzt ist, ähm, ja, war das wahrscheinlich schon heftiger Tobak für den Mitarbeiter, was er mit sich ausmachen musste"* (IP4: 267-279). *„Ich habe ihn machen lassen. So, und habe das im Raume stehen lassen"* (IP4: 536-537). *„Ich habe ihn nicht aufgehalten, das zu tun. Na ja, und da kann man schon, glaube ich, ein bisschen davon sprechen, dass ich dazu auch beigetragen habe"* (IP4: 542-543).

Überdies gab der Befragte an, dass er die Problemlösung bewusst verzögert und somit die Folgen einer psychischen Gefährdung bzw. die Folgen für die psychische Gesundheit des Betroffenen billigend in Kauf genommen hat.

„Also das Signalisieren, offen und ehrlich, und ich nehme mich der Sache an. Natürlich habe ich das auch getan, aber im Hinterkopf weiß ich halt auch, das dauert, bis ich deine Probleme lösen kann" (IP4: 335-337). *„Dass ähm (---) am Anfang es schlimm war, diesen Mitarbeiter so zu sehen, wie fahrig der wird, also hektische Flecken kriegt und äh mit jeder neuen Aufgabe er sich immer weiter eigentlich dem Abgrund näherte. So, (.) und man sitzt ihm, also (.) um wieder so ein Bild hervorzubringen, man sitzt eigentlich auch am Abgrund, aber auf einem netten Stuhl mit Sonnenschirmchen und Drink und guckt zu, wie der Mitarbeiter immer einen Schritt näher, zwar kleine Schritte, aber immer näher geht. Und ähm ab und zu wirft man dem Mitarbeiter dann ein freundliches Lächeln zu, und dann bleibt er mal einen Moment stehen, aber trotzdem sieht man zu, wie er immer weiter sich dem Abgrund – das finde ich gerade ein sehr gutes Bild, ähm, und man hält ihn eigentlich nicht auf. Man (--) verringert eigentlich nur die Zeit, bis er dann tatsächlich in den Abgrund fällt"* (IP4: 684-693)

6.3.3.1.6 Zusammenfassung und Interpretation

Die Aussagen des Befragten hinsichtlich der von ihm beschriebenen Verhaltensweisen zeichnen insgesamt ein Bild von negativen Handlungen, die mit Ablenken und Ignorieren sowie Aussitzen des Problems, Desinteresse, Vorgaukeln von Interesse, Auftischen von Ausreden, Ausnutzen, Überfordern, Macht missbrauchen und Anschreien zusammengefasst werden können. Unter *Ablenken von Problemen* kann das Abbringen von einer bestimmten Sache verstanden werden (vgl. Duden, 2010). Im konkreten Fall handelt es sich bei der bestimmten Sache um schlechte Rahmenbedingungen (Personalmangel und daraus resultierende Mehrarbeit) und Überforderung des Betroffenen. Das Anbieten von Coaching zur Verbesserung der Arbeitsstrukturen des Betroffenen kann insofern als ein Ablenkungsmanöver verstanden werden. Das *Ignorieren* - im Sinne von absichtlich übersehen (vgl. Duden, 2010) - von Problemen und Ideen des Betroffenen sowie *Desinteresse* weisen darauf hin, dass der Befragte sich mit der Person des Betroffenen und der Sache nicht beschäftigen will. Die Person des Betroffenen und die Sache erfahren in diesem Sinne also eher eine Missachtung. Dem Betroffenen werden keine Antworten auf Fragen gegeben oder Dinge bleiben im Raume stehen. *Vorgaukeln* kann hier interpretiert werden als etwas, was durch Täuschung suggeriert werden soll. Es wird etwas geschildert, das zu falschen Vorstellungen und Hoffnungen führt (vgl. Duden, 2010). Im konkreten Fall, dem Betroffenen glauben zu machen, sich für seine Probleme zu interessieren, was tatsächlich aber nicht der Realität entspricht. Auch das *Auftischen von Ausreden* zeigt eine Handlungsweise, bei der eine Entschuldigung für etwas vorgebracht wird, was nicht den tatsächlichen Umständen, also nicht der Wahrheit entspricht (vgl. Duden, 2010). *Aussitzen* von Problemen bezeichnet eine Handlungsweise, die darauf ausgerichtet ist, dass etwas mit der Zeit in Vergessenheit gerät oder sich von selbst erledigt (vgl. Duden, 2010). Im vorliegenden Fall zeigt hier das zögerliche Vorgehen bei der Problemlösung über einen Zeitraum von drei Monaten, dass der Befragte offensichtlich die Hoffnung hegte, das Problem würde sich von allein erledigen. Das *Ausnutzen* eines anderen Menschen, im konkreten Fall des Betroffenen, kann als rücksichtsloses Verhalten interpretiert werden, weil das Ausnutzen anderer als egoistische Art und Weise beschrieben werden kann, andere für eigene Zwecke (Ziele) in Anspruch zu nehmen (vgl. Duden, 2010). Unter *Überfordern* wird das Stellen zu hoher Anforderungen an jemanden verstanden (vgl. Duden, 2010). Im Arbeitskontext kann darunter eine Handlung verstanden werden, bei der die von der Überforderung Betroffenen mit den ihnen zur Verfügung stehenden Ressourcen, insbesondere ihrer Leistungsfähigkeit, nicht mehr imstande sind, die an sie gestellten Anforderungen zu erfüllen. Im vorliegenden Fall wird dies dadurch deutlich, dass der Befragte den Betroffenen mit Arbeitsaufträgen alleine ließ, die dieser nicht bewältigen konnte. *Machtmissbrauch* wird als eine Handlungsweise beschrieben, bei der jemand (der Befragte) seine Machtposition (Vorgesetztenfunktion) dafür nutzt, anderen Individuen (über die man Macht ausüben kann) zu schaden, sie zu schikanieren oder zu benachteiligen oder um sich selbst oder anderen persönliche Vorteile zu verschaffen (vgl. Duden, 2010). Der Befragte weiß, wie der Betroffene „tickt" und nutzt dieses Wissen für die Erreichung seiner Ziele aus. Unter *Anschreien* kann im Arbeitskontext ein Verhalten verstanden werden, das darauf abzielt, jemanden mit erhobener Stimme zurechtzuweisen oder mit entsprechender Lautstärke zu übertönen (vgl. Duden, 2010).

Der Befragte arbeitete mit dem Betroffenen zehn Jahre zusammen und erlebte den Bossingprozess als schleichend, an Intensität zunehmend und dynamisch. Unter *schleichend* ist ein Prozess zu verstehen, wenn er allmählich, langsam, nach und nach in kleinen Schritten voranschreitet (vgl. Duden, 2010), so, wie der Befragte es mit fortlaufend und fortführend beschreibt. Unter *Intensität zunehmend* kann verstanden werden, wie der Grad, resp. die Stärke einer Wirkung auf jemand (Betroffener/Bosser) oder etwas (Bossingprozess) einwirkt und zunimmt (vgl. Duden, 2010). Im konkreten Fall äußert der Befragte, dass sich Reaktionen des Betroffenen deutlich verschlimmert haben und häufiger vorkamen. *Dynamisch* ist ein Prozess, wenn er sich in Bewegung befindet und eine Entwicklung aufweist (vgl. Duden, 2010). Der Befragte beschreibt diese Dynamik mit dem Bild vom Betroffenen, der sich - mal schnell, mal langsam, mal stehen bleibend - auf einen Abgrund zubewegt.

Die Bossingfolgen erlebt der Befragte mit Krankmeldung, Krankheit und langfristiger Erkrankung (Burnout) des Betroffenen, wobei der Interviewpartner die Erkrankung auf psychische Belastung und psychosomatische Beschwerden zurückführt. Unter *Burnout* wird ein allgemeiner Erschöpfungszustand verstanden, der mit diversen anderen Störungsbildern, emotionaler Erschöpfung, dem Gefühl der Überforderung und reduzierter Leistungszufriedenheit einhergeht (vgl. Burisch, 2010). Als Ursache für Burnout ist vor allem Stress, u.a. auch aus der Arbeitsumwelt verantwortlich (vgl. Jaggi, 2008). Somatische Reaktionen beim Betroffenen nimmt der Befragte als „hektische Flecken" wahr. *Hektische Flecken* entstehen unter Stress infolge einer lokalen Vasodilatation (Erweiterung der Blutgefäße) und können wegen der stärker durchbluteten Hautpartien als rote Flecken wahrgenommen werden (vgl. Niestroj, 2000). Der Befragte nahm bei dem Betroffenen zudem das Gefühl des ausgebeutet Werdens und Enttäuschung wahr. Der Begriff der *Ausbeutung* bezeichnet jegliche Art von Ausnutzung oder Aufbrauchen. Er bezieht sich vor allem auf die Ausbeutung von Menschen durch Menschen (vgl. Duden, 2010). *Enttäuschung* beschreibt einen Zustand von Unzufriedenheit aufgrund der Nichterfüllung von Hoffnungen oder Erwartungen (vgl. Duden, 2010). Im konkreten Fall kommt es zur Enttäuschung des Betroffenen, weil ihm der Befragte deutlich macht, dass er Ideen nicht weiterentwickeln soll.

Hinsichtlich des Machtverhältnisses zwischen dem Befragten und dem Betroffenen beschreibt der Interviewpartner zunächst einmal ein persönliches Abhängigkeitsverhältnis, das darauf zurückzuführen ist, dass der Befragte dem Betroffenen die Ausbildung ermöglicht und ihn über Jahre gefördert hat. Dem Betroffenen wurde schließlich Führungsverantwortung übertragen. Zudem beschreibt der Befragte ein arbeitsbezogenes Abhängigkeitsverhältnis, weil er der unmittelbare Vorgesetzte des Betroffenen ist. Im Weiteren beschreibt der Interviewpartner ein hierarchisches Konstrukt, das darauf fußt, dass nachgeordnete Führungskräfte (auch der Betroffene) keine größeren Kontexte bei nächsthöheren Vorgesetzten nachfragen können, Auskünfte können nur über den Befragten selbst erlangt werden. Während der Befragte für Strategie verantwortlich ist, steht das operative Personalmanagement im Verantwortungsbereich der nachgeordneten Führungskräfte. Die eigene Funktion beschreibt der Befragte mit Kommunikationsmöglichkeiten nach oben und unten sowie mit Möglichkeiten des Blockierens von Mitarbeiterwünschen sowie des Blockierens und Ignorierens von Ideen nachgeordneter Mitarbeiterinnen und Mitarbeiter. Darüber hinaus hat der Befragte die Möglichkeit des Delegierens von Verantwortung an nachgeordnete Führungskräfte. Die Beschreibung des hierarchischen Konstruktes kann als ein organisatorisches Ein-Liniensystem interpretiert werden, bei der Anordnungen der Leitung - im konkreten Fall des Bossers - direkt an die darunter angegliederten Stellen erfolgen. Klare Weisungsbefugnisse und Berichtswege sowie eindeutige Festlegungen von Anordnungsrechten und Verantwortlichkeiten sind in Ein-Liniensystemen geregelt. Die Kommunikation ist aufgrund der stringenten Einhaltung der Hierarchie grundsätzlich nur über die Linie als einzig erlaubter Verbindungsweg möglich (vgl. Schmidt, 2011).

Hinsichtlich einer Schädigungsabsicht können die Aussagen des Befragten dahingehend interpretiert werden, als dass er die Überforderung des Betroffenen bewusst in Kauf genommen hat. Darüber hinaus hat er eine Problemlösung bewusst verzögert und somit die Folgen einer psychischen Gefährdung bzw. die Folgen für die psychische Gesundheit des Betroffenen billigend in Kauf genommen. *Bewusstes Handeln* ist im juristischen Sinne als Vorsatz zu verstehen, d.h. in Kenntnis der antisozialen Bedeutung der „Tat" wird die Handlung dennoch vorgenommen und der Handelnde setzt sich dabei über eine bessere Einsicht hinweg (mit Wissen und Wollen) (vgl. Safferling, 2008). Die Folgen des eigenen Handelns *billigend in Kauf nehmen* wird im juristischen Sinne als Eventualvorsatz bezeichnet, bei dem es ausreicht, dass der Handelnde den Erfolgseintritt (im konkreten Fall die psychische Gefährdung bzw. die Folgen für die psychische Gesundheit des Betroffenen) für möglich hält und sich mit dem Risiko des Erfolgseintritts abfindet (vgl. Höflich & Weller, 2005).

6.3.3.1.7 Theoretische Einordnung zur Unterscheidung zwischen einem sozialen Konflikt und Bossing

In Abgrenzung zwischen einem „normalen" sozialen Konflikt und Bossing lassen sich die Aussagen des Befragten zusammenfassend als Bossing identifizieren und theoretisch entsprechend einordnen:

1. Bei den von dem Befragten geschilderten Verhaltensweisen handelt es sich ausschließlich um negative Handlungen, die auf den Betroffenen ausgerichtet sind. Wie Thomas (1992) bemerkt, führen „normale" Konflikte nicht notwendigerweise zu einer negativen Konnotation (vgl. Thomas, 1992). Darüber hinaus sind „normale" Konflikte dadurch gekennzeichnet, dass ein Austausch von Verhalten und das gleichzeitige Auftreten beider Parteien als Überlegen und Unterlegen stattfindet (vgl. Keashly & Nowell, 2003).

Im Weiteren lassen sich die von dem Interviewpartner beschriebenen Handlungsweisen als eine Kombination von arbeitsbezogenem (Überfordern, Ausnutzen, Aussitzen, Ablenken und Ignorieren von Problemen, Ausreden auftischen sowie Machtmissbrauch), personenbezogenem (Desinteresse) sowie physischem Bossing (Anschreien) zusammenfassen, so wie es von einigen Autoren für das Phänomen Mobbing vorgeschlagen wird (vgl. Reknes, Pallesen, Magerøy, Moen, Bjorvatn & Einarsen, 2014a; Spector, Zhou & Che, 2014; Scott, Zagenczyk, Schippers, Purvis & Cruz, 2014; Pilch & Turska, 2015; Loerbroks, Weigl, Li, Glaser, Degen. & Angerer, 2015; Bartlett, 2016; Boyle & Wallis, 2016).

2. Hinsichtlich der Intensität und Dauer weisen die Aussagen des Befragten darauf hin, dass der Interviewpartner den Bossingprozess als schleichend, dynamisch und sich in der Intensität steigernd wahrgenommen hat. Die Zusammenarbeit mit dem Betroffenen erfolgte über einen Zeitraum von zehn Jahren. Dies spricht für einen längeren Zeitraum des Bossings und entspricht den Ausführungen von Einarsen und Kollegen (2011) zu Mobbing, wonach Mobbing erst dann erfüllt ist, wenn eine Person negativen Handlungen wiederholt und über einen längeren Zeitraum (etwa sechs Monate) ausgesetzt ist, weshalb allein die

Intensität und die Dauer als entscheidende Kriterien zur Unterscheidung zwischen Alltagskonflikten und Mobbing angenommen werden können (vgl. Einarsen, Hoel, Zapf & Cooper, 2011).

Die Wahrnehmungen des Befragten stützen auch die Studie von Niedl (1995), der hinsichtlich der Dauer eines Mobbingprozesses aufzeigen konnte, dass Mobbing nicht plötzlich an einem Punkt beginnt, sondern von den Protagonisten als schleichend wahrgenommen wird (vgl. Niedl, 1995).

3. Die Folgen seiner Handlungen beschreibt der Befragte mit Krankheit, resp. langfristiger Erkrankung (Burnout) des Betroffenen, die er auf psychische Belastung und psychosomatische Beschwerden zurückführt. Die Folgen eines sozialen Konfliktes weisen einigen Autoren zufolge grundsätzlich zwei Seiten einer Medaille auf. Einerseits können sie mit psychischen, sozialen und ökonomischen Kosten verbunden sein und zwischenmenschliche Arbeits- und Sozialbeziehungen belasten, andererseits können Konflikte aber auch positiv wirken, weil sie bspw. Stagnation verhindern, Neugierde und Interesse anregen, Wurzel für Veränderung sein und zur Identitätsstiftung sowie zur Lernchance beitragen können (vgl. Mack & Snyder, 1971; Deutsch, 1976; Grunwald & Redel, 1989). Für Mobbing hingegen - und dies gilt demnach auch für Bossing - werden die Folgen ausschließlich negativ für die Mobbingbetroffenen beschrieben, die ein multidimensionales Beschwerdebild mit psychischen, psychosomatischen, somatischen sowie sozialen Beeinträchtigungen aufweisen. Es stellen sich u.a. Selbstwertprobleme und Selbstzweifel, Arbeitsunzufriedenheit und geringeres Engagement bei den Betroffenen ein, die im Weiteren von psychosomatischen Beschwerden ergänzt werden. Bei lang anhalten Mobbingprozessen kann es darüber hinaus zu erheblichen gesundheitlichen Auswirkungen bis hin zu Posttraumatischen Belastungsstörungen, Depressionen oder kardiovaskulären Erkrankungen kommen (vgl. u.a. Schwickerath, Carls, Zielke & Hackhausen, 2004; Weber, Hörmann & Köllner, 2007; Kivimäki, Virtanen, Vartia, Elovainio, Vahtera & Keltikangas-Järvinen, 2003; Nielsen & Einarsen, 2012; Nielsen, Tangen, Idsoe, Matthiesen & Mageroy, 2015; Trépanier, Fernet, & Austin, 2015). Insofern kann postuliert werden, dass vor allem auch die Folgen eines Bossingprozesses zur Abgrenzung zwischen einem „normalen" sozialen Konflikt und Bossing berücksichtigt werden müssen.

4. Die soziale Beziehung zwischen dem Betroffenen und sich selbst beschreibt der Befragte mit einem Machtungleichgewicht, das durch eine persönliche

(den Betroffenen über Jahre fördern) und arbeitsbezogene (Hierarchie) Abhängigkeit deutlich wird. Durch das asymmetrische Machtverhältnis (Vorgesetzter - Geführter) ist die Verteidigungsmöglichkeit des Betroffenen wenigstens beeinflusst, wenn nicht gar eingeschränkt (vgl. Keashly & Nowell, 2003; Kolodej, 2016).

5. Unter dem Aspekt der Schädigungsabsicht hat der Befragte wenigstens die Gefährdung der psychischen Gesundheit des Betroffenen billigend in Kauf genommen. Schädigungsabsicht ist jedoch kein bestimmendes Merkmal bei Konflikten (vgl. Björkvist, Österman & Hjelt Bäck, 1994).

6.3.3.2 Auswertung Eskalationsverlauf

Hinsichtlich des Eskalationsverlaufes wurden in dieser Studie unter der Hauptkategorie 2-Eskalationsverlauf die Unterkategorien *Eskalationsstufen* und die *Eskalationsschwellen* des Bossingprozesses sowie das *Konfliktlöseverhalten* der Beteiligten untersucht.

6.3.3.2.1 Eskalationsstufen

Unter der Kategorie Eskalationsstufen wurden alle Aussagen erfasst, die Aufschluss darüber geben, in welcher Phase sich der Bossingprozess befindet. Zur Einordnung der Handlungen diente das neunstufige Phasenmodel der Eskalation nach Glasl (2013), wie es in Abbildung 3 dieser Arbeit dargestellt ist. Im Zuge der Auswertung wurden einzelnen Handlungen und Verhaltensweisen zunächst denen von Glasl (2013) beschriebenen drei Hauptphasen Verstimmung, Schlagabtausch und Vernichtung und schließlich einzelnen Eskalationsstufen zugeordnet. Es konnten Handlungen und Verhaltensweisen gefunden werden, die den Eskalationsstufen 1, 3, 4, 5 und 7 des Glasl'schen Stufenmodells zugeordnet werden konnten. Der Befragte berichtete davon, dass die Mitarbeiterorientierung der Kundenorientierung nachstehen muss. Dieser Standpunkt wurde der Eskalationsstufe 1 – Verhärtung – zugeordnet.

„Dadurch dass es hier um den pflegerischen Bereich geht, da ist es sowieso immer so, ist der Druck sowieso immer schon groß. Und wenn ich dann, das sind ja Pflegedienstleiter, mit denen ich zu tun habe oder Abteilungsleiter, denen sagen muss, pass mal auf, ähm, auch wenn der Mitarbeiter jetzt ähm die zweite Schicht am Stück machen muss, der Kunde muss versorgt werden, und ähm du kannst zwar eine Problemanzeige, so nennt sich das bei uns, äh, mir gern schicken, aber erst mal musst du diese Situation durchstehen" (IP4: 37-43).

Der Interviewpartner berichtete von Ablenken, Aussitzen und Ignorieren von Problemen, von Ausreden auftischen, Desinteresse, Interesse vorgaukeln und das Ignorieren von Ideen sowie von Ausnutzen und Überfordern. Zudem berichtete der Interviewpartner davon, dass er von dem Betroffenen vor vollendete Tatsachen gestellt worden war. Die Handlungs- und Verhaltensweisen des Bossers und des Betroffenen wurden der Eskalationsstufe 3 – Taten statt Worte – zugeordnet.

„(...) weil er trotz, was ich eben sagte, mehrfacher Problemanzeigen, äh, dass ich nicht reagiert habe" (IP4: 80-81).

„Deswegen habe ich jetzt so weit ausgeholt, um das einmal zu erklären, ähm, ich habe irgendwann nicht mehr gefragt. Ich wollte es auch nicht mehr hören" (IP4: 330-332).

„Bei diesem Mitarbeiter wusste ich, (--) ich muss das nicht kommentieren, der macht das trotzdem weiter" (IP4: 540-541).

„(...) ganz konkret, dass ich ihn mit Arbeitsaufträgen allein lasse, die er nicht bewältigen konnte (...)" (IP4: 79-80).

„Er hat mir das allerdings auch nicht mitgeteilt, sondern erst, als er nach drei Monaten festgestellt hat, ich kann nicht mehr, ich bin am Ende, und mir diese Situation quasi auf den Tisch gelegt, so nach dem Motto, vor vollendete Tatsachen gesetzt, so habe ich es für mich erlebt" (IP4: 89-92).

Im Weiteren äußerte der Befragte, dass der Betroffene ihn als Feind gesehen und dass er auch kein Vertrauen mehr zu ihm hatte, weswegen es zu Schuldzuweisungen gekommen war. Er selbst sah den Betroffenen als „zickenden" Mitarbeiter. Diese Handlungs- und Verhaltensweisen konnten unter der Eskalationsstufe 4 – Sorge um Image und Koalition – subsumiert werden.

„(...)da hat er auch wortwörtlich diesen Satz gesagt, was ich vorhin schon gesagt habe, er sieht mich als Feind" (IP4: 697-698).

„(...) dass er für sich gesagt hat, den interessiert das überhaupt gar nicht mehr, was ich sage, der tischt mir immer dasselbe auf (...)" (IP4: 142-143).

„(...) dass der zum Schluss dann gesagt hat, ja, ist ja schön, dass du jetzt eine Lösung hast, aber ich bin am Ende" (IP4: 145-147).

„(...) also was ich gedacht habe oder wie ich mich verhalten habe, weil (--) ich in dem Moment eigentlich nur ein (---), ja, einen, einen zickenden Mitarbeiter für mich interpretiert habe (...)" (IP4: 555-557).

Der Interviewpartner berichtete auch davon, dass er vom Betroffenen des Büros verwiesen wurde oder der Betroffene das Büro unvermittelt verließ. Außerdem stellte der Betroffene die Kompetenz des Befragten in Frage und entglitt verbal. Es kam zu Wortgefechten und der Betroffene machte den Vorwurf des Ausbeutens. Diese Handlungs- und Verhaltensweisen wurden der Eskalationsstufe 5 – Gesichtsverlust – zugeordnet.

„(...) er hat mich mal aus seinem Büro geschmissen" (IP4: 483).

„Er hat dann einfach den Raum verlassen" (IP4: 405-406).

„(...)dann muss sich dieser Mitarbeiter ähm irgendwann, ja, verarscht vorkommen oder (--)
ein Führungsversagen in meiner Person sehen (.) oder sich fragen, interessiert den das über-
haupt" (IP4: 139-141).

„(...) und er dann gesagt hat, also ich kenne den Satz, weiß den Satz noch ganz genau, weißt
du, mit so'ner Scheiße, das bestätigt eigentlich alles, was ich immer befürchtet hab" (IP4: 495-
497).

„Er ist dann irgendwann – gab es auch laute Wortgefechte ganz zum Schluss" (IP4: 467).

„(...) dass er gesagt hat, weißt du was, ähm (.) es reicht mir jetzt hier, halbes Jahr lang diese
Situation aushalten zu müssen (...)" (IP4: 101-102).

Zu guter Letzt berichtete der Befragte davon, dass er seine Macht missbrauchte und die Schädigung des Betroffenen billigend in Kauf genommen hatte.
Diese Handlungs- und Verhaltensweisen wurden der Eskalationsstufe 7 – Begrenzte Vernichtungsschläge – zugeordnet.

„So, das geht natürlich nur bei langjährigen Mitarbeitern und Mitarbeitern, die einem selbst
gegenüber (.) wahnsinnig loyal sind, also der wäre für mich durchs Feuer gegangen. Das
wusste ich. (--) Und dessen war ich mir bewusst" (IP4: 519-521).

„Und ähm ab und zu wirft man dem Mitarbeiter dann ein freundliches Lächeln zu, und dann
bleibt er mal einen Moment stehen, aber trotzdem sieht man zu, wie er immer weiter sich dem
Abgrund – das finde ich gerade ein sehr gutes Bild, ähm, und man hält ihn eigentlich nicht
auf. Man (--) verringert eigentlich nur die Zeit, bis er dann tatsächlich in den Abgrund fällt"
(IP4: 689-693).

6.3.3.2.2 Eskalationsschwellen

Unter der Kategorie Eskalationsschwellen wurden alle Aussagen erfasst,
die Aufschluss über einzelne Eskalationsschwellen während des Bossingprozesses geben. Im Zuge der Auswertung wurde das Material zunächst nach den von
Glasl (2013) beschriebenen Hauptschwellen gerastert. Eine weitere Rasterung
diente der Identifizierung einzelner Eskalationsschwellen zwischen den einzelnen
Eskalationsstufen. Es konnten die zwei Hauptschwellen, zwischen Hauptphasen
1-Verstimmung und 2-Schlagabtausch und Hauptphasen 2-Schlagabtausch und 3-
Vernichtung sowie die Eskalationsschwelle 2 zwischen den Eskalationsstufen 2-
Debatte und 3-Taten statt Worte gefunden werden. Der Befragte berichtete davon,
dass er auf mehrere Problemanzeigen des Betroffenen nicht reagiert hatte. Diese
Aussage wurde der Eskalationsschwelle 2 zwischen den Eskalationsstufen 2 und
3 zugeordnet.

„(...) weil er trotz, was ich eben sagte, mehrfacher Problemanzeigen, äh, dass ich nicht reagiert
habe" (IP4: 80-81).

Im Weiteren äußerte der Interviewpartner, dass er kategorisch Fortbildungsmaßnahmen abgelehnt hatte. Diese Verhaltensweise wurde der ersten Hauptschwelle zwischen den Hauptphasen 1-Verstimung und 2-Schlagabtausch zugeordnet.

„(...) er wollte, dass der Mitarbeiter eine Wertschätzung durch diese Fort-, oder Weiterbildung war es in dem Fall, erhält. Und ich habe das einfach glatt gebügelt und gesagt, nee, in diesem Jahr nicht. So, habe es aber auch nicht weiter ausgeführt, weil diese Anfragen häufiger und immer häufiger kamen" (IP4: 388-391).

Außerdem erklärte der Befragte, dass er einer Konfliktlösung durch ein bewusstes Entziehen aus der Situation aus dem Weg ging, weil er wollte, dass der Betroffene das tut, was der Befragte wollte. Diese Verhaltensweise wurde der zweiten Hauptschwelle zwischen den Hauptphasen 2-Schlagabtausch und 3-Vernichtung zugeordnet.

„Also ich habe das sehr bewusst getan, ich bin ja nicht einfach geschockt rausgegangen und bin hinterher heulend zusammengebrochen, weil ich gedacht habe, was hast du diesem Mann angetan, was ja vielleicht eine (.) Reaktion hätte sein können, die sicherlich nicht zu meiner Person passt, sondern ich habe gesagt okay – also ich habe das abgewogen, was macht jetzt Sinn, und bin dann rausgegangen und habe aber eben hinterher nicht gedacht, so (.), wie kann ich den diese schlimme Situation jetzt wieder lösen, sondern, was ich vorhin schon sagte, ich habe gedacht, na ja, okay, jetzt lässt du ihm mal zwei, drei Tage Zeit, und dann gehst du wieder auf ihn zu, weil er muss das, was er tun soll" (IP4: 563-571).

6.3.3.2.3   Konfliktlöseverhalten

Unter der Kategorie Konfliktlöseverhalten wurden alle Aussagen erfasst, die Aufschluss über das Konfliktlöseverhalten des Bossers und des Betroffenen geben. Der Interviewpartner berichtete sowohl über das eigene als auch das Konfliktlöseverhalten des Betroffenen. Das eigene Konfliktlöseverhalten beschrieb der Befragte damit, dass er einerseits eine Problemlösung signalisiert und auf die Dauer der Problemlösung hingewiesen hatte. Andererseits hatte er jedoch Problemanzeigen des Betroffenen und das Problem als Ganzes ignoriert und Gedanken über tägliche Konfliktsituationen vermieden. Zudem hatte er Ausreden benutzt, Mehrarbeit zugelassen und Fortbildungsmaßnahmen kategorisch abgelehnt. Er hatte Coaching sowie Urlaub, resp. Sonderurlaub angeboten, sich für sein Verhalten entschuldigt, zugelassen, dass Betroffene ihn des Büros verwies, und sich an die Reaktionen des Betroffenen gewöhnt. Überdies gab der Befragte an, dass er den Betroffenen auf dessen eigentliche Aufgaben hinwies und auf eine Strategie der kurzfristigen Problemlösung gesetzt hatte. Im Weiteren nahm der Befragte

Abstand von dem Problem, zog sich berechnend zurück und entwickelte ein Desinteresse an dem Wohlergehen des Betroffenen. Der Interviewpartner äußerte auch, dass er den Betroffenen verbal angegriffen und keine Konfliktlösung gewollt hatte. Der Befragte erklärte zudem, dass es ihm an Konfliktlösungskompetenz mangelte.

„(...) ich suche nach Lösungswegen, wie wir dieses Problem lösen können" (IP4: 98-99).

„(...) das dauert, bis ich deine Probleme lösen kann. Das habe ich dem Mitarbeiter natürlich auch gesagt" (IP4: 337-338).

„(...) weil er trotz, was ich eben sagte, mehrfacher Problemanzeigen, äh, dass ich nicht reagiert habe" (IP4: 80-81)

„Natürlich denke ich manchmal, äh, ich will mir den Scheiß jetzt gerade nicht anhören, weil ich 10.000 andere Sorgen habe" (IP4: 317-318).

„(...) da kann ich mir in dem Moment keine Gedanken drüber machen, weil mich das sonst gar nicht mehr schlafen lassen würde, weil es jeden Tag solche Situationen gibt" (IP4: 44-47).

„(...) Ausreden, die ich ihm halt aufgetischt habe" (IP4: 133-134).

„Ich habe ihn machen lassen. Ich habe ihn nicht aufgehalten, das zu tun" (IP4: 536; 542).

„(...) ich kann diesen Mitarbeiter nicht in eine Weiterbildung geben, die eben (--), ja, fünf, sechs, acht Wochen im Jahr (--) ähm uns dieser Mitarbeiter fehlt (...) Und ich habe das einfach glatt gebügelt und gesagt, nee, in diesem Jahr nicht" (IP4: 384-386; 389-390).

„(...) komm, du kriegst jetzt Sonderurlaub oder bezahlten Urlaub oder was auch immer" (IP4: 148-149).

„Ja, ja, tut mir auch Leid" (IP4: 415).

„Und ich habe das, ja, so könnte man sagen, gönnerhaft zugelassen, dass er mich seines Büros, also seinen Vorgesetzten seines Büros verweisen kann" (IP4: 558-560).

„(...) man gewöhnt sich da irgendwann dran" (IP4: 461).

„(...) kümmere dich bitte erst mal um deine eigentlichen Aufgaben" (IP4: 266).

„Aber es gibt die Möglichkeit, strategisch solche kurzfristigen Akutprobleme zu überbrücken (...)" (IP4: 47-48).

„(...) habe ihn dann ein paar Tage später wieder zur Seite genommen" (IP4: 414).

„(...) um diesen Druck zu nehmen, um ein (.) Ventil zu öffnen, zu sagen, okay, dann gehe ich jetzt hier raus, so, (--) was aber auch sehr berechnend von mir war" (IP4: 561-563).

„(...) ich habe irgendwann nicht mehr gefragt. Ich wollte es auch nicht mehr hören" (IP4: 331-332).

„(...) weißt du, dann schreib du doch hin, wenn dir das nicht gefällt, was die Mitarbeiter da schreiben" (IP4: 489-490).

„(...) habe aber eben hinterher nicht gedacht, so (.), wie kann ich den diese schlimme Situation jetzt wieder lösen, sondern, was ich vorhin schon sagte, ich habe gedacht, na ja, okay, jetzt lässt du ihm mal zwei, drei Tage Zeit, und dann gehst du wieder auf ihn zu, weil er muss das, was er tun soll, tun" (IP4: 568-571).

„Weil diese Kompetenz mir zum Beispiel auch gefehlt hat" (IP4: 421).

Zu dem Konfliktlöseverhalten des Betroffenen äußerte der Befragte, dass der Betroffene auf bestehende Probleme, wie Personalmangel und mangelhafte Dokumentation, wiederholt hinwies, sowie um Hilfe nachsuchte, auch wenn er nicht „Nein" sagen konnte. Ein angebotenes Coaching nahm der Betroffene wahr; bestehende Belastungen hielt er bis zum Ende aus. Der Betroffene reagierte aber auch über, stellte den Befragten vor vollendete Tatsachen, verwies ihn aus seinem Büro oder verließ das Büro während des Gespräches unvermittelt. Zudem war der Betroffene dem Befragten gegenüber verbal entglitten und machte ihm Vorwürfe der Überforderung und des Ausbeutens. Der Betroffene hatte sich dem bestehenden Konflikt durch Krankmeldung entzogen. Der Interviewpartner erklärte auch, dass es dem Betroffenen an Konfliktlösekompetenz mangelte.

„Er hat dann gesagt, na ja, wer soll das denn sonst machen, und diese Arbeit ist doch sonst nicht zu schaffen, und wie stellst du dir das denn eigentlich vor?" (IP4: 534-535).

„Und es sind immer wieder Mitarbeiter dabei, die eben nicht richtig dokumentieren (...) Und mit dieser Problemstellung kam der Mitarbeiter zu mir (...)" (IP4: 485-487).

„Trotzdem hat der Mitarbeiter natürlich zwischendurch die Hände gehoben und hat gesagt, werf mir den Rettungsring bitte hin, hilf mir" (IP4: 332-334).

„(...) und der hätte niemals, ähm, irgendwo zu nein gesagt" (IP4: 274).

„Er ist nicht so der (.) Mitarbeiter gewesen, der dann sofort gesagt hat, du bist aber ein Arsch, warum machst du denn das?" (IP4: 270-271).

„Er hat mir das allerdings auch nicht mitgeteilt, sondern erst, als er nach drei Monaten festgestellt hat, ich kann nicht mehr, ich bin am Ende, und mir diese Situation quasi auf den Tisch gelegt, so nach dem Motto, vor vollendete Tatsachen gesetzt (...)" (IP4: 89-92).

„Und der hat einfach den Raum verlassen" (IP4: 408-409).

„(...) dann wurde es ein bisschen abstrus, weil es dann von mir auch wegging, von dieser Situation, und er hätte jetzt keinen Bock mehr und raus aus meinem Büro" (IP4: 498-500).

„(...) und am Ende natürlich die Aussage dann kam, ja, aber dann warst du doch schuld dran, du hast mir doch immer mehr Aufgaben gegeben (...) Das ist, glaube ich, so die letzte (.), für diesen Mitarbeiter war das, glaube ich, so die, die, die Krönung dieses, ähm ja, sich Ausgebeutetfühlens" (IP4: 243-244; 467-469).

„(...) und diese zwei, drei Tage später war ja schon mit Krankmeldung (...)" (IP4: 573).

„(...) wir haben das schon so häufig und immer wieder diskutiert, dieses Problem, dass weder er Bock darauf hatte, mit mir schon wieder in dieses Gespräch zu gehen (...) und ich eigentlich auch keinen Bock darauf hatte" (IP4: 416-419).

6.3.3.2.4 Zusammenfassung und Interpretation

Unter dem Aspekt der *Eskalationsstufen* berichtete der Befragte davon, dass die Mitarbeiterorientierung der Kundenorientierung nachstehen muss. Bei einer Kundenorientierung erfolgt die *„(...) Ausrichtung der Unternehmensaktivitäten grundsätzlich an den Bedürfnissen des Kunden"* (vgl. Burghardt, 2016,

S. 16 ff.). Die Kundenbedürfnisse umfassen demnach den gesamten Wertschöpfungsprozess und die Fähigkeit eines Unternehmens, Kundenanforderungen zu erfassen und umzusetzen. Eine Kundenorientierung zielt also auf die Erfüllung der individuellen Kundenerwartungen und -wünsche ab (vgl. Burghardt, 2016). Mitarbeiterorientierung hingegen bedeutet im weitesten Sinne, dass die zwischenmenschliche Beziehung zu den Mitarbeiterinnen und Mitarbeitern im Mittelpunkt des Führungsverhaltens stehen (vgl. Verlage, 2015). Mitarbeiter- und Kundenorientierung müssen nicht im Widerspruch zueinanderstehen. Der Befragte allerdings macht deutlich, dass selbst sogenannte Problemanzeigen der Mitarbeiterinnen und Mitarbeiter den Kundenbedürfnissen gegenüber zurückstehen müssen, weshalb eine Mitarbeiterorientierung faktisch nicht existent ist.

Im Weiteren berichtete der Interviewpartner von Ablenken, Aussitzen und Ignorieren von Problemen, von Ausreden auftischen, Desinteresse, Interesse vorgaukeln und das Ignorieren von Ideen sowie von Ausnutzen und Überfordern. Diese Bossingverhaltensweisen (zur näheren Interpretation s. Ziff. 6.3.3.1.6) weisen auf Aktionen hin, die die eigenen Ziele sowie Organisationsziele fördern und die des Betroffenen blockieren sollen. Das Verhalten des Betroffenen, der den Befragten vor vollendete Tatsachen stellt, kann auch unter diesem Aspekt interpretiert werden. Sowohl Befragter als auch Betroffener könnten in dieser Phase der Eskalation andere Verhaltensweisen an den Tag legen, wenn sie es denn wollten bzw. dazu in der Lage wären, und den Konflikt im beiderseitigen Interesse beilegen.

Außerdem äußerte der Befragte, dass der Betroffene ihn als Feind gesehen und dass er auch kein Vertrauen mehr zu ihm hatte, weswegen es zu Schuldzuweisungen gekommen war. Er selbst sah den Betroffenen als „zickenden" Mitarbeiter. Die Äußerungen des Befragten können an dieser Stelle dahingehend interpretiert werden, als dass sich Befragter und Betroffener jeweils von dem anderen ein stereotypes Bild gemacht und einander negative Rollen zugeschrieben haben (Feind, zickender Mitarbeiter). Die Beteiligten haben jetzt die Beziehungsebene betreten.

Der Befragte berichtete in der Folge, dass er vom Betroffenen des Büros verwiesen wurde oder der Betroffene das Büro unvermittelt verließ. Außerdem stellte der Betroffene die Kompetenz des Befragten infrage und entglitt verbal. Es kam zu Wortgefechten und der Betroffene machte den Vorwurf des Ausbeutens. Die Schilderungen des Befragten lassen hier den Schluss zu, dass die Beteiligten sich jetzt ausschließlich auf der Beziehungsebene bewegen. Sowohl Befragter als auch Betroffener zeigen „klare Kante" (Wortgefechte). Es erfolgen Schläge unterhalb der Gürtellinie (des Büros verweisen, das Büro unvermittelt verlassen, verbales Entgleiten) und der Betroffene stellt die Integrität des Interviewpartners infrage (Kompetenz in Frage stellen, Vorwurf des Ausbeutens).

Der Interviewpartner berichtete davon, dass er seine Macht missbrauchte und die Schädigung des Betroffenen billigend in Kauf genommen hatte. Die Äußerungen des Befragten können dahingehend interpretiert werden, als dass es dem Befragten in dieser Phase der Eskalation nicht mehr um die Bewältigung des Konfliktes selbst ging, sondern vielmehr darum, den eigenen Willen mit absoluter Kompromisslosigkeit und um jeden Preis durchzusetzen. Zur Interpretation von Vorsatz und der billigenden Inkaufnahme der Schädigung des Betroffenen kann auf Ziff. 6.3.3.1.6 verwiesen werden.

Die theoretische Einordnung der Eskalationsstufen nach dem Stufenmodell der Eskalation nach Glasl (2013) findet sich unter Ziff. 6.3.3.2.5 unter der Überschrift: Theoretische Einordnung unter dem Gesichtspunkt des Eskalationsverlaufes.

Unter dem Aspekt der *Eskalationsschwellen* müssen die Aussagen des Befragten im Zusammenhang mit den zuvor stehenden Aussagen und deren Interpretationen betrachtet werden. Der Interviewpartner berichtete davon, dass er auf mehrere Problemanzeigen des Betroffenen nicht reagiert hatte. Diese Aussage weist darauf hin, dass die grundsätzliche Einstellung des Befragten hinsichtlich der Kundenorientierung vs. Mitarbeiterorientierung jetzt mehr und mehr zu einem egoistischen Standpunkt mutiert. Das wiederholte Fertigen von Problemanzeigen des Betroffenen und das wiederholte Ignorieren dieser Anzeigen durch den Befragten weisen jetzt auf zwei gegensätzliche Pole hin.

Der Interviewpartner äußerte auch, dass er Fortbildungsmaßnahmen kategorisch abgelehnt hatte, die der Betroffene für seine Mitarbeiterinnen und Mitarbeiter eingefordert hatte. Im weiteren Verlauf kam es dann zu heftigen Reaktionen des Betroffenen (Zuschreibung der negativen Rolle „Feind", Verweisen des Befragten aus dem Büro, unvermitteltes Verlassen des Büros, Schuldzuweisungen). Das kategorische Ablehnen von Fortbildungsmaßnahmen kann als erster größerer Einschnitt interpretiert werden, denn die Reaktionen des Betroffenen - und im Weiteren auch die des Befragten - finden anschließend nur noch auf der Beziehungsebene statt, auf der es um Schlagabtausch (u.a. Wortgefechte) geht.

Einen zweiten größeren Einschnitt markiert der Punkt, an dem der Befragte einer Konfliktlösung durch ein bewusstes Entziehen aus der Situation aus dem

Weg ging, weil er wollte, dass der Betroffene das tut, was er von ihm verlangte. Dem Befragten ging es im Anschluss daran nur noch um die kompromisslose Durchsetzung des eigenen Willens bei Inkaufnahme der Schädigung des Betroffenen.

Die theoretische Einordnung der Eskalationsschwellen nach dem Stufenmodell der Eskalation nach Glasl (2013) findet sich unter Ziff. 6.3.3.2.5 unter der Überschrift: Theoretische Einordnung unter dem Gesichtspunkt des Eskalationsverlaufes.

Unter dem Aspekt des *Konfliktlöseverhaltens* berichtete der Befragte, dass es ihm an Konfliktlösungskompetenz mangelte. Zudem gab er an, dass er sich einerseits um eine Konfliktlösung bemüht hatte. Andererseits war er einer Konfliktlösung aus dem Weg gegangen bzw. vermied eine Konfliktlösung. Der Befragte äußerte auch, dass er den Konflikt mit dem Betroffenen befeuerte. Die Aussagen des Befragten können im Sinne der Dual Concern Theory (s. Ziff. 3.3.3 dieser Arbeit) den Konfliktmanagementstilen Lösen, Vermeiden und Kämpfen zugeordnet werden.

Lösen:
• Signalisieren der Problemlösung,
• Auf die Dauer der Problemlösung hinweisen,
• Coaching und Sonderurlaub anbieten,
• Sich entschuldigen,
• Strategie der kurzfristigen Problemlösung anwenden.

Vermeiden:
• Problemanzeigen des Betroffenen ignorieren,
• Problem als Ganzes ignorieren,
• Gedanken über tägliche Konfliktsituationen vermeiden,
• Ausreden benutzen,
• Mehrarbeit zulassen,
• Verweisen aus dem Büro zulassen,
• Abstand von dem Problem nehmen,
• Berechnend zurückziehen.

Kämpfen:
• Fortbildungsmaßnahmen kategorisch ablehnen,
• Betroffenen auf dessen eigentliche Aufgaben hinweisen,

- Betroffenen verbal angreifen,
- Desinteresse an dem Wohlergehen des Betroffenen zeigen,
- Keine Konfliktlösung wollen.

Auch die Aussagen des Befragten zu den Konfliktlöseverhalten des Betroffenen können den Konfliktmanagementstilen lösen, vermeiden und kämpfen zugeordnet werden.

Lösen:
- Auf bestehende Probleme, wie Personalmangel und mangelhafte Dokumentation hinweisen,
- Um Hilfe nachsuchen,
- Coaching-Angebot wahrnehmen.

Vermeiden:
- Nicht „Nein" sagen können,
- Belastungen bis zum Ende aushalten,
- Sich durch Krankmeldung entziehen.

Kämpfen:
- Befragten vor vollendete Tatsachen stellen,
- Befragten des Büros verweisen,
- Büro während des Gespräches unvermittelt verlassen,
- Dem Befragten gegenüber verbal entgleisen und
- Vorwürfe der Überforderung und des Ausbeutens machen.

Keiner der beiden Beteiligten zeigte ein Konfliktlöseverhalten, das dem Konfliktmanagementstil *Nachgeben* zuzuordnen gewesen wäre.

6.3.3.2.5 Theoretische Einordnung unter dem Gesichtspunkt des Eskalationsverlaufes

Die Einordnung der *Eskalationsstufen* erfolgte nach dem neunstufigen Phasenmodell der Eskalation nach Glasl (2013). Zur Orientierung dienten Aussagen aus dem von Kolodej et al. entwickelten Inventar zur Messung des Eskalationsgrades von Konflikten in der Arbeitswelt - IKEAr36 (vgl. Kolodej, Voutsinas, Jiménez & Kallus, 2005). Es konnten Handlungen und Verhaltensweisen identifiziert werden, die den drei Hauptphasen Verstimmung – Schlagabtausch – Vernichtung und schließlich den Eskalationsstufen 1, 3, 4, 5 und 7 nach Glasl (2013) zugeordnet werden konnten:

Der Eskalationsstufe 1 konnte die Einstellung des Befragten *(Kundenorientierung vs. Mitarbeiterorientierung)* zugeordnet werden, denn die Einstellung des Befragten kristallisiert sich als Standpunkt heraus. Der Standpunkt ist insofern starr, als dass selbst Problemanzeigen der Beschäftigten keinen Einfluss auf die Haltung des Befragten haben.

Der Eskalationsstufe 3 wurden die Handlungen *Ablenken, Aussitzen und Ignorieren von Problemen, Ausreden auftischen, Desinteresse, Interesse vorgaukeln, Ignorieren von Ideen, Ausnutzen und Überfordern, vor vollendete Tatsachen stellen* zugeordnet. Reden hilft nichts mehr, es folgen Taten, die die eigenen Ziele fördern und den Gegner blockieren.

Der Eskalationsstufe 4 wurden die Einschätzungen *„Der Betroffene sieht den Befragten als Feind"* und *„der Betroffene hat kein Vertrauen mehr"* sowie das Bild des *„zickenden" Mitarbeiters"*, das sich der Befragte vom Betroffenen gemacht hatte, zugeordnet. Einander werden negative Rollen zugeschrieben, die sich als stereotype Feindbilder festsetzen.

Der Eskalationsstufe 5 wurden die Handlungen *des Büros verweisen, Büro unvermittelt verlassen, Kompetenz infrage stellen, verbal entgleiten, Wortgefechte und Vorwurf des Ausbeutens* zugeordnet. Dem Gegner wird mit Schlägen unterhalb der Gürtellinie begegnet und jegliche soziale Identität und Integrität abgesprochen.

Der Eskalationsstufe 7 wurden die Handlung *Macht missbrauchen* und die Einstellung *Schädigung billigend in Kauf nehmen* zugeordnet. Systematische Vernichtungsschläge haben begonnen und der Machtmissbrauch führt zur eingeschränkten Möglichkeit der Gegenwehr des Betroffenen. Der Schaden für die Gegenseite wird in Kauf genommen (vgl. insgesamt Glasl, 2013).

Die Einordnung der *Eskalationsschwellen* richtete sich nach Arbeiten von Glasl (1980), Neuberger (1999) und Kolodej et al. (2004; 2008).

Als *erste Hauptschwelle* des Konfliktes (zwischen den Hauptphasen Verstimmung und Schlagabtausch) konnte das *kategorische Ablehnen von Fortbildungsmaßnahmen* identifiziert werden. Diese Handlung des Bossers führte beim Betroffenen zu einem Aha-Erlebnis und in der Folge zu (Über)Empfindlichkeit und Überreaktionen (u.a. unvermittelt das Büro verlassen, verbal entgleisen usw.).

Als *zweite Hauptschwelle* des Konfliktes (zwischen den Hauptphasen Schlagabtausch und Vernichtung) konnte *das bewusste Sich-Entziehen aus der*

Situation des Bossers identifiziert werden, in dessen Folge es dem Bosser ausschließlich darum ging, Macht auszuüben und den Betroffenen zu schädigen. Anhand der Aussagen des Befragten konnte auch die *Eskalationsschwelle zwischen den Eskalationsstufen 1 (Kundenorientierung vs. Mitarbeiterorientierung) und 2 (Pole: Fertigen von Problemanzeigen vs. Ignorieren von Problemanzeigen)* als Wendepunkt ermittelt werden (vgl. Glasl, 2013; Neuberger, 1999; Kolodej, Voutsinas, Jiménez, Kallus, 2004; Kolodej, 2008).

Die Aussagen des Interviewpartners hinsichtlich des eigenen und des *Konfliktlöseverhaltens* des Betroffenen wurden unter dem Modell der Dual Concern Theory nach Pruitt und Carnevale (1993) betrachtet und ausgewertet. Es konnte ermittelt werden, dass die Konfliktparteien den Konfliktmanagementstil *Nachgeben* gar nicht angewandt hatten. Auch wenn die Konfliktparteien anfänglich oder teilweise um die *Lösung* des Konfliktes bemüht waren (z. B. Signalisieren der Problemlösung, sich entschuldigen, Hinweise auf Personalprobleme), zeigten sie vor allem die Konfliktmanagementstile *Kämpfen* und *Vermeiden*, die De Dreu et al. (2001) und Van de Vliert (1997) zufolge einen Zusammenhang mit einer Konflikteskalation aufweisen (vgl. De Dreu, Evers, Beersma, Kluwer & Nauta, 2001; Van de Vliert, 1997). Leon-Perez et al. (2015) konnten im Rahmen einer Studie zum Zusammenhang zwischen Mobbing, dem Auftreten von Konflikten und spezifischen Konfliktlösungen zeigen, dass der Versuch, Konflikte zu vermeiden, zu einer Eskalation des Konflikts und zu einem Beziehungskonflikt führt. Die Ergebnisse der Autorinnen und Autoren zeigten u.a. auch, dass Kämpfen mit mehr Mobbing und Problemlösen mit weniger Mobbing verbunden ist (vgl. Leon-Perez, Medina, Arenas & Munduate, 2015). Damit unterstützen sie Ergebnisse u.a. von Ayoko et al. (2003), die im Rahmen ihrer Studie zu Mobbing eine signifikante Beziehung zwischen der Reaktion des Mitarbeiters auf Konflikte und Mobbing zeigen konnten: Produktive Reaktionen (Lösung des Konflikts) stehen in Verbindung mit einem Rückgang von Mobbing, destruktive Reaktionen (Konflikte ignorieren oder durch Kampf gewinnen wollen) stehen in Verbindung mit erhöhtem Mobbing. Folglich können nicht nur Konflikte selbst, sondern auch die Art und Weise des Umgangs mit ihnen Mobbing fördern oder verhindern (vgl. Ayoko, Callan und Härtel, 2003).

6.3.3.3 Auswertung Seelische Funktionen im Bossingprozess

Unter dem Gesichtspunkt der Seelischen Funktionen im Bossingprozess wurden in dieser Studie unter der Hauptkategorie 3-Seelische Funktionen die Unterkategorien *Gedanken* und *Gefühle des Bossers*, der *Wille des Betroffenen* sowie die *Ziele des Bossers* untersucht.

6.3.3.3.1 Gedanken des Bossers

Unter der Kategorie Gedanken wurden alle Aussagen erfasst, die Aufschluss darüber geben, was der Bosser während des Bossingprozesses gedacht hat.

Der Befragte berichtete vor allem über Gedanken zur eigenen Einstellung, zur Rolle als Führungskraft, zu Führungskompetenzen, zum Führungsverhalten und zur Konsequenz des Führungshandels sowie zu Macht, Machtlosigkeit und Machtmissbrauch.

„Aber wenn du als (.) Vorgesetzter in dieser Sandwich-Position das immer und immer wieder auch predigen musst und selber aber ein ganz anderes Verständnis davon hast und auch Hilfe brauchst (--), dann muss sich dieser Mitarbeiter ähm irgendwann, ja, verarscht vorkommen oder (--) ein Führungsversagen in meiner Person sehen (.) oder sich fragen, interessiert den das überhaupt" (...) Ähm, (2s), das ist, glaube ich, der, jetzt komme ich wieder zu so dem Begriff Mentalspagat, den man als Führungsverantwortlicher jeden „Tag eigentlich ertragen muss" (IP4: 137-141; 318-321).

„Und ähm deswegen mag ich auch nicht von Machtmissbrauch sprechen, weil ich glaube, dass das sehr viel mit ähm ähm (---), ja, in Führungskräften liegenden Kompetenzen auch zu tun hat (...) Ich glaube auch, dass es viele Führungskräfte gibt, die nicht Führungskräfte genau deswegen sein sollten, weil sie (---) das gar nicht reflektieren, schon gar nicht sich selbst reflektieren wollen" (IP4: 423-428).

„Aber erst im Nachhinein, denke ich, ähm (---) an einigen Stellen, dass es in Richtung Bossing gehen könnte, weil ich auf der einen Seite natürlich als Führungs- oder als Leitungsfunktion auch innehabe, Entscheidungen treffen zu müssen, die nicht unbedingt immer zum Wohl des Mitarbeiters sind, aber (.) dann halt zum Wohl des Unternehmens" (IP4: 12-15).

„Ähm (6s) natürlich ist es so, dass (.), in jeder Führungsverantwortung hast du (--) vermeintliche Macht, so, (.) in unterschiedlichen Paketen oder Portionierungen, so würde ich es, glaube ich, beschreiben wollen" (IP4: 194-197).

„Und das macht natürlich gute Vorgesetzte aus, wenn sie wissen, wie ihre Mitarbeiter ticken, ähm, das zu missbrauchen, das war ja, glaube ich, vorhin der Begriff, den du ähm verwendet hast, (.) ja, das könnte so eine Stelle sein" (IP4: 277-279).

Darüber hinaus machte sich der Befragte auch Gedanken zu der Arbeitssituation des Betroffenen, der Rolle des Betroffenen und dessen Verhalten sowie zu den Folgen für den Betroffenen und den Folgen von Unternehmensstrategie sowie zu der Rolle der Mitarbeiterinnen und -mitarbeiter sowie zum Vorgesetzten-Mitarbeiter-Verhältnis.

„Im Nachhinein, heute denke ich, zu allen anderen Belastungen, die sich wahrscheinlich irgendwie aufgestaut haben, bis das Ventil dann irgendwann geplatzt ist, ähm, ja, war das wahrscheinlich schon heftiger Tobak für den Mitarbeiter, was er mit sich ausmachen musste" (IP4: 267-270).

„(...) aber er war in sich schon (3s) seelisch und (---) geistig, glaube ich, (.) eingebrochen" (IP4: 155).

„(...) dass Unternehmen das so machen, ich glaube, das ist eine Unternehmensstrategie, die sinnvoll ist, aber am Ende hat es sich jetzt paradoxer-, für mich paradoxerweise so entwickelt, dass der Mitarbeiter sagt, du bist schuld" (IP4: 73-75).

„Ich kann nicht erwarten von dem Mitarbeiter, dass der (--) also in seiner, aus seiner Situation heraus Verständnis dafür entwickelt, dass ich als Führungskraft erst mal eine Strategie entwickeln muss" (IP4: 127-130).

„Da ich in Vorgesetzten-ähm-funktion bin (--), glaube ich, ähm glaube ich, dass durch mein (.) Führungs- und Leitungsverhalten gewisse (.) gewisse Drucksituationen bei Mitarbeitenden entstehen, (.) die ich im Alltag so nicht unbedingt wahrnehme, die erst durch Nachfragen, wenn denn Nachfragen kommen oder Konfliktsituationen, die dann entstehen, ähm (--) mir zumindest aufgezeigt werden" (IP4: 7-12).

6.3.3.3.2 Gefühle des Bossers

Unter der Kategorie Gefühle wurden alle Aussagen erfasst, die Aufschluss darüber geben, was der Bosser während des Bossingprozesses gefühlt hat. Der Befragte berichtete vor allem von einem Gefühl des Abstumpfens von Gleichmut und Gefühle unterdrücken.

„Ja, [Getränk wird eingegossen] also ich sagte ja vorhin schon mal, man stumpft dann irgendwann ab, also nicht man, sondern ich (.) bin irgendwann abgestumpft" (IP4: 676-678).

„Aber weil ich ja nicht mit den Basismitarbeitern in Kontakt stehe, war es für mich leichter, das auszuhalten, als für ihn, der eben den Mitarbeitern, der den Mitarbeiter die Schraube immer noch fester drehen musste" (IP4: 624-627).

„(...) wo man einfach sagt, nö, das lasse ich jetzt aber nicht an mich ran" (IP4: 701-702).

Der Befragte äußerte auch ein Gefühl der Unruhe bei der Personalentwicklung und empfand zudem Zweifel.

„Und (--) das macht mich ähm, ja, manchmal unruhig, wenn du solche Menschen, und das ist auch noch ein sehr junger Mensch, also dreißig Jahre alt, der sich traut, in diese Führungsverantwortung zu gehen, den ich auch noch gepusht habe über Jahre, also dem habe ich seine Ausbildung ermöglicht, dann ist der in eine Führungsfortbildung gekommen und ist führungsverantwortlich unter mir geworden" (IP4: 64-68).

„Natürlich habe ich Zweifel (...)" (IP4: 514).

Der Befragte berichtete außerdem von Warnsignalen und davon, Unstimmigkeiten empfunden zu haben.

„Natürlich gingen da die Warnleuchten an. Aber (.) da fühle ich jetzt noch nichts anderes, weil (.) ich tatsächlich eben – ich für mich sagen kann aus heutiger Sicht, das ist das Entscheidende dabei, für mich weiß, Dienstliches und Privates zu trennen" (IP4: 602-605).

„Und ja, (--) also die Frage nach Gefühlen ((lacht)), ähm, ich sagte das ja vorhin schon mal, ähm, es ist ja ein schleichender Prozess gewesen, und irgendwann, ich glaube, dass es in jedem, wenn diese Prozesse so beschreibbar sind, in jedem Prozess es die Stelle gibt, wo der Vorgesetzte merkt, da stimmt was nicht" (IP4: 597-600).

Obwohl der Befragte davon berichtete, sich schlimm zu fühlen, empfand er auch Zufriedenheit.

„Dass ähm (---) am Anfang es schlimm war, diesen Mitarbeiter so zu sehen, wie fahrig der wird, also hektische Flecken kriegt und äh mit jeder neuen Aufgabe er sich immer weiter eigentlich dem Abgrund näherte" (IP4: 684-686).

„Damals (.), ja, vielleicht war ich an manchen Tagen sogar zufrieden" (IP4: 465-466).

6.3.3.3.3   Wille des Betroffenen

Unter der Kategorie Wille wurden alle Aussagen erfasst, die Aufschluss darüber geben, was der Betroffene während des Bossingprozesses gewollt hat. Der Betroffene wollte den Wahrnehmungen des Befragten zufolge die Rolle einer Nachwuchskraft nicht annehmen, sondern eher eine Stabstellenfunktion wahrnehmen. Im Rahmen des Bossingprozesses wollte der Betroffene nach Ansicht des Befragten die Lösung des Personalproblems, Personalentwicklung für unterstellte Mitarbeiterinnen und Mitarbeiter betreiben und für sich selbst Wertschätzung. Wiederholte Gespräche über das Problem wollte der Betroffene nicht mehr führen.

„So, und ausgerechnet der, (---) wie man so schön sagt, auf das Pferd setze ich, um den als Führungs-ähm-Nachwuchskraft eben später zu haben. Und offenbar war das meine Vorstellung von ihm und gar nicht unbedingt seine Vorstellung (...) Ich glaube, das war schon ein, ja, richtig intrinsischer Wunsch von ihm, in so eine Stabstellenfunktion einer Projektleitung zu kommen oder so was" (IP4: 68-71; 257-259).

„(...) für jeden Mitarbeiter ist es immer ein Problem (...) Dinge auszuhalten, wenn ich die (.) meinem Vorgesetzten sage. Und wieder sage und wieder und wieder und wieder (...)Was (...) bei diesen personellen Problemen, und darum geht es ja hauptsächlich in dieser Funktion dieses Pflegedienstleiters, aber eben nicht von heute auf morgen zu lösen ist (...)" (IP4: 123-126; 130-132).

„Der Mitarbeiter meinte es gut, er wollte (.) Mitarbeiterbindung betreiben, er wollte ähm Personalentwicklung betreiben, er wollte, dass der Mitarbeiter eine Wertschätzung durch diese Fort-, oder Weiterbildung war es in dem Fall, erhält (...) so was hat er sich aber gewünscht,

also monetären Ausgleich, eine Anerkennung seiner Arbeit und solche Dinge (...) " (IP4: 387-389; 153-154).
„(...) wir wussten beide, da gibt es ein Problem, aber (.) wir haben das schon so häufig und immer wieder diskutiert, dieses Problem, dass weder er Bock darauf hatte, mit mir schon wieder in dieses Gespräch zu gehen (...) " (IP4: 415-417).

6.3.3.3.4 Ziele des Bossers

Unter der Kategorie Ziele wurden alle Aussagen erfasst, die Hinweise darauf geben, welche Ziele der Bosser im Rahmen des Bossings verfolgt hat. Der Befragte berichtete vor allem darüber, dass er effiziente, kompetente und funktionierende Mitarbeiter wollte.

„Ähm, während des Prozesses (3s), also als er noch hier tätig war, (3s) war es eigentlich immer so, dass ich einen (3s) effizienten, (---) kompetenten Führungsmitarbeiter haben wollte " (IP4: 595-597). *„Und das ist auch, (.) ich glaube, schon ernst gemeint, sie müssen funktionieren (.) und im besten Fall sogar noch effizient arbeiten "* (IP4: 664-666).

Darüber hinaus verfolgte der Befragte die Sicherstellung der organisationalen Funktionstüchtigkeit und damit das Verfolgen der Unternehmensziele sowie die Sicherstellung der Arbeitsfähigkeit des Betroffenen.

„Wir haben Fachkräftemangel, es gibt keine Fachkräfte auf dem Markt ähm, wir müssen die Mitarbeiter motivieren, länger zu arbeiten, auch mal Doppelschichten zu machen und so " (IP4: 134-136). *„Also sie nicht zu kontrollieren in ihren Aufgaben, die sie zu erfüllen haben, aber sehr wohl, dass sie dem Unternehmensziel, ja, nicht entgleiten, um es mal so zu beschreiben "* (IP4: 226-228). *„Also ich habe versucht, diesen Mitarbeiter dann wieder rauszuheben und zu sagen, egal wie es dir gerade geht, sieh zu, dass du wieder auf die Beine kommst (...) "* (IP4: 149-151).

Hinsichtlich der von dem Interviewpartner angestrebten Ziele berichtete der Befragte auch von einer optimalen Ressourcennutzung und von optimierter und effizienter Arbeit.

„Und bei mir ist sofort die Betriebswirtschaftsleuchte angegangen und hat gesagt, in diesem Jahr, weil wir sowieso einen (.) Fachkräftemangel haben, und ich kann diesen Mitarbeiter nicht in eine Weiterbildung geben, die eben (--), ja, fünf, sechs, acht Wochen im Jahr (--) ähm uns dieser Mitarbeiter fehlt und ich natürlich sofort im Hinterkopf ausrechne, wie viel Ressourcen brauche ich und so " (IP4: 382-387). *„Ich wollte nur einen optimierteren Mitarbeiter, ähm, oder einen Mitarbeiter, der noch effizienter arbeitet und seine Arbeitszeit (.) ähm effizienter nutzt, um die Dinge abzuarbeiten, die ich ihm auferlege "* (IP4: 344-346).

6.3.3.3.5 Zusammenfassung und Interpretation

Unter dem Aspekt der *eigenen Gedanken* während des Bossingprozesses berichtete der Interviewpartner zunächst einmal über Gedanken zur eigenen Einstellung und zur Rolle als Führungskraft und in diesem Zusammenhang davon, dass er in seiner Sandwich-Position Entscheidungen gegen die eigenen Einstellung treffen musste und selbst auf Hilfe angewiesen gewesen sei. Die *Sandwich-Position* bestimmt in einer hierarchischen Organisation eine Position zwischen strategischer Spitze (Unternehmensleitung) und operativem Kern eines Unternehmens. Aus dieser Situation heraus ergeben sich für den sogenannten „Middle-Manager" eine Rechenschaftspflicht nach oben und eine Verantwortung gegenüber unterstellten Mitarbeiterinnen und Mitarbeitern. Aufgabe der „Middle-Manager" ist es, den Informationsfluss in einem Unternehmen aufrecht zu erhalten, um einerseits die entwickelten Strategien des Top-Managements an die operative Ebene herantragen und andererseits Ideen der Mitarbeiterinnen und Mitarbeiter nach oben transportieren zu können. „Middle-Manager" fungieren in diesem Sinne also als Sprachrohr eines Unternehmens. Zu ihren wesentlichen Aufgaben gehören Planung, Organisation, Beantwortung von Fragen von Mitarbeiterinnen und Mitarbeitern, Führung und Aufsicht und die Verpflichtung, personelle und finanzielle Ressourcen zielorientiert einzusetzen. Im Spannungsfeld zwischen Top-Management und operativem Kern geraten die „Middle-Manager" unter extremen Druck, denn häufig sind sie auch dazu aufgefordert, Entscheidungen im Sinne des Top-Managements zu treffen, die sie selbst so nicht getroffen hätten (vgl. Roth, 2016). Das Ausfüllen der Sandwich-Position führt in der Regel zu Rollenkonflikten, weil gegensätzliche oder unvereinbare Rollenerwartungen existieren. Kahn et al. (1964) beschreiben vier Arten des Rollenkonflikts (Interrollen-Konflikt, Intra- und Intersenderkonflikt, Person-Rolle-Konflikt). Bei einem Person-Rolle-Konflikt bspw. stehen externe Erwartungen (Erwartungen der Unternehmensleitung) im Widerspruch zu den Werten und Bedürfnissen (selbst auf Hilfe angewiesen zu sein) und Einstellungen (ein anderes Verständnis von den Dingen haben) des Rolleninhabers (Befragter) (vgl. Kahn, Wolfe, Quinn, Rosenthal & Snoek, 1964). Die Äußerungen des Befragten weisen in diesem Kontext auf einen solchen Person-Rolle-Konflikt hin, denn er bezeichnet das Ausfüllen der Sandwich-Position als Mental-Spagat.

Im Weiteren machte sich der Befragte Gedanken zu Kompetenzen von Führungskräften im Allgemeinen, zum eigenen Führungsverhalten und zur Konse-

quenz des eigenen Führungshandels. Für die Studie von Belang sind die Äußerungen hinsichtlich des Zeitpunkts der Gedanken zum eigenen Führungsverhalten
und zur Konsequenz des eigenen Führungshandels. Der Befragte stellt einen Zusammenhang zwischen Führungsentscheidungen, deren Konsequenzen (nicht
zum Wohle des Mitarbeiters) und Bossing erst im Nachhinein her, was impliziert,
dass er sich solche Gedanken während des Bossingprozesses offensichtlich nicht
gemacht hatte. Die Aussagen zum Zeitpunkt dieser Gedanken stehen auch im Einklang zu den Gedanken, die sich der Befragte über Macht, Machtlosigkeit und
Machtmissbrauch sowie über die Arbeitssituation des Betroffenen und die Folgen
des Bossings für den Betroffenen gemacht hatte. Auch diese Gedanken machte
der Befragte sich erst nach Beendigung des Bossingprozesses. Für die Ermittlung
der Eskalationsbedingungen spielen jedoch insbesondere Gedanken eine Rolle,
die sich der Befragte zum Zeitpunkt des Bossings gemacht hat.

Der Interviewpartner berichtete auch über seine Gedanken hinsichtlich der
Folgen von Unternehmensstrategie im Zusammenhang mit Personalentwicklungsmaßnahmen. Die Maßnahmen der Personalentwicklung (Förderung des Betroffenen) hätten sich schließlich gegen den Befragten gewandt, denn der Betroffene hatte ihm am Ende den Vorwurf gemacht, schuld an seiner Situation zu
sein und ihn ausgebeutet und überfordert zu haben. Im Sinne der klassischen Betriebswirtschaftslehre werden Bildung und Personalentwicklung gleichgesetzt.
Nach Becker (2011) werden unter Personalentwicklung verstanden, *„alle Maßnahmen der Bildung, der Förderung und der Organisationsentwicklung, die ziel-
gerichtet, systematisch und methodisch geplant, realisiert und evaluiert werden"*
(vgl. Becker, 2011, S. 8). Personalentwicklung als Teil der Unternehmensstrategie
ist als strategische Personalentwicklung zu verstehen, bei der ein Unternehmen
die Entwicklung und Förderung der in einem Mitarbeiter angelegten Potenziale
auf Basis der strategischen Unternehmensziele anlegt. Sie bezieht sich auf alle
Mitarbeiterinnen und Mitarbeiter eines Unternehmens und fokussiert sich insbesondere auf die Sicherung von Schlüsselpositionen (vgl. Wegerich, 2015). Der
Betroffene war von dem Befragten als Nachwuchskraft für eine Führungsaufgabe
gefördert worden. Positionen der Führungskräfte können als Schlüsselpositionen
in Unternehmen angesehen werden. Wie unter Ziff. 6.3.3.3.3 aufgeführt, wollte
der Betroffene die Rolle der förderungswürdigen Nachwuchskraft nicht annehmen. Weitere Ausführungen dazu siehe weiter unten.

Der Interviewpartner äußerte zudem, dass er sich Gedanken über die Rolle
des Betroffenen und dessen Verhalten gemacht hatte und zu dem Ergebnis kam,

dass er vom Betroffenen nicht erwarten konnte, dass der sich Gedanken über die Strategieentwicklung einer Führungskraft macht. Diese Aussage des Befragten weist darauf hin, dass der Befragte kein Vertrauen in die Potenziale und Fähigkeiten des Betroffenen hatte. Im Gegenteil! Er spricht dem Betroffenen im gewissen Maße sogar die intellektuellen Fähigkeiten ab, sich mit den Aufgaben einer Führungskraft auseinandersetzen zu können. Die Aussage steht im Widerspruch zu der eigentlichen Personalentwicklungsmaßnahme, den Betroffenen als Nachwuchskraft für Führungsaufgaben zu fördern.

Des Weiteren machte sich der Befragte Gedanken über das Vorgesetzten-Mitarbeiter-Verhältnis und die Rolle der Mitarbeiterinnen und -mitarbeiter und ist der Auffassung, dass das eigene Führungsverhalten zu Drucksituationen geführt hat, die er aber im Alltagsgeschehen nicht wahrgenommen bzw. erst auf Nachfrage bei den Mitarbeiterinnen und Mitarbeitern aufgezeigt bekommen hatte. Die Aussage deckt sich zu den Aussagen, die der Befragte im Zusammenhang mit Führung (leadership) gemacht hatte. Unter diesem Aspekt äußerte er u.a., dass die Führungsverantwortung für eine große Anzahl von Mitarbeiterinnen und Mitarbeitern zum Verlust der Achtsamkeit führt (siehe näheres unter Ziff. 6.3.3.4.1 unter der Überschrift Leadership und 6.3.3.4.4 unter der Überschrift Auswertung und Interpretation).

Unter dem Aspekt der *eigenen Gefühle* während des Bossingprozesses berichtete der Befragte von einem Gefühl des Abstumpfens und von Gleichmut. Er äußerte auch, Gefühle unterdrückt und sich schlimm gefühlt, aber dennoch auch Zufriedenheit empfunden zu haben. Unter *Abstumpfen* ist zu verstehen, dass jemand gefühllos, teilnahmslos wird und unter *Gleichmut* ist u.a. ein leidenschaftsloser Gemütszustand zu verstehen. *Gefühle unterdrücken* ist gleichbedeutend damit, etwas (die Gefühle) nicht aufkommen zu lassen. *Sich schlimm fühlen* ist mit einem Zustand von Unwohlsein und *Zufriedenheit empfinden* mit einem Zustand von Wohlbefinden zu beschreiben. (vgl. insgesamt Duden, 2010). Die Äußerungen des Befragten geben einen Hinweis auf eine mangelnde Empathie-Fähigkeit. Spisak und Della Picca (2017) verstehen unter dem Begriff Empathie im Arbeitskontext „ (...) *die Bereitschaft und Fähigkeit (...), sich an die Seite eines anderen Menschen zu stellen und ihm einfühlsam zu helfen*" (S. 117). Kombiniert mit der Fähigkeit zum Perspektivenwechsel ist Empathie Grundlage jeder Zusammenarbeit, weswegen sie sich als Kernkompetenzen der Zusammenarbeit und Führung u.a. auch in Management-Kompetenzmodellen vieler Unternehmen wiederfinden.

Eine ausgeprägte Empathie-Fähigkeit wird im Kontext von Führung von Führungskräften erwartet, denn sie sollen u.a. Mitarbeiterinnen und Mitarbeiter in ihrer Emotionalität verstehen, ihnen Hilfestellung geben und sie in ihrer Selbstbestimmtheit unterstützen (vgl. Spisak & Della Picca, 2017). Zwar berichtete der Befragte davon, Warnsignale und Unstimmigkeiten empfunden zu haben. Aber obwohl die „Warnleuchten" angingen, änderte er sein Verhalten nicht, was die mangelnde Empathie-Fähigkeit unterstreicht.

Der Befragte äußerte auch ein Gefühl der Unruhe bei der Personalentwicklung und empfand zudem Zweifel. Die Unruhe und der Zweifel des Befragten bezogen sich dabei auf die Rolle des Betroffenen, der vom Befragten gepusht wurde (Ausbildung ermöglicht, Führungsfortbildung) und der mittlerweile in Führungsverantwortung stand. Unruhe und Zweifel bezogen sich nicht auf das eigene Führungsverhalten, sondern auf die Potenziale und Fähigkeiten des Betroffenen.

Unter dem Aspekt des *Willens des Betroffenen* während des Bossingprozesses berichtete der Interviewpartner davon, dass er wahrgenommen hatte, dass der Betroffene die Rolle einer Nachwuchs-Führungskraft nicht annehmen, sondern eher eine Stabstellenfunktion wahrnehmen wollte. An dieser Stelle kann auf die Ausführungen zum Person-Rolle-Konflikt verwiesen werden. Den Person-Rolle-Konflikt erlebt der Betroffene (Rolleninhaber) in der Gestalt, als dass die externe Erwartung (Nachwuchs-Führungskraft) im Widerspruch zu den eigenen Werten, Bedürfnissen und Einstellungen (das Bedürfnis und die Einstellung, lieber eine Stabstellenfunktion besetzen zu wollen) steht.

Zudem hat der Betroffene nach Ansicht des Befragten die Lösung des Personalproblems und keine wiederholten Gespräche über das Problem gewollt. Die Aussagen des Interviewpartners weisen an dieser Stelle auf das Konfliktlöseverhalten des Befragten hin, das bereits unter Ziff. 6.3.3.2.3 und 6.3.3.2.4 abgehandelt wurde.

Schlussendlich habe der Betroffene Personalentwicklung und Wertschätzung für unterstellte Mitarbeiterinnen und Mitarbeiter und für sich selbst Anerkennung gewollt. Zu dem Aspekt der Personalentwicklung wurde bereits hinreichend ausgeführt. Unter *Wertschätzung* im Arbeitskontext ist das Anerkennen einer Person oder eine Sache an sich zu verstehen. Wertschätzung ist auf den Menschen bezogen und ist unabhängig von seinen Aktivitäten oder Leistungen zu betrachten. *Anerkennung* hingegen bezieht sich auf Leistung (Lob) und Einsatz (Dank) (vgl. Bach, 2014). Die Aussagen des Befragten lassen den Schluss zu, dass er mit den Instrumenten der Wertschätzung und Anerkennung gar nicht oder nur unzureichend geführt hat.

Der Befragte beschreibt unter dem Aspekt der *eigenen Ziele* ausschließlich Organisationsziele, die er verfolgte. Er wollte effiziente, kompetente und funktionierende Mitarbeiterinnen und Mitarbeiter haben sowie die Arbeitsfähigkeit des Betroffenen sicherstellen, um die organisationale Funktionstüchtigkeit und somit das Verfolgen der Unternehmensziele gewährleisten zu können. Als weitere Ziele beschreibt der Befragte eine optimale Ressourcennutzung sowie optimierte und effiziente Arbeit. Unter Effizienz wird im weitesten Sinne Wirksamkeit und Wirtschaftlichkeit verstanden (vgl. Duden, 2010), also das Verhältnis zwischen Leistung und Erfolg bzw. Kosten und Ertrag (vgl. Wöhe & Döring, 2013). Demnach können die Aussagen des Interviewpartners dahingehend interpretiert werden, dass die Unternehmensziele schnellstmöglich mit wenig Aufwand erreicht werden sollen. Aus Sicht des Befragten gehören dazu eine optimale Ressourcennutzung, effiziente Mitarbeiterinnen und Mitarbeiter sowie eine optimierte und effiziente Arbeit. Unter Kompetenz sind allgemeine Fähigkeiten und Fertigkeiten eines Menschen zu verstehen (vgl. Duden, 2010). Kompetente Mitarbeiterinnen und Mitarbeiter zeichnen sich insofern vor allem durch Befähigung, Eignung und Leistung sowie durch Fach- und Sachkunde aus, um die berufstypischen Aufgaben selbstständig und eigenverantwortlich bewältigen zu können. Das Ziel funktionierende Mitarbeiter zu wollen kann einerseits dahingehend interpretiert werden, dass der Befragte vorschriftsmäßig arbeitende Mitarbeiterinnen und Mitarbeiter im Sinne eines „das Amt ausführen" will. Sich also den Normen entsprechend angepasst verhalten (vgl. Duden, 2010). Andererseits wird das Wort Funktionieren im 20. Jahrhundert eher im Zusammenhang mit Maschinen gebraucht, was insofern auch eine negative Interpretation zulässt, da Mitarbeiterinnen und Mitarbeiter von Individuen (Subjekten) zu Objekten degradiert werden (der Mensch als schlecht funktionierende Maschine). Die Aussagen des Befragten hinsichtlich des Ziels, die Arbeitsfähigkeit des Betroffenen sicherstellen zu wollen, zielen ausschließlich darauf ab, dass der Betroffene so schnell wie möglich wieder gesunden und dem Arbeitgeber wieder zur Verfügung stehen soll. Tempel und Ilmarinen (2013) jedoch definieren Arbeitsfähigkeit als die Fähigkeit eines Individuums, eine gegebene Arbeit zu einem bestimmten Zeitpunkt zu bewältigen. Arbeitsfähigkeit umfasst dabei sowohl individuelle Faktoren, wie Gesundheit und Kompetenzen, als auch spezifische Bedingungen und Anforderungen der Arbeit.

Die Arbeitsfähigkeit ist dann gegeben, wenn individuelle Faktoren und arbeitsbedingte Anforderungen miteinander harmonisieren (vgl. Tempel & Ilmarinen, 2013). Organisationale Funktionstüchtigkeit beschreibt einen Zustand einer funktionsfähigen Institution durch ihre Zusammensetzung, Struktur und Beschaffenheit (vgl. Duden, 2010), die der Befragte trotz Fachkräftemangel und mit Motivation zur Mehrarbeit gewährleisten will. Unternehmensziele werden als unternehmerische Zielsetzungen und Ausdruck des Selbstverständnisses und des Anspruchs eines Unternehmens verstanden (vgl. Hungenberg & Wulf, 2015). Die Äußerungen des Befragten hinsichtlich seiner Ziele lassen den Schluss zu, dass das Verfolgen der Unternehmensziele für ihn höchste Priorität genießt, denn die Mitarbeiterinnen und Mitarbeiter sollen ihre Aufgaben erfüllen und dem Unternehmensziel „ja nicht entgleiten".

6.3.3.3.6 Theoretische Einordnung unter dem Gesichtspunkt der Seelischen Funktionen

Zur Bewertung der seelischen Funktionen im vorliegenden Bossingfall kann auf das Modell von Glasl (2013) zurückgegriffen werden. Das Modell weist aus, dass Wahrnehmungen, Gedanken, Gefühle und Wille miteinander verknüpft sind und sich gegenseitig beeinflussen. Gedanken, Gefühle und Wille führen zu einem bestimmten Verhalten und schließlich zu Effekten in Form von subjektiven und objektiven Wirkungen (vgl. Glasl, 2013).

Gedanklich befasste sich der Bosser mit der eigenen Rolle als Führungskraft (Sandwich-Position; Person-Rolle-Konflikt), der Rolle des Betroffenen, der vom Bosser und dem Unternehmen im Rahmen einer Personalentwicklungsmaßnahme als Nachwuchs-Führungskraft gefördert werden sollte aber lieber eine Stabsstellenfunktion einnehmen wollte (Person-Rolle-Konflikt), dem eigenen Führungshandeln und dessen Folgen (u.a. Drucksituationen bei den Mitarbeiterinnen und Mitarbeitern; Verlust der Achtsamkeit) sowie den Potenzialen, Fähigkeiten und der Persönlichkeit des Betroffenen.

Hinsichtlich der eigenen Gefühle wies der Bosser auf eigene Haltungen (Kundenorientierung vs. Mitarbeiterorientierung), Stimmungen (im weitesten Sinne Empathielosigkeit) und Einstellungen (Zweifel an den Fähigkeiten des Betroffenen) hin.

Der Bosser beschreibt den eigenen Willen (Ziele) damit, ausschließlich Organisationsziele verfolgt zu haben. Der Wille des Betroffenen hingegen war auf Wertschätzung und Anerkennung sowie auf Personalentwicklungsmaßnahmen seiner Mitarbeiterinnen und Mitarbeiter ausgerichtet. Der anfängliche Wille zur Lösung des bestehenden Personalproblems weicht mit Fortschreiten des Bossing-prozesses dem Willen, den Konflikt nicht mehr lösen zu wollen.

Gedanken, Gefühle und Wille (Ziele) des Bossers führten zum Bossingver-halten mit den objektiven Folgen der Erkrankung des Betroffenen (Schädigung) und den subjektiven Folgen in der Gestalt, als dass der Bosser glaubt, der Be-troffene sähe ihn als Feind.

6.3.3.4 Auswertung Arbeitsumwelt

Zur Erklärung weiterer Eskalationsbedingungen bei Bossingprozessen wurden unter der Hauptkategorie 4-Arbeitsumwelt die Unterkategorien *Leadership*, die *Organisation* und die *sozialen Beziehungen* untersucht.

6.3.3.4.1 Leadership

Unter der Kategorie Leadership wurden alle Aussagen erfasst, die Auf-schluss über die Führungsposition (Funktion, Einstellung Verantwortung, Füh-rungsentscheidungen, Führungshandeln, Führungsverhalten, Führungsstil usw.) des Bossers geben. Der Befragte berichtete davon, dass er auf Geschäftsführe-rebene strategische Aufgaben wahrgenommen hatte. Er war für 150 Mitarbeite-rinnen und Mitarbeiter in einem Bereich für Projekte und Ideen für die Behinder-tenhilfe verantwortlich.

„(...) wobei ich nicht im mittleren Management tätig bin, sondern ja eher der Geschäftsführung zugeordnet (...) Strategie ist meine Aufgabe (...) ich bin ja für 150 Mitarbeiter verantwortlich (...) meine Aufgabe ist, strategisch Projekte, Produkte zu entwickeln für die Behindertenhilfe" (IP4: 16-17; 50; 296; 248-249).

Zu seiner Führungsfunktion erklärte der Befragte, dass diese mit Verant-wortung verbunden war und dass die übertragene Führungsverantwortung Macht verlieh. Die Führungssituation selbst führte zu Durchhalteparolen.

„(...) Macht bedeutet für mich automatisch auch Verantwortung (...) in jeder Führungsverant-wortung hast du (--) vermeintliche Macht, so, (.) in unterschiedlichen Paketen oder Portionie-rungen (...) Aber wenn du als (.) Vorgesetzter in dieser Sandwich-Position das immer und im-mer wieder auch predigen musst (...)" (IP4: 198-199; 195-196; 137-138).

Hinsichtlich der Führungsverantwortung und des Führungsverhaltens be-richtete der Befragte davon, dass Führungsverantwortung für eine große Anzahl von Mitarbeiterinnen und Mitarbeitern zum Verlust der Achtsamkeit führt und dass die Führungsverantwortung außer Kraft gesetzt werden kann. Der Befragte meinte, dass er seiner Führungsverantwortung nicht immer gerecht wurde. Sein eigenes Führungsverhalten führte bei den Mitarbeiterinnen und Mitarbeitern zu Drucksituationen und Überforderung.

„(...) je mehr Mitarbeiter man ähm unterstellt bekommt, desto größer ist dieses Risiko, (.) also da immer mit Achtsamkeit, mit offenen Augen durch die Welt zu gehen, durch unsere Welt zu gehen, das (3s), das ähm ist nicht leicht (...) Also ich kann sie außer Kraft setzen oder (.) ich kann sie ignorieren, ähm (2s), aber sie ist ständig da, ich habe eine Verantwortung (...) Und ich glaube ja, (---) dass ich meiner Verantwortung nicht immer gerecht geworden bin" (IP4: 642-644, 200-201; 217-218).

„Da ich in Vorgesetzten-ähm-funktion bin (--), glaube ich, ähm glaube ich, dass durch mein (.) Führungs- und Leitungsverhalten gewisse (.) gewisse Drucksituationen bei Mitarbeitenden entstehen, (.) die ich im Alltag so nicht unbedingt wahrnehme, die erst durch Nachfragen, wenn denn Nachfragen kommen oder Konfliktsituationen, die dann entstehen, ähm (--) mir zumindest aufgezeigt werden (...) das ist so meine, ja (--) Diagnose und auch Prognose gewesen am Ende, (.) dass man diese Zustände einfach nicht zu lange aushalten, diese Mitarbeitergruppe nicht zu lange aushalten lassen darf" (IP4: 7-12; 159-161).

Der Interviewpartner äußerte hinsichtlich seiner Führungseinstellung, dass diese nicht mitarbeiterorientiert war und dass sein Führungsziel auf eine sinnvolle Tätigkeit sowie motivierte, effiziente und funktionierende Mitarbeiterinnen und Mitarbeiter ausgerichtet war.

„(...) Mitarbeitern auch zu sagen, weißt du was, heute kann ich dir mal nicht – ich kann dich heute mal nicht fragen, wie es dir geht, ähm, und es interessiert mich auch gerade nicht (...) Natürlich denke ich manchmal, äh, ich will mir den Scheiß jetzt gerade nicht anhören, weil ich 10.000 andere Sorgen habe" (IP4: 314-315; 317-318).

„(...) mein Ziel als Vorgesetzter ist es, dass der Mitarbeiter (.) ja natürlich auch gern zur Arbeit kommt, das stelle ich jetzt nicht normalerweise nach vorne, aber in diesem Fall ((lacht)) stelle ich das mal nach vorne, weil ich das auch ernst meine. Also ich möchte schon, dass die Mitarbeiter in ihrer Arbeit einen Sinn sehen und auch durchaus gern zur Arbeit kommen, aber (--), oder nicht aber, sondern eher und sie müssen (--), ja, so schlimm das klingt, funktionieren (...) sie müssen funktionieren (.) und im besten Fall sogar noch effizient arbeiten" (IP4: 659-666).

Hinsichtlich der von ihm getroffenen Führungsentscheidungen berichtete der Befragte von Entscheidungen im Sinne einer Kundenorientierung zum Wohle des Unternehmens und nicht zum Wohle der Mitarbeiterinnen und Mitarbeiter. Im Weiteren äußerte der Befragte, dass er Führungsentscheidungen nicht begründete und die Führungsentscheidungen zur Belastung nachgeordneter Führungskräfte führte. Die Führungsentscheidungen waren auf kurzfristige Problemlösungen ausgerichtet.

„(...) weil ich auf der einen Seite natürlich als Führungs- oder als Leitungsfunktion auch innehabe, Entscheidungen treffen zu müssen, die nicht unbedingt immer zum Wohl des Mitarbeiters sind, aber (.) dann halt zum Wohl des Unternehmens (...) auch wenn der Mitarbeiter jetzt ähm

die zweite Schicht am Stück machen muss, der Kunde muss versorgt werden, und ähm du kannst zwar eine Problemanzeige, so nennt sich das bei uns, äh, mir gern schicken, aber erst mal musst du diese Situation durchstehen" (IP4: 13-15; 40-43).

"So, habe es aber auch nicht weiter ausgeführt (...)" (IP4: 390-391).

"Und diesen Spagat (...) belastet mich vielleicht gar nicht so sehr, wie es dann in der nächsten Führungsebene aber sich auswirkt, wenn man es an die Mitarbeiter an der Basis weitergeben muss" (IP4: 24-27).

"Aber es gibt die Möglichkeit, strategisch solche kurzfristigen Akutprobleme zu überbrücken mit (---) irgendwelchen Personalstrategien oder mit neuen Kunden-ähm-orientierungen oder was auch immer. Es gibt natürlich für alles Lösungen, aber die gibt es nie sofort" (IP4: 47-51).

Der Befragte äußerte, dass sein Führungshandeln auf die Unternehmensziele und die Pflichten der Mitarbeiterinnen und Mitarbeiter sowie auf Delegation ausgerichtet war. Der Interviewpartner ist der Auffassung, dass das Führungshandeln im Sinne der Unternehmensziele negativ wirkt, und zur Mehrbelastung und Demotivation der Mitarbeiterinnen und Mitarbeiter führt.

"Und (--) der Alltagsschwerpunkt liegt meistens auf den Pflichten, die ich den Mitarbeitern auflege (...) Also sie nicht zu kontrollieren in ihren Aufgaben, die sie zu erfüllen haben, aber sehr wohl, dass sie dem Unternehmensziel, ja, nicht entgleiten, um es mal so zu beschreiben" (IP4: 224-225; 226-228).

"Ich gebe (--) meine Verantwortung, delegiere die oder Teile meiner Verantwortung an die mir nachgeordneten Führungskräfte (...) Das heißt, zusätzlich zu diesen Drucksituationen sind noch Aufgaben oben drauf gekommen" (IP4: 167-169).

"Und dann wird der Mitarbeiter nicht nur in seiner Motivation weiter, also über den Tellerrand zu denken ähm eingeschränkt, sondern (.) auch an dieser Stelle ((lacht)) ihn noch daran erinnert, dass er seine eigentliche Arbeit nicht schafft. Also noch negativer kann man einem Mitarbeiter eigentlich gar nicht (.) begegnen" (IP4: 260-263).

Zu dem Zusammenhang zwischen Führungsverantwortung und Macht machte der Befragte widersprüchliche Angaben. Obwohl der Befragte sich nach eigenem Bekunden nicht mit der Machtfrage beschäftigen will, sieht der Befragte keinen Zusammenhang zwischen Führungsverantwortung und Macht, resp. die Möglichkeit von Machtmissbrauch. Obwohl die übertragene Führungsverantwortung nach eigenem Bekunden Macht verlieh, spricht er davon, dass Verantwortung nicht missbraucht werden kann. Andererseits äußerte der Befragte, dass Machtmissbrauch bei langjährigen und loyalen Mitarbeiterinnen und Mitarbeitern möglich ist.

"Merkwürdigerweise will ich mich damit offenbar nicht auseinander setzen (...) Also Macht fällt mir tatschlich gerade (.), das ist kein Wort, mit dem ich so in diesem, also schon gar nicht im (---) Führungsverhalten das Wort überhaupt gebrauchen würde (...) Und meine Verantwortung kann ich nicht missbrauchen" (IP4: 215-216; 201-203; 199-200).

168

„(...)es gibt so (--) tatsächlich Einzelbeispiele, wo man von Machtmissbrauch sprechen kann, weil man das also auf (--) psychosozialer Ebene, so würde ich es beschreiben – ähm, die (---), die, ja, das ist interessant, jetzt lerne ich selber gerade, die Macht ähm (3s), die man über den Mitarbeiter tatsächlich hat, weil man weiß, wie er reagieren wird. So, das geht natürlich nur bei langjährigen Mitarbeitern und Mitarbeitern, die einem selbst gegenüber (.) wahnsinnig loyal sind, also der wäre für mich durchs Feuer gegangen. Das wusste ich" (IP4: 515-521).

6.3.3.4.2 Auswertung Organisation

Unter der Kategorie Organisation wurden alle Aussagen erfasst, die Aufschluss über die organisationalen Bedingungen während des Bossingprozesses geben. Der Befragte berichtete von der Pflegebranche, in der durch Fachkräftemangel großer Druck vorherrscht. Der Fachkräftemangel, resp. Personalmangel führt einerseits zu Mehrarbeit, zur Überforderung der Mitarbeiterinnen und Mitarbeiter (im Besonderen des Betroffenen), zum Ablehnen von Fortbildungsmaßnahmen und dem Problem, dass Personalprobleme kurzfristig nicht lösbar sind. Andererseits sind Freistellungen für Fortbildungsmaßnahmen möglich.

„Dadurch dass es hier um den pflegerischen Bereich geht, da ist es sowieso immer so, ist der Druck sowieso immer schon groß (...) Wir haben Fachkräftemangel, es gibt keine Fachkräfte auf dem Markt ähm, wir müssen die Mitarbeiter motivieren, länger zu arbeiten, auch mal Doppelschichten zu machen und so (...)" (IP4: 37-38; 134-136)

„Ich glaube aber, dass dieser Mitarbeiter eben – ja, jetzt wiederhole ich mich – eben zu lange diese Zustände aushalten musste (...)das war dann irgendwann sehr deutlich zu spüren, weil (.) hundert Aufgaben, die am Tag zu erledigen sind, also die standardmäßig zu erledigen sind für diese Funktion, die er in sich hatte, äh, wo noch dreißig Aufgaben erledigt wurden" (IP4: 182-184; 719-721).

„(...) weil wir sowieso einen (.) Fachkräftemangel haben, und ich kann diesen Mitarbeiter nicht in eine Weiterbildung geben (...)" (IP4: 383-385)

„Was in diesen, bei diesen personellen Problemen, und darum geht es ja hauptsächlich in dieser Funktion dieses Pflegedienstleiters, aber eben nicht von heute auf morgen zu lösen ist, schon gar nicht in Zeiten von Fachkräftemangel" (IP4: 130-132).

„(...) der hat eine Fachweiterbildung zur leitenden Pflegefachkraft gemacht. Und die geht über anderthalb Jahre ähm, ist in Blockwochen organisiert, und während der Blockwochen sind die Mitarbeiter freigestellt (...)" (IP4: 524-526).

Der Interviewpartner berichtete darüber hinaus, dass die Pflegebranche eine aufwendige Dokumentation mit einem aufwendigen Dokumentationssystem erforderlich macht, Mitarbeiterinnen und Mitarbeiter die Dokumentationen allerdings mangelhaft ausführen. Im Weiteren erfordert der Pflegebereich Rufbereitschaften mit ständigen Back-up-Wochenendbereitschaften (insbesondere für den Betroffenen).

„ (...) in der Pflege ist es so, hm, man muss unheimlich viel dokumentieren. Und (.) wir haben (.) ein Dokumentationssystem, was wahnsinnig aufwändig ist (...) Und es sind immer wieder Mitarbeiter dabei, die eben nicht richtig dokumentieren" (IP4: 483-486).

„ (...) Pflegedienstleitung (.) haben bei uns ein so genanntes Back-up-Rufsystem, also an Wochenenden müssen die – wir haben zwar eine Rufbereitschaft, die auch von den Mitarbeitern aus der Basis ist, aber es gibt jedes Wochenende ein Back-up von Pflegedienstleitungen (...) Und dieser Mitarbeiter hatte das Unglück, mehrere Monate jedes Wochenende (...) in Rufbereitschaft zu sein" (IP4: 83-86; 87-89).

Im Weiteren berichtete der Befragte von Organisationsstrukturen, wie die bestehende Hierarchie, einem Betrieblichen Wiedereingliederungsmanagement (BEM), einem Talentmanagement, einem jährlichen Fortbildungsbudget, Fort- und Weiterbildungsmöglichkeiten, Funktionsbeschreibungen, Projektmanagement und täglichen Führungsrunden.

„ Und das ist ja diese berühmte Sandwich-Situation, wobei ich nicht im mittleren Management tätig bin, sondern ja eher der Geschäftsführung zugeordnet, aber unter mir, also die Leitungsebene unter mir, im mittleren Management sich befindet" (IP4: 15-18).

„Ähm, zwei von den Kollegen sind wieder da, ähm, die sind wieder am Start und sagen, ja, okay, sind durch ein BEM-Verfahren gelaufen (...)" (IP4: 54-56).

„ (...) dann ist der in eine Führungsfortbildung gekommen (...) das ist eine Unternehmensstrategie, die sinnvoll ist" (IP4: 67-68; 74).

„ Wir haben ja jedes Jahr ein Fortbildungsbudget, (.) was der Mitarbeiter wusste" (IP4: 403-404).

„ (...) der hat eine Fachweiterbildung zur leitenden Pflegefachkraft gemacht" (IP4: 524-525).

„ Wir haben Funktionsbeschreibungen" (IP4: 664).

„Also wir haben ja gerade eingangs zum Gespräch über ein Riesenprojekt gefragt, was wir hier gerade auf die Beine stellen" (IP4: 164-165).

„ (...) ich habe ja mehrere Sitzungen manchmal am Tag mit ein und demselben Personenkreis zu unterschiedlichen Themen (...)" (IP4: 322-324).

Der Befragte berichtete auch von einem negativen Betriebsklima, Intransparenz und Kommunikationseinschränkungen für die Mitarbeiterinnen und Mitarbeiter.

„ Wir haben einen sehr höflichen, wohlwollenden Umgang (---) nach außen. Ob der aber nach innen auch immer so gemeint ist?" (IP4: 302-303).

„Ich für mich habe die Möglichkeit, sowohl nach oben zu meinen Geschäftsführern direkt Kontakt aufzunehmen als auch zu meinen mir nachgeordneten Führungsverantwortlichen. Die können keine großen Kontexte nachfragen (--) oder direkt eben um Verständnis bitten in bestimmten Situationen, sondern müssen immer über mich laufen (...)" (IP4: 31-35).

Der Interviewpartner berichtete zudem davon, dass er für 150 Mitarbeiterinnen und Mitarbeiter führungsverantwortlich war und hinsichtlich seiner Führungsentscheidungen über Handlungsspielraum verfügte.

*„(…) ich bin ja für 150 Mitarbeiter verantwortlich (…) Ich will mich dabei auch nicht ähm
damit rausziehen, dass ich sage, na ja, mir wird ja auch nur ein Rahmen gesteckt, in dem ich
mich bewegen kann, weil ich schon einen sehr großen Spielraum habe, was das betrifft, also
meine Verantwortung auch auszuüben"* (IP4: 296; 218-221).

6.3.3.4.3 Auswertung Soziale Beziehungen

Unter der Kategorie Soziale Beziehungen werden alle Aussagen erfasst, die
Aufschluss über die sozialen Beziehungen während des Bossingprozesses geben.
Obwohl der Befragte von einer Organisationskultur der MitarbeiterInnen-Unter-
stützung berichtete, äußerte er, dass weder er selbst, noch nächsthöhere Vorgesetzte, noch Kolleginnen und Kollegen den Betroffenen unterstützten, obwohl in
der Vergangenheit ein kollegiales und menschliches Miteinander, auch mit privaten Aktivitäten, gepflegt worden war. Der Befragte berichtete gar, dass er kein
Interesse an dem Wohlergehen des Betroffenen hatte.

*„Du kannst nicht 150 Mitarbeiter, also das machst du natürlich nicht jeden Tag, aber (--) ähm,
es laufen dir jeden Tag, dreißig, vierzig Mitarbeiter über den Weg, und jedem soll die Führungskraft signalisieren, (--), egal was du für Probleme hast, ich bin für dich da. Das habe ich
aber für mich adaptiert, diese Form der Ausbildung und diese Form der ähm, der (2s), ja,
Mitarbeiterkultur, die wir hier pflegen"* (IP4: 297-301).

*„(...) er hat nie diesen Rückhalt gespürt, den er für sich vermeintlich brauchte. So, den habe
ich ihm nicht gegeben (...) Selbst meine Vorgesetzten sind manchmal dann bei Sitzungen dabei,
aber keiner geht auf den Mitarbeiter zu und sagt, so, ich werfe dir jetzt mal den Rettungsring
hin (...) ich habe irgendwann nicht mehr gefragt. Ich wollte es auch nicht mehr hören"* (IP4:
615-616; 326-328; 331-332).

*„(...) aber auch dieses Team, das natürlich wahrgenommen hat (--), aber nie jemand auf ihn –
also deswegen sieht er auch ein Versagen in seinen damaligen Teammitgliedern, (4s) ähm nie
sich da aufgefangen gefühlt hat"* (IP4: 610-613).

*„(...) weil wir immer ein sehr kollegiales und hm auch menschliches Verhalten miteinander
hatten (...) Da war man dann mit zwanzig, dreißig anderen Mitarbeitern eben unterwegs, sodass wir eigentlich schon ein sehr enges gutes Team auch hatten, gut im Sinne von (.) ähm, ein
sehr respektvoller, höflicher (.), menschlicher Umgang miteinander"* (IP4: 471-472; 607-610).

6.3.3.4.4 Zusammenfassung und Interpretation

Unter dem Aspekt der Führung - *Leadership* - berichtete der Befragte zunächst einmal über die eigene Führungsrolle, die sich durch strategische Aufgaben auf Geschäftsführerebene und die Verantwortung für 150 Mitarbeiterinnen
und Mitarbeiter auszeichnet. Diesen Ausführungen folgend kann der Befragte als

Führungskraft auf hoher Managementebene angesehen werden. Als Manager ist er insofern für die Disposition, d.h., die Steuerung und Koordination der Prozesse im Unternehmen (Pflegeeinrichtung) mitverantwortlich und hat aufgrund seiner Funktion Weisungsbefugnis gegenüber seinen Mitarbeiterinnen und Mitarbeitern. In diesem Kontext berichtete der Interviewpartner davon, dass die übertragene Führungsverantwortung Macht verlieh. Im Weiteren äußerte der Befragte, dass seine Führungseinstellung nicht mitarbeiter- sondern unternehmensorientiert war. Sein Führungsziel war auf eine sinnvolle Tätigkeit sowie motivierte, effiziente und funktionierende Mitarbeiterinnen und Mitarbeiter ausgerichtet, was eine starke Leistungsorientierung impliziert. Insofern erfolgten die von ihm getroffenen Führungsentscheidungen und das Führungshandeln im Sinne einer Kundenorientierung zum Wohle des Unternehmens und nicht zum Wohle der Mitarbeiterinnen und Mitarbeiter, deren Belange ihn nicht interessierten. Seine Führungsentscheidungen begründete der Befragte nicht und sie führten zur Belastung nachgeordneter Führungskräfte. Die Führungsentscheidungen waren zudem auf kurzfristige Problemlösungen ausgerichtet. Das Führungshandeln bezog sich auf die Unternehmensziele und die Pflichten der Mitarbeiterinnen und Mitarbeiter sowie auf Delegation, obwohl der Interviewpartner der Auffassung ist, dass das Führungshandeln im Sinne der Unternehmensziele negativ wirkt und zur Mehrbelastung und Demotivation der Mitarbeiterinnen und Mitarbeiter führt. Die Aussagen des Interviewpartners lassen sich sehr eindeutig als autoritären Führungsstil interpretieren, der durch eine alleinige, zentralisierte und autonome Willensbildung und Willensdurchsetzung eines Vorgesetzten gekennzeichnet ist. Der autoritäre Führungsstil lässt u.a. keinen Raum für Eigeninitiative zu und die Bedürfnisse der Mitarbeiterinnen und Mitarbeiter spielen so gut wie keine Rolle. Aufgaben werden ohne Diskussion delegiert und der Leistungsaspekt steht im Vordergrund. Darüber hinaus bestimmen Regeln und Anweisungen (Pflichten der Mitarbeiterinnen und Mitarbeiter) die Arbeitsabläufe. Vorrangiges Ziel ist die sachliche Aufgabenerfüllung, individuelle Belange der Mitarbeiter stehen dem nach.

Die allgemeine Führungssituation hat den Ausführungen des Befragten zufolge insofern Einfluss auf die Führungsverantwortung und das Führungsverhalten, als dass die Führungsverantwortung für eine große Anzahl von Mitarbeiterinnen und Mitarbeitern zum Verlust der Achtsamkeit führt und dass die Führungsverantwortung außer Kraft gesetzt werden kann. Der Befragte meinte, dass er seiner Führungsverantwortung nicht immer gerecht wurde. Sein eigenes Führungsverhalten führte bei den Mitarbeiterinnen und Mitarbeitern zu Drucksituationen und Überforderung sowie zu Durchhalteparolen. Die Aussagen des Interview-partners können zunächst einmal dahingehend interpretiert werden, als dass der Befragte mit der Führung von 150 Mitarbeiterinnen und Mitarbeitern offensicht-lich überfordert ist, was sich bspw. an der Aussage des Befragten ablesen lässt, dass er sich nicht ständig mit den Problemen seiner Mitarbeiterinnen und Mitar-beiter auseinandersetzen kann (und will), weil er „10.000 andere Sorgen" mit sich herumträgt. Tatsächlich ist der Führungserfolg u.a. auch abhängig von der Anzahl der Geführten. Es gilt: Je mehr Mitarbeiterinnen und Mitarbeiter eine Führungs-kraft hat, desto weniger Partizipation und mitarbeiterorientierte Führung sind möglich. Gerade unter diesem Aspekt befindet sich der Befragte offensichtlich in einem Dilemma. Einerseits möchte er seinen Mitarbeiterinnen und Mitarbeitern die ihnen gebührende Aufmerksamkeit zukommen lassen. Andererseits ist dieses hehre Ziel bei einer so großen Anzahl an Geführten aber nicht erreichbar. Die Führungssituation des Befragten ist darüber hinaus stark von betriebsinternen und -externen Faktoren beeinflusst. Hier ist vor allem der Fachkräftemangel in der Pflege als betriebsexterner Faktor zu nennen, der sich betriebsintern als Personal-mangel und eine daraus entstehende Mehrbelastung für die Mitarbeiterinnen und Mitarbeiter bemerkbar macht.

Zu dem Zusammenhang zwischen Führungsverantwortung und Macht machte der Befragte widersprüchliche Angaben. Obwohl der Befragte keinen Zu-sammenhang zwischen Führungsverantwortung und Macht, resp. die Möglichkeit von Machtmissbrauch sieht, äußerte er, dass Machtmissbrauch bei langjährigen und loyalen Mitarbeiterinnen und Mitarbeitern möglich ist. Die Aussagen des Be-fragten können unter dem Aspekt Führung und Macht dahingehend interpretiert werden, als dass er dieses Thema zwar gerne ausgeblendet wissen möchte, aber dennoch weiß, dass Führung und Macht nicht getrennt voneinander betrachtet werden können. Machtmissbrauch ist ohne das Innehaben legaler Macht, bspw. durch Vorgesetztenfunktion, nicht möglich (vgl. Scholl & Riedel, 2010). Die Aus-sage, dass Machtmissbrauch bei langjährigen und loyalen Mitarbeiterinnen und Mitarbeitern möglich ist, begründet der Befragte mit der Aussage, dass „man weiß, wie er reagieren wird". Insofern könnte ein Zusammenhang zwischen Machtmissbrauch und der Persönlichkeit der von Machtmissbrauch Betroffenen bestehen.

Unter dem Aspekt der *Organisation* berichtete der Interviewpartner zu-nächst einmal von der Branche Pflege, die sich durch Personalprobleme aufgrund eines bestehenden Fachkräftemangels auszeichnet. Der Fachkräftemangel führt zu Druck, Mehrarbeit und Überforderung der Mitarbeiterinnen und Mitarbeiter. Zwar sind Freistellungen für Fortbildungsmaßnahmen möglich, aber die Personalprobleme führen auch zum Ablehnen von Fortbildung und dem Problem, dass Personalprobleme kurzfristig nicht lösbar sind. Der Befragte berichtete darüber hinaus, dass die Pflegebranche eine aufwendige Dokumentation mit einem aufwendigen Dokumentationssystem erforderlich macht. Die Dokumentationen werden von den Mitarbeiterinnen und Mitarbeitern jedoch mangelhaft vorgenommen. Im Weiteren erfordert der Pflegebereich Rufbereitschaften mit ständigen Back-up-Wochenendbereitschaften. Die Äußerungen des Befragten beschreiben die hinreichend bekannten problembehafteten Rahmenbedingungen des Gesundheitssystems, insbesondere im Bereich der Pflege. Derzeit fehlen bundesweit in allen Pflegebereichen Fachkräfte, wobei amtliche Angaben zu der Zahl der nicht besetzten Stellen allerdings nicht vorliegen. Jedoch bleiben laut der Bundesagentur für Arbeit Stellenangebote bspw. für examinierte Altenpflegefachkräfte im Bundesdurchschnitt 171 Tage unbesetzt. Obwohl Maßnahmen der Bundesregierung zu einer Verbesserung der Personalsituation in der Pflege geführt haben, lässt sich das Fachkräfteproblem bis auf Weiteres nur mit weiteren Unterstützungsmaßnahmen bekämpfen. Die von dem Befragten beschriebene Dokumentationsproblematik ist einerseits den rechtlichen Rahmenbedingungen (Verpflichtung zur Darlegung der fachgerechten Pflege) und andererseits dem Personalmangel (kaum ausreichende Zeit für die Pflegedokumentation) geschuldet. Pflege findet jeden Tag 24 Stunden lang statt. Demnach ist es üblich, dass in der Pflege im Schichtdienst und an Wochenenden gearbeitet wird. Dabei werden alle Arbeitszeiten, die außerhalb der normalen werktäglichen Arbeitszeiten (montags bis freitags) liegen, von den Pflegekräften als belastend erlebt (vgl. Schmidt, 2015).

Im Weiteren berichtete der Befragte von den Organisationsstrukturen in seinem Unternehmen. Er wies auf seine Position in der bestehenden Hierarchie und sein Handlungsspielraum hinsichtlich seiner Führungsentscheidungen, ein betriebliches Wiedereingliederungsmanagement (BEM), ein Talentmanagement, ein jährliches Fortbildungsbudget, Fort- und Weiterbildungsmöglichkeiten, Funktionsbeschreibungen, ein Projektmanagement und tägliche Führungsrunden hin. Der Befragte berichtete in diesem Kontext von Strukturen, wie sie für größere, moderne Organisationen heute üblich sind. Für die Betrachtung der Eskalationsbedingungen in Bossingprozessen spielen diese Aussagen keine bedeutende Rolle.

Jedoch berichtete der Befragte auch von einem negativen Betriebsklima, Intransparenz und Kommunikationseinschränkungen für die Mitarbeiterinnen und Mitarbeiter. Hinsichtlich des Betriebsklimas äußerte der Befragte, dass ein höflicher und wohlwollender Umgang zwar nach außen dargestellt wird, er bezweifelt aber die Redlichkeit dieses Umgangs. Diese Aussage impliziert, dass es quasi „unterhalb der Oberfläche brodelt" und es um das Betriebsklima eher schlecht bestellt ist. Intransparenz und Kommunikationseinschränkung ergeben sich aus der eingeschränkten Möglichkeit, größere Kontexte nachzufragen bzw. direkten Kontakt zu übergeordneten Führungskräften aufzunehmen und sind dem hierarchischen Konstrukt geschuldet, wie es bereits unter Ziff. 6.3.3.1.6 hinreichend beschrieben worden ist.

Unter dem Aspekt *Soziale Beziehungen* berichtete der Interviewpartner von einer die Mitarbeiterinnen und Mitarbeiter unterstützenden Unternehmenskultur, bei dem die Führungskräfte den Geführten signalisieren sollen, dass sie für die Probleme der Beschäftigten zugänglich sind. Zum Verständnis dieser Aussage ist es erforderlich, sich mit dem Begriff der Unternehmenskultur zu befassen. In der Literatur findet sich eine Vielzahl von Definitionen zum Begriff der Unternehmenskultur, was allerdings nicht zwangsläufig zu einem einheitlichen Verständnis beiträgt. Schein (2004) beschreibt Unternehmenskultur als *„ein Muster gemeinsamer Grundprämissen, das die Gruppe bei der Bewältigung ihrer Probleme externer Anpassung und interner Integration gelernt hat, das sich bewährt hat und somit als bindend gilt; und das daher an neue Mitglieder als rational und emotional korrekter Ansatz für den Umgang mit Problemen weitergegeben wird"* (vgl. Schein, 2004, zitiert nach Homma, Bauschke & Hofmann, 2014, S. 5). Nach Schein (2004) umfasst Unternehmenskultur die Ebenen Artefakte, Normen und Werte sowie (grundlegende) Annahmen. Sackmann (2006) ergänzt Schein's Ebenen um die Ebene gezeigte Werte. Die Ebene der *sichtbaren Artefakte* umfasst u.a. Symbole (z. B. der Mercedes-Stern), Gebäude (z. B. die Autostadt Wolfsburg), Sprache (z. B. die Verwendung bestimmter Fachbegriffe) usw. Auf der Ebene der *Normen und Werte* finden sich Gesetze und Regeln (z. B. Handlungsanleitungen, Leitbilder), die den Unternehmensmitgliedern dabei helfen sollen, Unterscheidungen vornehmen zu können, was im Unternehmenssinne richtig oder falsch ist. Sie sind Orientierungshilfe für das eigene Verhalten. *Grundlegende Annahmen* bilden den Kern einer Unternehmenskultur, bieten den Organisationsmitgliedern grundlegende Orientierung und beeinflussen ihre Denk- und Verhaltensweisen. Es handelt sich im weitesten Sinne also um ungeschriebene Gesetze, die

die Organisationsmitglieder kennen und zum Teil auch unreflektiert befolgen (vgl. Schein, 2004, zitiert nach Homma, Bauschke & Homann, 2014). Nach Sackmann (2006) umfasst eine Unternehmenskultur auch die *gezeigten Werte*. Dabei handelt es sich um Werte, die sich von den nichtgezeigten Werten abgrenzen lassen. Die gezeigten Werte werden von den Organisationsmitgliedern als wesentliche Kennzeichen der Organisation anerkannt und nach außen auch deutlich gemacht. Damit ist aber keinesfalls ein Automatismus verbunden, dass diese Werte von den Organisationsmitgliedern auch gelebt werden (vgl. Sackmann, 2006, zitiert nach Homma, Bauschke & Homann, 2014). Der Interviewpartner hat die Unternehmenskultur, für die Probleme der Beschäftigten da zu sein, über die Form der Ausbildung und die in dem Unternehmen vorherrschenden Werte und Normen und grundlegenden Annahmen (Mitarbeiterkultur der Unterstützung) für sich als richtige Verhaltensweise adaptiert. Bei der Verantwortung für 150 Mitarbeiterinnen und Mitarbeitern aber ist das Leben dieser Werte nach Aussagen des Befragten kaum möglich. Der Betroffene hatte weder durch den Befragten selbst (keinen Rückhalt geben), noch durch nächsthöhere Führungskräfte (keiner geht auf ihn zu und wirft ihm einen Rettungsring hin), noch durch Kolleginnen und Kollegen (keiner fängt ihn auf) Unterstützung erfahren, obwohl in der Vergangenheit ein kollegiales Verhältnis (gemeinsame Freizeitaktivitäten) bestand. Dies ist ein Hinweis darauf, dass die nach außen hin gezeigte Unternehmenskultur der Mitarbeiterunterstützung organisationsintern nicht gelebt wird. Die sozialen Beziehungen am Arbeitsplatz können schlussendlich als soziales Desinteresse bezeichnet werden.

6.3.3.4.5   Theoretische Einordnung unter dem Gesichtspunkt der Arbeitsumwelt

Die Aussagen des Interviewpartners hinsichtlich des von ihm ausgeübten *Leaderships* konnten als autoritärer Führungsstil interpretiert werden, bei dem Leistungs- und Unternehmensziele im Vordergrund stehen und Interessen der Beschäftigten nachrangig, fast marginal sind. Auch wenn ein autoritärer Führungsstil in vielen Unternehmensbereichen nach wie vor omnipräsent ist, sieht die moderne Führungslehre Führungskräfte nicht länger in einer rein hierarchisch-autoritären Funktion mit Leitungskompetenz, sondern im zunehmenden Maße als eine vermittelnd-beratende Instanz. Im Kontext eines *bad leaderships* handelt es sich bei einem autoritären Führungsstil vor allem um destruktive Führung, die Einarsen et al. (2007) folgend nicht bewusst und gezielt erfolgen muss (Anm. des Autors: Aber durchaus erfolgen kann), sondern sie kann auch aufgrund fehlender Sensibilität, geringer sozialer Kompetenz oder auch aufgrund von Gedankenlosigkeit erfolgen. Schlechte Führung ist demnach nicht vordergründig am Willen des Führenden, sondern insbesondere an den konkreten Wirkungen des Führungshandelns auszumachen. Führungsverhalten, das darauf ausgerichtet ist, organisationale (Leistungs-)Ziele auf Kosten der Mitarbeiter(-Ziele) zu erreichen, bezeichnen die Autoren als ein tyrannisches Führungsverhalten (Tyrannical leadership behaviour), das im konkreten Fall anzunehmen ist (vgl. Einarsen Aasland & Skogstad, 2007).

In diversen Studien zu Mobbing konnte der Zusammenhang zwischen schlechter Führung (bad leadership) und dem Auftreten von Mobbing nachgewiesen werden (vgl. u.a. Einarsen, 1999; Hoel & Cooper, 2000; Hoel & Salin, 2003; Leymann, 1996; Hauge, Skogstad & Einarsen, 2007; Hoel, Glasø, Hetland, Cooper & Einarsen, 2010; Nielsen, 2013). So konnten Hoel et al. (2010) mit ihrer Studie zu Mobbing schlechte Führung als Mobbing fördernd identifizieren, insbesondere dann, wenn sie im Zusammenhang mit unfairen und missbräuchlichen Managementpraktiken ausgeübt wurde (vgl. Hoel, Glasø, Hetland, Cooper & Einarsen, 2010). O'Moore und Lynch (2007) konnten im Rahmen ihrer irischen Studie zu Mobbing u.a. ermitteln, dass ein Zusammenhang zwischen Führung und Mobbing besteht. Dabei gaben 70,8% aller Befragten an, dass ein schlechter Führungsstil zur Mobbing-Prävalenz beigetragen habe. 67,1% der gemobbten Befragten gaben an, dass sie einen autokratischen (autoritären) Führungsstil erlebt hatten (vgl. O'Moore & Lynch, 2007). Es kann postuliert werden, dass ein autoritärer Führungsstil als Form der destruktiven Führung im Sinne eines bad leaderships als Bossing fördernder Faktor angesehen werden kann.

Der Befragte berichtete von der Pflegebranche, in der insbesondere Fachkräftemangel vorherrscht. In der Mobbingforschung finden sich hinsichtlich des Mobbingrisikos im Zusammenhang mit der Branche eher widersprüchliche Ergebnisse. Niedl (1995), Vartia (1993; 1996), Leymann und Gustafsson (1996) sowie Piirainen (2000) konnten für die Gesundheitsberufe hohe Prävalenzen ermitteln; Meschkutat et al. (2002) fanden ein 1,6-fach höheres Risiko für Beschäftigte in dieser Branche. Im Rahmen der 5. Europäischen Erhebung über die Arbeitsbedingungen in Europa von 2010 konnte im Gesundheits- und Sozialwesen das höchste Vorkommen von Mobbing ermittelt werden (vgl. Niedl, 1995; Vartia, 1993; 1996; Leymann & Gustafsson, 1996; Piirainen, Elo, Hirvonen, Kauppinen,

Ketola, Laitinen, Lindström, Reijula, Riala, Viluksela & Virtanen, 2000; Meschkutat, Stackelbeck & Langenhoff, 2002; Eurofund, 2010). Hingegen kamen Einarsen und Skogstad (1996), Zapf (1999) und Salin (2001) zu Ergebnissen, bei der die Gesundheitsbranche keine oder eine untergeordnete Relevanz aufweist. Zapf (1999) fand im Gesundheitsbereich gar die geringste Mobbingrate (vgl. Einarsen & Skogstad, 1996; Zapf, 1999; Salin, 2010). Die bisherigen Ergebnisse der Mobbingforschung hinsichtlich eines Mobbingrisikos im Zusammenhang mit der Branche weisen darauf hin, dass sich Mobbing quer durch alle Branchen zieht und dass die Pflegebranche möglicherweise einem erhöhten Mobbing-, resp. Bossingrisiko ausgesetzt sein könnte. Eindeutige Belege indes finden sich für diese Aussage allerdings bislang nicht.

Die von dem Befragten beschriebenen Rahmenbedingungen:

1. Personal-, resp. Fachkräftemangel mit entsprechenden Folgen, wie Druck, Überlastung und Mehrarbeit,
2. Aufwendige Dokumentationssysteme mit mangelhaft durchgeführten Dokumentationen,
3. Schicht- und Wochenendarbeit,
4. Schlechtes Betriebsklima,
5. Intransparenz und eingeschränkte Kommunikationsmöglichkeiten der Mitarbeiterinnen und Mitarbeiter sowie
6. Mangelnde Unterstützung und soziales Desinteresse aufgrund einer nicht gelebten Unternehmenskultur,

können als Bossing fördernde Risiken eingeordnet werden. Diese Einschätzung wird durch diverse Studien zu Mobbing und Arbeitsumwelt in Organisationen unterstützt. Vartia (1996) identifizierte u.a. einen schlechten Informationsfluss, O'Moore et al. (1998) u.a. ein stressiges Umfeld (im konkreten Fall Druck, Überlastung, Mehrarbeit, Schichtdienst) als Mobbing fördernd. O'Moore und Lynch (2007) fanden einen Zusammenhang zwischen Mobbing und dem sozialen Klima am Arbeitsplatz. U.a. berichteten weniger als ein Viertel, dass die Atmosphäre unterstützend gewesen sei und weniger als die Hälfte berichteten von einer freundlichen Atmosphäre (Befragte, die in den letzten 12 Monaten gemobbt wurden). Befragte, die negative und kritische Mitarbeiterverhältnisse angegeben hatten, waren während der letzten 12 Monate gemobbt worden (54,3%). Bei der Beschreibung des Arbeitsklimas wurde ein signifikanter Unterschied zwischen nichtgemobbten und gemobbten Befragten festgestellt. Befragte, die in den letzten 12 Monaten Mobbing erfahren hatten, gaben an, dass sie das Arbeitsklima als besonders negativ wahrnahmen (vgl. Vartia, 1996; O'Moore, Seigne, McGuire & Smith, 1998; O'Moore & Lynch, 2007). Weber et al. (2007) postulieren, dass Mobbing als Folge risikobehafteter Verhältnisse am Arbeitsplatz gesehen werden muss. Als Mobbing begünstigende Faktoren zählen sie u.a. Arbeitsverdichtung, Überforderung, chronischen Stress, schlechtes Betriebsklima, defizitäre Kommunikation, Intransparenz von Entscheidungen sowie soziales Desinteresse auf. Unter dem Aspekt eines Person-Environment/Group-Misfit postulieren sie u.a., dass mangelnde soziale Unterstützung mit Mobbing korreliert (vgl. Weber, Hörmann & Köllner, 2007).

6.3.3.5 Auswertung Persönlichkeitseigenschaften

Im Weiteren wurden zur Erklärung der Eskalationsbedingungen bei Bossingprozessen unter der Hauptkategorie 5-Persönlichkeitseigenschaften wurden die Unterkategorien *Persönlichkeitsmerkmale des Betroffenen* und *des Bossers* untersucht.

6.3.3.5.1 Betroffener

Unter der Kategorie Persönlichkeitseigenschaften des Betroffenen werden alle Aussagen erfasst, die Aufschluss über die Persönlichkeit des Betroffenen geben. Der Befragte äußerte, dass er den Betroffenen an Vorbildern orientiert, loyal und dankbar sowie zurückhaltend, mitarbeiterorientiert und willfährig wahrgenommen hatte.

„Und dieser Mitarbeiter (...) hat gesehen, was meine Aufgabe ist, strategisch Projekte, Produkte zu entwickeln für die Behindertenhilfe. Und er hat das für sich adaptiert und fing damit plötzlich auch an" (IP4: 247-250).

„So loyal war dieser Mitarbeiter, dass er das ausgehalten hat" (IP4: 630)

„(...) er war immer froh und glücklich darüber, dass ihm das alles ermöglicht wird (...)" (IP4: 72-73).

„So, ist nicht laut geworden oder aggressiv oder sonst was (...)" (IP4: 409)

„Der Mitarbeiter meinte es gut, er wollte (.) Mitarbeiterbindung betreiben (...)" (IP4: 387).

„Bei diesem Mitarbeiter wusste ich, (--) ich muss das nicht kommentieren, der macht das trotzdem weiter" (IP4: 540-541).

Darüber hinaus hatte der Befragte den Betroffenen als jung und erwachsen, selbstbestimmt und selbstbewusst, engagiert, motiviert und belastbar sowie karriereorientiert und geltungsstrebend erlebt.

„(...) das ist auch noch ein sehr junger Mensch, also dreißig Jahre alt (...) der ist erwachsen (...)" (IP4: 65; 178).

„ (...) der ist selbstbestimmt (...) der sich traut, in diese Führungsverantwortung zu gehen (...)" (IP4: 178; 66).

„Der Mitarbeiter hat aber in der Regel schon zehn, zwölf Stunden am Tag gearbeitet (...) das ist ein Mitarbeiter, der unglaublich motiviert ist (...) Also er hat das schon mit sich ausgehalten" (IP4: 240-241; 230; 271-272).

„Ich glaube, das war schon ein, ja, richtig intrinsischer Wunsch von ihm, in so eine Stabstellenfunktion einer Projektleitung zu kommen oder so was (...) so was hat er sich aber gewünscht, also monetären Ausgleich, eine Anerkennung seiner Arbeit und solche Dinge (...)" (IP4: 257-259; 153-154).

Andererseits erlebte der Interviewpartner den Betroffenen auch als überfordert, desorientiert und unstrukturiert sowie als aufmüpfig und respektlos und am Ende des Bossingprozesses als enttäuscht.

„Dass ähm (---) am Anfang es schlimm war, diesen Mitarbeiter so zu sehen, wie fahrig der wird (...) also hektische Flecken kriegt und äh mit jeder neuen Aufgabe er sich immer weiter eigentlich dem Abgrund näherte (...)" (IP4: 684-686).

„Du darfst dich nicht in so kleinen Aufträgen verfransen oder verlieren (...)" (IP4: 340-341).

„ (...) weil (--) ich in dem Moment eigentlich nur ein (---), ja, einen, einen zickenden Mitarbeiter für mich interpretiert habe (...)" (IP4: 556-557)

„Ich habe hohen Respekt auch heute noch nach wie vor vor diesem Mitarbeiter, ich glaube aber umgekehrt, dass es nicht so ist" (IP4: 580-581).

„Am Ende (--), von außen betrachtet, also ich glaube, ich bin mir sicher, er hat das so gesehen, dem Typ ist das egal, worum es da geht (...)" (IP4: 571-573).

6.3.3.5.2 Bosser

Unter der Kategorie Persönlichkeitseigenschaften des Bossers werden alle Aussagen erfasst, die Aufschluss über die Persönlichkeit des Bossers geben. Der Befragte berichtete zu den eigenen Persönlichkeitsmerkmalen von Belastbarkeit und begrenzter Belastbarkeit hinsichtlich der Anzahl zu führender Mitarbeiterinnen und Mitarbeiter. Der Interviewpartner sieht sich als ziel-, leistungs-, unternehmens- und mitarbeiterorientiert. Er sieht sich als selbst- und verantwortungsbewusste Persönlichkeit.

„Ich musste das ja auch aushalten, diesen Mitarbeiter das aushalten lassen zu müssen" (IP4: 103-104).

„Bei zehn, zwanzig, dreißig, fünfzig Mitarbeitern (.) kann kein Führungsverantwortlicher ernsthaft noch sagen, ja, ich gehe jedem Einzelnen nach" (IP4: 309-310).

„Also ich habe das sehr bewusst getan (...) Und das erwarte ich auch, weil das auch mein eigener Anspruch an mich ist (...) Das habe ich aber für mich adaptiert, diese Form der Ausbildung und diese Form der ähm, der (2s), ja, Mitarbeiterkultur, die wir hier pflegen (...) wir äh haben auch eine gewisse (.), ja, tatsächlich Mitarbeiterfürsorge, die wir in uns tragen (...)" (IP4: 563-564; 666-667; 299-301; 222-223).

„Ich wusste, dass ich das kann" (IP4: 538).

„Und diesen Pflichten gerecht zu werden, das ist die Verantwortung, die ich trage" (IP4: 226).

Der Befragte gab außerdem an, dass er sich als gut, moderat und reflektiert, empathisch und respektvoll wahrnahm.

„Und das macht natürlich gute Vorgesetzte aus, wenn sie wissen, wie ihre Mitarbeiter ticken (...)" (IP4: 277-278).

„Also ich bin nicht laut geworden (...) Und (---) das kann ich auch nur so reflektieren, weil ich mich sehr damit beschäftigt habe" (IP4: 481; 693-694).

„Und ich glaube auch, dass ich (.) das erkenne, weil ich habe gerade einen Mitarbeiter oder eine Mitarbeiterin, bei der sich das andeutet, und die habe ich sofort in die Supervision geholt (...)" (IP4: 632-634).

„(...) weil wir immer ein sehr kollegiales und hm auch menschliches Verhalten miteinander hatten, also nie irgendwie laut geworden sind" (IP4: 471-473).

Der Interviewpartner sah sich aber auch als zeitweilig wenig empathisch, rücksichtslos, und unehrlich, berechnend und gönnerhaft. Er beschrieb sich zudem als inkompetent und unsicher, abgestumpft und gleichmütig bis hin zu einer zeitweiligen Zufriedenheit.

„(...) und jetzt komme ich wieder an den Punkt Offenheit und Ehrlichkeit, und ich eigentlich auch keinen Bock darauf hatte (...) man sitzt eigentlich auch am Abgrund, aber auf einem netten Stuhl mit Sonnenschirmchen und Drink und guckt zu, wie der Mitarbeiter immer einen Schritt näher, zwar kleine Schritte, aber immer näher geht" (IP4: 418-419; 687-689).

„Ich glaube, das ist (.) bei vergleichbaren Stellen, also ich bin ja für 150 Mitarbeiter verantwortlich, ähm, dass das nie ehrlich sein kann" (IP4: 295-297).

„(...) dann gehe ich jetzt hier raus, so, (--) was aber auch sehr berechnend von mir war (...) Und ich habe das, ja, so könnte man sagen, gönnerhaft zugelassen, dass er mich seines Büros, also seinen Vorgesetzten seines Büros verweisen kann" (IP4: 562-563; 558-560).

„Weil diese Kompetenz mir zum Beispiel auch gefehlt hat (...) Natürlich habe ich Zweifel (...)" (IP4: 421; 514).

„(...) ich (.) bin irgendwann abgestumpft (...) man gewöhnt sich da irgendwann dran (...) Damals (.), ja, vielleicht war ich an manchen Tagen sogar zufrieden" (IP4: 677-678; 461; 465-466).

6.3.3.5.3   Zusammenfassung und Interpretation

Die Persönlichkeitsmerkmale des Betroffenen beschreibt der Befragte einerseits mit: an Vorbildern orientiert, loyal, dankbar, zurückhaltend und mitarbeiterorientiert sowie jung, erwachsen, selbstbestimmt und selbstbewusst, engagiert, motiviert, belastbar und karriereorientiert. Andererseits mit: geltungsstrebend, willfährig, überfordert, desorientiert, unstrukturiert, aufmüpfig, respektlos und enttäuscht. Die genannten Persönlichkeitsmerkmale sind überwiegend selbsterklärend und bedürfen daher keiner weiteren Interpretation. Einer genaueren Betrachtung bedürfen allerdings die Merkmale *loyal*, *geltungsstrebend* und *willfährig*. Unter *loyal* ist ein Verhalten zu verstehen, dass im weitesten Sinne mit anständig, respektierend und treu umschrieben werden kann (vgl. Duden, 2010). *Geltungsstrebend* ist ein Verhalten, wenn es darauf ausgerichtet ist, bei anderen angesehen, etwas wert zu sein (vgl. Duden, 2010). *Willfährig* ist ein Verhalten, wenn es darauf ausgerichtet ist, einem anderen Menschen - ohne darüber nachzudenken - zu dienen (vgl. Duden, 2010). Insgesamt nahm der Befragte den Betroffenen anfänglich als einen Mitarbeiter wahr, der in seinem Sinne „funktionierte" und der von sich aus überengagiert auch Arbeiten übernahm, die nicht in seinem Zuständigkeitsbereich lagen (Projektideen entwickeln). Das Bild von einem belastbaren, karriereorientierten, selbstbewussten und selbstbestimmten Mitarbeiter ließ den Befragten davon ausgehen, der Betroffene würde mit dem immer größer werdenden Arbeitsdruck alleine fertig werden. Erst im späteren Verlauf entsteht beim Befragten das Bild eines völlig überlasteten Mitarbeiters, den er als „zickig" und respektlos und schließlich enttäuscht wahrnimmt. Unter Berücksichtigung der fünf Dimensionen der Persönlichkeit (Big Five) nach Goldberg (1990) und darauf aufbauend nach Ostendorf und Angleitner (2003): Offenheit für Erfahrungen, Gewissenhaftigkeit, Extraversion, Verträglichkeit und Neurotizismus, zeigen die Aussagen des Befragten zunächst einmal kein eindeutiges Bild der Persönlichkeit des Betroffenen. Allerdings scheinen die Merkmale Offenheit für Erfahrungen (Neugierde an der Arbeit des Befragten, Entwicklung von Projektideen), Gewissenhaftigkeit (Zuverlässigkeit und Zielstrebigkeit des Betroffenen) und Verträglichkeit (Mitarbeiterorientiertheit, Loyalität, Willfährigkeit des Betroffenen) mit Beginn des Bossingprozesses tendenziell stärker ausgeprägt zu sein. Hingegen sind die Dimensionen Extraversion (Zurückhaltung des Betroffenen) und Neurotizismus (Selbstbewusstsein des Betroffenen) mit Beginn des Bossings tendenziell schwächer ausgeprägt. Mit Fortschreiten des Bossingprozesses lassen sich anhand der Angaben des Befragten jedoch Veränderungen auf den Dimensionen Gewissenhaftigkeit, Verträglichkeit und Neurotizismus ausmachen. Die Dimension Gewissenhaftigkeit ist mehr und mehr schwächer ausgeprägt (Der Betroffene ist unorganisiert, desorientiert). Auch die Dimension Verträglichkeit ist schwächer ausgeprägt, denn der Betroffene zeigt kein kooperatives, sondern ein eher wettbewerbsorientiertes Verhalten (Der Betroffene ist „zickig", streit-bar). Die Dimension Neurotizismus ist stärker ausgeprägt, denn der Betroffene zeigt emotionale Verletzlichkeit durch Enttäuschung.

Die eigenen Persönlichkeitsmerkmale beschreibt der Befragte mit ziel-, leistungs-, unternehmens- und mitarbeiterorientiert, verantwortungsbewusst, gut im Sinne von selbstbewusst, moderat, reflektiert, empathisch und respektvoll so-wie mit zeitweilig wenig empathisch, rücksichtslos, berechnend, gönnerhaft, in-kompetent und unsicher, abgestumpft und gleichmütig bis hin zu einer zeitweili-gen Zufriedenheit. Der Befragte zeichnet von sich selbst zunächst ein Bild eines an den Unternehmenszielen ausgerichteten zielstrebigen, jedoch an den Bedürf-nissen der Mitarbeiterinnen und Mitarbeiter interessierten und verantwortungs-bewussten Vorgesetzten. Die ihm zugeschriebene Rolle der Führungsverantwor-tung für 150 Mitarbeiterinnen und Mitarbeiter scheint ihn allerdings zu überfor-dern, denn er fühlt sich unsicher und inkompetent. Auf den Betroffenen bezogen zeichnet der Befragte von sich selbst das Bild eines Ausbeuters (unehrlich und rücksichtslos) und kalten Menschen (berechnend, gönnerhaft und zeitweilig zu-frieden), dem es an Perspektivenübernahme mangelt (abgestumpft und gleichmü-tig). Der Befragte kennt die Persönlichkeit des Betroffenen, was ja gute Vorge-setzte ausmacht, „wenn sie wissen, wie ihre Mitarbeiter ticken". Dieses Wissen nutzt der Befragte ohne *Rücksicht auf Verluste* für die Unternehmenszwecke gna-denlos aus, denn man selbst sitzt auf einem netten Stuhl mit Sonnenschirmchen und Drink und schaut zu, wie der Mitarbeiter immer einen Schritt näher dem Ab-grund entgegengeht.

6.3.3.5.4 Theoretische Einordnung unter dem Gesichtspunkt von Persönlichkeitseigenschaften

Aufgrund der von dem Befragten wahrgenommen Persönlichkeitsmerk-male des Betroffenen lässt sich keine Typologie ableiten, die die Annahme recht-fertigen könnte, der Betroffene sei quasi zwangsläufig und logischerweise zum Bossingbetroffenen geworden. Dies entspricht den Aussagen Leymanns (1996), der bei seinen Studien zu Mobbing keine typischen Persönlichkeitsmerkmale für die Betroffenen gefunden hatte, sondern sich verändernde Persönlichkeitsmerk-male der Betroffenen als Folge und die Persönlichkeit der Betroffenen nicht als Ursache von Mobbing ausmachte (vgl. Leymann, 1996). Die Aussagen Leymanns können insofern weitergehend unterstützt werden, da unter Berücksichtigung der fünf Dimensionen der Persönlichkeit anhand der Angaben des Interviewpartners im Zuge des Bossingprozesses tendenziell Veränderungen auf den Dimensionen Gewissenhaftigkeit, Verträglichkeit und Neurotizismus festgestellt werden konnten.

Bei Zugrundelegung des Big-5-Faktoren-Modells nach Goldberg (1990) und darauf aufbauend nach Ostendorf und Angleitner (2003) zeigte sich anhand der Aussage des Befragten, dass bei dem Betroffenen die Dimensionen Offenheit für Erfahrungen, Gewissenhaftigkeit und Verträglichkeit mit Beginn des Bossingprozesses tendenziell stärker ausgeprägt waren. Hinsichtlich der Dimension Gewissenhaftigkeit deckt sich diese Erkenntnis mit den Ergebnissen von Coyne et al. (2000), die im Rahmen ihrer Studie an 60 irischen Mobbingbetroffenen u.a. feststellen konnten, dass die Mobbingbetroffenen gewissenhafter waren als Nicht-Mobbingbetroffene (vgl. Coyne, Seigne & Randall, 2000).

Die von dem Befragten wahrgenommenen Eigenschaften loyal, engagiert, motiviert und belastbar decken sich mit Ergebnissen von Davenport et al. (2000), die im Zuge einer Interviewstudie an US-amerikanischen Mobbingbetroffenen u.a. ermitteln konnten, dass sich die von ihnen Befragten durch Leistung und Hingabe sowie Loyalität und einer starken Identifikation mit ihrer Arbeit auszeichneten. Die Autorinnen und Autoren kommen allerdings zu dem Schluss, dass die von ihnen festgestellten Eigenschaften als Bedrohung für höhere Positionen angesehen wurden, weshalb es zu Mobbing gekommen war. Hinweise darauf, dass die von den Autorinnen und Autoren ermittelten Eigenschaften von den Mobbern schlichtweg ausgenutzt wurden, finden sich in der Studie indes nicht (vgl. Davenport, Schwartz & Eliot, 2000).

Auch die Aussagen des Befragten zu den eigenen Persönlichkeitseigenschaften rechtfertigen nicht die Annahme, der Befragte musste zwangsläufig zum Bosser werden. Allerdings weisen einige Aussagen des Interviewpartners darauf hin, dass er sein Verhalten unter Umständen durch Beobachten des Verhaltens und der Einstellung des Betroffenen erlernt haben könnte. Der Befragte hatte den loyalen, willfährigen und überengagierten Betroffenen bis zur Erschöpfung weiter machen lassen, ohne ihn aufzuhalten. Er hatte gelernt und wusste, dass sich der Betroffene nicht beschweren und über das gesunde Maß hinaus weiterarbeiten würde. Diese Annahme deckt sich mit den Ausführungen von Fryling et al. (2011) zu Mobbing, die auch ein erlerntes Verhalten der Mobber als Faktor für Mobbing ansehen (vgl. Fryling, Johnston & Hayes 2011).

Der Interviewpartner beschreibt darüber hinaus das Bild eines ausbeuterischen und kalten Menschen, dem es an Perspektivenübernahme mangelt. In diesem Kontext konnten Zapf und Einarsen (2011) sowie Matthiesen und Einarsen (2011) im Rahmen ihrer Studien zu Mobbing ermitteln, dass u.a. mangelnde soziale Kompetenz sowie mangelnde Perspektivenübernahme vorherrschende Faktoren bei einer großen Anzahl von Mobbern, resp. eine wichtige Vorbedingung für Mobbing darstellen, weshalb Menschen zu Tyrannen würden (vgl. Zapf & Einarsen, 2011; Matthiesen & Einarsen, 2007).

6.4   Die zusammenfassende Beschreibung hinsichtlich eines sozialen Konfliktes vs. Bossing, des Eskalationsverlaufs und der Eskalationsbedingungen

6.4.1   Sozialer Konflikt vs. Bossing

Zur Unterscheidung zwischen einem „normalen" sozialen Konflikt und Bossing wurden im konkreten Fall zunächst die von dem Bosser geschilderten Handlungen und Verhaltensweisen beleuchtet. Es handelte sich in der Gesamtbetrachtung insgesamt um negative Handlungen, die sich gegen den Betroffenen richteten und deshalb als Bossingverhaltensweisen bewertet werden konnten, denn ein normaler sozialer Konflikt führt nicht automatisch zu einer negativen Konnotation. Die Handlungsweisen lassen sich als eine Kombination von arbeitsbezogenem (Überfordern, Ausnutzen, Aussitzen, Ablenken und Ignorieren von Problemen, Ausreden auftischen sowie Machtmissbrauch), personenbezogenem (Desinteresse) sowie physischem Bossing (Anschreien) zusammenfassen (vgl. Reknes, Pallesen, Magerøy, Moen, Bjorvatn & Einarsen, 2014a; Spector, Zhou & Che, 2014; Scott, Zagenczyk, Schippers, Purvis & Cruz, 2014; Pilch & Turska, 2015; Loerbroks, Weigl, Li, Glaser, Degen. & Angerer, 2015; Bartlett, 2016; Boyle & Wallis, 2016).

Der Bossingprozess wurde vom Bosser als schleichend, dynamisch und sich in der Intensität steigernd wahrgenommen. Die über einen Zeitraum von zehn Jahren erfolgte Zusammenarbeit mit dem Betroffenen spricht insofern auch für einen längeren Zeitraum des Bossings. In Analogie zur Mobbingforschung ist auch Bossing dann erst erfüllt, wenn eine Person negativen Handlungen wiederholt und über einen längeren Zeitraum ausgesetzt ist. Insofern können in Anlehnung an Einarsen, Hoel, Zapf & Cooper (2011) die Intensität und die Dauer als entscheidende Kriterien zur Unterscheidung zwischen Alltagskonflikten und Bossing angenommen werden (vgl. Einarsen, Hoel, Zapf & Cooper, 2011).

Die Bossinghandlungen führten zur Krankheit, resp. langfristigen Erkrankung (Burnout) des Betroffenen, die der Bosser auf psychische Belastung und psychosomatische Beschwerden zurückführte. Im Gegensatz zu einem normalen sozialen Konflikt, dessen Folgen auch positiv sein können (z.b. Identitätsstiftung, Lernchance), können die Folgen von Bossing hingegen, analog zur Mobbingforschung, ausschließlich als negativ für die Betroffenen angenommen werden. Mobbingbetroffene weisen den einschlägigen Studien zufolge ein multidimensionales Beschwerdebild mit psychischen, psychosomatischen, somatischen sowie sozialen Beeinträchtigungen auf und es können sich Selbstwertprobleme und Selbstzweifel, Arbeitsunzufriedenheit und geringeres Engagement einstellen und im weiteren Verlauf von psychosomatischen Beschwerden ergänzt werden. Lang anhaltende Mobbingprozesse können zu erheblichen gesundheitlichen Auswirkungen (u.a. Posttraumatische Belastungsstörungen, Depressionen) führen. Zur Unterscheidung zwischen einem sozialen Konflikt und Bossing müssen in diesem Zusammenhang deshalb vor allem auch die Folgen als ein wesentliches Kriterium zur Bewertung von Bossingsachverhalten Berücksichtigung finden (vgl. u.a. Weber, Hörmann & Köllner, 2007; Nielsen & Einarsen, 2012; Nielsen, Tangen, Idsoe, Matthiesen & Mageroy, 2015; Trépanier, Fernet, & Austin, 2015).

Die soziale Beziehung zwischen dem Bosser und dem Betroffenen war durch ein asymmetrisches Machtverhältnis (Vorgesetzter - Geführter) und eine persönliche (Betroffener wurde über Jahre vom Bosser gefördert) und arbeitsbezogene (Hierarchie) Abhängigkeit geprägt, was, analog der Mobbingforschung, impliziert, dass die Verteidigungsmöglichkeit des Betroffenen wenigstens beeinflusst, wenn nicht gar eingeschränkt war (vgl. u.a. Keashly & Nowell, 2003; Kolodej, 2016).

Der Bosser hatte im Verlaufe des Bossingprozesses wenigstens die Gefährdung der psychischen Gesundheit des Betroffenen billigend in Kauf genommen, was eine Schädigungsabsicht impliziert. Nach Björkvist, Österman und Hjelt Bäck (1994) ist die Schädigungsabsicht jedoch kein bestimmendes Merkmal bei normalen sozialen Konflikten (vgl. Björkvist, Österman & Hjelt Bäck, 1994).

In der Gesamtschau zur Unterscheidung zwischen einem sozialen Konflikt und Bossing können die folgenden maßgeblichen Kriterien für die Annahme eines Bossingsachverhalts aufgeführt werden:

1. Negative Handlungs- und Verhaltensweisen des Bossers,
2. Intensität und Dauer des Bossingprozesses,
3. Negative Folgen für die Betroffenen,

4. Asymmetrisches Machtverhältnis mit der Folge der eingeschränkten Verteidigungsmöglichkeit des Betroffenen und
5. Schädigungsabsicht des Bossers.

6.4.2   Eskalationsverlauf

Der Beginn, resp. ein Auslöser des Bossings können im konkreten Fall nicht anhand eines bestimmten Ereignisses festgemacht werden. Insofern ist zu erklären, warum der Bosser, der mit dem Betroffenen über einen Zeitraum von zehn Jahren zusammengearbeitet hatte, den Bossingprozess als schleichend, dynamisch und sich in der Intensität steigernd wahrnahm. Als Konfliktpotenzial konnte zunächst einmal die Grundeinstellung des Bossers ausgemacht werden, der die Kundenorientierung über die Bedürfnisse seiner Mitarbeiterinnen und Mitarbeiter stellte. Diese Grundeinstellung konnte insofern auf der ersten Stufe (Verhärtung) der Konflikteskalation nach dem Phasenmodell der Eskalation von Glasl (2013) eingestuft werden. Die Grundeinstellung des Bossers wurde begleitet von unterschiedlichen Eskalationsbedingungen, die unter Ziff. 6.4.3 eingehender beschrieben werden.

Ein erster Wendepunkt konnte im schwelenden (schleichenden) Konflikt auf der Eskalationsschwelle zwischen den Eskalationsstufen 1 (Verhärtung) und 2 (Debatte, Polemik) identifiziert werden, nachdem die von Personalproblemen begleitete Kundenorientierung vs. Mitarbeiterorientierung zu wiederholten Problemanzeigen des Betroffenen führten, die der Bosser immer wieder ignorierte. Insofern konnte in dieser Phase eine erste Steigerung des Konfliktes ermittelt werden, in der die Konfliktparteien sich nun schärferer Mittel bedienten, um ihre Standpunkte klar zu machen.

In der Folge kam es im weiteren Verlauf des Konfliktes zu wiederholten negativen Handlungen, die der Bosser mit Ablenken, Aussitzen und Ignorieren von Problemen, Ausreden auftischen, Desinteresse, Interesse vorgaukeln und das Ignorieren von Ideen sowie Ausnutzen und Überfordern des Betroffenen beschrieb. Der Betroffene stellte den Bosser schließlich vor vollendete Tatsachen, indem er ihm mitteilte, dass er jetzt am Ende sei. Alle Handlungen wurden der Eskalationsstufe 3 (Taten statt Worte) des Glasl'schen Eskalationsphasenmodells zugeschrieben.

Als erste Hauptschwelle zwischen den Hauptphasen Verstimmung (Eskalationsstufen 1-3) und Schlagabtausch (Eskalationsstufen 4-6) konnte das kategorische Ablehnen von Fortbildungsmaßnahmen durch den Bosser ausgemacht werden. Diese Handlung führte beim Betroffenen zu einem Aha-Erlebnis und in der Folge zu einer (Über)Empfindlichkeit und Überreaktionen.

Der Bosser nahm den Betroffenen jetzt als „zickenden Mitarbeiter" wahr und glaubte, dass der Betroffene ihn als Feind sähe. Dies entspricht der Eskalationsstufe 4 (Images und Koalitionen) des Phasenmodells nach Glasl, denn die Konfliktparteien haben sich jeweils von dem anderen ein stereotypes Bild gemacht und einander negative Rollen zugeschrieben (Feind, zickender Mitarbeiter). Die Beteiligten haben die Beziehungsebene betreten und die Sachebene verlassen.

Es erfolgten im weiteren Verlauf Schläge unterhalb der Gürtellinie (Bosser des Büros verweisen, das Büro unvermittelt verlassen, verbales Entgleisen) und der Betroffene stellte die Integrität des Bossers infrage (Kompetenz in Frage stellen, Vorwurf des Ausbeutens). Zudem kam es zwischen den Konfliktparteien zu Wortgefechten. Diese Verhaltensweisen konnten der Eskalationsstufe 5 (Gesichtsverlust) zugeordnet werden, denn sowohl der Bosser als auch der Betroffene zeigten jetzt „klare Kante".

Die zweite Hauptschwelle zwischen den Hauptphasen Schlagabtausch (Eskalations-stufen 4-6) und Vernichtung (Eskalationsstufen 7-9) markierte der Punkt, an dem der Bosser sich der Konfliktlösung bewusst entzog. Er wollte, dass der Betroffene das tut, was er von ihm verlangte. Dabei ging es ihm in der Folge um die kompromisslose Durchsetzung des eigenen Willens.

Der Bosser missbrauchte im weiteren Konfliktgeschehen seine Machte und nahm die Schädigung des Betroffenen billigend in Kauf. Diese Verhaltensweisen wurden der Eskalationsstufe 7 (Begrenzte Vernichtungsschläge) zugeschrieben, weil in diesem Kontext systematische Vernichtungsschläge begonnen haben und der Machtmissbrauch zur eingeschränkten Möglichkeit der Gegenwehr des Betroffenen führte.

In der Gesamtschau des Eskalationsverlaufes zeigt sich in Anlehnung an Zapf und Groß (2001), dass das Eskalationsphasenmodell von Glasl (2013) gut zur Beschreibung und Erklärung des Konfliktverlaufs des vorliegenden Bossingprozesses herangezogen werden kann. Es konnte für den vorliegenden Fall eine kontinuierlich eskalierende Entwicklung des Konfliktes ermittelt werden, so wie sie im neunstufigen Phasenmodell der Konflikteskalation nach Glasl beschrieben wird. Für die Zuordnung einzelner Handlungs- und Verhaltensweisen zu einzelnen Eskalationsstufen des Glasl'schen Modells erwies sich das Inventar zur Messung des Eskalationsgrades von Konflikten in der Arbeitswelt (IKEAr36) von Kolodej et al. (2005) als wertvolle Orientierungshilfe (vgl. Zapf & Groß, 2001; Kolodej, Voutsinas, Jiménez & Kallus, 2005).

Eine Ausweitung der Arena des Konfliktes konnte anhand der von dem Bosser beschriebenen negativen Handlungs- und Verhaltensweisen auf der dritten Eskalationsstufe (Taten statt Worte) ausgemacht werden, weswegen der zugrundeliegende Bossingfall als eine Form eines eskalierenden Konflikts, tendenziell beginnend auf der dritten Eskalationsstufe, beschrieben werden kann.

6.4.3 Eskalationsbedingungen

6.4.3.1 Persönlichkeitsbezogene Eskalationsbedingungen

Rollenkonflikte und deren Folgen als Eskalationsbedingungen:

Der Bosser befand sich in Vorgesetztenfunktion und nahm Führungsverantwortung für 150 Mitarbeiterinnen und Mitarbeiter wahr. Er befand sich in einer Sandwich-Position und aufgrund der ihm zugewiesenen Funktion stand er hierarchisch zwischen der strategischen Spitze (Unternehmensleitung) und dem operativen Kern des Unternehmens, woraus sich eine Rechenschaftspflicht nach oben und eine Verantwortung gegenüber unterstellten Mitarbeiterinnen und Mitarbeitern ergab. Im Spannungsfeld zwischen Unternehmensleitung und unterstellten Beschäftigten musste er Entscheidungen treffen, die er selbst so nicht getroffen hätte. Das Ausfüllen der Sandwich-Position führte beim Bosser zu einem Rollenkonflikt, bei dem Kahn, Wolfe, Quinn, Rosenthal & Snoek, (1964) zufolge bspw. die externen Erwartungen (Erwartungen der Unternehmensleitung) im Widerspruch zu den Werten und Bedürfnissen (selbst auf Hilfe angewiesen zu sein) und Einstellungen (ein anderes Verständnis von den Dingen haben) des Rolleninhabers (Bosser) stehen. Die vom Bosser ausgefüllte Sandwich-Position wies in diesem Kontext auf einen solchen Rollenkonflikt hin, denn der Bosser berichtete im Umgang mit seinen Mitarbeiterinnen und Mitarbeitern von einem täglichen Mental-Spagat.

Der Betroffene wiederum war im Rahmen von Personalentwicklungsmaßnahmen seitens des Bossers und des Unternehmens als Nachwuchs-Führungskraft gefördert worden. Der Betroffene hingegen wollte aber lieber eine Stabsstellenfunktion wahrnehmen. Insoweit bestand auch beim Betroffenen ein Rollenkonflikt.

Kahn et al. (1964) konnten aufgrund ihrer durchgeführten Studien ermitteln, dass Rollenkonflikte bei den Betroffenen Angst, Frustration und das Gefühl der Sinnlosigkeit auslösen und dass Rollenkonflikte die zwischenmenschliche Beziehung beeinträchtigen können. Insbesondere in Organisationen, die auf Kooperation und Kommunikation ihrer Beschäftigten angewiesen sind, können Rollenkonflikte und deren Auswirkungen negative Folgen haben (vgl. Kahn, Wolfe, Quinn, Rosenthal & Snoek, 1964). Als negative Folge kann in diesem Zusammenhang auch das Entstehen von Bossing angenommen werden.

Konfliktlöseverhalten als Eskalationsbedingung:

Weder der Bosser noch der Betroffene hatten den Konfliktmanagementstil des Nachgebens im Sinne der Dual Concern Theory nach Pruitt und Carnevale (1993) angewandt. Obwohl die Konfliktparteien partiell um eine Lösung des Konfliktes bemüht waren, bestand das Konfliktmanagement im überwiegenden Maße aus den Konfliktmanagementstilen Kämpfen und Vermeiden. In unterschiedlichen Studien konnte nachgewiesen werden, dass die Konfliktmanagementstile Kämpfen und Vermeiden im Zusammenhang mit einer Konflikteskalation stehen (vgl. De Dreu, Evers, Beersma, Kluwer & Nauta, 2001; Van de Vliert, 1997). Im Rahmen von Arbeiten zu Mobbing konnten Leon-Perez et al. (2015) ermitteln, dass Konfliktvermeidung zu einer Eskalation des Konflikts und zu einem Beziehungskonflikt führt und dass Kämpfen mit mehr Mobbing und Problemlösen mit weniger Mobbing verbunden sind (vgl. Leon-Perez, Medina, Arenas & Munduate, 2015). Ayoko et al. (2003) fanden im Rahmen ihrer Studie zu Mobbing eine signifikante Beziehung zwischen der Reaktion der Mitarbeiterinnen und Mitarbeiter auf Konflikte und Mobbing: Konfliktlösungen stehen in Verbindung mit einem Rückgang von Mobbing, das Ignorieren von Konflikten oder der Konfliktmanagementstil Kämpfen stehen in Verbindung mit erhöhtem Mobbing (vgl. Ayoko, Callan und Härtel, 2003).

Es kann postuliert werden, dass das Konfliktmanagement der Konfliktparteien Bossing fördern oder hemmen kann und dass die Konfliktmanagementstile Kämpfen und Vermeiden einen Bossingprozess befeuern und eskalieren lassen können.

Seelische Funktionen als Eskalationsbedingungen:

Die Perzeptionen hinsichtlich des Bossingprozesses sind vor allem auf dem Bossingprozess selbst und die Wahrnehmung des Selbstbildes und das Bild vom

Betroffenen ausgerichtet. Hinsichtlich des Selbstbildes zeigen sich zunächst positive Eigenschaften (z. B. sich abgrenzen können, belastbar, empathisch, engagiert, mitarbeiterorientiert, moderat, reflektiert und respektvoll) und im weiteren Verlauf des Bossingprozesses auch negative Eigenschaften (z. B. abgestumpft, begrenzt belastbar, berechnend, gleichmütig, gönnerhaft, rücksichtslos, unehrlich und zeitweilig wenig emphatisch). Auch das Bild vom Betroffenen ist zunächst positiv und wird u.a. als an Vorbildern orientiert, dankbar, engagiert, belastbar, loyal, mitarbeiterorientiert, motiviert und selbstbestimmt erlebt. Im Verlaufe des Bossingprozesses verändert sich dieses Bild. Der Betroffene wird vom Bosser u.a. als aufmüpfig, ausgebrannt, desorientiert, enttäuscht, geltungsstrebend sowie hilfebedürftig, überfordert, unstrukturiert und willfährig wahrgenommen. In Anlehnung an Glasl (2013) zeigt sich im Verlaufe des Bossingprozesses eine starke Verzerrung der Bilder, die der Bosser von sich selbst und von dem Betroffenen hat. Es bilden sich deutlich stereotype Bilder hinsichtlich der Fähigkeiten und Charaktermerkmale aus (vgl. Glasl, 2013).

Die eigenen Wahrnehmungen beeinflussen die Gedankenwelt des Bossers. Gedanken des Bossers zur eigenen Einstellung, zur Rolle als Führungskraft, zu Führungskompetenzen, zum Führungsverhalten und zur Konsequenz des Führungshandels, zu Macht, Machtlosigkeit und Machtmissbrauch zeigen ein eher ambivalentes Bild. Eigenes Versagen wird als wenig schlimm und lehrreich bezeichnet. Die eigene Sandwich-Position führt zum Mental-Spagat und zu Entscheidungen, hinter denen man selbst nicht steht. Mangelnde Führungskompetenz schließt in der Gedankenwelt des Bossers einen Machtmissbrauch aus, obwohl die Gedanken an das eigene Führungsverhalten ein gegenteiliges Bild zeichnen. Gedanken zur Arbeitssituation des Betroffenen, zur Rolle des Betroffenen, zu dessen Verhalten und Zielen sowie zu den Folgen für den Betroffenen und den Folgen von Unternehmensstrategie sowie zu der Rolle der Mitarbeiter und zum Vorgesetzten-Mitarbeiter-Verhältnis weisen darauf hin, dass dem Bosser die Situation des Betroffenen umfänglich bewusst ist. In der Gedankenwelt des Bossers wird der Betroffene jedoch als „zickender" Mitarbeiter wahrgenommen, der Macht ausüben wolle. Die Gedankenwelt des Bossers weist besonders an dieser Stelle auf ein erstarrtes und schwer veränderbares Denken und Vorstellen hin (vgl. Glasl, 2013).

Anfänglich ist das durch die Perzeptionen und Gedanken beeinflusste Gefühlsleben des Bossers bestimmt durch das Wahrnehmen von Unstimmigkeiten und Warnsignalen. Gefühle von Zweifel und Gewissensbisse (sich schlimm fühlen), insbesondere hinsichtlich des Arbeitseinsatzes des Betroffenen, sind zwar präsent, werden aber im Verlaufe des Bossings durch Gefühle des Abstumpfens und des Gleichmuts sowie der Zufriedenheit ersetzt. Gefühle aufgrund der Gesamtsituation werden aus Gründen der Psychohygiene unterdrückt. Das im Laufe des Bossingprozesses veränderte Gefühlsleben im Bosser weist auf den Verlust der Fähigkeit zum Einfühlen in den Betroffenen hin Die mangelnde Empathie und sozialer Autismus prägen sich immer mehr aus (vgl. Glasl, 2013).

Das Willensleben ist durch die Perzeptionen, die Gedanken und die Gefühle beeinflusst. Zwar will der Bosser zufriedene Mitarbeiter und sie fördern und loben, aber vor allem will er funktionierende Mitarbeiter, und auf den Bossingbetroffenen bezogen, einen effizienten und kompetenten Mitarbeiter. Die Arbeitsfähigkeit des Betroffenen will er gesichert sehen. Die organisationale Funktionstüchtigkeit und die Unternehmensziele stehen im Vordergrund, weshalb der Bosser keine Fortbildung unterstützen will. Im Verlaufe des Bossingprozesses will er keine Kommunikation über Probleme und Probleme auch nicht hören. Er will sich nicht angreifen lassen und sich auch nicht öffnen. In Anlehnung an Glasl (2013) tritt im Willensleben des Bossers Erstarrung und Fixierung auf, denn seine Interessen sind ausschließlich auf das Unternehmen ausgerichtet. Mit Fortgang des Bossings gehen eine mögliche Flexibilität und die Suche nach Alternativen im Umgang mit der Situation mehr und mehr verloren, weshalb Probleme ignoriert oder totgeschwiegen werden (vgl. Glasl, 2013).

Die bisher beschriebenen Funktionen, resp. Faktoren wirken innerhalb der Seele des Bossers. Sie werden jetzt zum Teil im äußeren Verhalten sichtbar und lösen wiederum Effekte, resp. Reaktionen beim Bossingbetroffenen aus. Einerseits ist der Bosser auf den Betroffenen zugegangen, hat ihm Coaching angeboten und auch die Dauer der Problemlösung kommuniziert sowie Interesse für die Arbeitsbelastung gezeigt, die Ausbildung begleitet, motiviert, Offenheit signalisiert, gewertschätzt und nach einer Problemlösung gesucht. Als Reaktion auf das Verhalten des Betroffenen äußerte sich das Verhalten des Bossers aber andererseits darin, den Betroffenen mit dem Problem alleine gelassen, Probleme ignoriert, sie ausgesessen und sich der Problemlösung entzogen zu haben. Zudem hat der Bosser Ausreden aufgetischt, leere Versprechen gemacht, Ideen ignoriert, die Inkompetenz des Betroffenen kommuniziert, sich berechnend und bewusst sowie gering schätzend und gönnerhaft verhalten. Fortbildung hatte er abgelehnt, seine ablehnende Haltung nicht begründet, auf Pflichten hingewiesen und auf die Einhaltung der Unternehmensziele geachtet sowie Entscheidungen zugunsten des Unternehmens gefällt. Er hatte auch Druck ausgeübt, eingegrenzt, delegiert, keinen Rückhalt gegeben, Macht ausgeübt, die Situation bewusst ausgenutzt, überfordert, übermäßiges Arbeiten zugelassen, Unterstützung verwehrt und eine Schädigung zugelassen. Er war untätig gewesen und aus dem Affekt heraus wurde er laut. Emotional öffnete er sich nicht. Das Verhalten des Bossers drückt die innerlich wirkenden Faktoren aus und wird von diesen geprägt. Während anfänglich eine breite Palette der Verhaltensweisen erkennbar ist, tritt nach und nach eine Verarmung im Verhalten auf. Bosser und Betroffener kennen sich genau, sodass beide wissen, was sie voneinander zu erwarten haben: „...wir wussten beide, da gibt es ein Problem, aber (.) wir haben das schon so häufig und immer wieder diskutiert, dieses Problem, dass weder er Bock darauf hatte, mit mir schon wieder in dieses Gespräch zu gehen und jetzt komme ich wieder an den Punkt Offenheit und Ehrlichkeit, und ich eigentlich auch keinen Bock darauf hatte". Letztendlich zeigen sich stereotype und fixierte Verhaltensmuster im weiteren Verlauf des Bossingprozesses (vgl. Glasl, 2013).

Das von der Wahrnehmung, den Gedanken, den Gefühlen und dem Willen gesteuerte Bosserverhalten löst in dem Betroffenen bestimmte Wirkungen aus. Anfänglich engagiert sich der Betroffene und stellt den Arbeitsablauf sicher, er weist schließlich auf bestehende Probleme hin und nimmt dazu einen Standpunkt ein, äußert sich zurückhaltend, erklärt und entschuldigt sich und sucht nach einer Problemlösung. Ab der ersten Hauptschwelle zwischen den Hauptphasen Verstimmung (Eskalationsstufen 1-3) und Schlagabtausch (Eskalationsstufen 4-6), die mit der Ablehnung des Fortbildungsantrages fixiert werden kann, zeigt der Betroffene im weiteren Verlauf des Bossingprozesses Verhaltensweisen, die durch Überreaktionen, unangebrachtes Kommunizieren, Konfrontieren sowie durch Schuldzuweisungen und Vorwürfe geprägt sind. Es kommt zu Kommunikationsvermeidung, Rechtfertigung und dem Vorwurf an den Bosser, den Betroffenen vor vollendete Tatsachen gestellt und sich der Situation entzogen zu haben. Glasl (2013) folgend fühlt sich der Betroffene durch das Verhalten des Bossers gekränkt und geschädigt, „der Täter" wird dafür zur Rechenschaft gezogen, „...gleichgültig ob der Effekt gewollt war oder nicht. Es interessiert mich nicht, dass mein Gegner erklärt, er habe nur einen Schneeball auf mich werfen wollen – wenn daraus eine Lawine geworden ist und mein Haus zertrümmert hat, ziehe ich den Gegner für die Zerstörung meines Hauses voll zur Verantwortung" (S. 51). Der eskalierende Bossingprozess führt in „dämonisierte Zonen" und weist auf einen zunehmenden Realitätsverlust hin, weswegen die eigentlichen Sachprobleme in den Hintergrund treten (vgl. Glasl, 2013).

Persönlichkeit als Eskalationsbedingung:

Zwar lässt sich Leymann (1996) folgend aufgrund der von dem Befragten wahrgenommen Persönlichkeitsmerkmale des Betroffenen keine Typologie ableiten, die die Annahme rechtfertigen könnte, der Betroffene sei quasi zwangsläufig zum Bossingbetroffenen geworden.

Jedoch konnten unter Berücksichtigung der fünf Dimensionen der Persönlichkeit (Big-Five) nach Goldberg (1990) und darauf aufbauend nach Ostendorf und Angleitner (2003) anhand der Angaben des Interviewpartners im Zuge des Bossingprozesses tendenziell Veränderungen auf den Dimensionen Gewissenhaftigkeit, Verträglichkeit und Neurotizismus beim Betroffenen festgestellt werden. Dabei scheint insbesondere die Dimension Gewissenhaftigkeit analog zu den Ergebnissen von Coyne et al. (2000) zu Mobbing auch beim Bossingbetroffenen tendenziell stärker ausgeprägt zu sein (vgl. Coyne, Seigne & Randall, 2000).

Vor allem Eigenschaften wie Loyalität, Engagement, Motivation und Belastbarkeit führten beim Betroffenen zu einer starken Identifikation mit seiner Arbeit (vgl. Davenport, Schwartz & Eliot, 2000) und schienen den Bosser tendenziell dazu zu veranlassen, diese beobachteten Eigenschaften auszunutzen. Der Bosser hatte aufgrund der beim Betroffenen beobachteten Eigenschaften gelernt, dass er ihn ausnutzen konnte, weswegen analog zu den Ausführungen von Fryling et al. (2011) zu Mobbing ein erlerntes Verhalten des Bossers als Faktor für das Bossinggeschehen angesehen werden kann (vgl. Fryling, Johnston & Hayes 2011).

Dem Bosser können aufgrund seines von sich selbst gezeichneten Bildes mangelnde soziale Kompetenz sowie mangelnde Perspektivenübernahme unterstellt werden. Analog zu den Ausführungen von Zapf und Einarsen (2011) sowie Matthiesen und Einarsen (2011) könnten diese negativen Eigenschaften des Befragten wesentliche Faktoren für Bosser insgesamt darstellen und im Weiteren eine wichtige Vorbedingung für Bossing sein (vgl. Zapf & Einarsen, 2011; Matthiesen & Einarsen, 2011).

6.4.3.2 Arbeitsweltbezogene Eskalationsbedingungen

Bad Leadership als Eskalationsbedingung:

Führungsverhalten, das darauf ausgerichtet ist, organisationale (Leistungs) Ziele auf Kosten der Mitarbeiter(-Ziele) zu erreichen, bezeichnen Einarsen et al. (2007) als ein tyrannisches Führungsverhalten (Tyrannical leadership behaviour) (vgl. Einarsen Aasland & Skogstad, 2007). Im konkreten Fall beschrieb der Befragte einen autoritären Führungsstil, bei dem das Führungshandeln stark unternehmens- und kundenorientiert und nicht zum Wohle der Mitarbeiterinnen und Mitarbeiter ausgelegt war. Mitarbeiterinnen und Mitarbeiter hatten u.a. zu funktionieren. Die Belange der Geführten spielten für den Befragten keine Rolle.

Analog zur Mobbingforschung, bei der ein Zusammenhang zwischen schlechter Führung und dem Auftreten von Mobbing hinreichend nachgewiesen werden konnte (vgl. u.a. Einarsen, 1999; Hoel & Cooper, 2000; Hoel & Salin, 2003; Leymann, 1996; Hauge, Skogstad & Einarsen, 2007; O'Moore & Lynch, 2007; Hoel, Glasø, Hetland, Cooper & Einarsen, 2010; Nielsen, 2013), kann angenommen werden, dass vor allem ein autoritärer Führungsstil als Form der destruktiven Führung im Sinne eines *bad leaderships* als Bossing fördernder Faktor und somit als Eskalationsbedingung mit besonderem Gewicht in Frage kommt.

Organisation und soziale Beziehungen als Eskalationsbedingungen:

Im konkreten Fall berichtete der Befragte von einem Bossinggeschehen, das sich in der Pflegebranche abspielte. Die Mobbingforschung weist im Zusammenhang einzelner Branchen und dem Vorkommen von Mobbing widersprüchliche Ergebnisse auf. Mobbing zieht sich quer durch alle Branchen. Dies gilt auch für die Gesundheitsberufe (vgl. Niedl, 1995; Vartia, 1993; 1996; Leymann & Gustafsson, 1996; Piirainen, Elo, Hirvonen, Kauppinen, Ketola, Laitinen, Lindström, Rcijula, Riala, Viluksela & Virtanen, 2000; Meschkutat, Stackelbeck & Langenhoff, 2002; Eurofund, 2010; Einarsen & Skogstad, 1996; Zapf, 1999; Salin, 2010).

Eindeutige Belege dafür, dass insbesondere die Pflegebranche einem erhöhten Mobbing- und somit Bossingrisiko unterworfen wäre, finden sich bislang nicht.

Die von dem Befragten beschriebenen Rahmenbedingungen, wie

1. Personal-, resp. Fachkräftemangel mit entsprechenden Folgen, wie Druck, Überlastung und Mehrarbeit,

2. Aufwendige Dokumentationssysteme mit mangelhaft durchgeführten Dokumentationen,

3. Schicht- und Wochenendarbeit,

4. Schlechtes Betriebsklima,

5. Intransparenz und eingeschränkte Kommunikationsmöglichkeiten der Mitarbeiterinnen und Mitarbeiter sowie

6. Mangelnde Unterstützung und soziales Desinteresse aufgrund einer nicht gelebten Unternehmenskultur,

können als typisch für die Pflegebranche angenommen werden, vor allem hinsichtlich des vorherrschenden Fachkräftemangels und den daraus resultierenden Folgen, den aufwendigen Dokumentationssystemen und der Schicht- und Wochenendarbeit.

Im Zuge ihrer Forschungen zu Mobbing konnte Vartia (1996) bspw. einen schlechten Informationsfluss als Mobbing fördernd identifizieren. O'Moore et al. (1998) konnten u.a. ein stressiges Umfeld (im konkreten Fall Druck, Überlastung, Mehrarbeit, Schichtdient) als Mobbing fördernd ausmachen (vgl. Vartia, 1996; O'Moore, Seigne, McGuire & Smith, 1998). Zudem konnte von diversen Autorinnen und Autoren ein Zusammenhang zwischen Mobbing und einem (schlechten) sozialen Klima am Arbeitsplatz nachgewiesen werden und dass Mobbing als Folge risikobehafteter Verhältnisse am Arbeitsplatz gesehen werden muss (u.a. Arbeitsverdichtung, Überforderung, chronischer Stress, schlechtes Betriebsklima, defizitäre Kommunikation, Intransparenz von Entscheidungen sowie soziales Desinteresse). Unter dem Aspekt eines Person-Environment/Group-Misfit konnte gezeigt werden, dass mangelnde soziale Unterstützung mit Mobbing korreliert (vgl. Vartia, 1996; O'Moore, Seigne, McGuire & Smith, 1998; O'Moore & Lynch, 2007; Weber, Hörmann & Köllner, 2007).

In der Gesamtschau betrachtet, kann anhand der bislang vorliegenden Ergebnisse der Mobbingforschung postuliert werden, dass die Branche Pflege für sich allein genommen betrachtet zunächst einmal nicht mehr oder minder von Bossing betroffen sein dürfte als andere Branchen auch. Allerdings können entsprechende schlechte organisationale Rahmenbedingungen (z. B. Fachkräftemangel, Druck und Mehrarbeit, Überlastung, Schicht- und Wochenendarbeit, defizitäre Kommunikation) sowie ein schlechtes soziales Klima (z. B. schlechtes Betriebsklima, mangelnde Unterstützung und soziales Desinteresse) das Bossingrisiko deutlich erhöhen und Bossingprozesse je nach Ausprägung befeuern oder hemmen.

6.5 Das subjektive Erleben der Bossingbetroffenen

6.5.1 Die Fälle

Fall 1:

Bei der Interviewpartnerin handelt sich um eine pädagogische Mitarbeiterin, 70 Jahre alt, 23 Jahre tätig bei einem freien Träger (Stiftung) mit insgesamt drei Mitarbeiterinnen und Mitarbeitern.

Die Interviewpartnerin war bereits am Aufbau der Stiftung beteiligt. Schon mit Arbeitsaufnahme ist ihr bewusst, dass der Vorsitzende der Einrichtung sie nicht will. Eine Ausschreibung nach Gründung der Stiftung ist auf die Geliebte des Vorsitzenden zugeschnitten. Die Interviewpartnerin bewirbt sich und wird im Rahmen des Bewerbungsgespräches nach eigener Wahrnehmung vorgeführt und dennoch eingestellt. In der Folge werden die Ideen der Interviewpartnerin vom Vorgesetzten boykottiert, was sie als entwicklungshemmend erlebt. Die von der Interviewpartnerin wahrgenommenen Verhaltensweisen ihres Vorgesetzten halten 10 Jahre lang an und verschlimmern sich. Nachdem der Vorgesetzte einen neuen Geschäftsführer für die Einrichtung per Zeitungsannonce sucht, obwohl der aktuelle Geschäftsführer noch im Amt ist, erleidet die Interviewpartnerin einen Nervenzusammenbruch. Sie hatte auf den Posten der Geschäftsführerin spekuliert. Die Interviewpartnerin macht ihrem Vorgesetzten Vorwürfe, worauf der mit Kündigung droht. In der Folge kommt es zur Diskreditierung seitens des Vorgesetzten. Die Interviewpartnerin wendet sich Hilfe suchend an den Vorstand und die Stiftungsgründerin, erfährt aber keinerlei Unterstützung. In der Folge erfährt die Interviewpartnerin Kompetenzbeschneidungen. Es stellt sich ein Gefühl der Handlungsohnmacht ein. Die Interviewpartnerin erleidet einen Herzinfarkt und führt die Erkrankung auf das Verhältnis zum Vorgesetzten zurück. Die Interviewpartnerin denkt über Kündigung nach, die Kündigung wird jedoch nicht vollzogen. Die Machtposition des Vorgesetzten wird mit fatalistischer Einstellung anerkannt. Es kommt zum Rückzug und zur inneren Kündigung. Die Situation löst sich mit dem Tode des Vorgesetzten auf.

Fall 2:

Bei der Interviewpartnerin handelt es sich um eine ungelernte Angestellte, 62 Jahre alt, sechs Jahre tätig bei einer kirchlichen Einrichtung mit insgesamt 6.000 Mitarbeiterinnen und Mitarbeitern.

Die Interviewpartnerin ist in der Einrichtung als Sekretärin tätig. Den Beginn des Konfliktes mit ihrem Vorgesetzten erlebt die Interviewpartnerin als schleichenden Prozess. Ausschlaggebend ist ein Rundschreiben der Mitarbeitervertretung mit einem Hinweis auf die Pausenregelung. Nachdem die Interviewpartnerin ihren Vorgesetzten auf das MAV-Schreiben aufmerksam macht, kommt es zu Vorwürfen des Vorgesetzten, der ihr Rumsitzen und ständiges Essen vorwirft. Die Vorwürfe weist die Interviewpartnerin entschieden zurück. Sie macht ihrem Vorgesetzten im Gegenzug den Vorwurf mangelnder Wertschätzung. In der Folge eskaliert der Konflikt. Der Vorgesetzte äußert offen ungerecht-fertigte Kritik und ignoriert die Betroffene. Als Folge leidet die Betroffene unter Herz-Rhythmus-Störungen und Existenzängsten. Es kommt zu einer längerfristi-gen Erkrankung der Betroffenen. Unterstützung erfährt die Betroffene durch die MAV und externe Stellen. Der Konflikt endet mit einem Aufhebungsvertrag.

Fall 3:

Bei dem Interviewpartner handelt es sich um einen Pflegedienstleiter, 42 Jahre alt, 17 Jahre tätig in einem Altenheim mit 92 Mitarbeiterinnen und Mitar-beitern.

Der Betroffene erlebt den Konflikt nach dem Wechsel der Hausleitung. Die neue Vorgesetzte geht offensiv mit der Gesamtsituation in der Einrichtung um und ist mit der bisherigen Mitarbeiterführung nicht einverstanden. Insbesondere wird die hohe Zahl der Fehlzeiten bemängelt, für die dem Betroffenen die Ver-antwortung zugeschrieben wird. Der Betroffene empfindet in der Folge aufgrund der Vorgehensweise der Vorgesetzten eine Art Entmachtung seiner Person. Be-züglich der Dienstplangestaltung kommt es zu offenen Auseinandersetzungen bis hin zum gegenseitigen Anschreien. Im weiteren Verlauf wird der Betroffene von seiner Vorgesetzten bloßgestellt, eine Überlastungsanzeige zerreißt die Vorge-setzte vor den Augen des Betroffenen. Der Betroffene wird daraufhin von Bespre-chungen ausgeschlossen. Das Zerreißen der Überlastungsanzeige empfindet der Betroffene als Todesstoß. Er zieht sich zurück und meldet sich in der Folge krank. Der Betroffene kündigt nur deshalb nicht, weil er sich der Einrichtung gegenüber verpflichtet fühlt. Der Konflikt hält ein halbes Jahr an und endet mit der Kündi-gung der Vorgesetzten und der Umsetzung des Betroffenen in einen anderen Be-reich der Einrichtung.

Fall 4:

Bei der Interviewpartnerin handelt es sich um eine Gruppenleiterin, 42 Jahre alt, 22 Jahre tätig in einer kirchlichen Einrichtung mit 30 Mitarbeiterinnen und Mitarbeitern.

Die Befragte erlebt den Beginn des Konfliktes mit einem von ihr uner-wünschten Wechsel in eine andere Einrichtung der Behindertenhilfe. Aufgrund einer Vorgeschichte weiß sie, dass sie von der neuen Vorgesetzten dort nicht er-wünscht ist. In der Folge wirft die Vorgesetzte der Betroffenen im Umgang mit den Patienten eine übergriffige Art vor. Die Betroffene kritisiert offen die Art und Weise der Führung der Einrichtung, was die Vorgesetzte nach Einschätzung der

Betroffenen als Angriff gegen ihre Person wertet. In der Folge führt die Vorgesetzte Buch über die Anwesenheitszeiten der Betroffenen, die im weiteren Verlauf wegen wiederholten Zuspätkommens eine Abmahnung erhält. Die Vorgesetzte spricht der Betroffenen im weiteren Verlauf des Konfliktes immer wieder soziale Kompetenzen ab, äußert sich hinter ihrem Rücken geringschätzig und ignoriert sie. Darüber hinaus kürzt die Vorgesetzte die Arbeitszeiten der Betroffenen ohne Ankündigung. Unterstützung erfährt die Betroffene bei der MAV und einer befreundeten Rechtsanwältin. Der Konflikt endet mit der Kündigung der Betroffenen.

Fall 5:

Bei der Interviewpartnerin handelt es sich um eine Krankenschwester, 43 Jahre alt, 21 Jahre tätig in einem städtischen Krankenhaus mit 1.800 Mitarbeiterinnen und Mitarbeitern.

Die Befragte erlebt den Konflikt durch eine diktatorisch wirkende Vorgesetzte, die neue Mitarbeiterinnen und Mitarbeiter testet. Mitarbeiterinnen und Mitarbeiter, die der Vorgesetzten nicht wohlgesonnen sind, werden in die sogenannte „Loser-Schicht" eingeteilt. Die Befragte befindet sich in der „Loser-Schicht". Ein Kollege, der als Leitungsvertretung neu auf die Station kommt, wird umgehend der „Loser-Schicht" zugeteilt. Die Vorgesetzte duldet keinen Widerspruch, ignoriert und blockiert permanent jegliche Veränderungsbestrebungen der Leitungsvertretung. Mitglieder der „Loser-Schicht" werden an der Dienstplangestaltung nicht beteiligt und die Freizeit wird beschnitten. Die Leitungsvertretung erfährt keinerlei Unterstützung durch nächsthöhere Vorgesetzte. Die Situation hält etwa ein Jahr an. In der Folge erkrankt der Betroffene. Für die Befragte löst sich die Situation auf, als sie in Mutterschutz geht.

Fall 6:

Bei dem Interviewpartner handelt es sich um einen Teamleiter, 39 Jahre alt, 17 Jahre tätig bei einem kirchlichen Träger mit 3.500 Mitarbeiterinnen und Mitarbeitern.

Der Interviewpartner arbeitet in einem Krankenhaus und erlebt den Beginn des Konfliktes, nachdem sein ehemaliger Vorgesetzter eine Stabsstellenfunktion besetzt. Der Befragte selbst übernimmt die Teamleitung für ein Team, das zuvor von dem ehemaligen Vorgesetzten geführt wurde. Mit Übernahme der Teamleitung ist der Befragte seinem ehemaligen Vorgesetzten wieder unterstellt. Der Befragte tritt die Teamleitung mit der Vorgabe an, einen Überstundenberg von 1.400

Mehrarbeitsstunden reduzieren zu müssen. Veränderungsbestrebungen des Befragten werden von seinem Vorgesetzten insofern torpediert, als dass er fortwährend die Autorität des Befragten untergräbt und ihn bloßstellt. Bei Abwesenheit des Befragten lässt der Vorgesetzte Anweisungen des Befragten über dessen Stellvertreter aufheben. Nachdem der Befragte die Zustände problematisiert, erhält er keinerlei Unterstützung durch nächsthöhere Vorgesetzte. Der Konflikt hält sieben Monate an und als Folge leidet der Befragte unter Herz-Rhythmus-Störungen, weswegen er krankgeschrieben werden muss. Der Konflikt löst sich auf, nachdem sich der Befragte in einen anderen Bereich bewirbt.

Fall 7:

Bei der Interviewpartnerin handelt es sich um eine Einrichtungsleiterin, 38 Jahre alt, 14 Jahre tätig bei einem freien Träger der Altenpflege mit 55 Mitarbeiterinnen und Mitarbeitern.

Die Befragte erlebt den Konflikt mit ihrer Vorgesetzten über neun Jahre, die sie am Fortkommen hindert und sie unterdrückt. Über den gesamten Prozess des Konfliktes kommt es zu unterschiedlichen negativen Handlungen der Vorgesetzten, die u.a. unwahre Tatsachen behauptet, die Befragte ignoriert und isoliert sowie geringschätzig behandelt. Als Folge des Verhaltens der Vorgesetzten macht die Befragte Dienst nach Vorschrift und kompensiert die Situation, indem sie ihrem Hobby nachgeht. Der Konflikt löst sich mit der Verrentung der Vorgesetzten auf.

Fall 8:

Bei der Interviewpartnerin handelt es sich um eine Projektmanagerin, 52, Jahre alt, neuneinhalb Jahre tätig in einem Konzern der Privatwirtschaft mit 160 Mitarbeiterinnen und Mitarbeitern in einer Abteilung.

Die Befragte erlebt den Beginn des Konfliktes nach einem Umstrukturierungsprozess im Unternehmen, in dessen Verlauf einer der Teammitglieder ihr Vorgesetzter wird. Die neue Situation führt zur Spaltung des Teams und entstehende Spannungen werden vom Vorgesetzten nicht ernst genommen bzw. heruntergespielt. Die Betroffene leidet in der Folge unter Arbeitsüberlastung und sieht sich Anfeindungen anderer Teammitglieder ausgesetzt. Der Vorgesetzte greift nicht ein und weist der Befragten zusätzliche Arbeit zu. Im Rahmen einer Klausurtagung kommt es zur Demütigung der Befragten, die sich vor den anderen Teammitgliedern hinknien und sich für ihr Verhalten entschuldigen muss. Die

Befragte erlebt diese Situation als gezielten Angriff ihres Vorgesetzten. Die Spannungen am Arbeitsplatz dauern über den gesamten Zeitraum der Betriebszugehörigkeit der Befragten an. Sie erfährt durch ihren Vorgesetzten keinerlei Unterstützung. Der Konflikt löst sich mit der Kündigung der Befragten auf.

Fall 9:

Bei der Interviewpartnerin handelt es sich um eine Verwaltungsangestellte, 51 Jahre alt, 13 Jahre tätig in einem städtischen Klinikverbund mit 7.000 Mitarbeiterinnen und Mitarbeitern.

Die Befragte erlebt den Beginn des Konfliktes im Rahmen eines Umstrukturierungsprozesses, nachdem während ihrer krankheitsbedingten Abwesenheit ein neuer Vorgesetzter in der Abteilung eingesetzt wird. Die Befragte geht davon aus, dass der neue Vorgesetzte von seiner Vorgängerin darüber informiert worden war, dass im Team Disharmonie herrscht. Nachdem die Befragte wieder im Dienst erscheint, zwingt ihr der Vorgesetzte eine Mediation mit einer Kollegin auf, was die Befragte kategorisch ablehnt. In der Folge droht der Vorgesetzte der Befragten mit „Eliminierung" und macht ihr den Vorwurf, sie sei aggressiv. Die Befragte erlebt den Konflikt mit ihrem Vorgesetzten über einen Zeitraum von zwei Monaten. Der Konflikt löst sich auf, als die Befragte als Folge der Auseinandersetzung langfristig krankgeschrieben werden muss.

6.5.2   Die Ergebnisse im Einzelnen

6.5.2.1   Auswertung Bossing

Zur Abgrenzung zwischen einem sozialen Konflikt und Bossing wurden in dieser Studie unter der Hauptkategorie 1-Bossing die Unterkategorien *Bossinghandlungen*, die *Intensität und Dauer* des Bossings, die *Bossingfolgen*, die *Machtverhältnisse* sowie die *Schädigungsabsicht* untersucht.

6.5.2.1.1   Bossinghandlungen

Unter der Kategorie Bossinghandlungen wurden alle Handlungen des/der Bosser/in erfasst, die von den Betroffenen als negative Handlungen wahrgenommen wurden. Die Bossingbetroffenen berichteten von insgesamt 85 unterschiedlichen Bossinghandlungen, die sie im Rahmen des Bossingprozesses wahrgenommen hatten. Zur besseren Übersicht wurden die von den Betroffenen wahrgenommenen Handlungen in Anlehnung an Esser und Wolmerath (2011) unter den folgenden zehn Kategorien zusammengefasst:

(1) Angriffe gegen die Arbeitsleistung und das Leistungsvermögen,
(2) Angriffe gegen das Arbeitsverhältnis,
(3) Destruktive Kritik,
(4) Angriffe gegen die soziale Integration,
(5) Angriffe gegen das soziale Ansehen im Beruf,
(6) Angriffe gegen das Selbstwertgefühl,
(7) Schreck, Angst und Ekel erzeugen,
(8) Angriffe gegen das Privatleben,
(9) Angriffe gegen die Gesundheit und die körperliche Unversehrtheit und
(10) Unterlassene Hilfeleistung (vgl. Esser & Wolmerath, 2011, S. 31 ff.).

(1) Angriffe gegen die Arbeitsleistung und das Leistungsvermögen

Unter dem Aspekt der Angriffe gegen die Arbeitsleistung und das Leistungsvermögen berichteten sechs der neun Befragten darüber, dass ihre Kompetenz in Frage gestellt worden war. Jeweils ein/eine Befragte/r gaben an, dass ihnen die Kompetenz abgesprochen oder beschnitten oder dass ihre/seine Kompetenz ignoriert wurde.

„Da geht es zum Beispiel (1,5s) um die Einstellung von Mitarbeitern, Ersatzeinstellungen für ähm für langzeiterkrankte äh Mitarbeiter. (--) Ähm, wo dann den Mitarbeitern, die dann noch mal wiederholt gekommen zur Wiedereinstellung gesagt worden ist "Nein, das trifft so nicht zu. (--) Der Herr <Name des Befragten> ähm hatte gar nicht die Kompetenz, das zu machen" (IP3: 152-156).

Drei der neun Interviewpartnerinnen und -partner berichteten auch von Blockieren, weitere drei von Blockieren von Ideen und zwei von Boykottieren.

„Er hat blockiert. Er hat das blockiert" (IP2: 1276).

„Ich hätte gerne das Haus geöffnet, ich hatte noch tausend Ideen. Und damit kam ich nicht weiter. Weil da immer Herr <Name> war (.) und blockierte" (IP1: 395-397).

„ (...) ich habe nur im Laufe der Zeit gemerkt, dass er alle meine Bestrebungen und alle meine Bemühungen, die ich (.) äh so machte ... auch an Ideen, die ich so einbrachte, dass das im Grunde genommen alles äh boykottiert wurde... " (IP1: 38-42).

Zwei der neun Befragten äußerten, dass sie von Entscheidungsprozessen ausgeschlossen wurden. Und zwei der neun Interviewpartnerinnen und -partner gaben an, dass ihre Autorität untergraben wurde.

„Das hat sich dann nach und nach immer mehr so gezeigt, dass er sich einfach nur noch bei der Stellvertretung, bei meiner Stellvertretung gemeldet hat, die dann irgendwelche Sachen verändert hat (...)" (IP7: 178-180).

„ (...) er hat immer noch manipuliert (.), immer noch. Ähm (4s) so sehr manipuliert, als Beispiel zum Beispiel, dass ich (--) zwei, drei Tage frei hatte, (2s), er im Haus auf der Gruppe angerufen

hat, hat gesagt, die Dienstplanung, die hier dein Chef – bei der Stellvertretung, hat sich bei der
Stellvertretung gemeldet, die Dienstplanung, die hier entsteht, die (.) geht gar nicht. Ändere die
jetzt bitte so und so" (IP7: 165-169).

Zudem berichteten die Befragten jeweils mit einer Nennung von Entmachten, Entziehen von Arbeitsaufgaben, Informationen vorenthalten, Informationen
zurückhalten, Locken in Fettnäpfe, Unterstellen unkorrekter Arbeitsweise, Überfordern und Nichteinhalten von Absprachen.

(2) Angriffe gegen das Arbeitsverhältnis
Zwei der neun Interviewpartnerinnen und -partner nannten unter dem Aspekt der Angriffe gegen das Arbeitsverhältnis das Verbauen der Karriere.

„(...) ich war als (Einrichtungsleiter) tätig, und sie war meine Vorgesetzte und hat äh alles
versucht, ähm, (2s) um mich sozusagen ähm (---), ja, nicht weiterkommen zu lassen (...)" (IP8:
5-7).

Zudem wurde von Befragten jeweils einmal genannt: Willkürliches Handeln, Reduzieren von Arbeitsstunden ohne Ankündigung, schriftliches Anweisen,
Vorwurf der Veruntreuung und Vorwurf des Fehlverhaltens, Abmahnen, Vorbereiten der Versetzung bei Abwesenheit und Versetzen innerhalb der Einrichtung.

(3) Destruktive Kritik
Unter dem Aspekt der destruktiven Kritik berichteten zwei der neun Interviewpartnerinnen und -partner von Demütigungen.

„Und mich auch namentlich und richtig von Angesicht zu Angesicht äh in Mitten von Anderen
äh nieder gemacht. ((Schlagen auf den Tisch))" (IP1: 296-297).

Außerdem nannten die Befragten das Kritisieren der Arbeitsweise, unfaires
Behandeln, Nörgeln, Vorwurf des Dasitzens und Essens und Vorwurf, mit der
Arbeit unzufrieden zu sein (jeweils mit einer Nennung).

(4) Angriffe gegen die soziale Integration
Unter dem Aspekt der Angriffe gegen die soziale Integration berichteten
vier der neun Interviewpartnerinnen und -partner von Ausgrenzen. Drei Befragte
berichteten von Isolieren und zwei von Ignorieren sowie zwei der neun Befragten
von einem persönlichen Entziehen bei Abstimmungsprozessen.

„Also, ich bin irgendwann in einer Phase des Ganzen (--) dann auch von verschiedenen Ge-
sprächsrunden ausgeschlossen worden. Es gab eigentlich immer eine Runde zwischen dem Ge-
schäftsführer, der Hausleitung und der Pflegedienstleitung. Ähm zu diesen Runden, wo ich dann
hinterher überhaupt gar nicht mehr eingeladen wurde oder komplett ausgeschlossen, das heißt,
ich war, was Transparenz angeht oder Entscheidungsfindung angeht, komplett raus" (IP3: 626-
631).

„(...) und zum Abschluss jetzt wollte sie (--) die ganze, also das ganze System da oben umor-
ganisieren und wollte die Ganztagesgruppen zusammenlegen, und ich hatte nur eine Teilzeit-
gruppe, und wollte mich dadurch isolieren, dass ich auch keinen Kundenkontakt mehr hatte"
(IP5: 526-529).
„Ziel dieser Tagung war, uns, uns oder in dem Fall mich speziell zu isolieren (...)" (IP9: 105-
106).
„Äh (.) in Dienstberatungen, wenn ich mich zu Wort melden wollte, bin ich nicht rangekom-
men" (IP8: 38-39). *„(...) sie ist dann zu manchen Produktionsrunden, die dann angesetzt waren*
ähm, (.) ist sie dann einfach nicht mehr gekommen, (2s) glaube ich, wenn es um harte Themen
ging, da ist die gar nicht mehr gekommen. (.) Da hat die noch nicht mal sich abgemeldet, son-
dern ist gar nicht erschienen irgendwie. Dann konnte ich manche Themen nicht ansprechen,
zum Beispiel irgendwelche wichtigen Arbeitsverteilungen (...)" (IP5: 717-721).

Darüber hinaus berichteten die Bossingbetroffenen von Ignorieren eines
Lagers, Ignorieren von Mitbestimmung, Kaltstellen, Aufteilen in verschiedene
Lager und Einteilen in das andere Lager sowie von Unterdrücken und Nichtberücksichtigung bei der Dienstplangestaltung, Abweisen, Desinteresse an der persönlichen Situation, Einstellen der Kommunikation sowie Entziehen der Kommunikation durch lautstarkes Auftreten (jeweils eine Nennung).

(5) Angriffe gegen das soziale Ansehen im Beruf

Unter dem Aspekt der Angriffe gegen das soziale Ansehen im Beruf berichteten sieben der neun Befragten von Bloßstellen bzw. den Versuch des Bloßstellens. Drei der neun Interviewpartnerinnen und -partner berichteten von Diskreditierung und drei davon, dass hinter ihren Rücken schlecht geredet wurde.
Zwei Befragte äußerten, dass sie schlecht gemacht worden waren und zwei der
neun Befragten berichteten davon, dass unwahre Tatsachen behauptet wurden.
„Er hat mich auch in der Vorstandssitzung, erinnere ich mal, äh mich richtig vorgeführt" (IP1:
285-286).
„Und ich würde ja auch während der Dienstzeit äh in [Ort] spazieren gehen" (IP1: 286-287).
„Und es gibt ja viele Geschichten über Sie, es wurde halt viel auch erzählt von <Stadt>, also
aus <Stadt>, viele Geschichten wurden erzählt, auch Dinge im Nachhinein, die ich erfahren
habe, die definitiv so nicht stimmen" (IP:7 517-520).
„(...) wie gesagt, mich schlecht machen bei unserem Chef (...)" (IP8: 268).
„Er hat dann Dinge behauptet, die gar nicht gestimmt haben" (IP2: 879-880).

Als weitere Handlungen wurden von den Befragten jeweils einmal genannt:
Unterstellen der Lüge, Vorführen sowie das Kritisieren der Persönlichkeit. Zudem
empfanden die Interviewpartnerinnen und -partner ein Hausverbot, das Intervenieren trotz Verrentung und das Schmieden von Allianzen (jeweils mit einer Nennung) als Angriffe gegen das soziale Ansehen im Beruf.

(6) Angriffe gegen das Selbstwertgefühl

Unter dem Aspekt der Angriffe gegen das Selbstwertgefühl berichteten drei der neun Befragten von Demonstrieren von Macht bzw. Ausüben von Macht und zwei Interviewpartnerinnen und -partner von mangelnder Wertschätzung.

„Sie hat (3s) jedem deutlich gemacht und genauso ihm, obwohl er äh auch Leitungsfunktionen hatte, dass sei (3s) die Hoheit war, also gerade dass sie nicht von uns verlangt hat, dass wir sie mit Eure Eminenz ansprechen" (IP6: 485-487).

„Alle haben ein Lob gekriegt, ich habe nie äh äh ein Dankeschön gekriegt" (IP8: 351-352).

Außerdem berichteten die Befragten von Kontrolle, ständiger Präsenz im Team, Auffordern zu übertriebener Dokumentation, Auffordern zur Buchführung über Unpünktlichkeit, Vorwerfen einer überfreundlichen, erschlagenden Art, Vorwerfen einer übergriffigen Art, Vorwerfen von Unpünktlichkeit und das konspirative Suchen nach Ersatz (jeweils eine Nennung).

(7) Schreck, Angst und Ekel erzeugen

Unter dem Aspekt Schreck, Angst und Ekel erzeugen berichteten zwei der neun Befragten von Anschreien und zwei Interviewpartnerinnen und -partner von Drohen.

„(...) also ich habe irgendwas gefragt, und dann (--) hat sie da rumgeschrieen" (IP5: 336).

„(...) da wurde mir gedroht (...)" (IP7: 421).

Jeweils mit einer Nennung berichteten die Befragten auch von aggressivem und verbal aggressivem Verhalten sowie von Beschimpfen und Zwingen.

(8) Angriffe gegen das Privatleben

Von einer Interviewteilnehmerin wurde geäußert, dass die Freizeit durch Dienstplan-gestaltung beschnitten wurde.

„Also es ging ja einfach auch um Dienstpläne, um Freizeit (--), das wurde ja alles beschnitten, wenn man da in ihre Missgunst gefallen war. (.) Zusatzdienste, all solche Sachen" (IP6: 241-243).

(9) Angriffe gegen die Gesundheit und die körperliche Unversehrtheit

Ein Befragter berichtete von dem Anweisen gesundheitsbeeinträchtigender Arbeit.

„Also, wenn es gar nicht mehr ging. Wenn klar war, dass ähm Ich niemanden mehr aus dem Frei bekomme (.) ich bin zwischendurch immer wieder in Nachtwachen eingesprungen, wo mir dann gesagt worden ist "Gut, das ist dann Ihr Job und dann stehen Sie bitte spätestens am übernächsten Tag wieder da und kümmern sich wieder um Ihren Job und zwar, wie immer" (IP3: 424-428).

(10) Unterlassene Hilfeleistung

Unter dem Aspekt der unterlassenen Hilfeleistung berichteten drei der neun Interviewpartnerinnen und -partner von dem Herunterspielen bzw. Ignorieren des Problems und drei der neun Befragten vom Verweigern von Unterstützung.

„Ähm, ihr diese Überlastungsanzeige übergeben habe, persönlich, auch immer mit den Worten ( ) sehr deutlich, wo es da momentan (--) wirklich knackt, dass das Ganze auf Pflege gefährlich wird (--) äh und der Gipfel war dann wirklich, dass sie dieses (--) Schreiben genommen hat und vor meinen Augen zerrissen hat. Und in den Papierkörb(.) -korb geschmissen hat (...)" (IP3: 58-66).

„Er hat mir über die letzten drei Jahre, die ich da war, also quasi von 2007 an, keinerlei Unterstützung gewährt, keinerlei, (-) also keinerlei" (IP9: 125-126).

6.5.2.1.2 Intensität und Dauer

Unter der Kategorie Bossingintensität und -dauer wurden alle Aussagen erfasst, die Hinweise auf die Intensität und Dauer des Bossingprozesses geben. Die Befragten berichteten von insgesamt 28 unterschiedlichen Wahrnehmungen hinsichtlich der Intensität und Dauer des Bossingprozesses.

Bezüglich des Beginns des Bossings, resp. der Wahrnehmung des Konflikts berichteten die Befragten von einem unterschiedlichen Erleben. Zwei der neun Befragten berichteten von einer Ablehnung von vornherein bzw. einer Konfrontation von vornherein.

„Und diese Aversion, die er gegen mich hatte (--) ähm (--) war äh insofern von Anfang an" (IP1: 32-33).

„Dadurch, dass diese Konfrontation, entweder mit mir oder gegen mich, von vornherein geöffnet worden ist, (--) hat es einfach von vornherein so eine (.) so eine Schärfe gehabt (...)" (IP3: 345-347).

Darüber hinaus wurde der Bossingbeginn als latent, offensiv, schleichend und subtil wahrgenommen (jeweils eine Nennung).

„(...) zu Anfang habe ich das nicht so gemerkt, weil alles im Aufbau war (...)" (IP1: 393-394).

„(...) es war von vornherein eigentlich eine offensive Situation (...)" (IP3: 8-9).

„Ja, das fing schleichend an (---) ähm (---) Ich habe eigentlich (.) das fing an im Juli 2005" (IP2: 8-9).

„Ich finde, das ähm, das war am Anfang eher so subtiler, weil eben dieses, dieser Konflikt auch im Gesamtteam war, und damit konnte er sich immer ganz gut wieder rausziehen" (IP9: 207-209).

Hinsichtlich des Bossingverlaufs berichteten sieben der neun Interviewteilnehmerinnen und -teilnehmer von einer Eskalation, sechs von einer Steigerung der Intensität und fünf von einem dynamischen und konstanten Prozess.

„Also, das Dramatischste war wirklich das gerade eben schon (.) schon Geschilderte, als ich wirklich meine (.) meine Überlastungsanzeige über zwei Seiten wohl gefeilt formuliert habe (...) Und die ist vor meinen Augen wirklich zerrissen worden" (IP 3: 352-358).

„Und das artete dann aus, also das artete dann aus (...) " (IP5: 164).

„Ja, man ist in so einer Dynamik. Das ist, wie so ein Stein, den Sie gar nicht angestoßen haben und der rollt oder Sie sind der Stein (---) und dann müssen Sie sehen, dass Sie gut rollen ((lacht)) oder wie?" (IP2: 1510-1512).

„Also das zieht sich so durch den ganzen Prozess (...) " (IP8: 241).

Zudem berichteten vier der neun Befragten von einer Bewusstseinsänderung und zwei der neun Interviewpartnerinnen und -partner von einem massiven Erleben. Von einem schleichenden Prozess, von Ruhephasen, von wöchentlichen sowie täglichen Attacken und die Zunahme von Antipathie berichtete jeweils ein/e Befragte/r.

„Ähm (--) das habe ich (--) am Anfang gar nicht so gesehen und auch nicht so gespürt, das kam dann wirklich erst, also wirklich ich immer wieder zu hören gekriegt habe, was von oben an bestimmte Mitarbeiter im Grunde (.) weitergereicht wurde, dieses, wie ich so meine, das Feuer wieder plötzlich geschürt wurde (...) " (IP7: 603-607).

„(...) das war für mich ganz, ganz massiv" (IP10: 227).

„Aber ansonsten (---) ansonsten war es wirklich schleichend" (IP2: 1233-1234).

„Also, immer, wenn er nicht da war, war auch Ruhe" (IP1: 340).

„Wöchentlich" (IP5: 357).

„Ja, ähm, also erst mal, wenn man jeden Tag ähm gesagt kriegt, also wirklich gesagt kriegt, man ist falsch (...) " (IP5: 375-376).

„Also, Antipathie habe ich stärker wahrgenommen (...) " (IP1: 510).

Die Studienteilnehmerinnen und -teilnehmer berichteten von einer wahrgenommenen Bossingdauer von mindestens zwei Monaten (eine Befragte) und längstens zehn Jahren (zwei der neun Befragten). Zwei der neun Interviewteilnehmerinnen und -teilnehmer gaben ein Jahr als Bossingdauer an. Die weiteren Befragten berichteten von einer Bossingdauer von sieben Monaten, ein und ein halbes Jahr sowie neun Jahren.

Nach Angaben der Befragten endete das Bossing durch Tod des Bossers, Aufhebungsvertrag, Kündigung der Bosserin bei gleichzeitiger Umsetzung des Befragten in einen anderen Bereich, Kündigung (zwei der neun Befragten), Mutterschutz der Befragten, Wegbewerben in einen anderen Bereich, Verrentung der Bosserin und langfristige Erkrankung der Befragten.

6.5.2.1.3   Bossingfolgen

Unter der Kategorie Bossingfolgen wurden alle somatischen und psychosomatischen Auswirkungen durch das erlebte Bossing sowie die gesundheitlichen und arbeitsrechtlichen Konsequenzen erfasst. Die Befragten berichteten von insgesamt 59 unterschiedlichen Bossingfolgen, die sie im Rahmen des Bossingprozesses wahrgenommen hatten. Zur besseren Übersicht wurden die von den Betroffenen wahrgenommenen Folgen unter den fünf folgenden Kategorien zusammengefasst:

(1) Psychische Folgen
(2) Somatische Folgen
(3) Gesundheitliche Folgen
(4) Soziale Folgen
(5) Arbeitsrechtliche Konsequenzen

(1) Psychische Folgen

Unter dem Aspekt der psychischen Folgen berichteten fünf der neun Befragten am von Belastung und drei von psychischer Belastung. Vier der neun Interviewpartnerinnen und -partner berichteten von Angst und weitere vier Befragte von der Beeinträchtigung des Selbstwerts. Darüber hinaus berichteten die Studienteilnehmerinnen und -teilnehmer von Demotivation, Gedankenkreisen, Misstrauen, Traurigkeit und Unwohlsein (jeweils drei Nennungen).

„So, und dann habe ich ihm noch zum Schluss äh geschrieben, dass solche Unstimmigkeiten und Spannungen (...) würden einen sehr belasten (...)" (IP2: 83-86).
„Ich merke, dass ich psychisch an meine Grenzen komme" (IP7: 432-433).
„(...) ich habe Angst vor der Arbeit (...)" (IP7: 432).
„(...) aber wenn man das permanent jeden Tag mitkriegt, egal was ich sage, ist eh kacke, (--) das nagt so an dem Selbstwert, das ist unglaublich" (IP5: 602-603).
„(...) und dann habe ich mir irgendwann gesagt, okay, du machst deine Arbeit in der Einrichtung so gut es geht, aber alles, was darüber hinaus geht, steckst du dann einfach zurück, sodass man da so eine Art Demotivation hatte" (IP8: 96-98).
„Aber natürlich kreisen die Gedanken" (IP2: 1517).
„Also Misstrauen total, weil ich wusste, (--) der hatte so zwei Gesichter (...)" (IP9: 175-176).
„Und da bin ich so das erste Mal wirklich heulend nach Hause gefahren und habe mich hier ausgeheult (...)" (IP7: 202-203).
„Es ging mir richtig schlecht" (IP1: 164).

Ferner berichteten die Befragten von Aufregung, Selbstschutz, Selbstzweifel und Verunsicherung (je zwei Nennungen).

„(...) das hat mich wahnsinnig aufgeregt" (IP1: 172-173).

„Das ist Selbstschutz, und man kann sich da auch lange drüber unterhalten, aber egal (...)" (IP5: 506).

„Ähm, das waren schon (.) schon sehr sehr massive Situationen, die für mich dann einfach auch so (--) ja, existenziell geworden sind, dass ich irgendwann auch (.) auch meine berufliche Fähigkeit einfach in Frage gestellt habe, ne?" (IP3: 157-159).

„Sie werden verunsichert. (---) Sie werden verunsichert" (IP2: 647).

Darüber hinaus nahmen die Interviewteilnehmerinnen und -teilnehmer ganz unterschiedliche psychische Folgen an sich wahr. Sie berichteten von Albträumen, Betroffenheit, Destruktive Gedanken, Distanzierung, Enttäuschung, Frustration, Hoffnungslosigkeit, Innere Kündigung, Labilität, Nervenzusammenbruch Niedergeschlagenheit, Panikattacken, Rachegedanken, Resignation, Rückzug, Schock, Stress, Wut, Zusammenbruch und Zwanghaftigkeit (jeweils eine Nennung).

(2) Somatische Folgen

Unter dem Aspekt somatischer Folgen berichteten zwei der neun Befragten von Bauchschmerzen. Darüber hinaus berichteten die Studienteilnehmerinnen und -teilnehmer von Bluthochdruck, Gewichtsabnahme und -zunahme, Herzrasen, Herz-Rhythmus-Störungen und längere Erholungsphasen (jeweils eine Nennung).

„Ich hatte immer äh Bauchschmerzen (.), wenn er (---) rein kam" (IP1: 52).

„Blutdruck sofort – ich wusste nicht, was geht denn hier, was passiert denn hier jetzt gerade so?" (IP7: 276-277).

„Oh, ich weiß (.) immer wenn ich (.) wenn er äh kam (--) äh, dass mein Herz klopfte" (IP1: 144).

„Ich hatte Herz-Rhythmus-Störungen gekriegt" (IP2: 771-772).

(3) Gesundheitliche Folgen

Unter dem Aspekt gesundheitlicher Folgen berichteten vier der neun Interviewteilnehmerinnen und -teilnehmer von Krankheit und drei von Krankschreibung sowie von Arbeitsunfähigkeit und psychosomatischer Reha (jeweils zwei Nennungen).

„Und bei mir war eben dann äh äh das Ergebnis, dass ich krank wurde" (IP10: 145).

„Und dann wurde ich auch weiter krankgeschrieben. Ich war dann, glaube ich, drei Monate krankgeschrieben" (IP2: 897-898).

„(...) es ging gar nichts mehr, und ähm, meine Psychologin hat dann eben über mehrere Monate entschieden, dass ich nicht arbeitsfähig bin" (IP10: 292-293).

„Und ähm (--) ich hatte hinterher auch eine Reha, eine psychosomatische Reha" (IP2: 361-362).

Außerdem berichteten die Befragten von einen Herzinfarkt, eine psychiatrische Behandlung und einen Suizid (jeweils eine Nennung), die sie als Bossingfolgen an sich bzw. Dritten wahrgenommen hatten.

(4) Soziale Folgen

Hinsichtlich der sozialen Folgen berichteten die Befragten von Beeinträchtigung der Lebensqualität, Beziehungsprobleme und der Veränderung des eigenen Führungsverhaltens (je eine Nennung).

„Ähm, und wenn man da in so einem Rahmen ist, wo man jeden Tag meint oder (--) mitkriegt, man ist falsch, man ((lacht)), das beeinträchtigt, also das hat meine Lebensqualität absolut beeinträchtigt, in allen Bereichen, in allen" (IP5: 384-386).

„Das war so, definitiv, die Beziehung war so im Arsch, also wirklich im Arsch" (IP7: 494-495).

„(...) ich habe den Prozess äh äh äh umgedreht und habe gesagt, okay, daraus lernst du, so gehst du mit deinen Mitarbeitern nicht um, ja?" (IP8: 83-84).

(5) Arbeitsrechtliche Folgen

Unter dem Aspekt arbeitsrechtlicher Folgen berichteten drei der neun Befragten vor von Bewerbungen, zwei von Kündigungen und weitere zwei von Versetzungen.

„Und ich habe mich dann damals da raus beworben (3s) intern, hm, haben fast alle anderen aus dem <Name der Klinik> auch gemacht (...)" (IP10: 56-58).

„Das war jetzt von seiner Seite aus noch mal so die letzte Eskalation, und daraufhin habe ich dann auch gekündigt" (IP9: 161-162).

„Das ist auch das, was so für mich die (.) die größte Kränkung eigentlich dabei war, (---) hinterher aus dieser [Klacken] Einrichtung auch sang- und klanglos verschwinden zu müssen" (IP3: 185-187).

Außerdem wurden als arbeitsrechtliche Folgen genannt: Abmahnung, Aufhebungsvertrag, Degradierung, Hausverbot, Stellensuche und Verweigerung einer Arbeitsvertragsverlängerung (jeweils eine Nennung).

6.5.2.1.4 Machtverhältnisse

Unter der Kategorie Machtverhältnisse wurden alle Aussagen erfasst, die Hinweise auf das Machtverhältnis zwischen Bosser/in und den Betroffenen geben. Acht der neun Befragten berichteten von dem Machtverhältnis zwischen der/dem Bosser/in und sich selbst.

Vier der neun Interviewpartnerinnen und -partner berichteten von einer Machtdemonstration des/der Bosser/in durch Verweigern einer Vertragsverlängerung, das Zerreißen einer Überlastungsanzeige und den Betroffenen vor die Wahl stellen, durch Aufzeigen der eigenen Funktion der/des Bosser/in und durch den Versuch der Bestrafung.

„(...) ich hatte aufgestockt von 25 Stunden auf 30 Stunden, und dann hat sie mir ähm ohne Ankündigung (...) hat sie mir die Stunden wieder weggenommen, also (.) hat sie mir den Vertrag nicht verlängert (...) Da kommt die irgendwie einen Tag vor der Frist an und sagt, hier, und den Vertrag verlängern wir dir nicht. (.) Ab nächstes Jahr arbeitest du nur noch die 25 Stunden, fertig" (IP5: 728-739).

„Ähm, ihr diese Überlastungsanzeige übergeben habe, persönlich, auch immer mit den Worten ( ) sehr sehr deutlich, wo es da momentan (--) wirklich knackt, dass das Ganze auf Pflege gefährlich wird (...) äh und der Gipfel war dann wirklich, dass sie dieses (--) Schreiben genommen hat und vor meinen Augen zerrissen hat. Und in den Papierkörb(.) -korb geschmissen hat (...)" (IP3: 58-66).

„Das hat sie auch unmissverständlich von vornherein klar gemacht (...) " Mein Auftrag ist es, diese Einrichtung wirtschaftlich auf stabile Füße zu stellen. Das mache ich, (--) wie ich will (---) und Sie können entweder genauso mit machen, wie ich das will oder Sie stellen sich gegen mich" (IP3: 239-243).

„Sie hat (3s) jedem deutlich gemacht und genauso ihm, obwohl er äh auch Leitungsfunktionen hatte, dass sei (3s) die Hoheit war, also gerade dass sie nicht von uns verlangt hat, dass wir sie mit Eure Eminenz ansprechen" (IP6: 485-487).

Also ich habe den Eindruck äh, sie sagt an, ich müsste machen, und wenn ich mich nicht so verhalten habe, wie sie es wollte, hat sie mich versucht zu bestrafen, ja? (IP8: 388-390).

Zwei der neun Interviewteilnehmerinnen und -teilnehmer berichteten von der Machtfunktion des/der Bosser/in mit der Möglichkeit des Blockierens und dass die Machtfunktion eine Gegenwehr ausschließt.

„Aber er hatte aufgrund seiner Funktion, seiner Macht-Funktion, hatte er natürlich alle Möglichkeiten, mich zu blockieren" (IP1: 611-612).

„Aber das ist ja der Vorteil bei den Bossen, die können das ja. (--) W=Wie wollen Sie denn das Gegenteil beweisen, wenn Ihnen einer so was vorwirft? Was wollen Sie denn machen? (--) Sie können ja nicht sagen "Der und der Mitarbeiter kennt mich aber anders, den hole ich jetzt und der sagt (--) "Können Sie ja gar nicht" (IP2: 304-308).

Zwei der neun Befragten berichteten auch von der eigenen Machtlosigkeit.

„Ich saß immer am kürzeren Hebel, das war mir schon klar, ne" (IP1: 5541-542).

„Und äh (.) wenn man sich nicht mit ihr gut gestellt hat, dann war man da auch verloren" (IP6: 222-223).

Darüber hinaus machten die Befragten zum Machtverhältnis die folgenden Aussagen: Angst vor Gegenwehr, Benachteiligung und Entledigung unliebsamer Mitarbeiterinnen und Mitarbeiter, keine Kommunikation mit unliebsamen Mitarbeiterinnen und Mitarbeitern, Ignorieren der Mitbestimmung, Grenzsetzung, Anerkennen des Unterstellungsverhältnisses, starkes Spüren der Sandwich-Position,

Wahrnehmen der/des Bosser/in als großen Zampano, Respektsperson und Diktatorin, Unterdrückung und Untergraben der Autorität (jeweils eine Nennung).

6.5.2.1.5 Schädigungsabsicht

Unter der Kategorie Schädigungsabsicht wurden alle Aussagen erfasst, die Hinweise darauf geben, inwieweit seitens des/der Bossers/Bosserin eine Schädigung beabsichtigt war oder billigend in Kauf genommen wurde.

Acht der neun Interviewteilnehmerinnen und -teilnehmer berichteten von dem Versuch der Diskreditierung durch den/die Bosser/in.

„Es war (.) ach ja, es waren dann noch äh andere Umstände, dass äh (3s) es wurden Gelder eingezogen aufgrund äh der hm (---) äh Kurse, die ich im [Name der Einrichtung] gegeben hatte. (...) Das waren damals drei Mark. (.) Und äh wir hatten (.) beschlossen, dass dieses Geld, nachdem wir das erst separat gesammelt hatten, dann wussten die nicht, wie sie das verbuchen sollten und dann hatten wir gesagt: "Gut, dann tun wir das immer ins Sparschwein". (...) und dann haben die mich vorgeladen (.) und haben mich mit diesem Vorwurf konfrontiert, ich hätte das ja wohl veruntreut" (IP1: 195-197; 201-205; 216-217).

Drei der neun Befragten berichteten von dem Verbauen der Karriere und weitere drei Interviewteilnehmerinnen und -teilnehmer davon, isoliert worden zu sein.

„(...) ich war als (Einrichtungsleiter) tätig, und sie war meine Vorgesetzte und hat äh alles versucht, ähm, (2s) um mich sozusagen ähm (---), ja, nicht weiterkommen zu lassen (...)" (IP8: 5-7).

„(...) zum Abschluss jetzt wollte sie (--) die ganze, also das ganze System da oben umorganisieren und wollte die Ganztagesgruppen zusammenlegen, und ich hatte nur eine Teilzeitgruppe, und wollte mich dadurch isolieren, dass ich auch keinen Kundenkontakt mehr hatte" (IP5: 526-529).

Zwei der neun Studienteilnehmerinnen und -teilnehmer berichteten von dem Versuch der Diskriminierung und weitere zwei Befragte von dem Versuch der finanziellen Schädigung durch das Überreden zur Aufgabe der Leitungsfunktion bzw. das Verweigern der Arbeitsvertragsverlängerung.

„Und (---) alle, die (.) die Leitung nicht leiden konnte, (--) kamen quasi in diese andere Schicht. Das waren die ganzen Loser sozusagen. Und (--) die zu ihr gehalten haben oder die (.) vermeintlich loyal ihr gegenüber waren, die waren in ihrer Schicht, mit denen hat sich gern zusammenarbeitet. Mit denen hat sie gesprochen, mit denen hat sie Besprochen, mit der anderen Schicht hat sie überhaupt nicht gesprochen" (IP6: 46-51).

„Ja, meint er, ähm wenn ich ja jetzt weg will, gibt es nur zwei Alternativen. (...) Alternative eins ist, (--) ich bleibe jetzt so lange da, bis ( ) von der Leitung ausgeschrieben ist und bewerbe mich drauf. Alternative zwei ist, ich verschreibe – einen Knebelvertrag ist es nicht,

aber ein Vier-, Fünfzeiler, wo drin steht, ich gebe meine Leitung auf und bin bereit, in die Basisarbeit zu gehen, natürlich auch mir Reduzierung des Gehalts (...)" (IP7: 478-483).
„(...) ich hatte aufgestockt von 25 Stunden auf 30 Stunden, und dann hat sie mir ähm ohne Ankündigung (...) hat sie mir die Stunden wieder weggenommen, also (.) hat sie mir den Vertrag nicht verlängert (...) Da kommt die irgendwie einen Tag vor der Frist an und sagt, hier, und den Vertrag verlängern wir dir nicht. (.) Ab nächstes Jahr arbeitest du nur noch die 25 Stunden, fertig. Ich sagte, ja wunderbar <Name>, du weißt, ich bin allein erziehend, ich kann auch nicht von Luft und Liebe leben" (IP5: 728-741).

Die Befragten berichteten zudem von dem Versuch der Rufschädigung, dem Beschneiden der Dienstplangestaltung und der Freizeit, der Drohung mit Eliminieren, von Erniedrigung und dem Versuch der Verhinderung der Einstellung in das Unternehmen sowie dem Versuch, den Betroffenen zu Fehlern zu zwingen (je eine Nennung).

6.5.2.1.6 Zusammenfassung und Interpretation

a) Bossinghandlungen

Die Aussagen der Befragten hinsichtlich der Verhaltensweisen der Bosserinnen und Bosser zeichnen insgesamt ein Bild von negativen Handlungen. Die insgesamt 89 ermittelten Handlungs- und Verhaltensweisen der Betroffenen wurden unter den von Esser und Wolmerath (2011) aufgestellten zehn (Mobbing)Kategorien (s. Ziff. 6.5.2.1.1 der Arbeit) zusammengefasst. Die überwiegende Anzahl der von den Befragten berichteten Handlungen und Verhaltensweisen der Bosserinnen und Bosser bedürfen keiner näheren Erläuterung, da sie selbsterklärend sind oder bereits unter Ziff. 6.3.3.1.6 erklärt wurden. Jedoch wurden einige besondere Aspekte (Kompetenz in Frage stellen, Autorität untergraben, Karriere verbauen sowie Überlastungsanzeige zerreißen) beleuchtet.

Unter *Angriffe gegen die Arbeitsleistung und das Leistungsvermögen* wurde von den Betroffenen im überwiegenden Maße angegeben, dass ihre Kompetenz infrage gestellt, abgesprochen, beschnitten oder ignoriert worden war. Zudem wurden die Befragten, resp. ihre Ideen blockiert und boykottiert. Sie wurden von Entscheidungsprozessen ausgeschlossen und ihre Autorität als Führungskräfte untergraben. Außerdem wurden sie entmachtet, ihnen Arbeitsaufgaben entzogen und Informationen vorenthalten bzw. wurden seitens der Bosserinnen und Bosser Informationen zurückgehalten. Im Weiteren waren die Betroffenen in Fettnäpfe gelockt und überfordert worden. Ihnen war auch die unkorrekte Arbeitsweise vorgeworfen worden und die Bosserinnen und Bosser hielten sich nicht an Absprachen.

Je nach Wissenschaftsdisziplin finden sich sehr unterschiedliche Vorstellungen darüber, was unter dem Begriff der *Kompetenz* verstanden werden soll. Im psychologischen Sinne wird der Kompetenzbegriff mit dem Wissensbegriff (Wissenserwerb und Wissensanwendung) in Zusammenhang gebracht. Nach Spada und Mandl (1988) kann zwischen dem Wissen über Sachverhalte, Handlungswissen sowie Wissen über die Planung und Steuerung von Handlungen unterschieden werden (vgl. Spada & Mandl, 1988). Arnold und Schüßler (2001) weisen darauf hin, dass eine zusätzliche Wollens-Komponente erforderlich ist, denn erst das Wollen führt dazu, dass konkretes Können angewendet werden kann. Insofern beinhaltet Kompetenz im psychologischen Sinne die Wissenselemente „Können" und „Wollen" (vgl. Arnold & Schüßler, 2001). Nach Gnahs (2007) beziehen sich Kompetenzen auf unterschiedliche Bereiche wie: fachliche, soziale, personale und Methoden-Kompetenzen (vgl. Gnahs, 2007). Die Befragten berichteten im Kontext der Angriffe gegen die Arbeitsleistung und das Leistungsvermögen von Angriffen gegen ihre fachliche Kompetenz. Fachkompetenz ist die Fähigkeit, berufsspezifische Anforderungen aus fachlicher Sicht erfolgreich bewältigen zu können. Kauffeld (2006) versteht unter Fachkompetenz berufliche Fertigkeiten (organisations-, prozess-, aufgaben- und arbeitsplatzspezifische Fertigkeiten) und Kenntnisse sowie „ ...die Fähigkeit, organisationales Wissen sinnorientiert einzuordnen und zu bewerten, Probleme zu identifizieren und Lösungen zu generieren" (vgl. Kauffeld, 2006, S. 23). Wie unter Ziff. 3.2.3 unter der Überschrift Mobbinghandlungen bereits erläutert, ist Sinn und Zweck der Angriffe gegen die Arbeitsleistung und das Leistungsvermögen, den Betroffenen in seiner Arbeit zu stören und zu verunsichern. Die Kompetenz infrage zu stellen, sie abzusprechen, sie zu beschneiden und zu ignorieren kann in diesem Kontext als vor allem besonders verunsichernd eingestuft werden.

Autorität bezeichnet im Weitesten die Fähigkeit, Einfluss auf das Verhalten anderer Personen auszuüben. Dabei wird der eigene Wille gegenüber dem der Anderen durchgesetzt, wodurch sich ein Verhältnis der Über- bzw. Unterordnung (Vorgesetzten-Mitarbeiter-Verhältnis) herauskristallisiert. Autorität kann dabei sowohl von Einzelpersonen, von Gruppen sowie Institutionen oder Organisationen ausgehen. Es werden drei Formen der Autorität unterschieden: a) personale Autorität (Autorität bspw. aufgrund von Körperkraft, Leistung, Alter, Wissen, Erfahrung), b) funktionale oder professionelle Autorität (aufgrund überlegener und nachweisbarer Sachkunde oder aufgrund von Wissen) und c) positionale Autorität (aufgrund von Position, Amt, Rang). Die Autoritätsformen können sich überlagern. Von wesentlicher Bedeutung ist, dass der durch die Autorität verliehene Herrschaftsanspruch von den Untergeordneten (Geführten) als legitim anerkannt wird (vgl. Gabler, Wirtschaftslexikon, 2018). Unter *Untergraben* wird verstanden, dass etwas nach und nach, zielstrebig und unausbleiblich, der Vernichtung zugeführt wird (vgl. Duden, 2010). Im Kontext von Bossing kann das Untergraben der Autorität einer nachgeordneten Führungskraft als ein Akt interpretiert werden, der das Ziel hat, einen an den Führungsmitarbeiter verliehenen Herrschaftsanspruch zu zerstören. Das Untergraben der Autorität kann insofern als besonders negative Handlung der Bosserinnen und Bosser interpretiert werden.

Unter *Angriffe gegen das Arbeitsverhältnis* berichteten die Interviewpartnerinnen und -partner vom Verbauen der Karriere von willkürlichem Handeln, Reduzieren von Arbeitsstunden ohne Ankündigung, schriftlichem Anweisen, vom Vorwurf der Veruntreuung und Vorwurf des Fehlverhaltens, Abmahnen, Vorbereiten der Versetzung bei Abwesenheit und Versetzen innerhalb der Einrichtung.

Unter *Karriere* wird weitläufig ein kontinuierlicher, ranghierarchischer Aufstieg innerhalb eines Unternehmens- oder Funktionsbereiches verstanden. Als Indikatoren einer erfolgreichen Karriere gelten Macht (z. B. Anzahl der geführten Mitarbeiterinnen und Mitarbeiter), sozialer Status (z. B. Titel), Einkommen, Geschwindigkeit des Aufstiegs und Einflussmöglichkeiten. Im modernen Personalmanagement wird heute zwischen der Führungskarriere (hierarchischer Aufstieg innerhalb eines Unternehmens) und der Fachkarriere (als Instrument zur Entwicklung und Bindung hoch qualifizierter Fachkräfte) unterschieden (vgl. Stock-Homburg, 2013). Der Begriff *Verbauen* wird synonym u.a. für die Begriffe verwehren, verweigern, vorenthalten verwandt (vgl. Duden, 2010). Das Verbauen der Karriere (in den konkreten Fällen: Führungskarrieren) kann insofern als eine Handlung interpretiert werden, die darauf ausgerichtet ist, eine andere Person am beruflichen Fortkommen zu hindern, was in der Folge zu Frustration, innere Kündigung oder Aufgabe durch Kündigung führen kann.

Sinn und Zweck der Angriffe gegen das Arbeitsverhältnisses ist es, direkt auf die Kündigung oder Entlassung der Betroffenen hinzuwirken, was sich im Besonderen durch das Verbauen der Karriere, das Reduzieren von Arbeitsstunden ohne Ankündigung, das Abmahnen sowie dem Vorwurf strafbaren Verhaltens (Veruntreuung) belegen lässt.

Unter *Destruktiver Kritik* berichteten die Studienteilnehmerinnen und -teilnehmer von Demütigungen, vom Kritisieren der Arbeitsweise, unfairem Behandeln, vom Nörgeln, vom Vorwurf des ständigen Dasitzens und Essens und Vorwurf, mit der Arbeit unzufrieden zu sein. Sinn und Zweck destruktiver Kritik ist es, nach Fehlern zu suchen, um diese zur Demontage der Betroffenen zu nutzen. Insbesondere Demütigungen, Kritik (auch pauschale Kritik) sowie das Aufbauschen einzelner Vorfälle (ständig Dasitzen und Essen) belegen die Absichten der Bosserinnen und Bosser.

Unter *Angriffe gegen die soziale Integration* berichteten die Interviewteilnehmerinnen und -teilnehmer von vor allem von Ausgrenzen, Isolieren und Ignorieren sowie von einem persönlichen Entziehen bei Abstimmungsprozessen. Darüber hinaus berichteten die Befragten von Ignorieren eines Lagers, Ignorieren von Mitbestimmung, Kaltstellen, Aufteilen in verschiedene Lager und Einteilen in das andere Lager sowie von Unterdrücken und Nichtberücksichtigung bei der Dienstplangestaltung, Abweisen, Desinteresse an der persönlichen Situation, Einstellen der Kommunikation sowie Entziehen der Kommunikation durch lautstarkes Auftreten. Sinn und Zweck der Angriffe gegen die soziale Integration ist es, das Bedürfnis nach sozialer Akzeptanz und das Recht auf einen respektvollen, sozialen und wertschätzenden Umgang gezielt zu untergraben. Dazu dient insbesondere die soziale Isolation (u.a. Ausgrenzen, Isolieren, Kaltstellen), das Ignorieren sowie die räumliche Isolation (Einteilen in das andere Lager).

Unter *Angriffe gegen das soziale Ansehen im Beruf* berichteten die Befragten im überwiegenden Maße von Bloßstellungen bzw. den Versuch des Bloßstellens. Darüber hinaus berichteten sie von Diskreditierung und davon, dass hinter ihren Rücken schlecht geredet wurde sowie davon, dass sie schlecht gemacht worden waren und unwahre Tatsachen behauptet wurden. Als weitere Handlungen nannten sie: Unterstellen der Lüge, Vorführen, Kritisieren der Persönlichkeit, Hausverbot, das Intervenieren der ehemaligen Vorgesetzten trotz Verrentung und das Schmieden von Allianzen durch die Bosserinnen und Bosser. Sinn und Zweck der Angriffe gegen das soziale Ansehen im Beruf ist es, den Betroffenen beruflich und persönlich existentiell zu isolieren. Dazu dienen insbesondere das Bloßstellen, das Diskreditieren durch schlecht machen sowie das Behaupten unwahrer Tatsachen.

Unter *Angriffe gegen das Selbstwertgefühl* berichteten die Studienteilnehmerinnen und -teilnehmer von Demonstrieren von Macht bzw. Ausüben von

Macht, mangelnder Wertschätzung, Kontrolle, ständiger Präsenz im Team, Auffordern zu übertriebener Dokumentation, Auffordern zur Buchführung über Unpünktlichkeit, Vorwerfen einer überfreundlichen, erschlagenden Art, Vorwerfen einer übergriffigen Art, Vorwerfen von Unpünktlichkeit und konspiratives Suchen nach Ersatz. Sinn und Zweck der Angriffe gegen das Selbstwertgefühl ist es, vor allem Unzulänglichkeiten der Betroffenen gezielt anzusprechen und zu bestätigen. Die Betroffenen erfahren Intoleranz und Situationen von Unsicherheit werden gezielt herbeigeführt. Die Angriffe gegen das Selbstwertgefühl werden in diesem Kontext insbesondere durch das Vorwerfen einer übergriffigen Art, das Vorwerfen von Unpünktlichkeit, das Auffordern zur Buchführung über die Unpünktlichkeit und die konspirative Suche nach Ersatz belegt. Die Handlungs- und Verhaltensweisen werden von den Betroffenen deshalb als Demonstrieren und Ausüben von Macht, Kontrolle und ständige Präsenz im Team wahrgenommen.

Unter dem Aspekt *Schreck, Angst und Ekel erzeugen* berichteten die Befragten von Anschreien, Drohen, aggressivem und verbal aggressivem Verhalten sowie von Beschimpfen und Zwingen. Sinn und Zweck dieses Vorgehens ist es, die Betroffenen gezielt zu ängstigen oder in Panik zu versetzen. Dazu dienen vor allem auch Einschüchterungen, Bedrohungen und Nötigungen, was durch die Wahrnehmungen Anschreien, Drohen, Zwingen und Aggressivität belegt wird.

Unter *Angriffe gegen das Privatleben* berichtete eine Interviewteilnehmerin von der Beschneidung der Freizeit durch Dienstplangestaltung. Sinn und Zweck der Angriffe auf das Privatleben ist es, auch den privaten Lebensraum der Betroffenen als Rückzugsgebiet zu attackieren, bspw. durch gezielte Schlechterstellung oder Manipulation bei Urlaub und Freizeitausgleich. Die Beschneidung der Freizeit durch Dienstplangestaltung kann insofern als Angriff gegen das Privatleben interpretiert werden.

Unter *Angriffe gegen die Gesundheit und die körperliche Unversehrtheit* berichtete ein Befragter von dem Anweisen gesundheitsbeeinträchtigender Arbeit (Erscheinen zum Tagesdienst, trotz Absolvierens einer Nachtschicht). Sinn und Zweck der Angriffe gegen die Gesundheit und die körperliche Unversehrtheit ist es, die Aufgabe der Betroffenen zu beschleunigen. Hierzu zählt u.a. die gezielte Anordnung gesundheitsschädlicher Tätigkeiten. Die Anweisung der Bosserin, der Betroffenen habe trotz absolvierten Nachtdienstes zum Tagesdienst zu erscheinen, kann als eine solche gezielte Anordnung einer gesundheitsschädlichen Tätigkeit interpretiert werden.

Unter dem Aspekt der *unterlassenen Hilfeleistung* berichteten die Interviewpartnerinnen und -partner von dem Herunterspielen bzw. Ignorieren des Problems (z.B. durch Zerreißen einer Überlastungsanzeige) und vom Verweigern von Unterstützung.

Mit *Überlastungsanzeigen* (synonym auch verwandt als Gefährdungsanzeige) können Arbeitnehmerinnen und Arbeitnehmer auf berufliche Belastungssituation aufmerksam machen. Gründe für Überlastungsanzeigen können z.b. Arbeitsverdichtung oder Personalmangel sein, was zu Fehlern führen oder krank machen kann. Die Überlastungsanzeige entlastet die Arbeitnehmerinnen und Arbeitnehmer von der Haftung. Die Betroffenen ermöglichen dem Arbeitgeber mit einer Überlastungsanzeige, seiner Fürsorgepflicht nachzukommen und Abhilfe zu schaffen (vgl. Eberhardt, 2014). Leydecker und Kutscher (2017) konnten im Rahmen einer Internetrecherche ermitteln, dass 73 Prozent aller Gefährdungsanzeigen aus den Bereichen Akutkrankenhaus und sonstige Pflegeeinrichtungen stammten. Sie postulieren, dass Überlastungsanzeigen offenbar ein branchenspezifisches Phänomen darstellen und nicht immer auf die tatsächlichen Gegebenheiten in einer Organisation des Gesundheitswesens hinweisen. Überlastungsanzeigen können u.a. erforderlich werden zur Gefahrenprävention und zur Gefahrenbekämpfung sowie aus Sorge um die Gesundheit von Patientinnen und Patienten sowie Kolleginnen und Kollegen. Sie können darüber hinaus auch Ausdruck von Frustration, Unzufriedenheit, Hilflosigkeit, erwünschter Wertschätzung und Rechtfertigung für verursachte Fehler sein sowie als Druckmittel für die Durchsetzung gewerkschaftspolitischer Forderungen eingesetzt werden (vgl. Leydecker & Kutscher, 2017).

Sinn und Zweck der unterlassenen Hilfeleistung ist es, die Betroffenen, trotz beobachteter Vorkommnisse, sich selbst zu überlassen. Hierzu zählen vor allem Erscheinungsformen wie das Verharmlosen oder lächerlich machen von Beschwerden sowie die unterlassene Hilfeleistung in Notsituationen. Das Ignorieren des Problems, bspw. durch Zerreißen einer Überlastungsanzeige aus Gründen der Gefährdung der Pflege aufgrund bestehenden Personalmangels, oder das jahrelange Verweigern der Unterstützung können als unterlassene Hilfeleistung in Notsituationen sowie als das Verharmlosen von Beschwerden interpretiert werden.

b) Intensität und Dauer

Die Studienteilnehmerinnen und -teilnehmer berichteten von einer wahrgenommenen Bossingdauer von mindestens zwei Monaten und längstens zehn Jahren. Den Beginn des Konfliktes mit den Bosserinnen und Bossern erlebten sie auf heiße und kalte Weise. Sie berichteten von Ablehnung von vorherein (Aversion des Bossers gegen die Betroffene) bzw. einer Konfrontation von vornherein (es hat von vornherein so eine Schärfe gehabt) sowie von einer offensiven Situation (es war von vornherein eine offensive Situation). Der Beginn des Konfliktes wurde aber auch als latent (zu Anfang habe ich das nicht so gemerkt), subtil (das war am Anfang eher subtiler) und schleichend (das fing schleichend an) wahrgenommen.

Das Wort *Aversion* wird synonym verwandt für Abneigung aber auch Antipathie bzw. Ressentiment gegen jemanden (vgl. Duden, 2010). Bei einer *Konfrontation* geht es um die Gegenüberstellung nicht übereinstimmender Personen, Meinungen oder Sachverhalte. Es geht um Kampf, Kollision, Streit oder Zusammenstoß (vgl. Duden, 2010). *Offensiv* ist eine Situation, wenn ein Angriff bevorzugt wird (vgl. Duden, 2010). Der Konflikt beginnt demnach also „heiß", denn es wird die direkte Auseinandersetzung mit der Gegenpartei gesucht und bei den Parteien besteht ein Bewusstsein über den Konflikt (vgl. Kolodej, 2005).

Latent ist eine Situation, wenn sie zwar vorhanden, jedoch nicht sichtbar oder nicht zu erfassen ist (vgl. Duden, 2010). *Subtil* ist eine Situation, wenn sie fein strukturiert und deshalb schwer zu durchschauen bzw. zu verstehen ist (vgl. Duden, 2010). *Schleichend* ist ein Prozess, wenn er allmählich, langsam, nach und nach in kleinen Schritten voranschreitet (vgl. Duden, 2010). Der Konflikt beginnt demnach „kalt". Es herrscht eine Atmosphäre des gegenseitigen Ausweichens und Vermeidens (vgl. Kolodej, 2005) und Auseinandersetzungen werden vermieden (vgl. Glasl, 2013).

Der Bossingverlauf wurde von den Interviewteilnehmerinnen und -teilnehmern als eskalierend, sich in der Intensität steigernd, dynamisch und konstant aber auch als schleichender Prozess erlebt. Zur Interpretation dieser Aussagen hinsichtlich des Bossingverlaufs kann auf Ziff. 6.3.3.1.6 verwiesen werden.

Die Befragten berichteten auch von Ruhephasen (wenn er nicht da war, war auch mal Ruhe), von wöchentlichen und täglichen Attacken sowie die Zunahme von Antipathie, von Bewusstseinsänderung sowie einem massiven Erleben.

Das Bossing endete durch Tod des Bossers, Aufhebungsvertrag, Kündigung der Bosserin bei gleichzeitiger Umsetzung des Befragten in einen anderen

Bereich, Kündigung, Mutterschutz der Befragten, Wegbewerben in einen anderen Bereich, Verrentung der Bosserin und langfristige Erkrankung der Befragten.

c) Bossingfolgen

Die Interviewpartnerinnen und -partner berichteten von psychischen, somatischen, gesundheitlichen, sozialen und arbeitsrechtlichen Folgen.

Unter dem Aspekt der *psychischen Folgen* berichteten die Befragten allgemein von Belastungen, resp. psychischen Belastungen sowie von psychischen Belastungen im Besonderen, wie Angst, Beeinträchtigung des Selbstwerts, Demotivation, Gedankenkreisen, Albträumen, Betroffenheit, destruktive Gedanken, Distanzierung, Enttäuschung, Frustration, Hoffnungslosigkeit, innere Kündigung, Labilität, Nervenzusammenbruch Niedergeschlagenheit, Panikattacken, Rachegedanken, Resignation, Rückzug, Schock, Stress, Wut, Zusammenbruch und Zwanghaftigkeit.

Unter dem Aspekt der *somatischen Folgen* gaben die Studienteilnehmerinnen und -teilnehmer an, dass es bei ihnen zu Bluthochdruck, Gewichtsabnahme und -zunahme, Herzrasen, Herz-Rhythmus-Störungen und längeren Erholungsphasen gekommen war.

Unter dem Aspekt *gesundheitlicher Folgen* berichteten die Befragten von Krankheit, Krankschreibung, Arbeitsunfähigkeit und psychosomatischer Reha.

Morschhäuser, Beck und Lohmann-Haislah (2014) weisen hinsichtlich des Begriffs der *psychischen Belastung* auf die DIN EN ISO 10075-1 hin, die psychische Belastung als *„die Gesamtheit aller erfassbaren Einflüsse, die von außen auf den Menschen zukommen und psychisch auf ihn einwirken"* (S. 21) versteht. Unter den Begriff der psychischen Belastung ist auch der Begriff der psychosozialen Belastung zu erfassen, wobei der Begriff der psychosozialen Belastungen häufig im Zusammenhang mit der Qualität der sozialen Beziehungen am Arbeitsplatz Verwendung findet. Arbeitsbedingte psychische Belastungen sind von einer Vielzahl von Belastungsfaktoren abhängig, bspw. von der Arbeitsintensität, von Schichtarbeit oder den sozialen Beziehungen (soziale Unterstützung) zu Kolleginnen und Kollegen sowie zu Vorgesetzten. Die Autorinnen und Autoren weisen zudem auf Studien hin, die u.a. eine niedrige soziale Unterstützung als Risikofaktoren sowohl für psychische als auch kardiovaskuläre Erkrankungen nachweisen konnten (vgl. Morschhäuser, Beck und Lohmann-Haislah, 2014).

Zimber und Gregersen (2011) weisen darauf hin, dass negatives Führungs-verhalten (Bossing) mit niedrigem psychischen Befinden (u.a. psychische Belas-tungen, wie Angst, Stress usw. mit entsprechenden somatischen, gesundheitlichen und sozialen Folgen), geringerer Arbeitszufriedenheit (u.a. Innere Kündigung, Frustration) und höheren Krankenständen (Krankheit, Krankschreibung, Arbeits-unfähigkeit) einhergeht (vgl. Zimber & Gregersen, 2011).

Unter dem Aspekt der *sozialen Folgen* berichteten die Befragten von Be-einträchtigung der Lebensqualität, Beziehungsprobleme und der Veränderung des eigenen Führungsverhaltens. Die Beeinträchtigung der Lebensqualität und Bezie-hungsprobleme können als Folgen von Stress aufgrund psychischer Belastungen am Arbeitsplatz und die Veränderung des eigenen (positiven) Führungsverhaltens gegenüber den eigenen unterstellten Mitarbeiterinnen und Mitarbeitern als Folge des Lernens am Modell (Vorgesetzte als negatives Vorbild) nach Bandura (1976) interpretiert werden.

Unter dem Aspekt *arbeitsrechtlicher Folgen* berichteten die Studentteil-nehmerinnen und -teilnehmer von Bewerbungen, Kündigungen und Versetzungen sowie von Abmahnung, Aufhebungsvertrag, Degradierung, Hausverbot, Stellen-suche und Verweigerung einer Arbeitsvertragsverlängerung. Die von den Inter-viewpartnerinnen und -partner berichteten arbeitsrechtlichen Folgen weisen auf eine Überführung des Konfliktes zu einem formgebundenen Konflikt hin, denn sowohl die Bosserinnen und Bosser als auch die Betroffenen bedienten sich gere-gelter Formen zur Erreichung ihrer Ziele. Eine Überführung des Konfliktes hin zu einem formgebundenen Konflikt zeigt die destruktive Eskalationsentwicklung, wie sie bei Mobbing, resp. Bossing erforderlich ist (vgl. Kolodej, 2005).

d) Machtverhältnisse

Die Interviewpartnerinnen und -partner berichteten von Machtdemonstrati-onen des/der Bosser/in durch Verweigern einer Vertragsverlängerung, das Zerrei-ßen einer Überlastungsanzeige und den Betroffenen vor die Wahl stellen, durch Aufzeigen der eigenen Funktion der/des Bosser/in und durch den Versuch der Bestrafung. Die Befragten berichteten auch von der Machtfunktion des/der Bos-ser/in mit der Möglichkeit des Blockierens und dass die Machtfunktion eine Ge-genwehr ausschließt. Darüber hinaus machten die Studentteilnehmerinnen und -teilnehmer zum Machtverhältnis die folgenden Aussagen: Angst vor Gegenwehr, Benachteiligung und Entledigung unliebsamer Mitarbeiterinnen und Mitarbeiter,

keine Kommunikation mit unliebsamen Mitarbeiterinnen und Mitarbeitern, Ignorieren der Mitbestimmung, Grenzsetzung, Anerkennen des Unterstellungsverhältnisses, starkes Spüren der Sandwich-Position, Wahrnehmen der/des Bosser/in als
großen Zampano, Respektsperson und Diktatorin, Unterdrückung und Untergraben der Autorität.

Die von den Befragten geäußerten Handlungs- und Verhaltensweisen der
Bosserinnen und Bosser sowie ihre Wahrnehmungen hinsichtlich der Funktionen
und Möglichkeiten des Bossers/der Bosserin und ihre Wahrnehmungen zur eigenen Funktion und eingeschränkten Handlungsoptionen weisen auf ein hierarchisches Über- und Unterstellungsverhältnis (asymmetrisches Machtverhältnis) hin.

e) Schädigungsabsicht

Die Interviewteilnehmerinnen und -teilnehmer berichteten von dem Versuch der Diskreditierung, Diskriminierung und Rufschädigung, dem Verbauen
der Karriere, von Isolation, dem Versuch der finanziellen Schädigung durch das
Überreden zur Aufgabe der Leitungsfunktion bzw. das Verweigern der Arbeitsvertragsverlängerung, dem Versuch der Verhinderung der Einstellung in das Unternehmen, dem Beschneiden der Dienstplangestaltung und der Freizeit, dem
Drohen mit Eliminieren, von Erniedrigung sowie dem Versuch, den Betroffenen
zu Fehlern zu zwingen.

Allen von den Befragten beschriebenen Handlungs- und Verhaltensweisen
der Bosserinnen und Bosser ist ein bewusstes (vorsätzliches) Handeln zu unterstellen (s. hierzu Ziff. 6.3.3.1.6), weswegen von einer Schädigungsabsicht ausgegangen werden kann.

6.5.2.1.7 Theoretische Einordnung zur Unterscheidung zwischen einem sozialen Konflikt und Bossing

In Abgrenzung zwischen einem „normalen" sozialen Konflikt und Bossing
lassen sich die Aussagen der Befragten zusammenfassend als Bossing identifizieren und theoretisch entsprechend einordnen:

1. Bei den von den Befragten geschilderten Verhaltensweisen handelt es sich ausschließlich um negative Handlungen, die auf die Betroffenen ausgerichtet sind.
   Wie bereits erörtert führen „normale" Konflikte nach Thomas (1992) nicht
   notwendigerweise zu einer negativen Konnotation (vgl. Thomas, 1992) und
   sind Keashly und Nowell (2003) zufolge dadurch gekennzeichnet, dass ein
   Austausch von Verhalten und das gleichzeitige Auftreten beider Parteien als
   Überlegen und Unterlegen stattfindet (vgl. Keashly & Nowell, 2003).

Im Weiteren lassen sich die von den Interviewpartnerinnen und -partnern beschriebenen Handlungsweisen als eine Kombination von arbeitsbezogenem (Blockieren, Ignorieren von Ideen, Autorität untergraben, Machtmissbrauch), personenbezogenem (Bloßstellen, Diskriminieren, Diskreditieren) sowie physischem Bossing (Anschreien, Drohen) zusammenfassen, so wie es von einigen Autoren für das Phänomen Mobbing vorgeschlagen wird (vgl. Reknes, Pallesen, Magerøy, Moen, Bjorvatn & Einarsen, 2014a; Spector, Zhou & Che, 2014; Scott, Zagenczyk, Schippers, Purvis & Cruz, 2014; Pilch & Turska, 2015; Loerbroks, Weigl, Li, Glaser, Degen. & Angerer, 2015; Bartlett, 2016; Boyle & Wallis, 2016).

2. Unter dem Aspekt der Intensität und Dauer weisen die Aussagen der Befragten darauf hin, dass der Bossingprozess zu Beginn einerseits als heißer Konflikt (Aversion des Bossers von vornherein, Konfrontation und offene Situation von vornherein) und andererseits als kalter Konflikt (latent, subtil, schleichend) wahrgenommen wurde (vgl. Kolodej, 2005; Glasl, 2013). In der Folge zeigte sich ein eskalierender, dynamischer und sich in der Intensität steigernder, konstanter aber auch schleichender Prozess. Die Zusammenarbeit mit den Bosserinnen und Bossern erfolgte über einen Zeitraum zwischen zwei Monaten und zehn Jahren. Dies spricht für einen längeren Zeitraum des Bossings und entspricht den Ausführungen von Einarsen und Kollegen (2011) zu Mobbing, wonach Mobbing erst dann erfüllt ist, wenn eine Person negativen Handlungen wiederholt und über einen längeren Zeitraum (etwa sechs Monate) ausgesetzt ist, weshalb allein die Intensität und die Dauer als entscheidende Kriterien zur Unterscheidung zwischen Alltagskonflikten und Mobbing angenommen werden kann (vgl. Einarsen, Hoel, Zapf & Cooper, 2011).

Die Wahrnehmungen des Befragten stützen auch die Studie von Niedl (1995), der hinsichtlich der Dauer eines Mobbingprozesses aufzeigen konnte, dass Mobbing nicht plötzlich an einem Punkt beginnt, sondern von den Protagonisten als schleichend wahrgenommen wird (vgl. Niedl, 1995).

3. Die Interviewpartnerinnen und -partner beschreiben psychische (psychische Belastung), somatische (u.a. Herz-Rhythmus-Störungen), gesundheitliche (u.a. Arbeitsunfähigkeit), soziale (u.a. Beziehungsprobleme) und arbeitsrechtliche Folgen (u.a. Kündigung) des Bossings. Unter den arbeitsrechtlichen Folgen zeigt sich, dass Bossing einen destruktiven Eskalationsverlauf entwickelt, denn die Protagonisten überführen den Konflikt in einen formgebundenen

Konflikt, bei dem die Bosserinnen und Bosser sowie die Betroffenen schließlich vorhandene Prozeduren und Kampfmittel (Kündigung, Versetzung, Abmahnung) zur Durchsetzung ihrer Ziele einsetzen. Eine Überführung des Konfliktes hin zu einem formgebundenen Konflikt ist für die Unterscheidung zwischen einem normalen sozialen Konflikt und Bossing notwendig (vgl. Kolodej, 2005).
Zur weiteren theoretischen Einordnung kann an dieser Stelle auf Ziff. 6.3.3.1.7 unter Punkt 3. dieser Arbeit verwiesen werden.

4. Die sozialen Beziehungen zwischen den Bosserinnen und Bossern und sich selbst beschreiben die Studienteilnehmerinnen und -teilnehmer mit einem Machtungleichgewicht, das durch eine arbeitsbezogene (Hierarchie) Abhängigkeit deutlich wird. Durch das asymmetrische Machtverhältnis (Vorgesetzter - Geführter) ist die Verteidigungsmöglichkeit des Betroffenen wenigstens beeinflusst, wenn nicht gar eingeschränkt (vgl. Keashly & Nowell, 2003; Kolodej, 2016).

5. Unter dem Aspekt der Schädigungsabsicht kann den Bosserinnen und Bossern vorsätzliches Handeln unterstellt werden. Alle Handlungen sind darauf ausgerichtet, den Betroffenen Schaden zuzufügen. Schädigungsabsicht ist jedoch kein bestimmendes Merkmal bei Konflikten (vgl. Björkvist, Österman & Hjelt Bäck, 1994).

6.5.2.2   Auswertung Eskalationsverlauf

Hinsichtlich des Eskalationsverlaufes wurden in dieser Studie unter der Hauptkategorie 2-Eskalationsverlauf die Unterkategorien *Eskalationsstufen* und die *Eskalationsschwellen* des Bossingprozesses sowie das *Konfliktlöseverhalten* der Beteiligten untersucht.

6.5.2.2.1   Eskalationsstufen

Unter der Kategorie Eskalationsstufen wurden alle Aussagen erfasst, die Aufschluss darüber geben, in welcher Phase sich der fallbezogene, individuelle Bossingprozess befindet. Wie bereits unter Ziff. 6.3.3.2.1 erläutert, erfolgte die Einordnung der Handlungen nach dem neunstufigen Phasenmodel der Eskalation nach Glasl (2013), wie es in Abbildung 3 dieser Arbeit dargestellt ist. Im Zuge der Auswertung wurden einzelne Handlungen und Verhaltensweisen wiederum zunächst denen von Glasl (2013) beschriebenen drei Hauptphasen Verstimmung, Schlagabtausch und Vernichtung und schließlich einzelnen Eskalationsstufen zugeordnet. Zur besseren Übersicht und aufgrund der Verschiedenartigkeit der einzelnen Fälle wurden die Ergebnisse der Auswertung zu den Eskalationsstufen pro Fall dargestellt.

(1) Eskalationsstufen Fall 1

Anhand der Aussagen der Interviewpartnerin konnten Handlungen und Verhaltensweisen gefunden werden, die den Eskalationsstufen 2 bis 6 des Glasl'-schen Stufenmodells zugeordnet werden konnten. Die Befragte berichtete davon, dass der Bosser sie von vornherein abgelehnt hatte (Eskalationsstufe 2 - Debatte, Polemik).

„Es ist so gewesen, dass der (.) dass mein Chef (--) oder bevor ich da anfing, zu arbeiten hm, ich von vornherein wusste, dass er mich eigentlich gar nicht wollte" (IP1: 4-6).

Im Weiteren äußerte die Befragte, dass alle ihre Bestrebungen und Ideen vom Bosser blockiert wurden. Die Handlungen des Blockierens wurden der Eskalationsstufe 3 - Taten statt Worte - zugeordnet.

„(...) ich habe nur im Laufe der Zeit gemerkt, dass er alle meine Bestrebungen und alle meine Bemühungen, die ich (.) äh so machte, (---) äh auch an Ideen, die ich so einbrachte, dass das im Grunde genommen alles äh boykottiert wurde und äh hintertrieben wurde und (.) wenn immer ich mit irgendwelchen neuen Sachen ankam und das präsentierte, wurde das blockiert und kam überhaupt nicht zum Tragen" (IP1: 38-42).

Die Interviewpartnerin berichtete auch davon, dass sie eine Allianz zwischen dem Bosser und ihrer Kollegin wahrgenommen hatte (Eskalationsstufe 4 - Sorge um Image und Koalition).

„Und immer, wenn ich rein kam und er war schon da, dann hockte er da immer mit <Name> rum und machte irgendwas und schnackte (...) Äh natürlich war meine Kollegin sehr viel hm mehr informiert als ich, weil die ja ständig mit dem <Namen> zusammengluckte, ne?" (IP1: 66-67; 87-88).

Die Befragte äußerte, dass es im weiteren Verlauf des Bossings zum Bloßstellen und zu Unterstellungen sowie zum Niedermachen und Eingrenzen kam. Darüber hinaus redete der Bosser hinter ihrem Rücken schlecht über sie (Eskalationsstufe 5 – Gesichtsverlust)

„Er hat mich auch in der Vorstandssitzung, erinnere ich mal, äh mich richtig vorgeführt" (IP1: 285-286).

„Und ich würde ja auch während der Dienstzeit äh in [Ort] spazieren gehen" (IP1: 286-287).

„Und mich auch namentlich und richtig von Angesicht zu Angesicht äh in Mitten von Anderen äh nieder gemacht ((Schlagen auf den Tisch))" (IP1: 296-297).

„Ich durfte über diese engen Grenzen, die mir gesetzt waren ((Naseschniefen)) durfte ich nichts machen" (IP1: 350-355).

„(...) und wie das im Grunde genommen hintertrieben wurde, das ist mir erst später klar geworden, (.) weil nämlich der neue Geschäftsführer da war, der mir das dann erzählte, (---) wie <Name> sich hinter meinem Rücken über mich geäußert hat" (IP1: 109-111)

Die Studienteilnehmerin berichtete auch davon, dass ihr der Bosser gedroht hatte (Eskalationsstufe 6 - Drohstrategien und Erpressung).

„Und da hat der sich vor mir aufgebaut (--), die äh Arme so auf die Hüften gestützt und hat gesagt: "Und Sie kriege ich hier auch noch raus" (IP1: 185-187).

(2) Eskalationsstufen Fall 2

Aufgrund der Aussagen der Befragten konnten Handlungen und Verhaltensweisen ermittelt werden, die den Eskalationsstufen 3, 5, 6 und 8 des Eskalationsstufenmodells nach Glasl zugeordnet werden konnten. Die Interviewpartnerin berichtete davon, dass der Bosser ihr Kleinlichkeit vorgeworfen und eigenmächtige Entscheidungen kritisiert hatte. Zudem kam es seitens des Bossers zum vermehrten Herumnörgeln (Eskalationsstufe 3 - Taten statt Worte).

„Ähm, habe das vorher immer verloren die Zeit und nach diesem Rundschreiben von der MAV, die also extra die Leute aufgefordert hat: "Hier, mach das." habe ich das also auch gemacht (...) und da hat mein Vorgesetzter, mein Boss, ähm der hat mir dann vorgeworfen, ich wäre kleinlich" (IP2: 19-22).

„Ähm, ja, er hat gesagt, das hätte ich nicht entscheiden dürfen, ich hätte ihn fragen müssen" (IP2: 210-211).

„(...) er fing dann immer mehr an, an mir rumzunörgeln" (IP2: 255).

Die Interviewpartnerin berichtete auch von Gesichtsangriffen, wie das Vorwerfen des Dasitzens und Essens, das Vorwerfen grober Fehler, das Vorwerfen unbefriedigender Arbeit, das Behaupten unwahrer Tatsachen sowie das Ignorieren und Abweisen (Eskalationsstufe 5 – Gesichtsverlust).

„Und bei so einer Gelegenheit hatte er mich mal gesehen und dann hat er gesagt: "Ich sehe Sie immer nur da sitzen und essen" (IP2: 52-54).

„(...) und dann hat er mir das vorgeworfen (---) ähm, als einen groben Fehler, dass ich gesagt hätte, er war krank, als er krank war" (IP2: 246-248).

"Ja, ich bin äh sehr unzufrieden mit Ihnen." (1,5s) Und äh, da bin ich (---) also, unzufrieden, so, ne? Mit meiner Arbeit" (IP2: 272-273).

„Er hat dann Dinge behauptet, die gar nicht gestimmt haben" (IP2: 879-880).

„Er ließ mich so links liegen" (IP2: 562).

„(...) das äußerte sich eher darin, dass er sich von mir so zurückzog" (IP2: 549-55)

Die Befragte äußerte auch, dass ihr mit einem empfindlichen Übel (Versetzung) gedroht worden war (Eskalationsstufe 6 - Drohstrategien und Erpressung).

„ Und wenn mir keine Lösung , also, wie es mit der Zusammenarbeit weitergehen könnte, und wenn mir keine Lösung einfallen würde (---) dann hätten wir ein dauerhaftes Problem (1,5s) und müssten für mich eine andere Stelle finden" (IP2: 812-814).

Die Interviewpartnerin berichtete darüber hinaus von einem Hausverbot und einem Aufhebungsvertrag (Eskalationsstufe 8 - Zersplitterung, totale Zerstörung).

„Also, Fakt war, ich bekam dann hinterher sozusagen Hausverbot." (IP2: 913-914).

„(...) dann sollt(.) sollte es einen Aufhebungsvertrag geben (...)" (IP2: 1018-1019).

(3) Eskalationsstufen Fall 3

Anhand der Aussagen des Interviewpartners konnten Handlungen und Verhaltensweisen gefunden werden, die den Eskalationsstufen 1, 4, 5, 6 und 7 des Glasl'schen Stufenmodells zugeordnet werden konnten. Der Interviewpartner berichtete davon, dass die Bosserin von vornherein ihren Standpunkt und ihren Arbeitsauftrag sowie ihre Erwartungen klar zum Ausdruck gebracht hatte (Eskalationsstufe 1 – Verhärtung).

„(...) ich habe das (...) erlebt mit einem Wechsel der Einrichtungsleitung (---) ähm, an einer Einrichtungsleitung, die von vornherein unmissverständlich klar gemacht, dass sie mit der Art und Weise, wie die Einrichtung bisher geführt worden ist, und der Art und Weise, wie der Umgang mit Mitarbeitern war, überhaupt nicht einverstanden war (...) Das hat sie auch unmissverständlich von vornherein klar gemacht, hat ganz klar gesagt "Mein Auftrag ist es, diese Einrichtung wirtschaftlich auf stabile Füße zu stellen. Das mache ich, (--) wie ich will (---) und Sie können entweder genauso mit machen, wie ich das will oder Sie stellen sich gegen mich" (IP3: 4-9; 239-242).

Im Weiteren berichtete der Befragte davon, dass er nach Allianzen gesucht hatte (Eskalationsstufe 4 - Sorge um Images und Koalitionen).

„Hm, es gab sicherlich irgendwann (1,5s) ((schluckt)) Momente (.) ja, überreagiert (---) vielleicht eher falsch reagiert, wo ich dann angefangen habe, versucht(.) zu versuchen, Allianzen im Haus zu finden" (IP3: 381-383).

Außerdem berichtete der Studienteilnehmer von Gesichtsangriffen, wie wiederholtes Entmachten, Untergraben der Autorität, Bloßstellen und Ausschließen aus Besprechungsrunden sowie davon, in Fettnäpfe gelockt worden zu sein (Eskalationsstufe 5 – Gesichtsverlust).

„ Und hatten dann relativ schnell eine Situation, wo ich an verschiedenen Stellen immer wieder in meiner Funktion als Pflegedienstleitung entmachtet worden bin" (IP3: 43-45).

„Es gab (.) immer wieder auch Situationen, wo (--) Absprachen vermeintlich mit mir getroffen worden sind, die dann durch die Hausleitung wieder ausgehebelt worden sind" (IP3: 150-152).

„ Und ähm ich wurde da im Prinzip der Heimaufsicht (--) schlussendlich auch ausgeliefert" (IP3: 108-109).

„Also, ich bin irgendwann in einer Phase des Ganzen (--) dann auch von verschiedenen Gesprächsrunden ausgeschlossen worden" (IP3: 626).
„ich bin immer wieder in (--) ja, in solche Fettnäpfe gelockt worden" (IP3: 183-184).

Der Befragte äußerte darüber hinaus, dass es zum gegenseitigen Anschreien gekommen war (Eskalationsstufe 6 - Drohstrategien und Erpressungen).

„Aber so eine typische Schrei-Situation, sich gegenseitig anschreien (1,5s), beschuldigen oder ähnliches (--) ähm (---) hatten wir (--) ja, in (.) in Teilen, wenn es um die Dienstplanung ging" (IP3: 422-424).

Als dramatisch empfand der Befragte das Zerreißen einer Überlastungsanzeige. Zudem berichtete er davon, dass die Bosserin die Probleme kaltschnäuzig weglächelte (Eskalationsstufe 7 - Begrenzte Vernichtungsschläge).

„Also, das Dramatischste war wirklich das gerade eben schon (.) schon Geschilderte, als ich wirklich meine (.) meine Überlastungsanzeige über zwei Seiten wohl gefeilt formuliert habe (...) Und die ist vor meinen Augen wirklich zerrissen worden" (IP3: 352-358).
„Und das wird einfach so weggelächelt. "Da müssen wir jetzt durch. Und (.) und das geht jetzt nicht ((lacht)) anders und ich kann da niemanden einstellen. (---) ((Schlucken)) Im Zweifelsfall müssen Sie sich selber da ans Bett stellen, wenn Ihnen das so wichtig ist" (IP3: 473-479).

(4) Eskalationsstufen Fall 4

Anhand der Aussagen der Interviewpartnerin konnten Handlungen und Verhaltens-weisen gefunden werden, die den Eskalationsstufen 1 bis 8 des Glasl'-schen Stufenmodells zugeordnet werden konnten. Die Befragte berichtete, dass sie auf die korrekte Dokumentation der Anwesenheitszeiten und eine Verhaltens-änderung hinsichtlich ihrer Unpünktlichkeit hingewiesen wurde (Eskalationsstufe 1 - Verhärtung).

„(...) ich habe auch noch einen Kalender ((lacht)), wo ich dann ganz genau eintragen musste, wann ich wo war (...)" (IP5: 51-53).
„Aber sie hat immer Buch geführt (.) und hat dann irgendwann zu mir gesagt, äh, also ihr wäre aufgefallen, ich würde ja auch mal äh zu spät kommen und so, und ich sollte doch mal mein Verhalten ändern" (IP5: 183-185).

Die Interviewpartnerin berichtete auch von Ablehnung von vornherein und davon, dass sie die Fehlzeitendokumentation der Bosserin überprüfen sollte. Zudem machte die Bosserin deutlich, dass sie Privates von Geschäftlichem trennen könnte (Eskalationsstufe 2 - Debatte, Polemik).

„(...) da ähm mit einer mir Vorgesetzten konfrontiert wurde, wo ich genau wusste, da bin ich nicht willkommen" (IP5: 10-11).
„Dann hat sie mich das zweite Mal dann angesprochen wegen diesem Zuspätkommen und hat mir eine Liste an die Hand gegeben mit aufgeführten Daten, wann ich zu spät kam" (IP5: 195-197).

„ Und dann hat sie mir gesagt, wenn ich es nicht schaffen würde, privat und geschäftlich äh zu trennen, dann wäre das mein Problem, sie würde da professionell mit umgehen" (IP5: 67-69).

Die Befragte berichtete im Weiteren, dass sich die Bosserin in der Folge unfreundlich und geringschätzend verhalten hatte und dass ihre fachliche Kompetenz von der Bosserin in Frage gestellt wurde (Eskalationsstufe 3 - Taten statt Worte).

„ (...) das wurde auch bestätigt indem dass ich noch nicht mal begrüßt wurde (...)" (IP5: 11-12).

„ Und ähm, diese ganze Art und Weise der Einarbeitung, des ähm (--), also des, wie ich da wahrgenommen wurde, äh, das fand ich schon sehr, ähm, (7s), also das fand ich nicht wertschätzend (...)" (IP5: 30-32).

„ Und ich denke schon, dass ich da einigermaßen ähm Know-how mitgebracht habe. Und ähm, (--) das hat sie mir aber abge-, ähm, -sprochen (...)" (IP5: 25-27).

Die Studienteilnehmerin gab an, dass sie sich an die Mitarbeitervertretung (MAV) gewandt hatte (Eskalationsstufe 4 - Sorge um Images und Koalitionen).

„Ach, übrigens habe ich ja immer die, also habe ich von Anfang an (--), nach diesem, nee, während diesem, diesem äh Abmahnungsverfahren, seitdem hatte ich dann die MAV, die Mitarbeitervertretung, an meiner Seite (.)" (IP5: 544-546).

Die Interviewteilnehmerin berichtete zudem von Gesichtsangriffen, indem die Bosserin wiederholt ihre soziale Kompetenz in Frage stellte, ihr Lüge unterstellte, sie eingrenzte, bloßstellte und ignorierte sowie hinter ihrem Rücken schlecht redete und sie hinsichtlich der Dokumentation von Anwesenheitszeiten unfair behandelte (Eskalationsstufe 5 - Gesichtsverlust).

„ (...) wenn man jeden Tag ähm gesagt kriegt, also wirklich gesagt kriegt, man ist falsch, (.) also das hat sie auch gemacht, also wirklich (--) wortwörtlich so, ähm, das passt nicht und so (...)" (IP5: 375-377).

„ Und dadurch kam ich dann wirklich tatsächlich vielleicht zu spät, ja? Ähm, und das hat sie mir dann als Lüge unterstellt (...)" (IP5: 210-211).

„Also weil mein Kundenkontakt, da hat sie auch zwischendurch immer reingegrätscht und hat gesagt, also sie wollte nicht, dass ich so freundlich mit den Kunden da irgendwie, das sollte sich auf das Arbeitstechnische beschränken (....)" (IP5: 529-532).

"(...) da macht die einen Riesenwirbel, aber wirklich einen Riesenwirbel vor den Leuten" (IP5: 766-767).

„ (...) sie ist dann zu manchen Produktionsrunden, die dann angesetzt waren ähm, (.) ist sie dann einfach nicht mehr gekommen (...)" (IP5: 717-719).

„ Und dann habe ich über Kollegen, die mit dem sehr vertraut waren, dann erfahren, ähm, dass er – also dass ich (3s) das, meine Vorgesetzte dann immer auch schon negativ in anderen Ebenen über mich gesprochen hat" (IP5: 341-343).

„Pflege der Anwesenheit im Outlook-Kalender. Hat keiner gemacht. Hat die einen Riesenaf-
fenzauber gemacht, und das hätte ich zu machen, hat sie auch eingefordert, schriftlich (...)"
(IP5: 770-771; 777-778).

Außerdem äußerte die Befragte, dass sie von der Bosserin angeschrien
wurde und dass sich die Bosserin vor allem ihr gegenüber aggressiv verhielt (Eskalationsstufe 6 - Drohstrategien und Erpressung).

„(...) also ich habe irgendwas gefragt, und dann (--) hat sie da rumgeschrieen" (IP5: 336).

„(...) also das hat sie nicht nur bei mir gemacht, das hat sie auch bei anderen gemacht, aber
bei mir hat sie das wirklich in so einer ähm (3s), also da war sie noch mal so mega- äh –
aggressiv" (IP5: 125-127).

Die Studienteilnehmerin erklärte, dass sie eine Abmahnung erhielt und dass
die Bosserin eine Arbeitsvertragsverlängerung verweigert hatte (Eskalationsstufe
7 - Begrenzte Vernichtungsschläge).

„So, und jetzt habe ich es dir gezeigt, und jetzt hast du eine Abmahnung" (IP5: 226-227).

„(...) ich hatte aufgestockt von 25 Stunden auf 30 Stunden, und dann hat sie mir ähm ohne
Ankündigung (...) hat sie mir die Stunden wieder weggenommen, also (.) hat sie mir den Vertrag
nicht verlängert (...)" (IP5: 728-732).

Schlussendlich berichtete die Befragte davon, dass die Bosserin hinsichtlich ihrer persönlichen Situation als Alleinerziehende, mit der Verpflichtung Geld
verdienen zu müssen, ein demonstratives Desinteresse gezeigt hatte (Eskalationsstufe 8 - Zersplitterung, totale Zerstörung).

„Ähm, und (.) können wir da nicht noch mal irgendwie ein Gespräch drüber – nee, sagte sie
hier, geht nicht (.), interessiert mich nicht, was du für eine Situation hast" (IP5: 741-742).

(5) Eskalationsstufen Fall 5

Anhand der Aussagen der Interviewpartnerin konnten Handlungen und
Verhaltensweisen gefunden werden, die den Eskalationsstufen 2 bis 6 des Glasl'-
schen Stufenmodells zugeordnet werden konnten. Die Befragte berichtete davon,
dass sie Desinteresse an ihren Mitarbeiterinnen und Mitarbeitern zeigte (Eskalationsstufe 2 - Debatte, Polemik).

„(...) und ich kam halt dahin, (.) und dann diese Chefin irgendwie (4s) äh, der ich eigentlich
wurscht war, so" (IP6: 10-11).

Die Befragte berichtete darüber hinaus davon, dass die Bosserin, Veränderungen, Ideen und die Mitbestimmung blockierte (Eskalationsstufe 3 - Taten statt
Worte).

„(...) ich kann mich auch einbringen, weil ich ja auch Wissen im Rucksack hatte, (--) was aber
nie gefragt war, weil es wurde eh immer so gemacht, wie es die Chefin wollte (...)" (IP6: 26-
28).

„Und die hat den machen lassen und hat ihn dann quasi abgeblockt, komplett" (IP6: 67).

„Ähm, Fragen der Mitbestimmung, (--) die durften ja gar nicht gestellt werden" (IP6: 488-489).

Die Befragte äußerte, dass sie sich schon frühzeitig mit anderen verbündet hatte (Eskalationsstufe 4 - Sorge um Images und Koalitionen).

„Also das ist jetzt vielleicht ein blödes Wort, aber irgendwann waren wir dann verbündet, weil wir da ein unsägliches Leid ertragen mussten (...)" (IP6: 29-30).

Die Studienteilnehmerin berichtete von schweren Gesichtsangriffen der Bosserin, wie die Stigmatisierung einer Gruppe von Mitarbeiterinnen und Mitarbeiter als Verlierer, das Ignorieren der „Verlierer", die Nichtberücksichtigung der „Verlierer" bei der Dienstplan- und Freizeitgestaltung, das das Ablehnen der Arbeit mit Schwangeren, das Fördern von Mobbing und das Eingrenzen der stellvertretenden Stationsleitung (Eskalationsstufe 5 - Gesichtsverlust).

„Und (---) alle, die (.) die Leitung nicht leiden konnte, (--) kamen quasi in diese andere Schicht. Das waren die ganzen Loser sozusagen" (IP6: 46-48).

„Mit denen hat sie gesprochen, mit denen hat sie Besprochen, mit der anderen Schicht hat sie überhaupt nicht gesprochen" (IP6: 49-51).

„Also es ging ja einfach auch um Dienstpläne, um Freizeit (--), das wurde ja alles beschnitten, wenn man da in ihre Missgunst gefallen war" (IP6: 241-243).

„(...) als ich gewechselt habe, mit dem dritten Kind schwanger, (.) und da war zum Beispiel auch so eine Aussage von ihr, mit Schwangeren arbeitet sie nicht zusammen" (IP6: 54-55).

„Und sie wusste das aber, weil wir das angesprochen haben, hat es aber immer (--) abgetan. Und (.) ich bin heute der Meinung, dass sie das gedeckt hat, (.) also dass sie davon wusste" (IP6: 98-100).

„Also der hatte auch keine von ihr zugewiesenen (.) Aufgaben. (6s) Sie hatte die Hoheit" (IP6: 472).

Die Befragte äußerte auch, dass die Bosserin verbal aggressiv reagierte und ausrastete (Eskalationsstufe 6 - Drohstrategien und Erpressung).

„Und damit waren die Gespräche auch immer (3s) sofort im Keim erstickt, und wenn man versucht hat, noch irgendwo anzupacken, die war dann auch so aalglatt und hat dann, ist dann auch weggeflutscht und (.) hat mit ihrem Gebelle und ihrer komischen äh, (.) mit ihren schlimmen Worten auch alles weggebissen" (IP6: 491-494).

„Und äh wir haben dann einfach mal das Pflaster anders geklebt. (--) Und dann ist sie ausgerastet auf Station, was uns einfällt, ähm, da das einfach so zu machen, (---) ohne sie äh (---) da gefragt zu haben" (IP6: 173-175).

(6) Eskalationsstufen Fall 6

Anhand der Aussagen des Interviewpartners konnten Handlungen und Verhaltensweisen gefunden werden, die den Eskalationsstufen 1 und 4 bis 7 des

Glasl'schen Stufenmodells zugeordnet werden konnten. Der Interviewpartner berichtete davon, dass er gegenüber der Geschäftsleitung Bedenken zur der Person des neuen Vorgesetzten äußerte. Darüber hinaus gab der Befragte an, dass der Bosser seine Erwartungen geäußert hatte (Eskalationsstufe 1 - Verhärtung).

„Dann habe ich mich ganz klar geäußert in den Vorgesprächen schon, ähm, dass ich ein bisschen Sorge hätte, dass es da vielleicht Probleme gibt, dass er sich nicht irgendwie ablösen kann von seinem alten (---) Haus (...)" (IP7: 13-16).

„(...) wo mir klar gesagt wurde, hier gibt es die 100-Tage-Regelung, (.) musste ich erst gucken, stutzen, damit war halt gemeint, 100 Tage lang die Füße still halten, (.) und dann kann ich anfangen, was zu verändern (...)" (IP7: 22-24).

Der Interviewpartner gab außerdem an, dass er sich an die Mitarbeitervertretung gewandt hatte (Eskalationsstufe 4 - Sorge um Images und Koalitionen).

„Mitarbeitervertretung bin ich hingegangen (...)" (IP7: 483).

Der Befragte berichtete von unterschiedlichen Gesichtsangriffen seitens des Bossers. Er berichtete vom wiederholten Untergraben der Autorität, vom Vorwerfen eines Fehlverhaltens, vom Bloßstellen und Ignorieren sowie vom Unterstellen einer fehlerhaften Arbeitsweise, vom Vorwerfen sozialer Inkompetenz und vom in Frage stellen einer Krankheit (Eskalationsstufe 5 - Gesichtsverlust).

„(...) er dann auch immer wieder sagte, also wir müssen mit <Name> reden, das geht gar nicht, was der hier macht, so geht das überhaupt nicht, und ähm das Team sich auch immer mehr spaltete (...)" (IP7: 91-93).

„(...) es wird Zeit, wir müssen mal reden, so geht das nicht weiter, ähm (---) mir das dann vorgehalten wurde [Fernseherkauf] (...)" (IP7: 96-97).

„(...) offen ins Team ganz klar Aussagen kamen wie, (--) das hätte er nicht gedurft, das (---) ähm war die falsche Entscheidung (...)" (IP7: 135-136).

„(...) hat ein paar Tage nicht mehr mit mir geredet (...)" (IP7: 149).

„Dafür hatte ich auch noch einen auf den Sack gekriegt, dass es doch viel zu schnell ging, andere würden das nicht hinkriegen, was würde da gehen, ich würde über die Betreuung hinweggehen, da würde doch irgendwas nicht ordentlich laufen" (IP7: 237-239).

„Und (.) wirklich wurde mir vorgehalten, dass ich den Mitarbeitern den Rücken gegenüber – und das wäre halt (---) nicht korrekt gewesen, das wäre irgendwie unpersönlich, es wäre irgendwie nicht authentisch gewesen (...)" (IP7: 367-369).

„Trotzdem hieß es dann, ja, was ich mir denn rausnehmen würde, wieso krank" (IP7: 430-431).

Der Studienteilnehmer berichtete auch davon, dass ihm mit arbeitsrechtlichen Konsequenzen gedroht wurde (Eskalationsstufe 6 - Drohstrategien und Erpressung).

„Und ähm, dann habe ich im Februar gesagt, ich brauche eine Auszeit, ich merke, dass jetzt (--), jetzt bin ich beinahe sechs Monate in Kur, äh, ich gehe echt zum Arzt, da wurde mir gedroht, wenn ich das mache, ist das äh schon vorgewarnte Krankheit" (IP7: 419-422).

Der Befragte berichtete darüber hinaus, dass er durch Urkundenfälschung diskreditiert und schlussendlich vor die Wahl gestellt wurde, in seiner derzeitigen Funktion zu bleiben oder einen Vertrag zu unterschreiben, dass er wieder an die Basis zurückkehrt (Eskalationsstufe 7 - Begrenzte Vernichtungsschläge).

„ (...) nach diesen zwei Stunden wäre ich am liebsten nach Hause gegangen, ich war – weil ich mir dachte, was wird denn jetzt bitte, was habe ich euch getan, dass ihr so was – das ist Urkundenfälschung, das ist kriminell, ist das, egal wer es geschrieben hat " (IP7: 302-304).

„Ja, meint er, ähm wenn ich ja jetzt weg will, gibt es nur zwei Alternativen. Ich so, okay, welche? Äh Alternative eins ist, (--) ich bleibe jetzt so lange da, bis (   ) von der Leitung ausgeschrieben ist und bewerbe mich drauf. Alternative zwei ist, ich verschreibe – einen Knebelvertrag ist es nicht, aber ein Vier-, Fünfzeiler, wo drin steht, ich gebe meine Leitung auf und bin bereit, in die Basisarbeit zu gehen, natürlich auch mir Reduzierung des Gehalts (...)" (IP7: 478-483).

(7) Eskalationsstufen Fall 7

Anhand der Aussagen der Interviewpartnerin konnten Handlungen und Verhaltensweisen gefunden werden, die den Eskalationsstufen 3 und 5 des Glasl'-schen Stufenmodells zugeordnet werden konnten. Die Befragte berichtete davon, dass sie von der Bosserin blockiert wurde und dass die Bosserin wiederholt ihre fachliche Kompetenz in Frage gestellt hatte (Eskalationsstufe 3 - Taten statt Worte).

„Ähm dann, wenn ich irgendwelche Ideen hatte, die ich umsetzen wollte, ähm, (.) wurden rigoros abgelehnt" (IP8: 37-38).

„ (...) aber mir wurde immer wieder ähm (--), habe ich immer wieder Rückschläge bekommen, ja, indem sie gesagt hat, nee, ich bin dazu nicht in der Lage" (IP8: 67-69).

Darüber hinaus berichtete die Befragte von unterschiedlichen Gesichtsangriffen, wie das Verwehren von Unterstützung, das Behaupten unwahrer Tatsachen, das Unterdrücken, Ignorieren, Kaltstellen und Ausschließen sowie das Bloßstellen und Eingrenzen. Darüber hinaus hatte die Bosserin die Befragte hinter ihrem Rücken schlecht gemacht (Eskalationsstufe 5 - Gesichtsverlust).

„ (...) nicht zu unterstützen (...) " (IP8: 7).

„ (...) dass sie bei unserem Vorgesetzten, der äh Kreisvorgesetzte hat sie, der gefragt hat, wie sich denn Frau <Name> weiterentwickeln möchte, hat sie die Information gegeben, äh, sie hat sich woanders beworben und sie wird nicht weiter im Kreisverband tätig sein" (IP8: 33-37).

„ (...) ich sage es jetzt mal platt, mich so Art zu unterdrücken oder so, ja?" (IP8: 7-8).

„Äh (.) in Dienstberatungen, wenn ich mich zu Wort melden wollte, bin ich nicht rangekommen" (IP8: 38-39).

„ (...) sie hat schon äh versucht, mich möglichst ruhig zu halten, still zu halten" (IP8: 41).

„Also ähm (--) wie gesagt, das Ausgrenzen von irgendwelchen Arbeitsgruppen (...) " (IP8: 61-62).

„Also vor anderen so bloßgestellt, (--) ja?" (IP8: 65).

„(...) solange es die Einrichtung betraf, konnte ich relativ äh selbstständig agieren, aber alles, was darüber hinaus ging, wurde immer abgeschmettert (...)" (IP8: 94-96).

„(...) wie gesagt, mich schlecht machen bei unserem Chef (...)" (IP8: 268).

(8) Eskalationsstufen Fall 8

Anhand der Aussagen der Interviewpartnerin konnten Handlungen und Verhaltensweisen gefunden werden, die den Eskalationsstufen 5 und 7 des Glasl'-schen Stufenmodells zugeordnet werden konnten. Die Befragte berichtete von Gesichtsanagriffen, wie das Verwehren von Unterstützung und das Kommunizieren von Antipathie (Eskalationsstufe 5 - Gesichtsverlust).

„Er hat mir über die letzten drei Jahre, die ich da war, also quasi von 2007 an, keinerlei Unterstützung gewährt, keinerlei, (--) also keinerlei" (IP9: 125-126).

„(...) dann hat er einfach gesagt, (.) ich finde, du leistest sehr viel, aber ich möchte dich im Team hier nicht haben" (IP9: 215-217).

Darüber hinaus berichtete die Befragte davon, dass der Bosser die Probleme weglachte und versuchte, einen Arbeitgeberwechsel zu verhindern (Eskalationsstufe 7 - Begrenzte Vernichtungsschläge).

„Wir mussten dann immer über den Friedhof laufen mit ihm, (--), und ähm wo ich wirklich gänzlich verzweifelt war, weil ich einfach gar nicht mehr wusste, wie ich diese massive Arbeit, diese viele Arbeit bewerkstelligen soll und ich wirklich händeringend um Hilfe gefleht habe, ja, ich bin einfach vor ihm, was ich mir geschworen habe, nie tun zu werden, aber vor ihm wirklich zusammengebrochen und er dann dastand und gelacht hat und gesagt hat, na (.), so hysterisch brauchen wir doch jetzt auch nicht sein" (IP9: 227-232).

Ich weiß auch nicht, warum er drei Jahre später verwehrt, dass ich dort als Trainerin arbeite" (IP9: 279-280).

(9) Eskalationsstufen Fall 9

Anhand der Aussagen der Interviewpartnerin konnten Handlungen und Verhaltensweisen gefunden werden, die den Eskalationsstufen 5 und 6 des Glasl'-schen Stufenmodells zugeordnet werden konnten. Die Befragte berichtete von Gesichtsangriffen, wie das Kommunizieren von Antipathie und das Bloßstellen. Zudem hatte der Bosser hinter ihrem Rücken schlecht geredet, ihr Aggressivität vorgeworfen und eine Mediation aufgedrängt. Sie selbst hatte sich abweisend verhalten (Eskalationsstufe 5 - Gesichtsverlust).

„Er war eben ganz seltsam zu mir und ähm, im Endeffekt war es dann so, dass ich nach zwei Wochen gefragt habe, was sein Problem mit mir wäre, (.) und er sagte dann in einem Vieraugengespräch tatsächlich zu mir, er würde merken, wenn jemand an seinem Stuhl sägt" (IP10: 68-71).

„(...) dieses Bloßstellen vor Kollegen (...)" (IP10: 275).

"Wenn, dann hinten irgendwo, irgendwie hinten rum" (IP10: 274).

"(...) aber er fing irgendwann an, ich wäre aggressiv" (IP10: 244-245).

"Und ich komme zurück, und der fängt an, ich bräuchte eine Mediation mit einer Kollegin, weil wir uns nicht verstehen würden. So, und er hat uns also diese Mediation aufgedrängt" (IP10: 178-179; 182-183).

Die Studienteilnehmerin berichtete zudem davon, dass der Bosser ihr damit gedroht hatte, sie zu eliminieren (Eskalationsstufe 6 - Drohstrategien und Erpressung).

"Und dann kam eigentlich ein Tag, äh wo er zu mir unter vier Augen gesagt hat, wer nicht in mein Team passt, wird von mir eliminiert" (IP10: 211-212).

6.5.2.2.2 Eskalationsschwellen

Unter der Kategorie Eskalationsschwellen wurden alle Aussagen erfasst, die Aufschluss über einzelne Eskalationsschwellen während der einzelnen Bossingprozesse geben. Im Zuge der Auswertung wurde das Material zunächst nach den von Glasl (2013) beschriebenen Hauptschwellen gerastert. Eine weitere Rasterung diente der Identifizierung einzelner Eskalationsschwellen zwischen den einzelnen Eskalationsstufen. In allen neun untersuchten Fällen konnte die erste Hauptschwelle zwischen den Hauptphasen 1 (Verstimmung) und 2 (Schlagabtausch) identifiziert werden. In sechs der neu untersuchten Fälle fand sich die zweite Hauptschwelle zwischen den Hauptphasen 2 (Schlagabtausch) und 3 (Vernichtung). Darüber hinaus fanden sich fallbezogen unterschiedliche Eskalationsschwellen zwischen den einzelnen Eskalationsstufen. Zur besseren Übersicht und aufgrund der Verschiedenartigkeit der einzelnen Fälle wurden die Ergebnisse der Auswertung zu den Eskalationsschwellen pro Fall dargestellt.

(1) Eskalationsschwellen Fall 1

Es konnten die zwei Hauptschwellen, zwischen den Hauptphasen 1 (Verstimmung) und 2 (Schlagabtausch) und den Hauptphasen 2 (Schlagabtausch) und 3 (Vernichtung) sowie die Eskalationsschwelle zwischen den Eskalationsstufen 7 (Begrenzte Vernichtungsschläge) und 8 (Zersplitterung, totale Vernichtung) gefunden werden. Die Befragte berichtete davon, dass sich der Konflikt zuspitzte, als der neue Geschäftsführer konspirativ per Zeitungsannonce gesucht wurde. Diese Aussage wurde der ersten Hauptschwelle zwischen den Hauptphasen 1 (Verstimmung) und 2 (Schlagabtausch) zugeordnet.

"(...) die Zuspitzung war diese Geschichte mit der Zeitungsannonce, wo dieser neue äh Geschäftsführer gesucht wurde. Das war also der absolute Auslöser, dass ich fast geplatzt bin und gesagt: "Das kann so nicht weitergehen." (IP1: 268-271).

Im Weiteren berichtete die Interviewteilnehmerin davon, dass ihr vom Bosser Verfehlungen unterstellt worden waren und dass er sie vor anderen niedergemacht hatte. Diese Aussage wurde der zweiten Hauptschwelle zwischen den Hauptphasen 2 (Schlagabtausch) und 3 (Vernichtung) zugeschrieben.

„Er hat mich auch in der Vorstandssitzung, erinnere ich mal, äh mich richtig vorgeführt. Und ich würde ja auch während der Dienstzeit äh in [Ort] spazieren gehen. Und mich auch namentlich und richtig von Angesicht zu Angesicht äh in Mitten von Anderen äh nieder gemacht. ((Schlagen auf den Tisch))" (IP1: 285-287; 296-297).

Die Studienteilnehmerin äußerte, dass der Bosser den neuen Geschäftsführer einsetzte, was für sie das Karriereende bedeutete. Diese Aussage wurde der Eskalationsschwelle zwischen den Eskalationsstufen 7 (Begrenzte Vernichtungsschläge) und 8 (Zersplitterung, totale Vernichtung) zugeordnet.

„ (...) ich habe (.) hatte (.) b=b=bis dato hatte ich noch darauf hingearbeitet, auch durch meine Qualifikation durch das Studium, hatte ich immer gedacht, ich werde hier noch mal Geschäftsführer (---).Und dem hatte ja <Name> dann vorgebeugt, indem er Herrn <Name> ein(.) engagierte, als Geschäftsführer" (IP1: 409-412).

(2) Eskalationsschwellen Fall 2

Es konnten die zwei Hauptschwellen, zwischen den Hauptphasen 1 (Verstimmung) und 2 (Schlagabtausch) und den Hauptphasen 2 (Schlagabtausch) und 3 (Vernichtung) sowie die Eskalationsschwellen zwischen den Eskalationsstufen 2 (Debatte, Polemik) und 3 (Taten statt Worte) sowie 4 (Sorgen um Images und Koalitionen) und 5 (Gesichtsverlust) gefunden werden. Die Befragte berichtete davon, dass ihr der Bosser den Vorwurf des Dasitzens und Essens gemacht hatte. Die Aussage der Befragten wurde der ersten Hauptschwelle zwischen den Hauptphasen 1 (Verstimmung) und 2 (Schlagabtausch) zugeordnet.

„ Und bei so einer Gelegenheit hatte er mich mal gesehen und dann hat er gesagt: "Ich sehe Sie immer nur da sitzen und essen". Und äh da können Sie sich vorstellen, wie mich das getroffen hat (...)" (IP2: 52-54; 58).

Im Weiteren berichtete die Interviewteilnehmerin davon, dass ihr der Bosser mit einem empfindlichen Übel für den Fall gedroht hatte, sollte ihr keine Problemlösung einfallen. Diese Aussagen der Befragten wurden der zweiten Hauptschwelle zwischen den Hauptphasen 2 (Schlagabtausch) und 3 (Vernichtung) zugeschrieben.

„ Und dann eskaliere das. Und wenn mir keine Lösung , also, wie es mit der Zusammenarbeit weitergehen könnte, und wenn mir keine Lösung einfallen würde (---) dann hätten wir ein dauerhaftes Problem (1,5s) und müssten für mich eine andere Stelle finden" (IP2: 730-731; 812-814).

Die Studienteilnehmerin äußerte, dass ihr der Bosser Kleinlichkeit vorwarf, nachdem sie auf das Schreiben der Mitarbeitervertretung bzgl. der Pausenregelung aufmerksam gemacht hatte. Diese Aussage wurde der Eskalationsschwelle zwischen den Eskalationsstufen 2 (Debatte, Polemik) und 3 (Taten statt Worte) zugeschrieben.

„Ähm, habe das vorher immer verloren die Zeit und nach diesem Rundschreiben von der MAV, die also extra die Leute aufgefordert hat: "Hier, mach das." habe ich das also auch gemacht (...) und da hat mein Vorgesetzter, mein Boss, ähm der hat mir dann vorgeworfen, ich wäre kleinlich. (...) ich habe darauf verwiesen, auf dieses MAV-Schreiben (---) und dann hatte er ähm, ja, und dann fing das an" (IP2: 19-22; 27-29).

Außerdem gab die Befragte an, dass sich der Konflikt hochschaukelte und der Bosser ihr den Vorwurf machte, mit ihrer Arbeit unzufrieden zu sein. Diese Aussage wurde der Eskalationsschwelle zwischen den Eskalationsstufen 4 (Sorgen um Images und Koalitionen) und 5 (Gesichtsverlust) zugeordnet.

„(...) das schaukelte sich hoch und irgendwann (...) Jedenfalls, ich weiß noch, dass ich ihn angesprochen habe und habe gesagt "Wollen Sie mich eigentlich loswerden?" Und da sehe ich ihn noch, drehte er sich rum und sagt, ähm (---) ähm, "Ja, ich bin äh sehr unzufrieden mit Ihnen" (IP2: 264; 265-267; 271-272).

(3) Eskalationsschwellen Fall 3

Es konnten die zwei Hauptschwellen, zwischen den Hauptphasen 1 (Verstimmung) und 2 (Schlagabtausch) und den Hauptphasen 2 (Schlagabtausch) und 3 (Vernichtung) identifiziert werden. Der Befragte äußerte, dass er von der Bosserin wiederholt entmachtet worden war. Diese Aussage wurde der ersten Hauptschwelle zwischen den Hauptphasen 1 (Verstimmung) und 2 (Schlagabtausch) zugeordnet.

„Und hatten dann relativ schnell eine Situation, wo ich an verschiedenen Stellen immer wieder in meiner Funktion als Pflegedienstleitung entmachtet worden bin" (IP3: 43-45).

Darüber hinaus berichtete der Interviewpartner davon, dass die Bosserin vor seinen Augen eine Überlastungsanzeige zerrissen hatte. Diese Aussage markiert die zweite Hauptschwelle zwischen den Hauptphasen 2 (Schlagabtausch) und 3 (Vernichtung).

„Also, das Dramatischste war wirklich das gerade eben schon (.) schon Geschilderte, als ich wirklich meine (.) meine Überlastungsanzeige über zwei Seiten wohl gefeilt formuliert habe (...) Und die ist vor meinen Augen wirklich zerrissen worden" (IP3: 352-358).

(4) Eskalationsschwellen Fall 4

Es konnten die zwei Hauptschwellen, zwischen den Hauptphasen 1 (Verstimmung) und 2 (Schlagabtausch) und den Hauptphasen 2 (Schlagabtausch) und

3 (Vernichtung) sowie die Eskalationsschwelle zwischen den Eskalationsstufen 2 (Debatte, Polemik) und 3 (Taten statt Worte) ermittelt werden. Die Interviewpartnerin berichtete, dass die Bosserin ihr den Vorwurf der sozialen Inkompetenz gemacht hatte. Die Aussage markiert die erste Hauptschwelle zwischen den Hauptphasen 1 (Verstimmung) und 2 (Schlagabtausch).

„ Und ähm wenn ich morgens zum Beispiel gut gelaunt oder versucht habe, freundlich meinen Mitarbeitern, mit denen ich da zu tun hatte, ja, und äh mit denen klarzukommen, dann äh hat mir das meine Chefin hinterher, also das hat dann so gegipfelt, dass wir ein Gespräch hatten, ich glaube, ich habe da auch ein Protokoll von, ähm, dass sie gesagt hat, man könnte Leute nicht nur (.) äh niederbrüllen, sondern auch mit der Freundlichkeit erschlagen, und ich würde mit Menschen mit psychischer Erkrankung arbeiten, und da könnte ich nicht immer mit meiner überfreundlichen Art da – das würde die erschlagen" (IP5: 87-94).

Darüber hinaus gab die Befragte an, dass die Bosserin ihr hinsichtlich der Anwesenheitszeiten Lüge unterstelle und es in der Folge zu einer Abmahnung gekommen war. Diese Aussage wurde der zweiten Hauptschwelle zwischen den Hauptphasen 2 (Schlagabtausch) und 3 (Vernichtung) zugeordnet.

„Und dadurch kam ich dann wirklich tatsächlich vielleicht zu spät, ja? Ähm, und das hat sie mir dann als Lüge unterstellt und deswegen habe ich dann, weil das keine vertrauensvolle Ebene mehr war, habe ich dann eine Abmahnung gekriegt" (IP5: 210-212).

Die Studienteilnehmerin äußerte, dass sie von der Bosserin von Beginn an ignoriert worden war. Diese Aussage markiert die Eskalationsschwelle zwischen den Eskalationsstufen 2 (Debatte, Polemik) und 3 (Taten statt Worte).

„ (...) da habe ich vom ersten Tag an (--) dieses Gefühl für mich gehabt und ähm ja, das wurde auch bestätigt indem dass ich noch nicht mal begrüßt wurde (...)" (IP5: 11-12).

(5) Eskalationsschwellen Fall 5

Es konnte lediglich die erste Hauptschwelle, zwischen den Hauptphasen 1 (Verstimmung) und 2 (Schlagabtausch) identifiziert werden. Die Befragte berichtete, dass die Bosserin Mitarbeiterinnen und Mitarbeiter als „Verlierer" stigmatisierte.

„Also was von Anfang schon immer so war, (.) es hieß immer, wir arbeiten in, also es gab immer zwei Schichten. Und die hat ihre Leute eingeordnet, und der <Name> kam halt und wollte was, was ihr nicht gepasst hat, also war der da auch – also das war schon Auslöser genug. Gleich in die Loser-Schicht gepackt" (IP6: 42-43; 256-258; 262).

(6) Eskalationsschwellen Fall 6

Es konnten die zwei Hauptschwellen, zwischen den Hauptphasen 1 (Verstimmung) und 2 (Schlagabtausch) und den Hauptphasen 2 (Schlagabtausch) und

3 (Vernichtung) identifiziert werden. Der Befragte berichtete davon, dass der Bosser wiederholt seine Autorität untergraben hatte. Die Aussage markiert die erste Hauptschwelle zwischen den Hauptphasen 1 (Verstimmung) und 2 (Schlagabtausch).

„Ähm dann bin ich halt im Grunde angefangen, schon so meine eigenen Entscheidungen als Leitung zu treffen, die auf einmal ähm wohl nach hinten losgingen, weil die Mitarbeiter (.) wirklich wegen Kleinigkeiten zur Geschäftsleitung gerannt sind oder halt bei dem Fachstab, die vorherige Leitung, angerufen haben, haben gesagt, der hat das und das entschieden, das ist doch nicht wahr, und der Fachstab dann auch ganz (3s) parteiisch, nicht unparteiisch, parteiisch gesagt hat, ja, das geht ja gar nicht, das ist ja der Hammer, hat im Grunde dadurch sehr viel Unmut, sehr viel Unruhe ins Team reingebracht (...)" (IP7: 45-52).

Der Studienteilnehmer gab zudem an, dass er durch Urkundenfälschung deskreditiert worden war. Die Aussage des Befragten markiert die zweite Hauptschwelle zwischen den Hauptphasen 2 (Schlagabtausch) und 3 (Vernichtung).

„Jedenfalls stand da bei einem Brief, wo drin stand, äh, hallo Soundso, ähm, aufgrund der vielen Dinge, die in letzter Zeit so geschehen sind, äh kann ich dir nur raten, dieses Haus zu verlassen, ich bitte dich, das in den nächsten Monaten zu machen, Gruß <Name>. Ich schwöre Ihnen, ich habe das Ding nicht geschrieben, ich schwöre es Ihnen" (IP7: 289-292).

(7) Eskalationsschwellen Fall 7

Es konnte lediglich die erste Hauptschwelle, zwischen den Hauptphasen 1 (Verstimmung) und 2 (Schlagabtausch) ermittelt werden. Die Befragte berichtete, dass die Bosserin versuchte, ihr die Karriere zu verbauen.

„Dann ging eine Einrichtungsleiterin, wo ich vorher als Verwaltungsleiterin tätig war, in Rente, da habe ich gesagt, na ja, ((Räuspern)) ich würde einfach eine Verbundeinrichtung machen, diese beiden Einrichtungen zusammen äh tätigen äh als Einrichtungsleitung, und ähm (--) sie meinte äh als Begründung, äh, es wurde dann gefragt, warum ich es nicht mache, äh, ich möchte erst mal Kinder kriegen und äh eine Familie gründen" (IP8: 69-74).

(8) Eskalationsschwellen Fall 8

Es konnten die zwei Hauptschwellen, zwischen den Hauptphasen 1 (Verstimmung) und 2 (Schlagabtausch) und den Hauptphasen 2 (Schlagabtausch) ermittelt werden. Die Befragte gab an, dass der Bosser bestehende Teamkonflikte nicht löste. Die Aussage wurde der ersten Hauptschwelle zwischen den Hauptphasen 1 (Verstimmung) und 2 (Schlagabtausch) zugeordnet.

„Ich finde, das ähm, das war am Anfang eher so subtiler, weil eben dieses, dieser Konflikt auch im Gesamtteam war, und damit konnte er sich immer ganz gut wieder rausziehen" (IP9: 207-209).

Im Weiteren gab die Befragte an, dass der Bosser eine bestehende Mobbingproblematik nicht löste. Diese Aussage markiert die zweite Hauptschwelle
zwischen den Hauptphasen 2 (Schlagabtausch) und 3 (Vernichtung).

*„Da haben quasi fünf Leute eine Timeline gemalt vom Jahre 2000 bis zum Jahre 2009, und in
dieser Timeline haben sie dargestellt, an welchen Stellen was ich getan habe und was dazu
führt, dass ich der schrecklichste Mensch auf dieser Erde bin. Ähm als er diesen Prozess in
keinster Weise ernst genommen hat und gemerkt hat,da kommt es jetzt zu massiven Konflikten
und Angriffen, und da nicht gehandelt hat“* (IP9: 79-82; 194-196).

(9) Eskalationsschwellen Fall 9

Es konnte lediglich die erste Hauptschwelle, zwischen den Hauptphasen 1
(Verstimmung) und 2 (Schlagabtausch) identifiziert werden. Die Befragte berichtete, dass der Bosser offen seine Antipathie kommunizierte.

*„Er war eben ganz seltsam zu mir und ähm, im Endeffekt war es dann so, dass ich nach zwei
Wochen gefragt habe, was sein Problem mit mir wäre, (.) und er sagte dann in einem Vieraugengespräch tatsächlich zu mir, er würde merken, wenn jemand an seinem Stuhl sägt“* (IP10:
68-71).

6.5.2.2.3 Konfliktlöseverhalten

Unter der Kategorie Konfliktlöseverhalten wurden alle Aussagen erfasst,
die Aufschluss über das Konfliktlöseverhalten der Betroffenen sowie der Bosserinnen und Bosser geben. Die Interviewteilnehmerinnen und -teilnehmer berichteten von sehr unterschiedlichen Wahrnehmungen hinsichtlich des eigenen und
des Konfliktlöseverhaltens der Bosserinnen und Bosser. Zur besseren Übersicht
wurde das von den Betroffenen wahrgenommene Konfliktlöseverhalten unter den
fünf folgenden Kategorien zusammengefasst:

(1) Kämpfen

(2) Lösen

(3) Nachgeben

(4) Vermeiden

(5) Weitere Aussagen zum Konfliktlöseverhalten

(1) Kämpfen

Die Interviewteilnehmerinnen und -teilnehmer berichteten unter dem Aspekt des Konfliktlöseverhaltens Kämpfen von 21 unterschiedlichen Verhaltensweisen, die sie sich selbst zuschrieben. Drei der neun Befragten berichteten, dass
sie den Bosserinnen und Bossern Vorwürfe gemacht hatten.

*„(...) ich kam da irgendwie schlotternd ins Büro äh (.) und da habe ich gesagt: Herr <Name>
hm Sie sind ja (1,5s) nicht ganz unschuldig an meinem Zustand“* (IP1: 177-179).

Die Befragten berichteten zudem davon, dass sie die Bosserinnen und Bosser kritisiert und konfrontiert hatten. Darüber hinaus hatten sich die Studienteilnehmerinnen und -teilnehmer beschwert und Unterstellungen zurückgewiesen sowie Allianzen geschmiedet. Sie hatten sich auch ablehnend und abweisend verhalten (jeweils zwei Nennungen).

„(...) und ich mich dann nur vorsichtig gemeldet habe und gesagt, stopp mal, ähm Herr Fachstab, ähm, (.) vielleicht sollten wir so was erst mal vorher besprechen, bevor Sie so was ins Team reinbringen" (IP7: 136-138).

„Und während dieser Übergabe habe ich nur gesagt, ich fände es ja schon sehr befremdlich, in was für einem Kontext wir da sitzen würden" (IP5: 66-67).

„Ähm, und der Gipfel des Ganzen war dann neben ganz ganz vielen anderen kleinen Schauplätzen, dass ich irgendwann eine Überlastungsanzeige geschrieben habe" (IP3: 56-58).

„Und ich sofort meine Geschäftsleitung angerufen (---), also so emotional war ich schon lange nicht mehr, dass ich zwischen Brüllen und Weinen gesagt habe, das habe ich nicht geschrieben, das gibt es gar nicht" (IP7: 299-301).

„(...) irgendwann waren wir dann verbündet (...)" (IP6: 29-30).

„Ich würde schon sagen, dass ich abweisend war" (IP10: 509-510).

Die Studienteilnehmerinnen und -teilnehmer berichteten unter dem Aspekt des Kämpfens darüber hinaus von folgenden Verhaltensweisen: Gegenseitiges Anschreien, eigenmächtige Entscheidungen, arbeitsrechtliche Verstöße, abschätzende Mimik, pampig werden, Paroli bieten, positionieren, auf Standpunkt verharren, gängeln, Mitarbeitergespräch offen mitprotokollieren, Herausforderung annehmen, provozierend Nachfragen und schriftliches Reagieren.

Die Interviewteilnehmerinnen und -teilnehmer berichteten unter dem Aspekt des Konfliktlöseverhaltens Kämpfen von 16 unterschiedlichen Verhaltensweisen, die sie den Bosserinnen und Bossern zuschrieben. Vier der neun Befragten berichteten, dass ihnen von den Bosserinnen und Bossern Vorwürfe gemacht wurden. Drei der neun Studienteilnehmerinnen und -teilnehmer gaben an, dass ihnen gedroht worden war.

„Ich würde Vorgänge nicht finden und so was alles. (---) Oder ich hätte ihn irgendwo nicht angemeldet, wo er hätte hingehen müssen" (IP2: 884-886).

„Und da hat der sich vor mir aufgebaut (--), die äh Arme so auf die Hüften gestützt und hat gesagt: "Und Sie kriege ich hier auch noch raus" (IP1: 185-187).

Zwei der neun Befragten berichteten von Distanziertheit und Überreaktionen der Bosserinnen und Bosser.

„Er war ((auspusten)) distanziert (.) freundlich (...)" (IP2: 37-38).

„Also, das Dramatischste war wirklich das gerade eben schon (.) schon Geschilderte, als ich wirklich meine (.) meine Überlastungsanzeige über zwei Seiten wohl gefeilt formuliert habe (...) Und die ist vor meinen Augen wirklich zerrissen worden" (IP3: 352-358).

Darüber hinaus berichteten die Befragten unter dem Aspekt des Kämpfens von den folgenden Verhaltensweisen: Abweisen, Anweisen, Bloßstellen, Diskriminieren, Kontrolle, Kritik, Unterstellung, kein Widerspruch dulden, Zur Aufgabe bewegen, Zurechtweisen und Zwingen und gegenseitiges Anschreien (jeweils eine Nennung)

(2) Lösen

Die Interviewteilnehmerinnen und -teilnehmer berichteten unter dem Aspekt des Konfliktlöseverhaltens Lösen von sechs unterschiedlichen Verhaltensweisen, die sie sich selbst zuschrieben. Sechs der neun Befragten berichteten, dass sie sich zur Lösung des Konfliktes betriebsinterne Hilfe (z.B. bei Kolleginnen und Kollegen oder der Mitarbeitervertretung) gesucht hatten. Drei der neun Befragten suchten sich externe Hilfe (z.B. bei einer Psychotherapeutin, einer Hausärztin, einer Arbeitsrechtlerin und einem Pastor). Drei der neun Interviewteilnehmerinnen und -teilnehmer strebten eine Problemlösung an und weitere drei Studienteilnehmerinnen und -teilnehmer kommunizierten die Probleme.

„Ähm, es gab irgendwann einen Schulterschluss mit der Mitarbeit(er)vertretung, wo es um das Thema Überstunden noch mal ging" (IP3: 386-387).

„(...) dann bin ich zur Arbeitsrechtlerin gegangen" (IP2: 853).

„Ich würde sagen, das hat sich so hin und her geschaukelt, also immer wieder versucht, kooperativ (.) die gleiche Situation zu entschärfen (.) mit Gesprächen, mit auch den Widersachern, mit Gesprächen mit meinem Boss, mit Gesprächen ähm untereinander (...)" (IP9: 362-365).

„Ich bin aber nicht das Problem. Wir haben als Team ein Problem" (IP10: 221).

Darüber hinaus berichteten die Befragten, dass sie im Zuge der Auseinandersetzung sachlich reagierten (zwei Nennungen) und ihren Kommunikationsstil veränderten (eine Nennung).

Von einem lösenden Konfliktmanagementstil der Bosserinnen und Bosser berichteten die Befragten nicht.

(3) Nachgeben

Vier der neun Interviewteilnehmerinnen und -teilnehmer berichteten, dass sie den Konfliktmanagementstil Nachgeben angewandt hatten. Zwei der neun Befragten gaben an, dass sie sich entschuldigten. Eine Interviewpartnerin äußerte, dass sie durchhielt und sich engagierte und eine Interviewpartnerin erklärte, dass sie der Bosserin nicht widersprach.

"Dafür habe ich mich dann auch sogar entschuldigt und habe gesagt, Entschuldigung bitte, wenn das jetzt für dich ein Übergriff war, das wollte ich in keinster Weise (...)" (IP5: 302-303). Von einem nachgebenden Konfliktmanagementstil der Bosserinnen und Bosser berichteten die Befragten nicht.

(4) Vermeiden

Die Interviewteilnehmerinnen und -teilnehmer berichteten unter dem Aspekt des Konfliktlöseverhaltens Vermeiden von 14 unterschiedlichen Verhaltensweisen, die sie sich selbst zuschrieben. Vier der neun Befragten berichteten von einer Krankmeldung.

"Ich habe klar gemacht, da habe ich keine Verantwortung mehr und bin dann schlussendlich auch infolge des Ganzen (--) in ähm eine längere Erkrankung gegangen (...)" (IP3: 68-71).

Darüber hinaus berichteten die Befragten davon, dass sie den Konflikt vermieden, indem sie dem/der/Bosser/in aus dem Weg gingen, Dienst nach Vorschrift machten, die Probleme kompensierten (z. B. durch Nachgehen eines Hobbys), kündigten, sich weg bewarben, sich zurückzogen bzw. zurückhielten (jeweils zwei Nennungen), sich auf das Machbare konzentrierten, innerlich kündigten, das Problem verdrängten, schwiegen bzw. nicht über den Konflikt kommunizierten sowie um Versetzung nachsuchten (jeweils eine Nennung).

Die Interviewteilnehmerinnen und -teilnehmer berichteten unter dem Aspekt des Konfliktlöseverhaltens Vermeiden von sieben unterschiedlichen Verhaltensweisen, die sie den Bosserinnen und Bossern zuschrieben. Drei der neun Befragten gaben an, dass der/die Bosser/in die Probleme (Teamkonflikte) sowie die Person eines Betroffenen ignorierte und zwei der neun Studienteilnehmerinnen und -teilnehmer berichteten, dass die Problemlösung an sie delegiert worden war.

"Das Thema haben wir dann immer wieder, also nicht nur ich, aber die anderen drei Kollegen auch immer wieder zur Sprache gebracht, und mein Chef hat da nicht eingegriffen" (IP9: 68-70).

"(...) weil er unser Gespräch beendet hatte, mit der Bemerkung (---) ähm (2s) ich sollte mir eine Lösung überlegen" (IP2: 606-608).

Im Weiteren berichteten die Interviewteilnehmerinnen und -teilnehmer, dass die Bosserinnen und Bosser die Konflikte vermieden, indem sie der Betroffenen/dem Betroffenem aus dem Weg gingen, nicht über den Konflikt kommunizierten, schriftlich kommunizierten (z. B. per E-Mail), sich zurückzogen und strafbares Verhalten von Teammitgliedern deckten (je eine Nennung).

(5) Weitere Aussagen zum Konfliktlöseverhalten

Drei der neun Studienteilnehmerinnen und -teilnehmer äußerten sich zu ihrer Kompetenz hinsichtlich ihres Konfliktlöseverhaltens im Allgemeinen. Eine Betroffene gab an, dass es ihr an Diplomatie fehle, eine Betroffene meinte, dass sie bei Auseinandersetzungen emotional würde und ein Betroffener berichtete davon, dass er sich im konkreten Fall emotional und unprofessionell verhalten habe.

„Diplomatie in dem Sinne ((lacht)) war noch nie mein Ding" (IP1: 595-597).

„Klar habe ich auch oder haben wir auch Fehler gemacht, wenn ich emotional werde dann in so einer Auseinandersetzung (...)" (IP9: 254-255).

„(...) sehr emotional und unprofessionell, weil ich mich unheimlich ungerecht behandelt gefühlt habe (...)" (IP7: 699-701).

Zu den allgemeinen Konfliktlösekompetenzen der Bosserinnen und Bossern berichteten sechs der neun Interviewteilnehmerinnen und -teilnehmer von ihren Wahrnehmungen. Vier der neun Befragten äußerten, dass der/die Bosser/in mit einem Janusgesicht agierte.

„Also Misstrauen total, weil ich wusste, (--) der hatte so zwei Gesichter (...)" (IP9: 175-176).

Ein Befragter berichtete von der Kompromisslosigkeit der Bosserin und eine Interviewpartnerin von einer allgemeinen fehlenden Konfliktlösekompetenz der Bosserin und ihrem diktatorischen System, das eine Problemlösung von vornherein ausschloss.

6.5.2.2.4   Zusammenfassung und Interpretation

a) Eskalationsstufen

Die Eskalationsstufen wurden aufgrund der unterschiedlichen Sachverhaltskonstellationen je Fall untersucht, um eine präzise Auswertung vornehmen zu können (s. Ziff. 6.5.2.2.1). In der fallübergreifenden Gesamtschau fanden sich die Eskalationsstufen 1 bis 8 des Eskalationsphasenmodells nach Glasl (2013).

Die Eskalationsstufe 1 - Verhärtung fand sich in drei untersuchten Fällen (Fall 3, 4 und 6). Die Befragten berichteten davon, dass die Bosserinnen und Bosser ihren Standpunkt und ihren Arbeitsauftrag sowie ihre Erwartungen klar zum Ausdruck gebracht sowie auf die korrekte Dokumentation der Anwesenheitszeiten und eine Verhaltensänderung hinsichtlich der Unpünktlichkeit hingewiesen hatten. Ein Interviewpartner berichtete davon, dass er gegenüber der Geschäftsleitung Bedenken zur Person des neuen Vorgesetzten geäußert hatte.

Unter einen *Standpunkt* ist eine bestimmte Einstellung zu verstehen, mit der man etwas sieht oder beurteilt. Dabei geht um eine bestimmte Anschauung,

Einstellung, Denkweise, Geisteshaltung usw. („*mit der Art und Weise, wie die Einrichtung bisher geführt worden ist, und der Art und Weise, wie der Umgang mit Mitarbeitern war, überhaupt nicht einverstanden war*"). Bei *Erwartungen* handelt es sich u.a. um vorausschauende Hoffnungen („*ich sollte doch mal mein Verhalten ändern*"). Unter *Arbeitsauftrag* ist zu verstehen, dass eine bestimmte Aufgabe („*Mein Auftrag ist es, diese Einrichtung wirtschaftlich auf stabile Füße zu stellen*") zu erledigen ist (vgl. Duden, 2010).

Die *Dokumentation von Anwesenheitszeiten* muss zunächst einmal unter dem Aspekt der Arbeitszeit beleuchtet werden. Arbeitszeit ist im modernen Personalmanagement kein starres Modell, sondern abhängig von den jeweiligen Organisationen. Zu den Grundformen der Arbeitszeitgestaltung zählen die Länge (vertraglich vereinbarte Arbeitszeit, Regelungen und Vereinbarungen) die Lage (Beginn und Ende der Arbeitszeit, Verteilung: Tag, Wochen, Monate) und Pausen (Ausgleich und Erholungszeiten). Die Flexibilität von Arbeitszeiten ist den jeweils unterschiedlichen strategischen Zielen von Unternehmen bzw. den unterschiedlichen Anforderungen an die jeweiligen Organisationen geschuldet und haben in der Vergangenheit zu einer Vielzahl von Arbeitszeitmodellen geführt: Nacht-/Schichtarbeit, versetzte Arbeitszeiten, Gleitzeit, Funktionszeit, Teilzeit, Altersteilzeit, Rufbereitschaft, Bereitschaftsdienst, Arbeitszeitkonto, Lebensarbeitszeit, Wahlarbeitszeit, zeitautonome Gruppen, Vertrauensarbeitszeit, Amorphe Arbeitszeit (vgl. Gourmelon, Seidel & Treier, 2014). In Deutschland besteht trotz oder vor allem wegen der Vielfältigkeit unterschiedlicher Arbeitszeitmodelle grundsätzlich keine Verpflichtung zur Aufzeichnung der Arbeitszeiten. Eine Aufzeichnungsverpflichtung für die Arbeitgeberinnen und Arbeitgebern besteht i.S. des § 16 Arbeitszeitgesetz (ArbZG) nur zum (Gesundheits)Schutz der Arbeitnehmerinnen und Arbeitnehmer, um die über die werktägliche Arbeitszeit hinausgehende Arbeitszeit der Arbeitnehmerinnen und Arbeitnehmer aufzuzeichnen. Trotz fehlender Verpflichtung zur Arbeitszeiterfassung besteht für Arbeitnehmerinnen und Arbeitnehmer allerdings die arbeitsvertragliche Verpflichtung, vereinbarten Arbeitszeiten nachzukommen. Der Hinweis auf eine korrekte Dokumentation der Anwesenheitszeiten im Zusammenhang mit dem Hinweis auf die Verhaltensänderung hinsichtlich einer bestehenden Unpünktlichkeit der Betroffenen dient insofern einer (berechtigten) Kontrolle und weist zudem auf ein bestehendes Misstrauen gegenüber der Betroffenen hin.

Bedenken gegen jemanden äußern kann interpretiert werden als Zweifel, Befürchtungen oder Vorbehalte aufgrund bestehender Erfahrungen (vgl. Duden, 2010).

Die *Eskalationsstufe 2 - Debatte, Polemik* fand sich ebenfalls in drei der neun untersuchten Fälle (Fall 1, 4 und 5). Die Interviewteilnehmerinnen und - teilnehmer berichteten, dass sie von den Bosserinnen und Bossern von vornherein abgelehnt wurden, bzw. die Bosserin Desinteresse an ihren Mitarbeiterinnen und Mitarbeitern zeigte. Sie wurden zur Überprüfung der Fehlzeitendokumentation angehalten und die Bosserin machte deutlich, dass sie Privates von Geschäftlichem trennen könnte.

Unter *Ablehnendes Verhalten* kann u.a. Abneigung und Zurückweisung und unter *Desinteresse* u.a. Gleichgültigkeit und Teilnahmslosigkeit verstanden werden (vgl. Duden, 2010). Sowohl *ablehnendes Verhalten* als auch *Desinteresse an Mitarbeiterinnen und Mitarbeitern zeigen* weist auf eine Art Abwertung des Gegenübers und somit auf die Ungleichheit des sozialen Niveaus der Beteiligten hin.

Zur *Fehlzeitendokumentation anhalten* ist in der Wortbedeutung als Anweisung zu verstehen. Unter Anweisen wiederum wird u.a. jemanden etwas befehlen verstanden (vgl. Duden, 2010). Anweisen, Befehlen weist auf ein Streben hin, sich zu behaupten und sich keiner Schwächung der eigenen Person auszusetzen, was Glasl (2013) als eines der Hauptmerkmale der zweiten Eskalationsstufe ausweist.

Der Hinweis darauf, Privates von Geschäftlichen trennen zu können (*„ wenn ich es nicht schaffen würde, privat und geschäftlich äh zu trennen, dann wäre das mein Problem, sie würde da professionell mit umgehen"*) weist auf eine Disparität durch Stärken des Selbstwertgefühls der Bosserin und das Verunsichern der Betroffenen hin, was Glasl (2013) als ein weiteres Hauptmerkmal der zweiten Eskalationsstufe ausweist.

Die *Eskalationsstufe 3 - Taten statt Worte* fand sich in fünf der der neun untersuchten Fälle (Fall 1, 2, 4, 5 und 7). Die Studienteilnehmerinnen und -teilnehmer berichteten vor allem von Blockieren sowie Blockieren von Ideen, Veränderungen und Mitbestimmung. Sie berichteten auch darüber, dass ihre fachliche Kompetenz wiederholt infrage gestellt worden war. Zudem wurde ihnen Kleinlichkeit vorgeworfen und eigenmächtige Entscheidungen kritisiert. Außerdem verhielten sich die Bosserinnen und Bosser unfreundlich und geringschätzend und nörgelten vermehrt herum. Zur Interpretation der einzelnen Handlungs- und Verhaltensweisen kann auf Ziff. 6.3.3.1.6 sowie Ziff. 6.5.2.1.6 verwiesen werden.

Die *Eskalationsstufe 4 - Sorge um Images und Koalitionen* fand sich ebenfalls in fünf der neun untersuchten Fälle (Fall 1, 3, 4, 5 und 6). Die Befragten berichteten davon, dass sie eine Allianz zwischen dem Bosser und einer Kollegin wahrgenommen hatten, selbst nach Allianzen gesucht, bzw. sich schon frühzeitig mit anderen (Kolleginnen und Kollegen) verbündet und an die Mitarbeitervertretung (MAV) gewandt hatten.

Nach Glasl (2003) sind gezielte Aktionen der Koalitionswerbung und verschiedene Bündnisformen für die vierte Eskalationsstufe typisch. Allianzen bezeichnet Glasl als einen Zusammenschluss von Parteien mit dem Ziel, sich gegen einen gemeinsamen akuten oder potentiellen Feind zu richten.

Die *Eskalationsstufe 5 - Gesichtsverlust* fand sich in allen neun untersuchten Fällen. Die Interviewteilnehmerinnen und -teilnehmer berichteten vor allem vom Bloßstellen und davon, dass hinter ihren Rücken schlecht geredet wurde. Darüber hinaus äußerten sie, dass die Bosserinnen und Bosser unwahre Tatsachen behauptet und Vorwürfe (Vorwurf des Dasitzens und Essens, Vorwurf, grober Fehler, Vorwurf unbefriedigender Arbeit, Vorwurf des Fehlverhaltens, Vorwurf der Aggressivität) sowie Unterstellungen gemacht hatten. Die Befragten gaben zudem an, dass sie ignoriert, abgewiesen, niedergemacht, eingegrenzt, unterdrückt, stigmatisiert, kaltgestellt, unfair behandelt und ausgeschlossen wurden. Außerdem waren sie entmachtet, ihre Autorität untergraben und ihre soziale Kompetenz infrage gestellt worden. Ihnen war die Unterstützung verwehrt worden und die Bosserinnen und Bosser kommunizierten offen ihre Antipathie. Eine Befragte gab an, dass sie sich ihrem Bosser gegenüber auch abweisend verhalten hatte.

Die von den Befragten berichteten Gesichtsangriffe können Glasl (2013) folgend als *Degradierungszeremonien* interpretiert werden, bei dem die Handlungen der Protagonisten das Ziel der *„ Beschmutzung des Feindes "* (vgl. Glasl, 2013, S. 278) haben. Degradierungszeremonien sind u.a. ein wesentliches Hauptmerkmal der fünften Eskalationsstufe.

Die Eskalationsstufe 6 – Drohstrategien und Erpressung fand sich in sieben der neun untersuchten Fälle (Fall 1, 2, 3, 4, 5, 6 und 9). Die Befragten berichteten vor allem davon, dass ihnen von den Bosserinnen und Bossern mit arbeitsrechtlichen Konsequenzen (Versetzung, Kündigung, Konsequenzen aufgrund einer angekündigten Krankheit) und persönlichen Konsequenzen (Eliminieren) gedroht wurde. Zudem waren die Betroffenen von den Bosserinnen und Bossern angeschrien worden oder es kam zum gegenseitigen Anschreien. Die Studienteilnehmerinnen und -teilnehmer berichteten darüber hinaus, dass sich die Bosserinnen und Bosser aggressiv, resp. verbal aggressiv verhalten hatten und ausrasteten. Ein Interviewpartner berichtete davon, dass er durch Urkundenfälschung diskreditiert werden sollte.

Unter Drohen wird der Versuch verstanden, jemanden durch Gesten (*„ Und da hat der sich vor mir aufgebaut"*) oder nachdrückliche Worte einzuschüchtern (*„wenn mir keine Lösung einfallen würde (---) dann hätten wir ein dauerhaftes Problem"*) bzw. darauf hinzuweisen, dass etwas Unangenehmes geschehen wird, wenn jemand sich nicht den Forderungen entsprechend verhält (*„wer nicht in mein Team passt, wird von mir eliminiert"*) (vgl. Duden, 2010).

Unter *Eliminieren* wird u.a. das Herauslösen, Ausschalten, oder Beseitigen bzw. aus dem Weg räumen eines Feindes oder Konkurrenten (Betroffene) aus einem größeren Komplex (Team) verstanden (vgl. Duden, 2010).

Drohen, anschreien (s. Ziff. 6.3.3.1.6) und aggressives, resp. verbal aggressives Verhalten sowie Ausrasten können als Akte interpretiert werden, die Gegenpartei unter absolute Kontrolle zu bekommen und einzuschüchtern. Glasl (2013) zufolge ist ein wesentliches Hauptmerkmal der sechsten Eskalationsstufe, die Gegenpartei und die Gesamtsituation unter absolute Kontrolle zu bekommen. Die Drohungen dienen dabei der Konditionierung des Konfliktgegners.

Die *Eskalationsstufe 7 – Begrenzte Vernichtungsschläge* wurde in vier der neun untersuchten Fälle gefunden (Fall 3, 4, 6 und 8). Die Interviewpartnerinnen und -partner berichteten vom Zerreißen einer Überlastungsanzeige, von einer Abmahnung, von der Verweigerung einer Arbeitsvertragsverlängerung, von dem Versuch der Verhinderung eines Arbeitgeberwechsels, von der versuchten Diskreditierung durch Urkundenfälschung und davon, durch Vorlage eines Vertrages vor die Wahl gestellt worden zu sein, in der jetzigen Position bleiben oder mit finanziellen Einbußen an die Basis zurückkehren zu müssen. Außerdem berichteten die Befragten davon, dass die Bosserinnen und Bosser die Probleme weglachten bzw. kaltschnäuzig weglächelten.

Zerreißen wird definiert als etwas mit Gewalt in Stücke reißen (vgl. Duden, 2010). Das Zerreißen einer Überlastungsanzeige (s. Ziff. 6.5.2.1.6), mit der auf die berufliche Belastungssituation aufmerksam gemacht werden soll, weist darauf hin, dass der betreffenden Bosserin eine Lösung der Probleme und des Konflikts zutiefst widerstrebt. Auf der anderen Seite wird dieser Akt als Ohnmacht (Entmachtung) erlebt, bei der Lösung der Sachprobleme voranzukommen (*„das Dramatischste war wirklich, als meine Überlastungsanzeige vor meinen Augen zerrissen [wurde]"*) (vgl. Glasl, 2013).

Die *Abmahnung* gilt im Arbeitsrecht häufig als erster Schritt zur Trennung von Mitarbeiterinnen und Mitarbeitern. Die Abmahnung ist gerechtfertigt, wenn ein Fehlverhalten der Arbeitnehmerinnen und Arbeitnehmer sanktioniert werden soll, das sie selbst beeinflussen oder steuern können, bspw. ständige Unpünktlichkeit (vgl. Kaufmann & Kilian, 2010). Der Akt der Abmahnung kann im Kontext von Bossing dahingehend interpretiert werden, als dass bei der Gegenpartei (der Betroffenen) die größtmögliche Steigerung eines Missbehagens erzielt werden soll. Es geht noch nicht um die totale Zerstörung (Kündigung), gleichwohl aber um einen erschütternden Schlag, der u.a. das Sanktionspotenzial des Gegners ausschalten soll. In diesem Kontext wird auch das Instrument des Arbeitsvertrages eingesetzt. Die *Verweigerung einer Arbeitsvertragsverlängerung* sowie die *Vorlage eines Arbeitsertrages, der den Betroffenen vor eine Entweder-oder-Wahl stellt* können dahingehend interpretiert werden, als dass es den Bosserinnen und Bossern nicht mehr um bestehende Normen des Rechts oder Ethik geht, sondern nur noch darum, dem Gegner unter allen Umständen Nachteile zuzufügen (vgl. Glasl, 2013).

Der *Versuch der Diskreditierung durch Urkundenfälschung* (kriminelles Unrecht) sowie der *Versuch der Verhinderung eines Arbeitgeberwechsels durch schlecht machen* weisen unter dem Gesichtspunkt der begrenzten Vernichtungsschläge darauf hin, dass die Gegenseite mit bewussten Taktiken der Täuschung und Lüge getroffen werden soll (vgl. Glasl, 2013).

Probleme weglachen bzw. *kaltschnäuzig weglächeln* weisen auf die Haltung der Bosserinnen und Bosser hin, die den Betroffenen durch diese Akte jegliche menschliche Würde absprechen und die ohne moralische Skrupel nötigenfalls vernichtet werden können (vgl. Glasl, 2013).

Die *Eskalationsstufe 8 - Zersplitterung, totale Zerstörung* fand sich in zwei der neun untersuchten Fälle (2 und 4). Die Studienteilnehmerinnen berichteten von einem Hausverbot und einem Aufhebungsvertrag sowie von einem demonstrativen Desinteresse an der persönlichen Situation der Betroffenen. Das *Aussprechen eines Hauverbotes* und ein *Aufhebungsvertrag* zielen darauf ab, dem Gegner (der Betroffenen) die Existenzgrundlage (Arbeit) zu entziehen und ihn damit zu vernichten. Darauf weist auch das *demonstrative Desinteresse an der persönlichen Situation* der Betroffenen hin (als Alleinerziehende Geld verdienen zu müssen), denn am besten soll die Gegenpartei so getroffen werden, dass sie sich von dem Schlag mit langfristigen und nachhaltigen Wirkungen nicht mehr erholen kann (vgl. Glasl, 2013).

b) Eskalationsschwellen

Die Eskalationsschwellen wurden aufgrund der unterschiedlichen Sachverhaltskonstellationen je Fall untersucht, um eine präzise Auswertung vornehmen zu können (s. Ziff. 6.5.2.2.2). Die *erste Hauptschwelle zwischen den Hauptphasen 1 (Verstimmung) und 2 (Schlagabtausch)* fand sich in allen neun untersuchten Fällen. Die Interviewpartnerinnen und -partner erlebten die erste Hauptschwelle des Konfliktes sehr unterschiedlich. Sie empfanden die konspirative Suche eines neuen Geschäftsführers per Zeitungsannonce, den Vorwurf des Dasitzens und Essens, den Vorwurf der sozialen Inkompetenz, das wiederholte Entmachten, das wiederholte Untergraben der Autorität, das Verbauen der Karriere, das Stigmatisieren der Mitarbeiterinnen und Mitarbeiter als „Verlierer", das offene Kommunizieren der Antipathie sowie das Nichtlösen bestehender Teamkonflikte als ersten größere Wendepunkt des Konfliktgeschehens.

Die erste Hauptphase (Eskalationsstufen 1 bis 3) ist vor allem auf den Eskalationsstufen 1 und 2 noch von Sachbezogenheit geprägt. Standpunkte werden eingenommen, Erwartungen und Bedenken klar zum Ausdruck gebracht. Die Eskalationsstufe 3 zeigt hingegen schon ein Bild negativer, konfrontierender und provozierender Akte, die von den Betroffenen u.a. als blockierend, unfreundlich, geringschätzend und nörgelnd wahrgenommen werden. Die erste Hauptschwelle zwischen der 1. Haupthase (Verstimmung) und der 2. Hauptphase (Schlagabtausch) nehmen die Befragten als ein „Aha-Erlebnis" wahr (vgl. Neuberger, 1999). Sie erkennen jetzt, dass es nicht mehr um die Sache geht, sondern die Beziehungen zwischen den Bosserinnen und Bossern und ihnen selbst im Mittelpunkt der Betrachtung steht, weshalb sie sich um ihre Reputation sorgen und nach Allianzen suchen.

Die *zweite Hauptschwelle zwischen den Hauptphasen 2 (Schlagabtausch) und 3 (Vernichtung)* konnte in sechs der neun untersuchten Fälle (1, 2, 3, 4, 6 und 8) gefunden werden. Die Studienteilnehmerinnen und -teilnehmer berichteten, dass ihnen von den Bosserinnen und Bossern Verfehlungen unterstellt (während der Dienstzeit spazieren gehen) worden waren und dass sie vor anderen niedergemacht wurden. Ihnen wurde mit einem empfindlichen Übel (dauerhaftes Problem) für den Fall gedroht, sollte ihnen keine Problemlösung einfallen und eine Überlastungsanzeige wurde vor ihren Augen zerrissen. Ihnen war außerdem Lüge hinsichtlich der Anwesenheitszeiten unterstellt worden und sie sollten durch Urkundenfälschung diskreditiert werden. Zudem bleib eine bestehende Mobbingproblematik ungelöst. Die von den Befragten geschilderten Wahrnehmungen markierten den zweiten größeren Wendepunkt des Konfliktgeschehens. Nachdem in der zweiten Hauptphase insbesondere der Schlagabtausch durch Gesichtsangriffe und Drohungen (Eskalationsstufen 5 und 6) im Vordergrund standen, erleben die Befragten die Handlungen und Verhaltensweisen der Bosserinnen und Bosser an der zweiten Hauptschwelle als Übergang zur Vernichtung (3. Hauptphase). Den Betroffenen wird klar, dass der Konflikt eine neue Qualität der Auseinandersetzung erfährt, was sich durch die Handlungen und Verhaltensweisen der Bosserinnen und Bosser auf den Eskalationsstufen 7 und 8 bewahrheitet.

In zwei der neun untersuchten Fälle (Fall 2 und 4) konnte die *Eskalationsschwelle zwischen den Eskalationsstufen 2-Debatte, Polemik und 3-Taten statt Worte* identifiziert werden. Die eine Interviewpartnerin berichtete davon, dass ihr Kleinlichkeit vorgeworfen worden war, nachdem sie auf das Schreiben der Mitarbeitervertretung bzgl. der Pausenregelung aufmerksam gemacht hatte. Die andere Interviewpartnerin gab an, dass sie von Beginn an ignoriert wurde, da die Bosserin sie nicht einmal begrüßte. Beide Interviewpartnerinnen erlebten nach diesen Ereignissen in der Folge Handlungen und Verhaltensweisen des Bossers und der Bosserin auf der Eskalationsstufe 3-Taten statt Worte.

In einem Fall (Fall 2) konnte die *Eskalationsschwelle zwischen den Eskalationsstufen 4-Sorge um Images und Koalitionen und 5-Gesichtsverlust* ermittelt werden. Die Studienteilnehmerin berichtete, dass sich der Konflikt hochschaukelte und der Bosser ihr den Vorwurf machte, mit ihrer Arbeit unzufrieden zu sein, nachdem sie ihn angesprochen hatte, ob er sie loswerden will. An dieser Stelle wird deutlich, dass es der Befragten um ihre Reputation geht, der Bosser hingegen lässt sie auflaufen und überführt den Konflikt auf die Eskalationsstufe 5-Gesichtsverlust, indem er ihr unbefriedigende Arbeit vorwirft.

In einem Fall (Fall 1) konnte die *Eskalationsschwelle zwischen den Eskalationsstufen 7-Begrenzte Vernichtungsschläge und 8-Zersplitterung, totale Zerstörung* identifiziert werden. Die Befragte berichtete, dass der Bosser einen neuen Geschäftsführer einsetzte, was für sie das Karriereende bedeutete. Die Befragte war u.a. aufgrund ihrer Qualifikation davon ausgegangen, dass sie Geschäftsführerin in der Stiftung werden würde. Diese Hoffnung zerstörte der Bosser durch die Einstellung des neuen Geschäftsführers, weswegen er den Konflikt auf die Eskalationsstufe 8 überführte.

c) Konfliktlöseverhalten

Die Interviewpartnerinnen und -partner äußerten zu ihrem Konfliktlöseverhalten im Allgemeinen, dass es ihnen an Diplomatie fehlte, sie bei Auseinandersetzungen emotional würden und sich im konkreten Fall emotional und unprofessionell verhalten hätten (jeweils eine Nennung).

Unter *diplomatischem Verhalten* ist ein geschicktes, kluges und taktisches Bemühen zur Zielerreichung zu verstehen. *Undiplomatisch* ist ein Verhalten dann, wenn es u.a. unangebracht, unangemessen, ungeschickt oder ungeeignet zur Zielerreichung ist bzw. als ärgerlich oder inadäquat wahrgenommen wird (vgl. Duden, 2010). Ein undiplomatisches Verhalten kann danach eine konstruktive Konfliktbeilegung mindestens erschweren.

Unter *emotional* ist u.a. ein gefühlsbestimmtes, affektives, auch irrationales Verhalten zu verstehen (vgl. Duden, 2010). Emotionales Verhalten kann danach eine konstruktive Konfliktbeilegung mindestens (negativ) beeinflussen, bei Irrationalität wohl eher erschweren.

Unter *unprofessionell* kann u.a. ein mangelhaftes, ungenügendes oder auch unzulängliches Verhalten verstanden werden (vgl. Duden, 2010). Unprofessionelles Verhalten im Kontext von Konflikten kann die konstruktive Konfliktbeilegung ebenso mindestens erschweren.

Zu den allgemeinen Konfliktlösekompetenzen der Bosserinnen und Bossern berichteten Interviewteilnehmerinnen und -teilnehmer, dass der/die Bosser/in mit einem Janusgesicht (Kopf mit zwei Gesichtern als Symbol der Zwiespältigkeit) agierte („*ich wusste, der hatte so zwei Gesichter*"). Sie berichteten auch von der Kompromisslosigkeit und einer allgemeinen fehlenden Konfliktlösekompetenz sowie von einem diktatorischen System, das eine Problemlösung von vornherein ausschloss.

Unter *zwiespältig* wird ein Verhalten verstanden, das u.a. gegensätzlich, gespalten, konfliktbehaftet, widersprüchlich oder auch ambivalent ist (vgl. Duden, 2010). Zwiespältiges Verhalten kann eine konstruktive Konfliktbeilegung mindestens erschweren. Dies gilt auch für *Kompromisslosigkeit*, die u.a. als strikt, unnachgiebig, unnachsichtig und verständnislos definiert wird (vgl. Duden, 2010).

Der Kompetenzbegriff wurde unter Ziff. 6.5.2.1.6 hinreichend beschrieben. *Konfliktlösekompetenz* ist als ein Teil sozialer Kompetenz zu verstehen. *Soziale Kompetenz* beschreibt zunächst die Fähigkeit, gut mit anderen Menschen zurechtzukommen. Soziale Kompetenz (auch soziale Intelligenz) besteht aus den Komponenten Durchsetzungs- und Beziehungsfähigkeit (d.h., eigene Interessen gegenüber anderen Wahren und Beziehungen mit anderen eingehen und aufrechterhalten zu können). Soziale Kompetenz ist demnach die Fähigkeit, zwischen eigenen Interessen und den Interessen anderer ein ausbalanciertes Verhältnis herstellen zu können. Rücksichtsloses Durchsetzen eigener Ziele auf Kosten der positiven Beziehungen zu anderen kann demnach als sozial inkompetent bezeichnet werden. Der sozialen Kompetenz wird u.a. auch das Einfühlungsvermögen (soziale Sensitivität bzw. Empathie) sowie das umsichtige Lösen sozialer Konflikte (Problemlösefähigkeit) zugeschrieben. Ein Mangel an Konfliktlösekompetenz kann insofern als ein Teil mangelnder sozialer Kompetenz bezeichnet werden.

Diktatorisch ist ein System, wenn auf einem autoritären, keinen Widerspruch duldenden, auf Willkür fußenden Fundament aufgebaut ist (vgl. Duden, 2010). Diktatorische Systeme schließen per se eine konstruktive Konfliktbeilegung aus.

Unter dem Aspekt der Dual Concern Theory (s. Ziff. 3.3.3 dieser Arbeit) berichteten die Interviewteilnehmerinnen und -teilnehmer von den Konfliktmanagementstilen Kämpfen, Lösen, Nachgeben und Vermeiden, die sich selbst zuschrieben.

Kämpfen:

- Vorwürfe machen,
- Kritisieren,
- Konfrontieren,
- Beschweren,
- Unterstellungen zurückweisen,
- Allianzen schmieden,
- Ablehnend und abweisen verhalten,
- Anschreien,
- Eigenmächtige Entscheidungen treffen,
- Arbeitsrechtliche Verstöße begehen,
- Abschätzende Mimik,
- Pampig werden,

- Paroli bieten,
- Positionieren,
- Auf Standpunkt beharren,
- Gängeln,
- Mitarbeitergespräch offen mitprotokollieren,
- Herausforderung annehmen,
- Provozierend nachfragen,
- Schriftlich reagieren.

Lösen:

- Betriebsinterne Hilfe suchen,
- Externe Hilfe suchen,
- Problemlösung anstreben,
- Probleme kommunizieren,
- Kommunikationsstil verändern.

Nachgeben:

- Entschuldigen,
- Durchhalten und engagieren,
- Nicht widersprechen.

Vermeiden:

- Krankmeldung,
- Dem/der Bosser/in aus dem Weg gehen,
- Dienst nach Vorschrift,
- Probleme kompensieren (z. B. durch Hobby),
- Kündigen,
- Wegbewerben,
- Um Versetzung bitten,
- Zurückziehen, bzw. zurückhalten,
- Auf das Machbare konzentrieren,
- Innerlich kündigen,
- Verdrängen,
- Schweigen bzw. nicht über den Konflikt kommunizieren,

Hinsichtlich der Konfliktmanagementstile der Bosserinnen und Bosser berichteten die Studienteilnehmerinnen und -teilnehmer unter dem Aspekt Kämpfen, Lösen, Nachgeben und Vermeiden von den folgenden Verhaltensweisen.

Kämpfen:

- Vorwürfe machen,
- Drohen,
- Distanziertheit,
- Überreagieren,
- Anschreien,
- Abweisen,
- Anweisen,
- Bloßstellen,
- Diskriminieren,
- Kontrollieren,
- Kritisieren,
- Unterstellungen machen,
- Zurechtweisen,
- Zwingen,
- Keinen Widerspruch dulden,
- Zur Aufgabe bewegen.

Vermeiden:

- Probleme (Teamkonflikte bzw. Person der Betroffenen) ignorieren,
- Problemlösung an die Betroffenen delegieren,
- Betroffenen aus dem Weg gehen,
- Nicht über den Konflikt kommunizieren,
- Schriftlich kommunizierten (z. B. per E-Mail),
- Zurückziehen,
- Strafbares Verhalten von Teammitgliedern decken.

Die Konfliktmanagementstile Lösen und Nachgeben nahmen die Befragten bei den Bosserinnen und Bossern gar nicht wahr.

6.5.2.2.5 Theoretische Einordnung unter dem Gesichtspunkt des Eskalationsverlaufes

Die Einordnung der *Eskalationsstufen* erfolgte nach dem neunstufigen Phasenmodell der Eskalation nach Glasl (2013). Zur Orientierung dienten Aussagen aus dem von Kolodej et al. entwickelten Inventar zur Messung des Eskalationsgrades von Konflikten in der Arbeitswelt - IKEAr36 (vgl. Kolodej, Voutsinas, Jiménez & Kallus, 2005). Es konnten Handlungen und Verhaltensweisen identifiziert werden, die den drei Hauptphasen Verstimmung – Schlagabtausch – Vernichtung und schließlich den Eskalationsstufen 1 bis 8 nach Glasl (2013) zugeordnet werden konnten (vgl. Glasl, 2013; Kolodej, Voutsinas, Jiménez, Kallus, 2004; Kolodej, 2008).

Die Einordnung der *Eskalationsschwellen* richtete sich nach Arbeiten von Glasl (1980), Neuberger (1999) und Kolodej et al. (2004; 2008). Es konnte die erste Hauptschwelle zwischen der ersten Hauptphase (Verstimmung) und der zweiten Hauptphase (Schlagabtausch) sowie die zweite Hauptschwelle zwischen der zweiten Hauptphase (Schlagabtausch) und der dritten Hauptphase (Vernichtung) sowie Eskalationsschwellen zwischen den Eskalationsstufen 2 (Polemik, Debatte) und 3 (Taten statt Worte), den Eskalationsstufen 4 (Sorgen um Images und Koalitionen) und 5 (Gesichtsverlust) sowie den Eskalationsstufen 7 (Begrenzte Vernichtungsschläge) und 8 (Zersplitterung, totale Zerstörung) identifiziert werden (vgl. Glasl, 2013; Neuberger, 1999; Kolodej, Voutsinas, Jiménez, Kallus, 2004; Kolodej, 2008).

Die Aussagen der Interviewpartnerinnen und -partner hinsichtlich des eigenen und des *Konfliktlöseverhaltens* der Bosserinnen und Bosser wurde unter dem Modell der Dual Concern Theory nach Pruitt und Carnevale (1993) betrachtet und ausgewertet. Es konnte ermittelt werden, dass die Bosserinnen und Bosser dem Erleben der Befragten nach die Konfliktmanagementstile *Nachgeben* und *Lösen* gar nicht angewandt hatten. Auch wenn die Betroffenen zum Teil um die Lösung des Konfliktes bemüht waren (z. B. Problemlösung anstreben, Probleme kommunizieren und Kommunikationsstil verändern), zeigten die Konfliktparteien vor allem die Konfliktmanagementstile *Kämpfen* und *Vermeiden*, die De Dreu et al. (2001) und Van de Vliert (1997) zufolge einen Zusammenhang mit einer Konflikteskalation aufweisen (vgl. De Dreu, Evers, Beersma, Kluwer & Nauta, 2001; Van de Vliert, 1997).

Zur weiteren theoretischen Einordnung unter dem Aspekt des Konfliktlöseverhaltens kann auf Ziff. 6.3.3.2.5 verwiesen werden.

6.5.2.3 Seelische Funktionen im Bossingprozess

Unter dem Gesichtspunkt der Seelischen Funktionen im Bossingprozess wurden in dieser Studie unter der Hauptkategorie 3-Seelische Funktionen die Unterkategorien *Gedanken, Gefühle* und der *Wille der Betroffenen* sowie die *Ziele der Bosserinnen und Bosser* untersucht.

6.5.2.3.1 Gedanken der Betroffenen

Unter Gedanken während der Bossingperiode wurden alle Aussagen erfasst, die Aufschluss darüber geben, was die Bossingbetroffenen während des Bossingprozesses gedacht haben. Die Befragten berichteten von insgesamt 46 unterschiedlichen Wahrnehmungen hinsichtlich ihrer Gedanken während des Bossingprozesses. Zur besseren Übersicht wurden die unterschiedlichen Wahrnehmungen unter den fünf folgenden Kategorien zusammengefasst:

(1) Gedanken über den Bossingprozess
(2) Gedanken über die/den BosserIn
(3) Gedanken über sich selbst
(4) Gedanken an die Zukunft
(5) Andere/sonstige Gedanken

(1) Gedanken über den Bossingprozess

Zu ihren Gedanken hinsichtlich der Gründe für das Bossing berichteten drei der neun Befragten von Ablehnung als Grund für das Bossing. Weitere drei Studienteilnehmerinnen und -teilnehmer berichteten über Gedanken zum Auslöser des Bossings.

„(...) aber klar war, dass es (.) dass ich ganz klar nicht mehr gewollt war" (IP3: 321-322).

„Ich persönlich denke, dass der Auslöser einfach war, dass sie gemerkt hat, dass mir die Einrichtungsleitung an sich nicht ausreicht, ja?" (IP8: 159-160).

Vier der neun Studienteilnehmerinnen und -teilnehmer beschäftigten sich gedanklich mit den Folgen des Bossings und drei der neun Befragten berichteten davon, vorsichtig sein zu müssen. Zwei der neun Interviewteilnehmerinnen und -teilnehmer beschäftigten sich gedanklich mit der Gesamtsituation, zwei der Befragten mit der Rückenstärkung durch andere und weitere zwei Betroffene machten sich Gedanken über das bestehende Machtungleichgewicht.

„Ich habe immer über diese Mitarbeiter gelacht, ich habe mich da, ich habe da äh (.), ich habe die belächelt, wenn sie sagten, ach irgendwie, ich habe schon wieder Angstzustände, ich kann *nicht zur Arbeit, aber inzwischen merke ich selber, (---) da ist bei mir irgendwas kaputtgegangen in diesem Jahr (...)"* (IP7: 485-488).

"Und habe natürlich gemerkt, dass er ähm, ja, äh äh ich dachte "da musst du aufpassen", ne?" (IP2: 1439-1440).

"Aber im Nachhinein, als ich diese Situation dann wirklich noch mal reflektiert habe, habe ich gemerkt, dass er schon so die Schlüsselperson war" (IP9: 209-210).

"Und ich denke aber, also was ich von meiner Arbeit heute weiß, ähm, ich arbeite heute mit Ehrenamtlichen, das ist ja auch nicht so einfach, und (--) für mich ist die Rückenstärkung meiner Leitung da auch immer sehr wichtig, wenn man da auch Dinge äh umsetzen will" (IP6: 374-377).

"Ich saß immer am kürzeren Hebel, das war mir schon klar, ne" (IP1: 541-542).

Darüber hinaus machten sich die Befragten auch Gedanken über das Ausgenutzt werden, die Bossingdynamik, die Chance der Veränderung, eine konstruktive Zusammenarbeit und Vermittlung, die mangelnde Kommunikation, Konfrontation und Krieg (jeweils eine Nennung).

(2) Gedanken über die/den BosserIn

Fünf der neun Interviewteilnehmerinnen und -teilnehmer berichteten davon, dass sie sich Gedanken über den Führungsstil des/der Bossers/Bosserin gemacht hatten. Vier Befragte berichteten von der gedanklichen Beschäftigung mit der Persönlichkeit des/der Bossers/ Bosserin und drei Interviewpartnerinnen und -partner machten sich Gedanken über die Motive des/der Bossers/Bosserin. Zwei der neun Befragten machten sich zudem Gedanken über deren Rolle.

"Die da abgeparkt sind mit ihrem ähm durchaus schwierigen Führungsverhalten, und ich denke mal, da hat sich mein damaliger Chef ganz gut mit eingereiht" (IP9: 32-33).

"Ähm pathologisch, ((lacht)), ich habe gedacht, der spinnt. Der spinnt (.), und ähm (2s) da muss noch irgendwas dahinter stecken" (IP9: 276-277).

"(...) also ich denke, es kam daher, (--) dass sie Angst hatte, dass ich an ihrem Stuhl säge (...)" (IP8: 9-10)

"Also die verdienen zwar das Doppelte wie ich, aber die müssen auch einiges aushalten, und bestätigt werden die auch nicht" (IP10: 308-310).

Die Befragten berichteten außerdem davon, dass sie sich Gedanken über Antipathie gegenüber des/der Bossers/Bosserin sowie über mögliche Angriffe und Rufschädigung durch den/die Bosser/Bosserin gemacht hatten (je eine Nennung).

(3) Gedanken über sich selbst

Die Befragten berichten davon, dass sie sich während des Bossingprozesses auch Gedanken über sich selbst gemacht hatten. Vier der neun Studienteilnehmerinnen und -teilnehmer hatten sich Gedanken über das eigene Verhalten gemacht. Drei Befragte berichteten von Gedanken zum eigenen Standing, drei von Hilflosigkeit und weitere Drei von Rückzug.

„Mir fiel die Decke auf den Kopf, und ich habe viel drüber nachgedacht, was ich denn falsch gemacht habe und was man hätte ändern, anders machen können (...)" (IP7: 451-453).

„Auf mich selbst habe ich relativ lange gar nicht so recht geachtet, weil ich immer (---) dachte, und die Vermessenheit besessen habe "da bist du stark genug für. Du bist so lange in der Einrichtung, dich kickt so schnell keiner hier raus" (IP3: 445-447).

„Klar geworden ist mir irgendwann einfach, dass du (--) da einen Kampf kämpfst, der (---) dich selber immer mehr auslaugt (...)" (IP3: 490-491).

„(...) und dann habe ich mir irgendwann gesagt, okay, du machst deine Arbeit in der Einrichtung so gut es geht, aber alles, was darüber hinaus geht, steckst du dann einfach zurück (...)" (IP8: 96-98).

Zudem machten sie sich vier der neun Befragten Gedanken über die eigene Persönlichkeit und weitere zwei Studienteilnehmerinnen und -teilnehmer berichteten von der gedanklichen Beschäftigung mit ihrer Rolle.

„(...) ich bin einfach eine, (--) würde ich denken, eine starke Persönlichkeit" (IP8: 85).

„Und ich glaube, dieser Rollenfindungsprozess, der war für mich (--) nicht einfach und für sie, glaube ich, auch ganz schwierig" (IP5: 558-559).

Außerdem berichteten die Befragten davon, dass sich Gedanken über Entspannung, Erfolglosigkeit und Fehler gemacht hatten. Sie hatten sich gedanklich zudem damit beschäftigt, gebraucht zu werden. Sie machten sich weiterhin Gedanken über ihre Gesundheit, über eigene Mobbingerfahrungen, über Rache, über eigene Ressourcen und über Commitment (jeweils eine Nennung).

(4) Gedanken an die Zukunft

Die Interviewteilnehmerinnen und -teilnehmer äußerten auch Gedanken an die Zukunft. Zwei Studienteilnehmerinnen und -teilnehmer berichteten davon, sich Gedanken über berufliche Alternativen gemacht zu haben. Zwei dachten an Kündigung und weitere zwei Befragte über die Zukunft im Allgemeinen nach.

„Ähm und war dann zwischendurch auch damit befasst, zu sagen "so, ich verlasse den Träger und mache was völlig anderes". (IP3: 327-328).

„Und äh diese Idee, äh dass äh umzusetzen, tatsächlich da zu kündigen, ist mir nicht gekommen. Also, äh das zu realisieren ((Naseschniefen)), war mir das zu prekär erschienen, ne" (IP1: 530-532).

Ähm, und das sind natürlich schon Situationen, wo (--) deutlich wird, wo(.) wohin die Reise gehen soll" (IP3: 129-130).

(5) Andere Gedanken

Sechs der neun Befragten berichteten über Gedanken an das Vorgesetzten-Mitarbeiter-Verhältnis.

„Und äh und ich glaube, gerade auch (--) je unsicher einer ist, also (--) schlechte (.) Vorgesetzte, die brauchen immer schwache Untergebene. Und ähm und Vorgesetzte, die richtig gut sind, die wollen starke Leute um sich rum haben" (IP2: 454-457).

Die Befragten machten sich auch Gedanken über die Organisation, positive Gedanken über das Studium sowie Gedanken über die sozialen Beziehungen (je eine Nennung).

6.5.2.3.2   Gefühle der Betroffenen

Unter Gefühle während der Bossingperiode wurden alle Aussagen der Bossingbetroffenen erfasst, die Aufschluss darüber geben, was sie während des Bossingprozesses gefühlt haben. Die Befragten berichteten von insgesamt 44 unterschiedlichen Wahrnehmungen hinsichtlich ihrer Gefühle während des Bossingprozesses. Zur besseren Übersicht wurden die unterschiedlichen Wahrnehmungen unter den vier folgenden Kategorien zusammengefasst:

(1)   Gefühle zu den psychischen Reaktionen
(2)   Gefühle zu den physischen Reaktionen
(3)   Gefühle bezogen auf die Vorgesetzten-Mitarbeiter-Beziehung
(4)   Gefühle bezogen auf das soziale Umfeld

(1) Gefühle zu den psychischen Reaktionen

Vier der neun Interviewteilnehmerinnen und -teilnehmer berichteten von Gefühlen der Hilflosigkeit, drei von Betroffenheit und weitere drei Befragte von Minderwertigkeit.

„Also ich habe mich noch nie so hilflos gefühlt in meinem Leben" (IP5: 586).
„(...) weil ich wirklich noch nie emotional so betroffen war (2s) wie in dieser Situation" (IP7: 362-363).
„Sie fühlen sich minderwertig" (IP2: 1685-1686).

Darüber hinaus äußerten die Interviewpartnerinnen und -partner sehr unterschiedliche Gefühle zu den psychischen Reaktionen: Anders sein, Angst, Aussichtslosigkeit, bedroht fühlen, bedrückt und belastet sein, deplatziert fühlen, Dysfunktionalität, Entsetzen, Enttäuschung, Gefühl der Kompetenzbeschneidung, Gefühl des Blockiert Werdens, im Recht fühlen, Innere Kündigung, Leid,

Machtlosigkeit, Misstrauen, mutig fühlen, Sachlichkeit, Scham, Stress, Unerträglichkeit, Verantwortung, Vernichtung, Versagen, Verunsicherung und Zwang (jeweils eine Nennung).

(2) Gefühle zu den physischen Reaktionen

Zwei der neun Interviewpartnerinnen und -partner berichteten von Gefühlen zu physischen Reaktionen. Sie nannten das Gefühl der Erschöpfung und des Unwohlseins.

„(...) und in dem Moment gab es im Prinzip einen Zusammenbruch und damit so ein Gefühl von (.) von (.) von völliger Erschöpfung" (IP3: 491-492).

„Also, dieses ungute Gefühl, das hat sich eigentlich so durchgezogen (...)" (IP1: 64).

(3) Gefühle bezogen auf die Vorgesetzten-Mitarbeiter-Beziehung

Bezogen auf die Vorgesetzten-Mitarbeiter-Beziehung berichteten zwei der neun Studienteilnehmerinnen und -teilnehmer von Gefühlen der Abneigung durch den Bosser/die Bosserin, zwei Befragte von dem Gefühl, angegriffen zu werden und weitere zwei Studienteilnehmerinnen und -teilnehmer von dem Gefühl der Unfairness.

„(...) da habe ich vom ersten Tag an (--) dieses Gefühl für mich gehabt und ähm ja, das wurde auch bestätigt indem dass ich noch nicht mal begrüßt wurde (...)" (IP5: 11-12).

„Ich hatte schon das Gefühl, der ist bew(.) da ist bewusst was gegen mich im Gange" (IP2: 1465-1466).

„Und ich bin, wie gesagt, fast ein 40-jähriger Mann, aber in diesem Jahr hatte ich so oft Tränen in den Augen, weil ich mich einfach nur ungerecht behandelt gefühlt habe (...)" (IP7: 353-355).

Darüber hinaus äußerten die Befragten Gefühle von Ausgrenzung, Machtgerangel, Manipulation und Überlegenheit aber auch von Wertschätzung und Zuneigung durch den Bosser/die Bosserin (je eine Nennung).

(4) Gefühle bezogen auf das soziale Umfeld

Die Befragten berichteten auch von Gefühlen bezogen auf das soziale Umfeld. Drei der neun Befragten fühlten sich alleine und drei der neun Befragten äußerten das Gefühl von Unterstützung.

„Das hatte aber überhaupt keine Resonanz, also ich habe mich da völlig allein gelassen gefühlt" (IP1: 258-259).

Zumal ich eben auch das Gefühl hatte, dass mir die Mitarbeiter im Rücken standen, also positiv im Rücken standen und gesagt haben "Ist gut so. Mach das" (IP3: 286-288).

6.5.2.3.3 Wille der Betroffenen

Unter Wille im Zuge der Bossingperiode wurden alle Aussagen erfasst, die Aufschluss darüber geben, was die Bossingbetroffenen während des Bossingprozesses gewollt haben. Die Befragten berichteten von insgesamt 41 unterschiedlichen Wahrnehmungen hinsichtlich ihres Willens während des Bossingprozesses. Zur besseren Übersicht wurden die unterschiedlichen Wahrnehmungen unter den fünf folgenden Kategorien zusammengefasst:

(1) Wille bezogen auf die individuellen Bedürfnisse
(2) Wille bezogen auf den Arbeitsprozess
(3) Wille bezogen auf den Bossingprozess
(4) Wille bezogen auf den Bosser/die Bosserin
(5) Wille bezogen auf das soziale Umfeld

(1) Wille bezogen auf die individuellen Bedürfnisse

Drei der neun Studienteilnehmerinnen und -teilnehmer berichteten davon, dass sie sich entwickeln wollten und zwei weitere Befragte gaben an, dass sie eine Herausforderung suchten.

„Ich konnte mich also gar nicht so entwickeln, wie ich das eigentlich (.) gewollt hätte (...)" (IP1: 42-43).
„Und ich habe mich da raus beworben auf eine Stelle im (.) äh Projektmanagement, wollte einfach auch mal eine neue Herausforderung (...)" (IP10: 64-65).

Zudem wollten die Interviewpartnerinnen und -partner die eigene Gesundheit erhalten, Karriere und ein Studium machen (jeweils eine Nennung).

(2) Wille bezogen auf den Arbeitsprozess

Hinsichtlich des Arbeitsprozesses berichteten zwei der neun Befragten davon, dass es ihr Wille war, ihre Arbeit machen zu wollen/Arbeiten zu wollen und zwei weitere Befragte davon, verändern zu wollen.

„(...) ich hätte mir gewünscht, dass man mich einfach meine Arbeit machen lässt ((lacht)), (...)" (IP10: 476-477).
„Und da gehörte ich dazu, zu diesen Leistungsträgerinnen, die neue Projekte aufnehmen, die auch mal U-Boot-Projekte machen, die einfach irgendwie was tun und machen und verändern wollen" (IP9: 38-40).

Zudem wollten die Befragten: Abstand, der Arbeit fern bleiben, Arbeitsoptimierung, Arbeitsqualität sichern, die Rente erreichen, eine Fehlerkultur, keine zusätzliche Übernahme von Arbeit, Klarheit über Arbeitsaufgaben und Mitbestimmung (jeweils eine Nennung).

(3) Wille bezogen auf den Bossingprozess

Jeweils zwei der neun Interviewpartnerinnen und -partner berichteten hinsichtlich ihres Willens bezogen auf den Bossingprozess von durchhalten wollen, eine Intervention oder Klarheit über die Situation sowie eine Problemlösung gewollt zu haben.

„(...) was ich dann so für mich gemerkt habe, ist (--), dass mich das zunächst angespornt hat, im Sinne von "ja, da legst du noch ein Brikett drauf und versuchst das irgendwie" (IP3: 284-286).

„Wir wollten einfach, dass die das beenden, dass sie (.) einen Prozesse einleiten, dass man darüber sprechen kann" (IP6: 439-440).

„Mein Ziel war zunächst erstmal (--) so etwas, wie an einem Verstehen meiner Situation herbeiführen zu wollen" (IP3: 573-574).

„Das sagt (.) kann ich so aus dem Bauch sagen. (---) Ähm (--) Prob(.), ja (--) ja, Problemlösung" (IP2: 1588-1589).

Darüber hinaus wollten die Interviewpartnerinnen und -partner: die Beendigung des Bossingprozesses, Besonnenheit, sich in Sicherheit bringen, Kampf, keine Mediation, keine Krankschreibung, Kündigung, den Ruf der Organisation sichern, Versetzung und Wegbewerben (je einmal genannt).

(4) Wille bezogen auf den Bosser/die Bosserin

Die Befragten berichteten hinsichtlich ihres Willens bezogen auf den Bosser/die Bosserin von Anerkennung, Antreiben des Bossers, Bestrafung, Ehrlichkeit, keine Konkurrenz, nicht auf persönliche Ebene begeben wollen, nicht zwingen lassen wollen, das Problembewusstsein schärfen und Überzeugen wollen (je eine Nennung).

(5) Wille bezogen auf das soziale Umfeld

Zwei der neun Befragten berichteten von Allianzen schmieden und Kollegialität gewollt zu haben.

6.5.2.3.4   Ziele des Bossers/der Bosserin

Unter Ziele des/der Bossers/Bosserin wurden alle Wahrnehmungen der Betroffenen erfasst, die Hinweise darauf geben, welche Ziele die Bosserinnen und Bosser im Rahmen des Bossingprozesses verfolgt haben. Die Interviewpartnerinnen und -partner hatten unterschiedliche Wahrnehmungen hinsichtlich der Ziele der Bosserinnen und Bosser gemacht.

Drei der neun Befragten berichteten davon, dass sie vom Bosser, resp. der Bosserin nicht als Führungskraft bzw. als Geschäftsführerin und weitere drei Studienteilnehmerinnen und -teilnehmer äußerten, dass sie vom Bosser/der Bosserin nicht als Mitarbeiterinnen und Mitarbeiter gewollt waren.

„Sie ist sozusagen in Rente gegangen, und auch da wollte sie mich ((hustet)) äh nicht in der Position haben, weil sie der Meinung war, dass ich dazu nicht in der Lage bin" (IP8: 131-132).

„(...) dann hat er einfach gesagt, (.) ich finde, du leistest sehr viel, aber ich möchte dich im Team hier nicht haben" (IP9: 215-217).

„(...) ich habe (...) noch darauf hingearbeitet, auch durch meine Qualifikation durch das Studium, hatte ich immer gedacht, ich werde hier noch mal Geschäftsführer (---). Und dem hatte ja <Name> dann vorgebeugt, indem er Herrn <Name> ein(.) engagierte, als Geschäftsführer" (IP1: 409-412).

Zwei der neun Befragten berichteten davon, dass es das Ziel des/der Bosser/Bosserin gewesen sei, sie aus dem Unternehmen zu drängen. Zwei Interviewpartnerinnen und -partner äußerten, dass es das Ziel der Bosserinnen und Bosser war, die Mitbestimmung zu verhindern, zwei der neun Studienteilnehmerinnen und -teilnehmer gaben an, dass der/die Bosser/Bosserin die Wirtschaftlichkeit des Unternehmens sichern wollten.

„Aber mich da (.) zu brechen, also, er hat ja (.) wie er mir sagte: "Und Sie kriege ich hier auch noch raus" (IP1: 616-617).

„Ähm, Fragen der Mitbestimmung, (--) die durften ja gar nicht gestellt werden" (IP6: 488-489).

„Das hat sie auch unmissverständlich von vornherein klar gemacht, hat ganz klar gesagt "Mein Eintra(.) Mein Auftrag ist es, diese Einrichtung wirtschaftlich auf stabile Füße zu stellen. Das mache ich, (--) wie ich will (---) und Sie können entweder genauso mit machen, wie ich das will oder Sie stellen sich gegen mich" (IP3: 239-243).

Darüber hinaus hatten die Interviewteilnehmerinnen und -teilnehmer wahrgenommen, dass die Bosserinnen und Bosser weitere Ziele verfolgten, wie andere oder willfährige Mitarbeiterinnen und Mitarbeiter, drangsalieren und unterdrücken sowie Macht demonstrieren und Organisationsveränderungen vermeiden zu wollen. Die Bosserinnen und Bosser haben aber auch Teamkonflikte beseitigen wollen und ein verändertes Führungsverhalten sowie Organisationsveränderungen angestrebt (jeweils eine Nennung).

6.5.2.3.5   Zusammenfassung und Interpretation

a) Gedanken der Betroffenen

Die Interviewpartnerinnen und -partner berichteten über unterschiedliche Gedanken während der Bossingperiode, die unter den Aspekten Gedanken über den Bossingprozess, Gedanken über die/den BosserIn, Gedanken an die Zukunft und andere/sonstige Gedanken ausgewertet wurden.

Unter dem Aspekt der *Gedanken über den Bossingprozess* berichteten die Interviewteilnehmerinnen und -teilnehmer über Gründe und Auslöser des Bossings, die Folgen (Angstzustände) sowie die Gesamtsituation (Misstrauen, Rückenstärkung und Machtungleichgewicht). Die Befragten machten sich auch Gedanken über eine mangelnde Kommunikation sowie über Konfrontation und Krieg aber auch Gedanken über die Chance von Veränderungen und einer konstruktiven Zusammenarbeit.

Die Gründe und der Auslöser für das Bossing werden bei den Bosserinnen und Bossern gesucht, denen Konkurrenzdenken unterstellt (*„Auslöser einfach war, dass sie gemerkt hat, dass mir die Einrichtungsleitung an sich nicht ausreicht"*) bzw. zugeschrieben wird, dass sie die Betroffenen ablehnen (*„dass ich ganz klar nicht mehr gewollt war"*) oder es sich bei ihnen um die Schlüsselperson handelte (*„dass er schon so die Schlüsselperson war"*). Gedanken darüber, ob die Betroffenen möglicherweise etwas zum Konflikt beigetragen haben könnten, machten sich die Befragten nicht.

Gedanken über die Folgen des Bossings betreffen vor allem die eigene Gesundheit (*„ich habe schon wieder Angstzustände"*).

Im Hinblick auf die Gesamtsituation führt der Bossingprozess bzw. die Bossingdynamik gedanklich zu Misstrauen, denn es besteht die Annahme darüber, ausgenutzt zu werden und mit Fortschreiten bzw. Anhalten des Konfliktes vorsichtig sein zu müssen. Die Betroffenen denken, dass eine Rückenstärkung zur Erreichung von Zielen wichtig ist, denken aber auch darüber nach, dass sie am kürzeren Hebel sitzen.

Es besteht die Vorstellung darüber, dass sich der Bossingprozess und die Bossingdynamik durch mangelnde Kommunikation, Konfrontation und Krieg auszeichnen. Anfänglich, mit Beginn des Konfliktes, herrschen noch Gedanken über die Chance von Veränderungen und konstruktiver Zusammenarbeit vor.

Unter dem Aspekt der *Gedanken über die/den BosserIn* berichteten die Studienteilnehmerinnen und -teilnehmer davon, dass sie sich Gedanken über deren Führungsstil, deren Persönlichkeit und deren Rolle sowie über Motive und deren Angriffe (Rufschädigung) gemacht hatten. Sie berichteten auch über Gedanken der eigenen Antipathie gegenüber den Bosserinnen und Bossern.

Der Führungsstil der Bosserinnen und Bosser wird von den Befragten als schwierig (problematisch) bezeichnet (*„Die da abgeparkt sind mit ihrem durchaus schwierigen Führungsverhalten"*), unter dem Aspekt der Persönlichkeit werden psychopathologische Problematiken unterstellt (*„pathologisch, ich habe gedacht, der spinnt"*). Im Kontext der seelischen Funktionen im Konflikt können die Aussagen vor allem dahingehend interpretiert werden, dass störende Eigenschaften und Verhaltensweisen des Konfliktgegners wahrgenommen, eigene Defizite jedoch übersehen werden. Die Gedanken zur Rolle der Bosserinnen und Bosser (*„die müssen auch einiges aushalten, und bestätigt werden die auch nicht"*) und deren Motive (*„ich denke, dass sie Angst hatte, dass ich an ihrem Stuhl säge"*) machen deutlich, dass die Ursachen des Konfliktes beim Gegner gesucht werden.

Gedanken über Angriffe (z. B. Rufschädigung) der Bosserinnen und Bosser bei gleichzeitiger Antipathie gegenüber der/des Bosserin/Bossers weisen auf das Fortschreiten des Konfliktes hin. Die Wahrnehmungen haben sich fixiert.

Unter dem Aspekt der *Gedanken über sich selbst* berichteten die Befragten von Gedanken über das eigene Verhalten (auch Fehler), von Gedanken zum eigenen Standing und ihren Rollen (gebraucht werden) sowie von Gedanken zur eigenen Persönlichkeit (auch Ressourcen).

Die Gedanken über sich selbst sind mit Beginn des Konfliktes von Selbstzweifel (*„ich habe viel drüber nachgedacht, was ich denn falsch gemacht habe"*), Überlegungen zum Standing und der Rolle in der Organisation sowie der eigenen Persönlichkeit geprägt (*„weil ich immer dachte, da bist du stark genug für. Du bist so lange in der Einrichtung, dich kickt so schnell keiner hier raus"*).

Im weiteren Verlauf des Konfliktes berichteten die Befragten von Hilflosigkeit, (*„Klar geworden ist mir, dass du da einen Kampf kämpfst, der dich selber immer mehr auslaugt"*) und Rückzug (*„du machst deine Arbeit in der Einrichtung so gut es geht, aber alles, was darüber hinaus geht, steckst du dann einfach zurück"*) sowie von Erfolglosigkeit.

Die Studienteilnehmerinnen und -teilnehmer berichteten schließlich auch von der gedanklichen Beschäftigung mit ihrer Gesundheit (u.a. Entspannung), mit eigenen Mobbingerfahrungen, mit Rache und mit Commitment (Identifikation mit dem Unternehmen).

Unter dem Aspekt der *Gedanken an die Zukunft* berichteten die Interviewteilnehmerinnen und -teilnehmer von Gedanken über berufliche Alternativen,

Kündigung („*ich verlasse den Träger und mache was völlig anderes*") sowie über die Zukunft im Allgemeinen („*diese Idee, tatsächlich da zu kündigen, ist mir nicht gekommen (...) das zu realisieren war mir das zu prekär erschienen*").

Unter dem Aspekt *anderer Gedanken* berichteten die Studienteilnehmerinnen und -teilnehmer vor allem von Gedanken über das Vorgesetzten-Mitarbeiter-Verhältnis, bei dem der Führungsperson negative Eigenschaften zugeschrieben werden. Zudem berichteten die Befragten von Gedanken über die Organisation und über soziale Beziehungen sowie über positive Gedanken an ein Studium.

In der Gesamtschau der Gedanken während der Bossingperiode zeigt sich, dass die Mechanismen des Bossingprozesses zu immer neuen Wahrnehmungen und Gedanken führen, die das Gefühlsleben der Betroffenen beeinflussen.

b) Gefühle der Betroffenen

Die Studienteilnehmerinnen und -teilnehmer berichteten über unterschiedliche Gefühle während der Bossingperiode, die unter den Aspekten Gefühle zu den psychischen Reaktionen, Gefühle zu den physischen Reaktionen, Gefühle bezogen auf die Vorgesetzten-Mitarbeiter-Beziehung und Gefühle bezogen auf das soziale Umfeld ausgewertet wurden.

Unter dem *Aspekt der Gefühle zu den psychischen Reaktionen* berichteten die Interviewteilnehmerinnen und -teilnehmer von sehr unterschiedlichen Gefühlen. Sie berichteten von Hilf-, Macht- und Aussichtslosigkeit sowie Angst, Leid und Stress. Darüber hinaus berichteten sie von Betroffenheit, Minderwertigkeit, Scham, Dysfunktionalität, Enttäuschung und Unerträglichkeit sowie von Verunsicherung, Vernichtung, Misstrauen und Entsetzen. Die Befragten fühlten sich bedroht, deplatziert und anders, bedrückt und belastet. Außerdem äußerten die Befragten das Gefühl der Kompetenzbeschneidung, des blockiert Werdens, des Versagens und von Zwang. Einige Studienteilnehmerinnen und -teilnehmer fühlten sich im Recht und mutig. Sie nahmen an sich auch das Gefühl der inneren Kündigung, der Sachlichkeit und der Verantwortung wahr.

Die von den Befragten geäußerten Gefühle zu den psychischen Reaktionen weisen auf eine hohe psychische Belastung der Betroffenen aufgrund des Bossings hin. Mit Beginn des Bossingprozesses wird das Gefühlsleben noch durch Kampf (sich im Recht und mutig fühlen), Trotz (Innere Kündigung), Empörung (Entsetzen) und Angriff (Gefühl der Kompetenzbeschneidung und des blockiert Werdens) determiniert. Im weiteren Verlauf des Bossings zeigen sich Gefühle des

Selbstzweifels (Gefühle des Versagens, der Verunsicherung und der Minderwertigkeit) und Misstrauens. Schlussendlich führt der Bossingprozess zu Ohnmacht, die sich in Hilf-, Macht- und Aussichtslosigkeit äußert.

Unter dem *Aspekt der Gefühle zu den physischen Reaktionen* berichteten die Studienteilnehmerinnen und -teilnehmer von Unwohlsein und Erschöpfung. Die Gefühle zu den physischen Reaktionen korrelieren mit den Gefühlen zu den psychischen Reaktionen, denn die starken psychischen Belastungen zeigen konsequenterweise Auswirkungen auf der somatischen Ebene.

Unter dem *Aspekt der Gefühle bezogen auf die Vorgesetzten-Mitarbeiter-Beziehung* berichteten die Befragten von Gefühlen der Abneigung durch den Bosser/die Bosserin, dem Gefühl und dem Gefühl der Unfairness sowie von Ausgrenzung, Machtgerangel und Manipulation. Sie berichteten ab auch von dem Gefühl der Überlegenheit gegenüber den Bosserinnen und Bossern sowie von dem Gefühl der Wertschätzung und Zuneigung durch den Bosser/die Bosserin. Die Gefühle unter dem Aspekt der Vorgesetzten-Mitarbeiter-Beziehung zeigen sich auf unterschiedliche und gegensätzliche Art und Weise. Einerseits wird Ablehnung, Antipathie und Respektlosigkeit und anderseits Sympathie empfunden. Insofern besteht ein Konstrukt ambivalenter Gefühle, das durch das Vorhandensein von Polaritäten geprägt ist.

Unter dem *Aspekt der Gefühle bezogen auf das soziale Umfeld* berichteten die Studienteilnehmerinnen und -teilnehmer einerseits von dem Gefühl der Einsamkeit (alleine sein) und andererseits von dem Gefühl von Unterstützung (Mitarbeiter stärken den Rücken). Auch diese Gefühle zeichnen ein ambivalentes Bild, das, wie die Gefühle zur Vorgesetzten-Mitarbeiter-Beziehung, im Zuge der Bossingperiode zur Zerreißprobe wird.

Gedanken und Gefühle korrumpieren das Willensleben der Betroffenen.

c) Wille der Betroffenen

Die Interviewpartnerinnen und -partner äußerten sich sehr unterschiedlich zu ihrem Willen während der Bossingperiode. Sie berichteten über ihr Wille, bezogen auf die individuellen Bedürfnisse, bezogen auf den Arbeitsprozess, bezogen auf den Bossingprozess, bezogen auf die Bosserinnen und Bosser sowie bezogen auf das soziale Umfeld.

Unter dem *Aspekt des Willens, bezogen auf die individuellen Bedürfnisse,* berichteten die Interviewpartnerinnen und -partner, dass sie sich entwickeln wollten und eine Herausforderung suchten. Sie wollten Karriere oder ein Studium machen. Im weiteren Verlauf des Bossings wollten sie die eigene Gesundheit erhalten.

Unter dem *Aspekt des Willens, bezogen auf den Arbeitsprozess,* berichteten die Befragten davon, dass sie ihre Arbeit machen bzw. einfach nur arbeiten und etwas verändern wollten. Darüber hinaus wollten sie die Arbeitsoptimierung und die Arbeitsqualität sichern sowie Klarheit über Arbeitsaufgaben und Mitbestimmung sowie eine Fehlerkultur. Mit Fortschreiten des Bossingprozesses wollten sie keine zusätzliche Arbeit übernehmen. Sie wollten Abstand, der Arbeit fern bleiben und zumindest noch die Rente erreichen.

Unter dem *Aspekt des Willens, bezogen auf den Bossingprozess,* berichteten die Studienteilnehmerinnen und -teilnehmer, dass sie eine Klarheit über die Situation sowie eine Problemlösung und im späteren Verlauf des Bossings eine Intervention wollten. Darüber hinaus wollten sie Besonnenheit und die Beendigung des Bossingprozesses. Einige Befragte wollten kämpfen und durchhalten (z. B. keine Mediation und keine Krankschreibung), andere Befragte wollten den Ruf der Organisation sichern oder sich selbst in Sicherheit bringen, bspw. durch Kündigung, Versetzung und Wegbewerben.

Unter dem *Aspekt des Willens, bezogen auf den Bosser/die Bosserin,* berichteten die Befragten, dass sie Anerkennung und Ehrlichkeit und sich nicht auf die persönliche Ebene begeben und keine Konkurrenz wollten. Sie wollten das Problembewusstsein schärfen und überzeugen und sich nicht zwingen lassen. Im Zuge des Bossings wollten sie antreiben und schlussendlich die Bestrafung der Bosserinnen und Bosser.

Unter dem *Aspekt des Willens, bezogen auf das soziale Umfeld,* berichteten die Interviewpartnerinnen und -partner, dass sie Allianzen schmieden und Kollegialität wollten.

In der Gesamtschau aller Aspekte zeigt sich, dass der Wille zu Beginn des Konfliktes von Entschlossenheit geprägt ist (u.a. sich entwickeln wollen und Herausforderung suchen). Im weiteren Verlauf des Konfliktes und vor allem mit Beginn des Bossings bröckelt diese Entschlossenheit mehr und mehr ab (u.a. Klarheit über Arbeitsaufgaben und Problemlösung wollen), weil es immer weniger

Alternativen gibt, die eigenen Absichten zu verwirklichen. Schließlich mündet der Wille in letzter Konsequenz in eine Art Überlebensstrategie (u.a. sich in Sicherheit bringen, die Rente erreichen, die eigenen Gesundheit erhalten, kündigen wollen).

d) Ziele des Bossers/der Bosserin

Die Interviewpartnerinnen und -partner hatten die Ziele der Bosserinnen und Bosser unterschiedlich wahrgenommen. Sie berichteten darüber, dass sie als Führungskräfte und als Mitarbeiterinnen und Mitarbeiter nicht gewollt waren und die Bosserinnen und Bosser versuchten, sie aus dem Unternehmen zu drängen. Die Befragten berichteten zudem darüber, dass die Bosserinnen und Bosser keine Mitbestimmung und die Wirtschaftlichkeit des Unternehmens sichern wollten. Außerdem gaben die Studienteilnehmerinnen und -teilnehmer an, dass es Ziel der Bosserinnen und Bosser war, mit anderen und willfährige Mitarbeiterinnen und Mitarbeitern arbeiten zu wollen. Sie wollten drangsalieren, unterdrücken und ihre Macht demonstrieren. Organisationsveränderungen wollten sie vermeiden.

Die Befragten nahmen aber auch wahr, dass die Bosserinnen und Bosser Teamkonflikte beseitigen wollten und ein verändertes Führungsverhalten sowie Organisationsveränderungen anstrebten.

Die Wahrnehmungen der Betroffenen hinsichtlich der Ziele der Bosserinnen und Bosser zeigen deutlich, was sie für sich als Gefährdung oder Bedrohung einstufen. Die Bosserinnen und Bosser werden im überwiegenden Maße als problematisch und autokratisch und im weiteren Verlauf des Konfliktes als diktatorisch gesehen. Dabei werden ihnen schwere moralische Mängel zugeschrieben. Konstruktive Ziele der Bosserinnen und Bosser werden nur vereinzelt wahrgenommen.

6.5.2.3.6 Theoretische Einordnung unter dem Gesichtspunkt der Seelischen Funktionen

Zur Bewertung der seelischen Funktionen in den Bossingfällen kann, wie bereits unter Ziff. 6.3.3.3.6 beschrieben, auf das Modell von Glasl (2013) zurückgegriffen werden. Das Modell weist aus, dass Wahrnehmungen, Gedanken, Gefühle und Wille miteinander verknüpft sind und sich gegenseitig beeinflussen. Gedanken, Gefühle und Wille führen zu einem bestimmten Verhalten und schließlich zu Effekten in Form von subjektiven und objektiven Wirkungen (vgl. Glasl, 2013).

Über alle Bossingsachverhalte hinweg zeigen sich mit Einsetzen des Bossingprozesses Verzerrungen der Perzeptionen hinsichtlich des Denk- und Vorstellungserlebens. Es kommt zu einer eindimensionalen, lückenhaften Sicht auf die Geschehnisse und die Ursachen des Konfliktes werden vor allem beim Gegner gesehen. Eigene Beiträge zur Konfliktentstehung werden von den Betroffenen weitestgehend außer Acht gelassen. Starke Verzerrungen der Wahrnehmungen der Betroffenen lassen sich im weiteren Verlauf des Geschehens hinsichtlich des Bildes von den Bosserinnen und Bossern ausmachen, insbesondere in Bezug auf deren Ziele. Diese werden als problematisch und autokratisch und im weiteren Verlauf des Konfliktes als diktatorisch beschrieben (vgl. Glasl, 2013).

Im Weiteren finden sich Beeinträchtigungen des Gefühlslebens in dergestalt, als dass insbesondere hinsichtlich der Vorgesetzten-Mitarbeiter-Beziehung anfänglich unterschiedliche und widersprüchliche Gefühle entstehen, die von den Betroffenen einerseits mit Ablehnung, Antipathie und Respektlosigkeit und anderseits mit Sympathie beschrieben werden. Mehr und mehr steigert sich bei den Betroffenen eine Empfindlichkeit nach innen und es entstehen u.a. Gefühle von Hilflosigkeit, Betroffenheit und Minderwertigkeit (vgl. Glasl, 2013).

Das Willensleben der Betroffenen wird durch die Art und Weise des Bossings korrumpiert. Anhand der von den Betroffenen beschriebenen Wahrnehmungen hinsichtlich ihres eigenen Willens zeigt sich eine Ambivalenz zwischen Entschlossenheit und Rückzug. Mit fortschreitendem Bossingprozess engt sich das Wollen der Betroffenen auf einige wenige Möglichkeiten ein. Es gilt nur noch entweder oder, weswegen das Willensleben schlussendlich von Flucht aus der Situation durch Kündigung, Versetzung und Wegbewerben geprägt ist (vgl. Glasl, 2013).

Wahrnehmungen (auch über die Ziele der Bosserinnen und Bosser), Gedanken, Gefühle und Wille der Betroffenen beeinflussen den Bossingprozess. Eigenes und vor allem das Verhalten der Bosserinnen und Bosser führt schließlich zu Effekten mit objektiven und subjektiven Folgen für die Betroffenen (z. B. Erkrankung, Kündigung, Auflösungsvertrag als objektive Folgen sowie z. B. psychische Belastungen wie Angst, Betroffenheit, Enttäuschung oder Frustration als subjektive Folgen).

6.5.2.4 Auswertung Arbeitsumwelt

Zur Erklärung weiterer Eskalationsbedingungen bei Bossingprozessen wurden unter der Hauptkategorie 4-Arbeitsumwelt die Unterkategorien *Leadership*, die *Organisation* und die *sozialen Beziehungen* untersucht.

6.5.2.4.1 Leadership

Unter der Kategorie Leadership wurden alle Aussagen erfasst, die Aufschluss über das Führungsverhalten und den Führungsstil der Bosserinnen und Bosser geben.

(1) Führungsverhalten

Sechs der neun Interviewpartnerinnen und -partner hatten das Führungsverhalten der Bosserinnen und Bosser als abwehrend (z. B. durch Ignorieren, Blockieren und Ausbremsen), vier der Befragten als ablehnend (z. B. durch Verweigern des Tagesgrußes) und zwei der Studienteilnehmerinnen und -teilnehmer als distanziert wahrgenommen.

„Das hat sich intensiviert und wenn ich eine Frage an ihn gestellt habe, die ich ja stellen musste, um (.) arbeitsmäßig (...)dann hat der mich wirklich abge(.) abgewimmelt, als sei ich so eine lästige Fliege und ge(.) "Ich habe jetzt keine Zeit." (--) Der ließ mich sitzen" (IP2: 1265-1271).

„(...) da habe ich vom ersten Tag an (--) dieses Gefühl für mich gehabt und ähm ja, das wurde auch bestätigt indem dass ich noch nicht mal begrüßt wurde (...)" (IP5: 11-12).

„Ja, also, es war immer ziemlich hm ziemlich distanziert (.) von Anfang an das Verhältnis" (IP1: 248-249).

Außerdem berichteten die Befragten von einem asozialen und ambivalenten Führungsverhalten der Bosserinnen und Bosser (jeweils eine Nennung).

„(...) die war irgendwie wie ein bisschen asozial fast, wenn man das so sagen will, hat dann auch ihren Wortschatz (---), also das war teilweise extrem, (---) wie sie da gesprochen hat" (IP6: 149-151).

„Oh, ich weiß (.) immer wenn ich (.) wenn er äh kam (--) äh, dass mein Herz klopfte. (2s) Dass ich (.) nicht wusste, (.) wie ist er heute drauf und was äh habe ich zu erwarten" (IP1: 144-145).

Sieben der neun Interviewpartnerinnen und -partner berichteten, dass sie das Führungsverhalten und -handeln als destruktiv wahrgenommen (z. B. durch Untergraben der Autorität des Betroffenen und Vorwürfe machen). Fünf Befragte empfanden das es als bloßstellend. Drei der neun Interviewpartnerinnen und -partner berichteten von einem ausschließenden Handeln der Bosserinnen und Bosser (bspw. durch Isolieren oder Ausgrenzen). Fünf Studienteilnehmerinnen und -teilnehmer berichteten von einer defizitären Kommunikation (z. B. durch das Nichtkommunizieren von Personalentscheidungen).

„Das heißt, die beiden auch immer sehr starken Druck auf mich ausübten, indem sie gesagt haben,(--) ja, die Mitarbeiter sollen sich nicht so anstellen, du machst das schon richtig, aber den Mitarbeitern trotzdem immer wieder durch die Blume gesagt hat, äh, das geht gar nicht, was der da macht, das sollte so nicht laufen" (IP7: 63-66).

„Da gab es eine Mitarbeitervollversammlung (--) ähm wirklich auch sehr sehr konkret gesagt hat, "die Herbeiführung dieser Situation, des (.) des wirtschaftlichen Drucks, der daraus resultierte, liegt unter anderem ganz deutlich in der Hand von Herrn <Name des Befragten>, der seine Dienstplanung und die (.) die Sollplanung der Dienstpläne entsprechend nicht vorgenommen hat" und das vor der gesamten Mannschaft das (.) der Einrichtung" (IP3: 119-125).

„Also ähm (--) wie gesagt, das Ausgrenzen von irgendwelchen Arbeitsgruppen (...)" (IP8: 61-62).

„Und (.) ich erinnere mich an eine Situation, dass er (.), ohne das vorher anzukündigen, dem damaligen ehrenamtlichen Geschäftsführer ähm nicht gekündigt hat, sondern ähm mit einer Annonce in der Zeitung einen Geschäftsführer suchte für das [Name der Einrichtung], obwohl der ehrenamtliche Geschäftsführer dort tätig war" (IP1: 165-168).

(2) Führungsstil

Sechs der neun Interviewpartnerinnen und -partner berichteten von einem autoritären/ autokratischen und zwei Studienteilnehmerinnen und -teilnehmer von einem diktatorischen Führungsstil. Weitere zwei Befragte gaben an, dass sie das „derailed leadership" (z. B. durch Abwesenheit des Bossers von der Arbeit) wahrgenommen hatten.

„Also, was es gab, war zwischendurch klare Äußerungen, die waren aber entweder schwarz oder weiß. Mehr schwarz als weiß" (IP3: 688-689).

„Aber die wollte das nicht, und dann (--) wurde das gemacht, was sie wollte" (IP6: 18-19).

„Die hatte auch wirklich so einen Hofstaat um sich rum, das konnte man richtig beobachten" (IP6: 249).

„Und dann ((lacht)), es war unglaublich (--) ich hätte ihn hinterher tragen können. Er war auch fast nie da, also, er war gerne unterwegs und hiel(.) Vor-(.) hielt Vorträge" (IP2: 183-185).

6.5.2.4.2 Organisation

Unter der Organisation wurden alle Aussagen erfasst, die Aufschluss über die organisationalen Bedingungen während des Bossingprozesses geben. Die Befragten berichteten von insgesamt 57 unterschiedlichen Wahrnehmungen. Zur besseren Übersicht wurden die unterschiedlichen Wahrnehmungen unter den folgenden Kategorien zusammengefasst:

(1) Unternehmenskultur

(2) Unternehmensstruktur

(3) Betriebsklima

(4) Rahmenbedingungen

(5) Unternehmensleitung

(6) Rollenkonflikte

(1) Unternehmenskultur

Fünf der neun Interviewpartnerinnen und -partner berichteten von einer Mobbing und Bossing fördernden Unternehmenskultur. Eine Befragte hatte eine Bossing verharmlosende Unternehmenskultur und zwei der neun Befragten eine Absentismuskultur wahrgenommen.

„Was, was ich sehr schlimm fand, (--) dass die Leute, die mitgemacht haben äh zu mobben, (--), die ihr gegenüber loyal waren, im Haus verteilt wurden (.) und dort weiter agiert haben (...)Also da ist keine äh Klärung passiert" (IP6: 516-524).

„Und da habe ich gestern Abend nur so gestaunt, das heißt, (--) dieser Doktor <Name> hatte das gleiche Spiel (---) schon mal Jahre vorher gemacht, fast zehn Jahre (--) und da war sogar damals der Vorstand des <Name der Einrichtung> (.) hatte eine Vorstandssitzung, ich denke, ist für Sie ganz interessant, dann haben die darüber gesprochen, damit das bloß nicht nach außen vordringt, was man mit der Sekretärin macht" (IP2: 478-483).

„Obwohl sie das wussten und auch merkten, dann kriegte ich mal so eine Bemerkung ((schnieft die Nase)) "Ja, nun (---) seien Sie mal tapfer" (IP1: 308-309).

„Obwohl (2,5s) wir sind alle mal zwischendurch einkaufen gegangen oder irgendwas" (IP1: 291-292).

Von einem Interviewpartner wurde geäußert, dass er eine mangelnde Fehlerkultur wahrgenommen hatte.

(2) Unternehmensstruktur

Sieben der neun Studienteilnehmerinnen und -teilnehmer berichteten unter dem Aspekt der Organisationsstruktur von innerbetrieblichen Veränderungen (z. B. Umzug einer Abteilung, Einsatz einer neuen Geschäftsführerin, Absetzen von Führungskräften, Einsatz unqualifizierter Führungskräfte, Wiederholte Wechsel der Einrichtungsleitung, Umsetzung von Mitarbeiterinnen und Mitarbeitern, Change-Prozesse, Auflösen einer Abteilung, Umorganisation, Auszahlung von Mehrarbeitsstunden). Drei der neun Interviewpartnerinnen und -partner berichteten von einer formatierten Arbeitswelt (z. B. Kontrolle der Anwesenheitszeiten, wöchentlichen Frührunden, Qualitätsmanagement, Standards, Zielvereinbarungen). Kundenkontakt hatten zwei der neun Befragten.

„(...) ist in der Zeit in einem Umstrukturierungsprozess gewesen und in einem großen Veränderungsprozess von vielen kleinen <Name der Einrichtung> in den einzelnen Divisions von <Name der Firma > hin zu einem zentralen" (IP9: 22-24).
„Da muss man besondere Qualitätsstandards einhalten" (IP5: 270-271).

„(...) wenn wir zum Beispiel Zielvereinbarungsgespräche hatten einmal im Jahr und dann noch mal das Rückgespräch und dann dieses Evaluationsgespräch, es waren also drei Gespräche im Jahr, dann konnte er sehr nett und freundlich sein" (IP9: 176-179).
„(...) ich habe ähm mit einem Automobilzulieferer gearbeitet" (IP5: 269-270).

Die Befragten berichteten bezüglich der Unternehmensstruktur auch von dem Vorhandensein einer Abteilung Personalentwicklung (PE), von Ausschreibungen, entgeltlichen Kursangeboten, Teilzeit und Wochenendbetrieb (jeweils eine Nennung). Eine Interviewpartnerin führte das gute Betriebsergebnis und die geringe Mitarbeiterfluktuation auf die Unternehmensstruktur zurück.

(3) Betriebsklima

Sieben der neun Studienteilnehmerinnen und -teilnehmer berichteten von einem schlechten Betriebsklima.

„Die haben sich immer mehr hochgespiegelt oder hochgeschaukelt, (--) und so nach drei Jahren (.) meines dortigen Wirkens ähm wurden die dann auch sehr oft ausgetragen, also von einem Großteil des Teams, wir waren damals zu neunt, (--) gab es vier, also ich und noch drei andere Kollegen, die so irgendwie ganz gut zusammengearbeitet haben, und fünf, die eigentlich versucht haben, ständig gegen uns zu gehen" (IP9: 43-47).

Drei der neun Befragten äußerten, dass Mobbing über den gesamten Bossingprozess eine Rolle spielte.

„Wenn ich in der Gruppe war, waren sie respektlos dieser Gruppe gegenüber, was mich mit getroffen hat. (...) haben aber (-) über die anderen dieser gemobbten Gruppe (---) schlecht gesprochen, und ich habe das so in meine Richtung empfunden, so um mich zu testen, wie ich darauf reagiere, ob ich mich raushalte, ob ich was tue oder ob ich möglicherweise die Lager wechsle oder so" (IP6: 299-304)
„(...) also wirklich Angreifen meiner Arbeit (...) wenn immer irgendwo eine Möglichkeit war, das auch öffentlich zu machen (...) meine Projekte in Missstand zu bringen (...) mich zu boykottieren, wenn wir gemeinsam trainieren mussten (...) Beschimpfungen, (.) böse E-Mails, also alles so dieser Shitstorm (...) Und es hat schon das Maß so einer, eines normalen oder gesunden Konfliktes in dem Team bei weitem überschritten" (IP9: 65-75).

Zwei der neun Interviewpartnerinnen und -partner äußerten, dass sie zwischen ihrer Vorgesetzten (Bosserin) und sich selbst Konkurrenzdenken wahrgenommen hatten.

„Und, ähm, ich habe mir das nur äh so erklärt, dass meine ähm Vorgesetzte, die ist gelernte Werkzeugmacherin, hat genau dieselbe (.) Voraussetzung wie ich (--), dass die einfach Schiss gehabt hat, dass ich gegebenenfalls dann mehr wissen könnte" (IP5: 58-61).

„(...) also ich denke, es kam daher, (--) dass sie Angst hatte, dass ich an ihrem Stuhl säge (...)" (IP8: 9-10).

(4) Rahmenbedingungen

Hinsichtlich der Rahmenbedingungen berichteten die Studienteilnehmerinnen und -teilnehmer von insgesamt 20 sehr unterschiedlichen Wahrnehmungen. Vier der neun Befragten berichteten von Arbeitsverdichtung und vier weitere Befragte von einem eingeschränkten Handlungsspielraum. Fünf der neun Interviewteilnehmerinnen und -teilnehmer äußerten Perspektivlosigkeit.

„(...) ich habe hinterher mit Metaplänen dann gearbeitet, um die einzelnen Teams (--) wirklich tagtäglich zusammen zu flicken, um (.) um (.) um den Tages ( ) sicher zu stellen" (IP3: 54-56).

„Ich habe immer (.) ich habe, ja, hatte immer das Gefühl, man lässt mich nicht das machen, was ich eigentlich kann (...) Ich hatte immer das Gefühl, äh, so für mich hatte ich das äh formuliert (--) man hat mir eigentlich meine Flügel abgeschnitten (...)" (IP1: 365-366; 371-372).

„Da hatte ich immer das Gefühl, äh, es geht hier gar nicht weiter (...)ich habe (.) hatte (.) b=b=bis dato hatte ich noch darauf hingearbeitet, auch durch meine Qualifikation durch das Studium, hatte ich immer gedacht, ich werde hier noch mal Geschäftsführer (---)" (IP1: 405; 409-411).

Drei der neun Studienteilnehmerinnen und -teilnehmer berichteten von Überforderung und weitere drei Befragte von einem verschärften Wettbewerb. Darüber hinaus äußerten die Befragten, dass sie eine hohe Anzahl an Überstunden, eine hohe Anzahl an Fehlzeiten sowie eine unklare und rückständige Arbeitsorganisation wahrgenommen hatten (jeweils zwei Nennungen). Zwei der neun Befragten beklagten eine mangelhafte Entlohnung.

„Aber die Mitarbeiter können so schnell noch nicht mal gedanklich mitkommen" (IP10: 113-114).

„Und da, wo vordergründig zunächst gesagt worden ist (--) "es geht uns um (.) um eine Wirtschaftlichkeit und eine Tragfähigkeit", wo ich gesagt habe "kann ich nachvollziehen, klar, muss sein" (IP3: 338-340).

„(...) auch schon gleich mit der Vorgabe, dieses Haus hatte leider ein kleines Desaster, ähm in diesem Haus ähm (.) standen 1.400 Überstunden (.) auf dem Plan (--) bei knapp 20 Mitarbeitern" (IP7: 24-26).

„(...) was dazu führte, dass sich diese (---) Spirale der (.) der (.) der Krankmeldungen immer weiter (--) hochschraubte, das heißt, immer mehr Personalausfälle" (IP3: 48-50).

„Wenn heute nicht, dann morgen, und wenn morgen nicht, dann übermorgen. Und wenn mal was liegen bleibt, ist es auch nicht schlimm, wird auch noch irgendwie erledigt, so" (IP7: 388-390).

„(...) finanziell hat sich das nicht ausgewirkt, aber so (...) " (IP9: 41-42).

Im Weiteren berichteten die Interviewteilnehmerinnen und -teilnehmer von einer defizitären bzw. veralteten Arbeitsumgebung, von mangelhaften Arbeitsmitteln, von Personalmangel, von unqualifizierten Mitarbeiterinnen und Mitarbeitern, von mangelnden Fortbildungsmöglichkeiten und einer mangelnden Pausenregelung. Zudem wurden eine desolate Wirtschaftslage des Unternehmens sowie ein mangelnder finanzieller Rahmen und eine mangelhafte Patientenbetreuung genannt (jeweils eine Nennung). Zwei der neun Befragten erlebten die Möglichkeit zur Fortbildung. Eine Interviewpartnerin berichtete von einer befriedigenden Arbeit.

(5) Unternehmensleitung

Die Interviewteilnehmerinnen und -teilnehmer nahmen die Unternehmensleitung unterschiedlich wahr. Sie berichteten von Mangelnder Wertschätzung, mangelhafter, resp. intransparenter Personalpolitik und mangelnden Abstimmungsprozessen (jeweils zwei Nennungen).

„Alle haben ein Lob gekriegt, ich habe nie äh äh ein Dankeschön gekriegt" (IP8: 351-352).

„Ähm, da ist schon in hinterrücks ta(.) (--) durch die ähm die Hausleitung an verschiedenen Stellen (--) schon mal geguckt worden (--), wie man dann konspirativ auch schon verschiedene Ämter verteilt" (IP3: 148-150).

„Und diese Abstimmungen sind in aller Regel auch (.) haben nicht funktioniert, weil er sich mir völlig entzogen hat" (IP1: 355-356).

Das Leitungsverhalten wurde auch als Mobbing/Bossing fördernd (Die Geschäftsführerin unterbindet das Vorgehen des Bossers und das Verhalten der Mitarbeiterinnen und Mitarbeiter nicht) und intransparent erlebt. Zudem berichteten die Befragten von einer defizitären Kommunikation (es findet gar keine Kommunikation mit der Betroffenen statt) und einer mangelnden Führungskräfteentwicklung (Führungskräfte werden nicht den Anforderungen gemäß ausgewählt) (jeweils eine Nennung).

Zwei der neun Befragten hatten durch die Unternehmensleitung eine Supervision und auch Wertschätzung erlebt (je eine Nennung).

(6) Rollenkonflikte

Sieben der neun Studienteilnehmerinnen und -teilnehmer berichteten von Rollenkonflikten. Bspw. berichteten sie davon, dass das Angestelltenverhältnis und die tatsächliche Arbeitstätigkeit differierten (Entscheidungen für den Vorgesetzen aufgrund dessen Abwesenheit treffen müssen, Arbeitstätigkeiten für unterstellte Mitarbeiterinnen und Mitarbeiter ausführen müssen) oder die Teamspaltung zu Rollenkonflikten führte. Zwei der neun Befragten füllte eine Sandwich-Position aus und zwei Befragte erlebten eine Unsicherheit hinsichtlich ihres Arbeitsplatzes in dergestalt, als dass sie sich einerseits mit der Frage einer Kündigung und andererseits mit ihren Zukunftschancen auseinandersetzten.

„Und weil eben nichts passierte und er nichts entschieden hat, habe ich bestimmte Dinge (.) dann einfach (.) und das war ich gewohnt in meinem vorherigen Job" (IP2: 1919-196).

„Hm in der Steuerung der Dienstpläne war es dann irgendwann dann so weit, dass ich Situationen hatte, wo ich Mitarbeiter schon gar nicht mehr angerufen habe, weil ich genau wusste "die springen nicht mehr ein, wenn ich die drei mal im Monat frage" ähm und dann mache ich es eher lieber selber" (IP3: 646-650).

„Das heißt, ich habe im Grunde die typische Sandwich-Position sehr stark zu spüren gekriegt, mehr als die Jahre davor" (IP7: 67-68).

„(…) ich habe auch ähm, mal überlegt, ob ich äh den Job da einfach hin-(--)schmeißen sollte, aber ich wurde natürlich auch nicht jünger und äh dieser Job war im Grunde mein (.) genommen meine letzte Chance auch äh da hm eine Arbeit zu haben, ne (…) Und äh diese Idee, äh dass äh umzusetzen, tatsächlich da zu kündigen, ist mir nicht gekommen (…)Also, äh das zu realisieren ((Naseschniefen)), war mir das zu prekär erschienen, ne" (IP1: 518-520; 530-532).

6.5.2.4.3 Soziale Beziehungen

Unter der Kategorie Soziale Beziehungen wurden alle Aussagen erfasst, die Aufschluss über die sozialen Beziehungen während des Bossingprozesses geben. Die Befragten berichteten von insgesamt 36 unterschiedlichen Wahrnehmungen. Zur besseren Übersicht wurden die unterschiedlichen Wahrnehmungen unter den folgenden Kategorien zusammengefasst:

(1)   Soziale Verhältnisse

(2)   Hilfesuche

(3)   Unterstützung

(1) Soziale Verhältnisse

Die Interviewpartnerinnen und -partner berichteten von sehr unterschiedlichen Wahrnehmungen hinsichtlich der sozialen Verhältnisse am Arbeitsplatz. Drei der neun Befragten berichteten von einem Mobbingverhalten der Kolleginnen und Kollegen. Zwei Studienteilnehmerinnen und -teilnehmer berichteten von einem unkollegialen Verhältnis zu den Kolleginnen und Kollegen und zwei Befragte von einem unkollegialen Verhältnis zu Vorstandskollegen bzw. einer vorgesetzten Referentin.

„Wenn ich in der Gruppe war, waren sie respektlos dieser Gruppe gegenüber, was mich mit getroffen hat. (…) haben aber (-) über die anderen dieser gemobbten Gruppe (---) schlecht

gesprochen, und ich habe das so in meine Richtung empfunden, so um mich zu testen, wie ich darauf reagiere, ob ich mich raushalte, ob ich was tue oder ob ich möglicherweise die Lager wechsle oder so" (IP6: 299-304).

„Dann hatte ich mit meinen ganzen Kollegen erst mal, also nicht mit allen, aber mit einigen – einige hatten, fanden das gut, dass ich mal gefragt habe, ey, was geht denn hier überhaupt ab, (.) andere haben sich tierisch aufgeregt über mich und haben gesagt, ey, du tickst doch wohl nicht mehr sauber" (IP5: 246-249).

„Es war noch jemand im Vorstand, mit dem ich auch überhaupt nicht konnte" (IP1: 382-383).

Zwei der neun Befragten identifizierten die Geschäftsleitung bzw. die Geschäftsführung als Mitspieler/in des Bossers/der Bosserin, eine Interviewpartnerin äußerte, dass sie die unmittelbare Kollegin als Mitspielerin der Bosserin erlebt hatte und eine Befragte meinte, dass der Bosser durch die nächsthöhere Vorgesetztenebene unterstützt worden war.

„Und der Geschäftsführer (.) ist dann ähm, und da denke ich auch, das ist halt dieses System, dass der das für sich auch in irgendeiner Form genutzt hat, der ist dann voll auf ihre äh, also auf dieses Pferd mit gesprungen und hat dann diese Abmahnung auch noch mit unterstützt" (IP5: 222-225).

„(...) ich habe auch noch einen Kalender ((lacht)), wo ich dann ganz genau eintragen musste, wann ich wo war, und wenn ich dann reingeschrieben habe <Stadt>, das wurde dann, ähm, angekreuzt. (...) und dann hat meine Kollegin und auch meine Chefin noch mal drauf hingewiesen, dass ich das anders eintragen müsste" (IP5: 51-57).

„Das finde ich eigentlich (.), das finde ich so das Schockierende dabei, dass ein Boss dem anderen niemals (.) ans Bein pinkelt" (IP9: 415-416).

Im Weiteren äußerten die Interviewpartnerinnen und -partner zu den sozialen Verhältnissen am Arbeitsplatz, dass sie ein ablehnendes Verhalten anderer Geschäftsleitungen und von Mitarbeiterinnen und Mitarbeitern sowie ein problematisches Verhältnis mit der unmittelbaren Kollegin erfahren hatten (jeweils eine Nennung).

Andererseits berichteten drei der neun Studienteilnehmerinnen und -teilnehmer von einem kollegialen Verhältnis mit den Kolleginnen und Kollegen und drei Befragte äußerten, dass sie mit den unmittelbaren Kolleginnen und Kollegen, bzw. einem/einer KollegIn sowie mit der Putzfrau und dem Hausmeister ein kollegiales Verhältnis erfahren hatten. Zwei der neun Befragten nahmen insgesamt ein kollegiales Verhältnis im Team wahr. Eine Interviewpartnerin berichtete von einem kollegialen Verhältnis mit dem neuen Geschäftsführer.

„(...) ich hatte kein Problem mit dem Team, ja? Und das Team auch nicht mit mir (...)" (IP10: 217-218).

„Es war ja auch nur meine unmittelbare Kollegin da, (--) mit der ich mich äh mehr oder weniger, ja, gut verstand" (IP1: 379-381).

„Also wir haben uns dann auch öfter mal privat getroffen mit den Leuten, die zusammengehalten haben, sage ich mal, um diese Geschichten auch zu verarbeiten" (IP6: 352-354).

(2) Hilfesuche

Die Interviewpartnerinnen und -partner berichteten, dass sich während des Bossingprozesses Hilfe gesucht hatten. Hilfe suchten sie sich bei Kolleginnen und Kollegen, bei einer Rechtsanwältin, resp. einer Arbeitsrechtlerin, beim Betriebsrat und bei einer Hausärztin (jeweils eine Nennung).

(3) Unterstützung

Zwei der neun Studienteilnehmerinnen und -teilnehmer berichteten, dass sie durch die nächsthöhere Vorgesetztenebene keine Unterstützung erfahren hatten. Zwei Befragte gaben an, dass ihnen vom Vorstand bzw. der Geschäftsleitung die Unterstützung verwehrt worden war. Einer Interviewpartnerin war die Unterstützung durch den Betriebsrat verwehrt worden.

„Was ich mir die ganze Zeit gewünscht habe, dass die Pflegedirektion einschreitet, (.) das auf jeden Fall" (IP6: 436-437).

„Ähm (5s) am Anfang (.) war es ja eher so, (--) dass ich nicht mal das Gefühl hatte, ähm (3s) dass von oben etwas kommt oder gar keine Unterstützung kommt, von der Geschäftsleitung eher keine Unterstützung, weil sie überfordert war mit der Situation und da nicht mit umgehen konnte, deswegen halt sehr spät, leider zu spät den Supervisor eingeschaltet hat (...)" (IP7: 586-590).

Die Interviewpartnerinnen und -partner berichteten andererseits von erfahrener Unterstützung. Drei der neun Befragten wurden durch die Mitarbeitervertretung (MAV) unterstützt. Unterstützung hatten die Befragten auch durch den Lebenspartner, bzw. den Ehemann, einer Therapeutin und durch Supervision (jeweils zwei Nennungen) sowie durch eine Arbeitsrechtlerin, dem Hausarzt, einen Pastor, einer Aushilfe und einer Geschäftsleitung (je eine Nennung) erfahren.

„Und die MAV war sofort auf meiner Seite(.) naja, gesehen (.) ne? (--) Sehen sie nicht zwangsläufig (...)" (IP2: 719-721).

6.5.2.4.4 Zusammenfassung und Interpretation

a) Leadership

Unter dem *Aspekt des Führungsverhaltens* berichteten die Studienteilnehmerinnen und -teilnehmer darüber, dass sie die Bosserinnen und Bosser als abwehrend (z. B. durch Ignorieren, Blockieren und Ausbremsen), ablehnend (z. B.

durch Verweigern des Tagesgrußes) und distanziert wahrgenommen hatten. Darüber hinaus berichteten die Befragten von einem asozialen und ambivalenten Führungsverhalten.

Die Interviewpartnerinnen und -partner gaben auch an, dass sie das Führungsverhalten als destruktiv (z. B. durch Untergraben der Autorität des Betroffenen und Vorwürfe machen), bloßstellend und ausschließend (bspw. durch Isolieren oder Ausgrenzen) wahrgenommen hatten. Zudem berichteten die Studienteilnehmerinnen und -teilnehmer von einer defizitären Kommunikation (z. B. durch das Nichtkommunizieren von Personalentscheidungen).

Der Begriff des *Führungsverhaltens* wird im Rahmen dieser Studie Nerdinger, Blickle und Schaper (2014) folgend im Wesentlichen an den beiden Dimensionen *„Consideration"* (Wärme, Vertrauen, Freundlichkeit, und Achtung der Mitarbeiter) – sog. mitarbeiterorientiertes Verhalten – und *„Initiating Structure"* (aufgabenbezogene Organisation und Strukturierung sowie Aktivierung und Kontrolle der Mitarbeiter) – sog. aufgabenbezogenes Verhalten – festgemacht. Den Autoren zufolge wird bei einem mitarbeiterorientierten Führungsverhalten Rücksicht auf die persönlichen Bedürfnisse der Mitarbeiter genommen. Das aufgabenorientierte Führungsverhalten ist auf die Erreichung der Organisationsziele ausgerichtet. Für den tatsächlichen Führungserfolg ist neben der Mitarbeiter- und Aufgabenorientierung das transformationale Verhalten erforderlich, das den Geführten weitestgehend den Sinn in der Arbeit vermitteln soll (vgl. Nerdinger, Blickle & Schaper, 2014).

Das Führungsverhalten der Bosserinnen und Bosser wurde von den Betroffenen sehr negativ und überwiegend (sieben der neun Befragten) als destruktiv beschrieben. Es wurde weder Mitarbeiter- noch Aufgaben bezogen, noch transformational wahrgenommen. Im Gegenteil! Das Führungsverhalten zeichnet sich vor allem durch soziale Kälte, mangelnde Aktivierung der Betroffenen und einer defizitären Kommunikation aus. Es kann unter diesem Gesichtspunkt ein feindseliges Führungsverhalten unterstellt werden, das sich insbesondere durch feindseliges verbales und non-verbales Verhalten zeigte (vgl. Nerdinger, Blickle & Schaper, 2014).

Unter dem *Aspekt des Führungsstils* berichteten die Interviewteilnehmerinnen und -teilnehmer überwiegend (sechs von neun) von einem autoritären/autokratischen Führungsstil (*„und dann wurde das gemacht, was sie wollte"*). Der Führungsstil wurde auch als diktatorisch bezeichnet (*„Die hatte auch wirklich so* *einen Hofstaat um sich rum"*). Zudem gaben die Befragten an, dass sich der Führungsstil der Bosserinnen und Bosser durch Abwesenheit auszeichnete (*„ Er war auch fast nie da"*).

Unter einem *autoritären/autokratischen Führungsstil* ist eine Führung der Geführten zu verstehen, bei der der Führende alle Aktivitäten des Einzelnen und der Gruppe bestimmt und lenkt, resp. diktiert. Dabei legt der Führende fest, was das einzelne Gruppenmitglied zu tun hat und mit wem es zusammenarbeiten soll. Das Vorgehen hinsichtlich des angestrebten Aufgabenziels bleibt dabei für den Einzelnen im Ungewissen (vgl. Weibler, 2012).

Diktatorisch (zur Wortbedeutung s. Ziff. 6.5.2.2.4 unter Buchstabe c)) wird allgemein hin als Gegenteil von demokratisch beschrieben. Bei einem *demokratischen Führungsstil* ermutigt der Führende die Geführten dazu, ihre Aktivitäten und Ziele in der Gruppe zur Diskussion zu stellen. Die Gruppenmitglieder entscheiden, mit wem sie zusammenarbeiten wollen und wer welche Arbeitsaufgaben übernimmt. Der Führende steht mit Rat zur Seite und äußert objektives Lob und übt konstruktive und objektive Kritik (vgl. Weibler, 2012).

Ein Führungsstil, der sich durch Abwesenheit des Führenden auszeichnet wird in der Literatur als sog. *„ derailed leadership behaviour"* bezeichnet. Es handelt sich um ein völlig entgleistes Führungsverhalten, das sich u.a. auch durch Drückebergerei bzw. Absentismus auszeichnet und sich somit gegen die Organisationsziele richtet (vgl. Einarsen, Aasland & Skogstad, 2007, zitiert nach Weibler, 2012).

Die Aussagen der Studienteilnehmerinnen und -teilnehmer weisen tendenziell darauf hin, dass Bosserinnen und Bosser im Rahmen eines Bossingprozesses vor allem einen autoritären und diktatorischen Führungsstil pflegen, was als destruktive Führung im Sinne eine bad leaderships verstanden werden kann.

b) Organisation

Die Studienteilnehmerinnen und -teilnehmer berichteten über unterschiedliche Wahrnehmungen hinsichtlich der organisationalen Bedingungen während der Bossingperiode. Ihre Wahrnehmungen wurden unter den Aspekten Unternehmenskultur, Unternehmensstruktur, Betriebsklima, Rahmenbedingungen, Unternehmensleitung und Rollenkonflikte ausgewertet.

Unter dem *Aspekt der Unternehmenskultur* berichteten die Interviewpartnerinnen und -partner (sechs von neun Befragten) von einer Mobbing und Bossing fördernden und verharmlosenden Unternehmenskultur (*„ Was ich sehr schlimm* *fand, dass die Leute, die mitgemacht haben zu mobben, im Haus verteilt wurden und dort weiter agiert haben"/" Obwohl sie das wussten und auch merkten, bekam ich so eine Bemerkung: Ja, seien Sie mal tapfer").* Darüber hinaus berichteten sie von einer Absentismuskultur (*„wir sind alle mal zwischendurch einkaufen gegangen")* und einer mangelnden Fehlerkultur.

Zum Begriff der *Unternehmenskultur* wurde bereits unter Ziff. 6.3.3.4.4 dieser Arbeit hinreichend ausgeführt. Eine Mobbing und Bossing fördernde und verharmlosende Unternehmenskultur muss unter dem Gesichtspunkt der *grundlegenden Annahmen* als Teil und vor allem Kern der Unternehmenskultur betrachtet werden. Wo Mobbing und Bossing im weitesten Sinne als ungeschriebenes Gesetz von den Organisationsmitgliedern (Führende und Geführte) anerkannt und blindlinks gefolgt wird (bspw. Ausbleiben von Sanktionen), werden solche negativen Verhaltensweisen auch als Kennzeichen und Werte einer Organisation übernommen und von den Organisationsmitgliedern gelebt.

Unter dem Aspekt der grundlegenden Annahmen als Kernbestandteil der Unternehmenskultur kann auch die von den Befragten berichtete Absentismus- und mangelnde Fehlerkultur subsumiert werden, wobei der Begriff der Absentismuskultur einer genaueren Betrachtung bedarf.

Der Begriff der *Absentismuskultur* als Teil der Unternehmenskultur wird synonym verwandt für den Begriff der *Abwesenheitskultur*. Unter diesem Begriff sind bestimmte Vorstellungen, resp. Normen zu verstehen, die in Unternehmen hinsichtlich eines bestimmten Fernbleibens der Organisationsmitglieder als akzeptabel bzw. normal erachtet werden. Das allgemeine Abwesenheitsverhalten (Häufigkeit/Dauer) im sozialen Umfeld (u.a. Kolleginnen und Kollegen oder Vorgesetzte) beeinflusst das individuelle Abwesenheitsverhalten des einzelnen positiv wie negativ (vgl. Brandenburg & Nieder, 2009). Im konkreten Fall negativ, da das zwischenzeitliche Einkaufen und somit Fernbleiben von der Arbeit als völlig normal angesehen wird.

Definitionen zum Begriff der *Fehlerkultur* als Teil der Unternehmenskultur werden erst mit Beginn der 2000er Jahre entwickelt. Sie alle fußen auf der Pionierarbeit von Oser und Hascher (1997): *„Fehlerkultur konstituiert sich wesentlich aus der Qualität und Quantität mündlicher und schriftlicher Interaktionen in Fehlersituationen"* (vgl. Oser und Hascher, 1997, S. 3, zitiert nach Löber, 2012). Bei Zugrundelegung der Definition von Oser und Hascher (1997) kann die Aussage der Interviewpartnerinnen und -partner hinsichtlich einer mangelnden Fehlerkultur nur insoweit interpretiert werden, als dass die Organisationsmitglieder in Fehlersituationen schlichtweg nicht miteinander interagieren.

In der Gesamtschau weisen die Aussagen der Studienteilnehmerinnen und -teilnehmer unter dem Aspekt der Unternehmenskultur tendenziell darauf hin, dass Bossingprozesse insbesondere von einer Mobbing und Bossing fördernden Unternehmenskultur befeuert werden können.

Unter dem *Aspekt der Unternehmensstruktur* berichteten die Interviewteilnehmerinnen und -teilnehmer (sieben von neun Befragte) unter der Überschrift innerbetriebliche Veränderungen vor allem von den Faktoren *innerbetrieblicher Wechsel* (Einsetzen und Absetzen sowie wiederholter Wechsel von Führungskräften, Umsetzung von Mitarbeiterinnen und Mitarbeitern) sowie *Change-Prozesse* (Umzug, Auflösen einer Abteilung, Umorganisation, Auszahlung statt Abfeiern von Mehrarbeitsstunden).

Darüber hinaus berichteten die Befragten (drei von neun Befragte) von einer *formatierten Arbeitswelt* (Kontrolle der Anwesenheitszeiten, wöchentlichen Frührunden, Qualitätsmanagement, Standards, Zielvereinbarungen).

Andere Organisationsbedingungen, wie das Vorhandensein einer Abteilung Personalentwicklung (PE), Ausschreibungen, entgeltliche Kursangebote, Teilzeit und Wochenendbetrieb, Kundenkontakte, gutes Betriebsergebnis und geringe Mitarbeiterfluktuation wurden unter dem Aspekt der Unternehmensstruktur genannt; ein Bezug zur Bossingproblematik wurde von den Befragten aber nicht hergestellt.

Für die Bewertung von Bossingprozessen und zur Beantwortung der Forschungsfrage sollen unter dem Aspekt der Unternehmensstruktur in der Folge vor allem die Faktoren innerbetriebliche Veränderungen und formatierte Arbeitswelt näher beleuchtet werden.

Innerbetriebliche Wechsel dürfen nicht mit dem Begriff der Fluktuation verwechselt werden, bei der Beschäftigte aus einem Unternehmen ausscheiden und in einem neuen Unternehmen ein neues Arbeitsverhältnis beginnen. Innerbetriebliche Wechsel werden aus unterschiedlichen Gründen grundsätzlich durch Umsetzung oder Versetzung vollzogen. Der Wechsel von Führungskräften sowie von Mitarbeiterinnen und Mitarbeitern ohne Führungsverantwortung innerhalb eines Unternehmens beinhaltet Risiken und Chancen. Zu den Risiken können bspw. der Verlust eines Kulturguts oder auch der Verlust von Wissen gezählt werden. Die Chancen bestehen bspw. im Zugewinn neuen Wissens und einer gefühlten Aufbruchstimmung im Unternehmen. Der wiederholte Wechsel von Führungskräften in einer Organisation allerdings führt bei den Geführten zu Verunsicherung und Vertrauensverlust sowie zu Widerstand, was zu mangelnder Motivation, Leistungsbereitschaft und Arbeitszufriedenheit sowie mangelndem Commitment führen kann.

Change-Prozesse, wie sie von den Interviewteilnehmerinnen und -teilnehmern berichtet wurden, können nicht nur auf der Ebene des sozialen Gefüges einer Organisation vollzogen werden. Veränderungen im Sinne eines Change Managements finden auch und vor allem in der Aufbau- und Ablauforganisation statt. Dabei können die Veränderungen des Aufbaus (Strukturen) und des Ablaufs (Prozesse) gravierend sein. Neue Abteilungen können entstehen oder alte aufgelöst oder bereits bestehende zusammengeführt werden (*„in einem großen Veränderungsprozess von vielen kleinen einzelnen Divisions hin zu einem zentralen"*). Bestehende Arbeitsabläufe werden neu gestaltet oder bestehende Prozesse verändert (Auszahlung statt Abfeiern von Überstunden). Da Veränderungen bei Change-Prozessen oft auf allen drei Ebenen (Aufbau- und Ablauforganisation; soziales Gefüge) stattfinden, kommt es zwangsläufig zu Veränderungen auf der Verhaltensebene der Organisationsmitglieder und zu Stress. Folge sind Widerstände auf der Mitarbeiterebene, die einen Change-Prozess gefährden können. Widerstände der Belegschaft gegen Wandel werden von drei Faktoren begünstigt.

Trägheit: Menschen neigen erst dann dazu, Dinge zu verändern, wenn Probleme offensichtlich werden und wenn sie selbst unmittelbar betroffen sind. Menschen, die auf der Persönlichkeitsebene Offenheit für Erfahrungen eher konservative Ausprägungen zeigen, werden eher als Widerständler gegen Wandel in Erscheinung treten.

Unwissenheit: Grundsätzlich wächst die Angst vor Neuem mit sinkendem Bildungsniveau. Je höher die Bildung, desto eher besteht ein Selbstvertrauen in das eigene Können und die Fähigkeit Neues zu erlernen. Dies führt zu weniger Furcht vor Wandel.

Schlechte Erfahrungen: „Das gebrannte Kind scheut das Feuer"! Change-Prozesse werden aus unterschiedlichsten Gründen (bspw. aufgrund neuer Technologien, Wettbewerb, Politik, Kundenausrichtung usw.) und aus eigener Erfahrung zu häufig durchgeführt (in dreißig Dienstjahren mehr als zehn Umorganisationen). Nicht selten scheitern Veränderungsprozesse, was mit entsprechenden negativen Erfahrungen der Belegschaft einhergeht. Negative Erfahrungen mit

Change-Prozessen in der Vergangenheit führen zu großer Skepsis gegenüber Wandel und zu Frustration, was ein erhebliches Widerstandspotenzial entfaltet (vgl. Lauer, 2014; Stolzenberg & Heberle, 2013). *Formatierte Arbeitswelten* finden sich in allen modernen Organisationen. Im weitesten Sinne sind hierunter Qualitätsmanagement (QM), Controlling und Standardisierung zu verstehen. Die von den Studienteilnehmerinnen und -teilnehmern berichteten Steuerungsinstrumente der Kontrolle von Anwesenheitszeiten, der Standardisierung, der Besprechungsrunden und Zielvereinbarungen können darunter subsumiert werden. Dabei haben QM und Controlling in einem Unternehmen Steuerungsfunktion und dienen als Führungs- und Informationssysteme. Standardisierung dient der Vereinfachung u.a. von Verfahrensweisen. Instrumente des QM und des Controllings können von den Beschäftigten dann als belastend erlebt werden, wenn damit eine Gängelung in Verbindung gebracht wird (*"Pflege der Anwesenheit im Outlook-Kalender. Hat keiner gemacht. Hat die einen Riesenaffenzauber gemacht, und das hätte ich zu machen, hat sie auch eingefordert, schriftlich"*). Standardisierung wird dann als störend wahrgenommen, wenn durch sie Verfahren nicht vereinfacht, sondern verkompliziert werden (z. B. durch aufwendige Dokumentationssysteme in der Pflege).

Die Aussagen der Studienteilnehmerinnen und -teilnehmer weisen unter dem Aspekt der Unternehmensstruktur tendenziell darauf hin, dass insbesondere innerbetriebliche Veränderungen durch häufige Personalwechsel, vor allem auf der Führungsebene, sowie Change-Prozesse auf den Ebenen der Aufbau- und Ablauforganisation Bossingprozesse begünstigen können. Eine formatierte Arbeitswelt kann dann Bosssing begünstigend sein, wenn QM oder Controlling als Überwachungsinstrumente im Sinne einer Gängelung der Beschäftigten eingesetzt werden.

Unter dem *Aspekt des Betriebsklimas* berichteten die Interviewpartnerinnen und -partner von einem schlechten Betriebsklima (sieben von neun Befragten) und davon, dass Mobbing über den gesamten Bossingprozess eine Rolle spielte, sowie von Konkurrenzdenken.

Betriebsklima wird in der Wissenschaft unter dem Begriff des *Organisationsklimas* behandelt. *"Organisationsklima lässt sich verstehen als die relativ überdauernde Qualität der inneren Umwelt der Organisation, die durch ihre Mitglieder erlebt wird, ihr Verhalten beeinflusst und durch die Werte einer bestimmten Menge von Merkmalen der Organisation beschrieben werden kann"* (vgl. von Rosenstiel & Nerdinger 2011, S.371). In diversen empirischen Studien konnte belegt werden, dass ein positives Organisationsklima u.a. mit erhöhter Arbeitszu-friedenheit und verbesserter Arbeitsleistung sowie mit dem Gefühl der Wertschät-zung und einem reduzierten Rückzugsverhalten der Beschäftigten einhergeht. Ein schlechtes Organisationsklima korreliert dagegen u.a. mit geringem Wohlbefin-den, Arbeitsunzufriedenheit und Konflikten (vgl. Carr, Schmidt, Ford, & DeShon, 2003; Hering, Beerlage & Kleiber, 2010).

Berichtetes Mobbingverhalten und Konkurrenzdenken können als Varian-ten sozialer Konflikte am Arbeitsplatz als Folge eines schlechten Organisations-klimas angenommen werden. Das von den Interviewpartnerinnen und -partner be-richtete schlechte Betriebsklima, resp. Organisationsklima kann tendenziell als ein wesentlicher Prädiktor für das Entstehen vom Bossing angenommen werden.

Unter dem *Aspekt der Rahmenbedingungen* berichteten die Interviewteil-nehmerinnen und -teilnehmer von Perspektivlosigkeit (fünf von neun Befragte), Arbeitsverdichtung und eingeschränktem Handlungsspielraum (vier Befragte) so-wie von Überforderung und einem verschärften Wettbewerb (drei Befragte). Die Befragten berichteten zudem von einer hohen Anzahl an Überstunden, einer ho-hen Anzahl an Fehlzeiten, von einer mangelhaften Entlohnung sowie über unklare und rückständige Arbeitsorganisationen. Im Weiteren berichteten die Interview-teilnehmerinnen und -teilnehmer von einer defizitären bzw. veralteten Arbeits-umgebung, von mangelhaften Arbeitsmitteln, von Personalmangel, von unquali-fizierten Mitarbeiterinnen und Mitarbeitern, von mangelnden Fortbildungsmög-lichkeiten und einer mangelnden Pausenregelung. Zudem wurden eine desolate Wirtschaftslage des Unternehmens sowie ein mangelnder finanzieller Rahmen und eine mangelhafte Patientenbetreuung genannt. Zwei der neun Befragten er-lebten die Möglichkeit zur Fortbildung. Eine Interviewpartnerin berichtete von einer befriedigenden Arbeit.

Arbeitsverdichtung, Überforderung, eine hohe Anzahl an Überstunden und Fehlzeiten, Personalmangel, mangelhafte Entlohnung, verschärfter Wettbewerb, eine desolate Wirtschaftslage des Unternehmens sowie ein mangelnder finanziel-ler Rahmen und eine mangelhafte Patientenbetreuung wurde von jenen Stu-dienteilnehmerinnen und -teilnehmern geäußert, die der Pflegebranche angehö-ren. Die problembehafteten Rahmenbedingungen des Gesundheitssystems, vor al-lem im Bereich der Pflege, wurden bereits unter Ziff. 6.3.3.4.4 hinreichend erläu-tert und bedürfen an dieser Stelle keiner weiteren Interpretationen.

Unter dem Gesichtspunkt der Perspektivlosigkeit weisen die Aussagen der Befragten darauf hin, dass sich aufgrund der bestehenden organisationalen Rahmenbedingungen an der Situation nichts ändert bzw. sich Veränderungen nicht herstellen lassen, Ziele (auch der berufliche Aufstieg) nicht erreicht werden können und die mangelnden Perspektiven im Unternehmen zur Kündigung führen. Die von den Studienteilnehmerinnen und -teilnehmern geäußerte Perspektivlosigkeit führt als Folgen zu Frustration, Rückzug und Aufgabe.

Unter dem Gesichtspunkt der eingeschränkten Handlungsmöglichkeiten (*„man hat mir eigentlich meine Flügel abgeschnitten"*) weisen die Aussagen der Befragten auf einen eingeschränkten *Tätigkeitsspielraum* hin. Der Tätigkeitsspielraum setzt sich u.a. Ulich (1984), Hacker (1978) und Rautenberg (1990) zufolge aus dem Handlungsspielraum (Flexibilität), dem Gestaltungsspielraum (Variabilität) und dem Entscheidungsspielraum (Autonomie) zusammen. In der Wissenschaftslandschaft besteht Einigkeit darüber, dass der Tätigkeitsspielraum, also die Möglichkeit, Einfluss (Entscheiden oder wenigstens Mitentscheiden) auf möglichst viele Bereiche seines Lebens (auch der Arbeit) nehmen zu können zu den wesentlichen Aspekten einer menschenwürdigen Lebensführung im Allgemeinen und einer persönlichkeitsfördernden Arbeitsgestaltung im Besonderen zu zählen ist (vgl. Ulich, 1984; Hacker, 1978; Rautenberg, 1990, zitiert nach Ulich, 2011). Empirische Arbeiten zeigen, dass hohe Tätigkeitsspielräume positiv mit Leistungsfähigkeit, Motivation, Arbeitszufriedenheit sowie Gesundheit korreliert, geringe Tätigkeitsspielräume zeigen in diesen Bereichen hingegen negative Werte (vgl. u.a. Spector, 1986; Sonnentag, 1996; Park, Jacob, Wagner & Baiden, 2014). Organisationale Rahmenbedingungen, die darauf ausgerichtet sind, die Tätigkeitsspielräume der Beschäftigen einzuschränken, müssen als risikobehafte Verhältnisse bewertet werden und sind Nährboden für Bossingprozesse.

Die Aussagen der Studienteilnehmerinnen und -teilnehmer zu den Aspekten einer rückständigen Arbeitsorganisation, zu mangelnden Pausenregelungen und Fortbildungsmöglichkeiten sowie zur Beschäftigung unqualifizierter Mitarbeiterinnen und Mitarbeitern, zu einer defizitären bzw. veralteten Arbeitsumgebung und zu mangelnden Arbeitsmitteln, können unter den arbeits- und organisationspsychologischen Gesichtspunkten Arbeit (Arbeits-, Arbeitsplatz und Aufgabengestaltung), Individuum (persönliche Verhaltens- und Leistungs-bedingungen) sowie Organisation (Organisationsentwicklung) bewertet und interpretiert werden. Es kann postuliert werden, dass Arbeit, Arbeitsplatzgestaltung, Arbeitsmittel (Werkzeuge), Arbeitszeitgestaltung (Pausen) sowie persönliche Verhaltens- und Leistungsbedingungen (Qualifikation durch Fortbildung) und die Organisationsstruktur Einfluss auf das Befinden und die Zusammenarbeit von Menschen haben. Andererseits haben die in Organisationen wirkenden Individuen (bspw. durch ihre Fähigkeiten) Einfluss auf die Organisation selbst (vgl. Schuler, 2007). Es dürfte außer Frage stehen, dass die von den Interviewpartnerinnen und -partnern geäußerten defizitären organisationalen Rahmenbedingungen einen negativen Einfluss auf ihr Befinden und ihr Zusammenwirken mit anderen Beschäftigten in ihren Unternehmen zur Folge haben. Insofern können auch diese Rahmenbedingungen als risikobehaftete Verhältnisse bewertet werden, die den Nährboden für Bossingprozesse bilden können.

Unter dem *Aspekt der Unternehmensleitung* berichteten die Interviewteilnehmerinnen und -teilnehmer von mangelnder Wertschätzung, mangelhafter, resp. intransparenter Personalpolitik und mangelnden Abstimmungsprozessen. Das Leitungsverhalten wurde als Mobbing/Bossing fördernd erlebt. Zudem berichteten die Befragten von einer defizitären Kommunikation und einer mangelnden Führungskräfteentwicklung. Nur jeweils eine/r de neun Befragten gaben an, eine Wertschätzung und eine Superversion erhalten zu haben.

Zur Thematik der Wertschätzung und Personalentwicklung (Führungskräfteentwicklung) wurde bereits unter Ziff. 6.3.3.3.5 hinreichend ausgeführt.

Zunächst sollen die als problematisch erlebte *Kommunikation* (mangelnde Abstimmungsprozesse) und *Information* (intransparente Personalpolitik) beleuchtet werden. Information wird in dieser Studie als Teil der Kommunikation verstanden, wobei Kommunikation als Übertragungsprozess und Information als Inhaltsaspekt verstanden wird (vgl. Noll, 1996). Auf Basiswissen zur Kommunikation soll hier nicht näher eingegangen werden. Vielmehr soll Kommunikation im Organisationskontext beleuchtet werden. Im organisationalen Zusammenhang kann grundsätzlich zwischen formeller (Dokumentation, Rundschreiben, Mitarbeiterzeitschriften usw.) und informeller Kommunikation (alle nicht arbeits- und leistungsbezogenen Inhalte) unterschieden werden (vgl. Blickle, 2004).

Formale Kommunikation beruht grundsätzlich auf den Organisationsstrukturen, bzw. deren Aufbau, und richtet sich bspw. nach der Hierarchie und der Organisationsform (Einliniensystem, Mehrliniensystem, Stab- oder Matrixorganisation). In Ein-Liniensystem etwa kann es z.B. aufgrund einer hohen Anzahl von Schnittstellen zu Abstimmungsschwierigkeiten zwischen einzelnen Funktionsbereichen oder zu einer geringeren Flexibilität wegen der zeitraubenden Kommunikation kommen. Darüber hinaus besteht die Gefahr eines geringen Informations- und Wissensstands in den unteren Hierarchieebenen (vgl. Schreyögg, 2003). Informationsflüsse finden in Organisationen auf unterschiedlichen Ebenen statt. Dabei erfolgt die Kommunikation von oben nach unten (top-down), von unten nach oben (buttom-up), auf gleicher Ebene zwischen den Beschäftigten (horizontal) und diagonal (Führender und Geführte unterschiedlicher Funktionsbereiche).

Den Aussagen der Interviewpartnerinnen und -partnern zufolge wird die top-down-Kommunikation als problematisch erlebt, denn entweder wird mit ihnen (den Befragten) gar nicht gesprochen oder sie bemängeln Abstimmungsprozesse, Intransparenz oder eine intraparente Personalpolitik. Damit weisen sie auf eine als problematisch erlebte Führungskommunikation hin, die grundsätzlich primäre (u.a. Vermittlung von Informationen über gemeinsame Zielerreichung, Aufgaben- und Rollenklarheit, Entscheidungsunterstützung) und sekundäre Funktionen (u.a. soziale Eingliederung, Konfliktminderung und -vermeidung, Motivation (Lob), Identifikation, Zufriedenheit) beinhaltet (vgl. Spieß & Winterstein, 1999). Informationen über die als intransparent erlebte Personalpolitik sind demnach der primären Funktion der Führungskommunikation zuzuschreiben, denn Personalpolitik umfasst Knecht (2011) zufolge u.a. auch die Personalentwicklung und Personalbedarfsplanung (vgl. Knecht, 2011).

Die Aussagen hinsichtlich eines Mobbing/Bossing fördernden Leitungsverhaltens werden unter Buchstabe c) Soziale Beziehungen eingehend behandelt.

Unter dem *Aspekt der Rollenkonflikte* berichteten die Interviewpartnerinnen und -partner (sieben der neun Befragten) davon, dass die Rollenkonflikte den Arbeitsplatz betrafen (Angestelltenverhältnis und die tatsächliche Arbeitstätigkeit differierten, Entscheidungen für den Vorgesetzen aufgrund dessen Abwesenheit treffen müssen, Arbeitstätigkeiten für unterstellte Mitarbeiterinnen und Mitarbeiter ausführen müssen, Ausfüllen einer Sandwich-Position, Gedanken hinsichtlich Kündigung vs. Zukunftschancen) oder durch Teamspaltung (Lagerbildung) entstanden waren.

Zu den Arten der *Rollenkonflikte* und das Ausfüllen einer *Sandwich-Position* wurde hinreichend unter Ziff. 6.3.3.3.5 ausgeführt. Insofern kann zusammenfassend postuliert werden, dass die Studienteilnehmerinnen und -teilnehmer überwiegend Person-Rollen- (Unvereinbarkeit zwischen Rollenanforderungen und persönlichen Werten bzw. Fähigkeiten) und Inter-Rollen-Konflikte (Unvereinbarkeit unterschiedlicher Rollen) erlebten. Hinsichtlich des Konfliktes der Gedanken zu einer möglichen Kündigung und den Folgen, insbesondere mit der Frage von Zukunftschancen, erlebten die Befragten intra-psychische Konflikte, die dann auftreten, wenn in einer Entscheidungssituation (z. B. Verlassen der vs. Verbleiben in der Organisation) hinsichtlich der Handlungsalternativen (z. B. Kündigung vs. Nicht-Kündigung) unvereinbare, einander entgegenstehende Handlungstendenzen, resp. Motivationen (z. B. Verbleiben in der Organisation = Bossinghandlungen ausgesetzt sein; Verlassen der Organisation = Zukunftschancen fraglich) bestehen (vgl. Lewin, 1968).

c) Soziale Beziehungen

Die Studienteilnehmerinnen und -teilnehmer berichteten über unterschiedliche Wahrnehmungen hinsichtlich der sozialen Beziehungen während der Bossingperiode. Ihre Wahrnehmungen wurden unter den Aspekten soziale Verhältnisse, Hilfesuche und Unterstützung ausgewertet.

Unter dem *Aspekt soziale Verhältnisse* berichteten die Interviewteilnehmerinnen und -teilnehmer einerseits von einem unkollegialen Verhältnis mit Kolleginnen und Kollegen (z. B. auch durch ablehnendes Verhalten) und Mobbingverhalten sowie von einem unkollegialen Verhältnis zu Vorstandskollegen bzw. einer vorgesetzten Referentin. Andererseits berichteten die Studienteilnehmerinnen und -teilnehmer von einem kollegialen Verhältnis mit Kolleginnen und Kollegen (auch im Team), resp. mit den unmittelbaren Kolleginnen und Kollegen, bzw. einem/einer KollegIn sowie mit der Putzfrau und dem Hausmeister. Eine Interviewpartnerin berichtete von einem kollegialen Verhältnis mit dem neuen Geschäftsführer.

Unter *Kollegialität* ist das gute Einvernehmen mit den Kolleginnen und Kollegen zu verstehen. Synonym wird für Kollegialität auch Fairness und Solidarität gebraucht (*„Also wir haben uns dann auch öfter mal privat getroffen mit den Leuten, die zusammengehalten haben, um diese Geschichten auch zu verarbeiten"*). *Unkollegial* ist das Verhalten dann, wenn es u.a. charakterlos und unanständig, unfair oder unredlich ist (vgl. Duden, 2010). In diesem Kontext kann bspw. das Versagen der Solidarität mit einer Kollegin, die bei einer Vorgesetzten Zusammenhänge nachfragt (*„...andere haben sich tierisch aufgeregt über mich und haben gesagt, ey, du tickst doch wohl nicht mehr sauber"*) als unkollegiales Verhalten interpretiert werden.

Mobbingverhalten beschreibt Leymann (1993) zufolge, „ *...negative kommunikative Handlungen, die gegen eine Person gerichtet sind (von einer oder mehreren anderen) und die sehr oft über einen längeren Zeitraum hinaus vorkommen und damit die Beziehung zwischen Täter und Opfer kennzeichnen"* (vgl. Leymann, 1993, S. 21, zitiert nach Kolodej, 2005, S. 22). Mobbingverhalten wird beispielsweise mit wiederholter Respektlosigkeit oder dem wiederholten schlecht reden über jemanden von den Studienteilnehmerinnen und -teilnehmern beschrieben. Die Befragten berichteten zudem, dass sie die Geschäftsleitung bzw. die Geschäftsführung sowie die unmittelbare Kollegin als Mitspieler/in des Bossers/der Bosserin erlebt hatten und dass der Bosser/die Bosserin durch die nächsthöhere Vorgesetztenebene unterstützt worden war.

Bislang existiert keine Forschung zu der Frage einzelner Rollen in einem Bossingprozess. Die Mobbingforschung allerdings gibt Hinweise darauf, dass es sich bei Mobbing offensichtlich um ein Gruppenphänomen (zwei bis vier Beteiligte) handelt (vgl. u.a. Leymann, 1993).

Einzig die Bullying-Forschung konnte im Schulkontext sogenannte „participant roles" (Täter, Opfer, Assistenten, Verstärker, Verteidiger und Außenstehende) identifizieren.

- Täter (Bully) ist der, der die Initiative ergreift, um jemanden aktiv zu schikanieren.
- Opfer (Victims) sind die, die vom Bully aufgrund ihres niedrigeren sozialen Status angegriffen werden.
- Assistenten (Assistants) orientieren sich am Verhalten des Bully und unterstützen ihn durch aktives Tun.
- Verstärker (Reinforcer) schauen beim Bullying zu und lachen. Ihr Verhalten hat eine verstärkende Wirkung auf die Schikanen des Bullys.
- Verteidiger (Defender) setzen sich für die Oper ein und stellen sich ihnen an die Seite.
- Außenstehende (Outsider) erleben die Schikanen des Bullys mit, halten sich aber aus dem Bullyingprozess heraus und sind untätig (vgl. u.a. Salmivalli, Lagerspetz, Björkqvist, Österman & Kaukiainen, 1996; Schäfer & Korn, 2004).

Die Assistenten-Rolle im Zusammenhang mit Bossing könnte sich bspw. dadurch auszeichnen, dass der/die Bosser/in Unterstützung hinsichtlich der Kontrolle der Anwesenheitszeiten durch eine Mitarbeiterin erfährt (*„ich habe noch einen Kalender, wo ich ganz genau eintragen musste, wann ich wo war und meine Kollegin drauf hingewiesen [hat], dass ich das anders eintragen müsste"*).

Die Verstärker-Rolle im Zusammenhang mit Bossing könnte sich bspw. dadurch auszeichnen, dass der/die Bosser/in Unterstützung hinsichtlich eines arbeitsrechtlichen Vorgehens (Abmahnung) durch die Geschäftsführung erfährt (*„der ist dann voll auf dieses Pferd mit gesprungen und hat diese Abmahnung auch noch mit unterstützt"*).

Unter dem *Aspekt der Hilfesuche* berichteten die Befragten, dass sie sich bei Kolleginnen und Kollegen, bei einer Rechtsanwältin, resp. einer Arbeitsrechtlerin, beim Betriebsrat und bei einer Hausärztin Hilfe gesucht hatten.

Hilfesuche im Zusammenhang mit Bossinggeschehen können Neuberger (1999) folgend als Interaktionsregulation im Zuge von Bewältigungsversuchen interpretiert werden. Neuberger postuliert in seinem Modell der Phasen der Veränderung der Person durch Mobbing, dass die Persönlichkeit der Betroffenen zunächst einmal mit bestimmten Leistungs- und Sozialkompetenzen, Werthaltungen, mit Selbstwertgefühl, Grundstimmungen usw. ausgestattet ist. Ein Mensch, der sich wiederholten und andauernd feindseligen Attacken ausgesetzt sieht, reagiert darauf kognitiv und affektiv. Sobald die betroffene Person die feindseligen Attacken als ernsthaft und bedrohlich einschätzt, wird sie das zur Verfügung stehende *„Repertoire an Coping-Mechanismen"* (S. 93) aktivieren. Es werden verschiedene Bewältigungsversuche (Situationsveränderung, Selbstregulierung, Emotionsregulierung, Einsatz kognitiver Strategien und Interaktionssteuerung) unternommen. Der Bewältigungsversuch der Interaktionssteuerung kann bspw. daraus bestehen, soziale Unterstützung zu aktivieren (vgl. Neuberger, 1999).

Unter dem *Aspekt der Unterstützung* berichteten die Studienteilnehmerinnen und -teilnehmer auf der einen Seite, dass sie durch die nächsthöhere Vorgesetztenebene keine Unterstützung erfahren hatten. Ihnen war zudem vom Vorstand bzw. der Geschäftsleitung und dem Betriebsrat die Unterstützung verwehrt worden. Auf der anderen Seite hatten sie intern Unterstützung durch Supervision, die Mitarbeitervertretung (MAV), einer Aushilfe und der Geschäftsleitung aber vor allem extern durch den Lebenspartner, bzw. den Ehemann, eine Therapeutin sowie durch eine Arbeitsrechtlerin, den Hausarzt und einen Pastor erlebt.

Mangelnde interne Unterstützung der Bossingbetroffenen kann in den konkret untersuchten Fällen als mangelnde Sozialkompetenz („ ...*von der Geschäftsleitung eher keine Unterstützung, weil sie überfordert war mit der Situation...* ") interpretiert werden.

Extern erlebte Unterstützung kann im Sinne der von Neuberger postulierten Bewältigungsstrategien als erfolgreiche Interaktionssteuerung interpretiert werden (vgl. Neuberger, 1999).

6.5.2.4.5 Theoretische Einordnung unter dem Gesichtspunkt der Arbeitsumwelt

Die Aussagen der Interviewpartnerinnen und -partner hinsichtlich des von ihnen erlebten *Leaderships* konnten unter dem Aspekt des Führungsverhaltens weder als mitarbeiter- noch als aufgabenorientiert noch als tranformational identifiziert werden. Es zeichnete sich vor allem durch soziale Kälte und einer defizitären Kommunikation aus, die sich vor allem durch feindseliges verbales und nonverbales Verhalten zeigte und deshalb als feindselig bewertet werden konnten. Der Führungsstil wurde von den Befragten als autoritär/autokratisch sowie diktatorisch wahrgenommen und er zeichnete sich durch Abwesenheit aus.

Im Kontext eines bad leaderships handelt es sich Einarsen und Kollegen (2007) zufolge bei einem autoritären/autokratischen und diktatorischen Führungsstil vor allem um destruktive Führung. Den Autoren folgend ist schlechte Führung vordergründig an den konkreten Wirkungen des Führungshandelns auszumachen. Führungsverhalten, das darauf ausgerichtet ist, organisationale (Leistungs-)Ziele auf Kosten der Mitarbeiter(-Ziele) zu erreichen, zu demütigen und zu unterdrücken oder zu mobben (bossen) bezeichnen die Autoren als tyrannisches Führungsverhalten (Tyrannical leadership behaviour), das in den überwiegenden Fällen anzunehmen ist. Ein Führungsverhalten, das sich, wie von einigen Befragten berichtet, durch Drückebergerei oder Absentismus gegen die Organisationsziele richtet, bezeichnen die Autoren als völlig entgleistes Führungsverhalten (Derailed leadership behaviour) (vgl. Einarsen Aasland & Skogstad, 2007).

Wie bereits unter Ziff. 6.3.3.4.5 beschrieben, konnte in unterschiedlichsten Studien zu Mobbing der Zusammenhang zwischen schlechter Führung (bad leadership) und dem Auftreten von Mobbing nachgewiesen werden (vgl. u.a. Einarsen, 1999; Hoel & Cooper, 2000; Hoel & Salin, 2003; Leymann, 1996; Hauge, Skogstad & Einarsen, 2007; O'Moore & Lynch, 2007; Hoel, Glasø, Hetland, Cooper & Einarsen, 2010; Nielsen, 2013). Es kann postuliert werden, dass ein autoritärer/autokratischer, resp. diktatorischer aber auch ein völlig entgleister Führungsstil als Form der destruktiven Führung im Sinne eines bad leaderships als Bossing fördernder Faktor angesehen werden kann.

Sechs der neun Befragten Befragte berichteten von den Rahmenbedingungen in der Pflegebranche. Zur theoretischen Einordnung hinsichtlich der branchenspezifischen Problematiken im Gesundheitswesen kann auf Ziff. 6.3.3.4.5 verwiesen werden.

Die Aussagen der Interviewpartnerinnen und -partner unter dem Gesichtspunkt der Organisation und der sozialen Beziehungen können als Bossing fördernde Risiken eingeordnet werden. Im Einzelnen berichteten die Befragten von den folgenden Rahmenbedingungen:

1. Mangelhafte Unternehmenskultur (auch Absentismuskultur und mangelnde Fehlerkultur),
2. Veränderungen durch Change-Prozesse auf individueller Ebene (Einsetzen und Absetzen sowie wiederholter Wechsel von Führungskräften, Umsetzung von Mitarbeiterinnen und Mitarbeitern) sowie den Ebenen der Auf- und Ablauforganisation (Umzug, Auflösen einer Abteilung, Umorganisation, Auszahlung statt Abfeiern von Mehrarbeitsstunden),
3. Formatierte Arbeitswelt (Kontrolle der Anwesenheitszeiten als Gängelung),
4. Schlechtes Betriebsklima, Mobbingverhalten und Konkurrenzdenken,
5. Arbeitsverdichtung, Überforderung, eine hohe Anzahl an Überstunden und Fehlzeiten, Personalmangel, mangelhafte Entlohnung, verschärfter Wettbewerb,
6. Desolate Wirtschaftslage des Unternehmens sowie ein mangelnder finanzieller Rahmen,
7. Perspektivlosigkeit,
8. Eingeschränkter Tätigkeitsspielraum,
9. Rückständige Arbeitsorganisation, mangelhafte Arbeitsmittel, veraltete Arbeitsumgebung und mangelnde Arbeitszeitregelungen (Pausenregelungen),
10. Mangelnde Fortbildungsmöglichkeiten, mangelnde Führungskräfteentwicklung, Beschäftigung unqualifizierter Mitarbeiterinnen und Mitarbeitern,
11. Mangelnde Wertschätzung,
12. Defizitäre Kommunikation und intransparente Personalpolitik,
13. Mobbing/Bossing förderndes Leitungsverhalten
14. Rollenkonflikte,

15. Mangelnde Kollegialität, Mobbingverhalten
16. Mangelnde soziale Unterstützung,
17. Unterstützung der Bosserinnen und Bosser.

Die Aufzählung der Bossing fördernden Risiken wird durch diverse Studien zu Mobbing und Arbeitsumwelt in Organisationen unterstützt. Vartia (1996; 2003) identifizierte u.a. einen schlechten Informationsfluss und Wettbewerb. Darüber hinaus postuliert sie, dass Mobbing als eine Form einer organisatorischen Politik (Mobbing fördernde Unternehmenskultur) auftreten kann. Salin kommt zu dem Schluss, dass Mobbing typischerweise eine Interaktion zwischen Strukturen und Prozessen darstellt. Sie ist der Auffassung, dass ein wahrgenommenes Machtungleichgewicht, schwache Führung sowie Unzufriedenheit und Frustration, Anreize, die in Organisationen mit einem politisierten Klima vorherrschen und Change-Prozesse, die typischerweise Veränderungen mit sich bringen, sich gegenseitig bedingen. (vgl. Vartia, 1996; 2003).

Auch Lewis (1999) konnte im Rahmen einer walisischen Studie zu Mobbing u.a. die (nicht gelebten) Werte und Überzeugungen der Organisation aber auch Finanzierungsdruck als Mobbing fördernd identifizieren (vgl. Lewis, 1999).

O'Moore, Seigne, McGuire und Smith (1998) konnten u.a. ein stressiges und wettbewerbsintensives Umfeld als Mobbing fördernd identifizieren (vgl. O'Moore, Seigne, McGuire & Smith, 1998). Als Stress auslösende Faktoren konnten bei der Untersuchung der Fälle in dieser Studie u.a. Arbeitsverdichtung, Überforderung, eine hohe Anzahl an Überstunden und Fehlzeiten, Personalmangel sowie mangelhafte Entlohnung ermittelt werden.

Zapf, Knorz und Kulla (1996) fanden eine Korrelation zwischen Mobbing und einem schlechten sozialen Umfeld, vor allem dann, wenn wenig soziale Unterstützung stattgefunden hatte (vgl. Zapf, Knorz & Kulla, 1996).

O'Moore und Lynch (2007) fanden einen Zusammenhang zwischen Mobbing und dem sozialen Klima am Arbeitsplatz. Gemobbte hatten das Arbeitsklima als besonders negativ wahrgenommen. Zwei Fünftel beschrieben ihr Arbeitsumfeld als feindselig. Mehr als die Hälfte der Befragten, die negative und kritische Mitarbeiterverhältnisse angegeben hatten, waren während der letzten 12 Monate gemobbt worden. Die Autorinnen und Autoren ermittelten zudem, dass Gemobbte deutlich ungünstigere Bedingungen in Bezug auf Verantwortung, Arbeitskontrolle, Anerkennung der Arbeit (Wertschätzung), Aufstiegsmöglichkeiten sowie Interesse an Arbeit und Arbeitsbelastung vorgefunden hatten (vgl. O'Moore & Lynch, 2007).

Weber et al. (2007) postulieren, dass Mobbing als Folge risikobehafteter Verhältnisse am Arbeitsplatz gesehen werden muss. Als Mobbing begünstigende Faktoren zählen sie u.a. Arbeitsverdichtung, Überforderung, chronischen Stress, Perspektivlosigkeit, unklare Arbeitsorganisation, formatierte Arbeitswelt, Mobbing verharmlosende Unternehmenskultur, schlechtes Betriebsklima, defizitäre Kommunikation, mangelhafte Personalpolitik, Intransparenz von Entscheidungen, Fehlende Anerkennung und Rollenkonflikte auf. Unter dem Aspekt eines Person-Environment/Group-Misfit postulieren sie u.a., dass mangelnde soziale Unterstützung mit Mobbing korreliert (vgl. Weber, Hörmann & Köllner, 2007).

Diverse Studien zeigen, dass das Mobbingrisiko eindeutig mit schlechter Führung, Mehrdeutigkeit von Rollen und Rollenkonflikten, Stress und einem angespannten Klima mit schlechtem Informationsfluss verbunden ist (vgl. Baillien & De Witte, 2009; Reknes, Einarsen, Knardahl & Lau 2014; Hauge, Skostad & Einarsen, 2007; Hoel & Cooper, 2000; Vartia, 1996).

Baillien, Neyens, De Witte und De Cuyper (2009) weisen darauf hin, dass eine ungünstige Arbeitsumwelt das Mobbingrisiko erhöhen. Sie postulieren, dass a) eine schlechte Arbeitsumgebung zu verstärkter Frustration führen kann, die sowohl das Verhalten der Mobber als auch das der Mobbingbetroffenen beeinflusst, b) eine schlechte Arbeitsumgebung zu schlechtem Management und Konflikten führen kann, die wiederum zu Mobbing eskalieren können, und c) eine schlechte Arbeitsumgebung und eine destruktive Unternehmenskultur Anreize für negatives zwischenmenschliches Verhalten schaffen können oder dieses erlauben (vgl. Baillien, Neyens, De Witte & Cuyper, 2009).

6.5.2.5 Auswertung Persönlichkeitseigenschaften

Im Weiteren wurden zur Erklärung der Eskalationsbedingungen bei Bossingprozessen unter der Hauptkategorie 5-Persönlichkeitseigenschaften wurden die Unterkategorien *Persönlichkeitsmerkmale der Betroffenen* sowie der *Bosserinnen und Bosser* untersucht.

6.5.2.5.1 Betroffene

Unter der Kategorie Persönlichkeitseigenschaften der Betroffenen werden alle Aussagen erfasst, die Aufschluss über die Persönlichkeit der Betroffenen geben. Die Interviewteilnehmerinnen und -teilnehmer berichteten von insgesamt 45 Persönlichkeitseigenschaften, die sich selbst zuschrieben. Fünf der neun Befragten berichteten davon, engagiert, selbstbewusst und reflektiert zu sein. Vier der neun Studienteilnehmerinnen und -teilnehmer schrieben sich Ehrlichkeit bzw. Korrektheit sowie Erfahrung bzw. Routine als Persönlichkeitseigenschaft zu. Fünf der neun Befragten beschrieben sich als freundlich, höflich, friedlich und harmonisch.

„(...) habe aber eigentlich immer zu viel gemacht als zu wenig" (IP5: 169-170).

„(...) ich war schon sehr selbstbewusst, ich wusste, was ich konnte" (IP2: 1354-1355).

„Ähm und habe mich da eigentlich auch immer für (--) reflektiert genug gehalten, das Ganze dann einordnen zu können (...)" (IP3: 313-315).

„(...) ich bin auch äh ein Mensch, der Sachen ganz klar anspricht (...)" (IP5: 85-86).

„(...) ich kann sagen, ich habe mich [nicht] falsch verhalten (...)" (IP9: 282).

„(...) der seine eigenen Erfahrungen hat (...)" (IP10: 335).

„Und ich glaube schon, dass ich da viel Routine habe und mein Ding kann (...)" (IP2: 653-654).

„Ich bin immer sehr freundlich" (IP1: 487).

„(...) und höflich (...)" (IP2: 385).

„Ich war wirklich nicht aggressiv (...)" (IP10: 244).

„Aber ich versuche schon (.), ähm mit Leuten in irgendeiner Form gut (---) klarzukommen" (IP5: 84-85).

Zwei der neun Studienteilnehmerinnen und -teilnehmer beschrieben sich als kompetent und zwei Befragte meinten, sie seien gefestigt. Als positiv und wehrhaft beschrieben sich ebenfalls jeweils zwei der neun Interviewteilnehmerinnen und -teilnehmer.

„Und ich denke schon, dass ich da einigermaßen ähm Know-how mitgebracht habe" (IP5: 25-26).

„Ich bin hm relativ gefestigt" (IP1: 487).

„Und du musst dir vorstellen, ich kam also gerade aus einer Reha, (--) ich war also (.) auf einem ganz anderen Weg. Ich war auf dem positiven Weg" (IP10: 176-177).

„(...) ich bin immer da aufrecht (.) habe da gestanden und habe ihm quasi Paroli geboten (...)" (IP1: 610).

Die Studienteilnehmerinnen und -teilnehmer berichteten darüber hinaus über weitere Persönlichkeitseigenschaften, die sie sich zuschrieben. Einerseits nannten sie positive Eigenschaften, wie: Aktiv, analytisch, beständig, durchsetzungsfähig, entscheidungsfreudig, euphorisch, gut, kontrolliert, leistungsorientiert, motivierend, mutig, offen, ordentlich, resilient, sachlich, sensibel, stolz und standhaft (jeweils eine Nennung). Andererseits berichteten die Befragten auch über Eigenschaften von sich selbst, die im Arbeitskontext eher negativ gewertet werden könnten: Altruistisch, ambivalent, distanziert, emotional, feige, unbequem, undiplomatisch, unpünktlich, vorlaut und vorsichtig (jeweils eine Nennung).

6.5.2.5.2 Bosserin/Bosser

Unter der Kategorie Persönlichkeitseigenschaften der Bosserinnen und Bosser werden alle Aussagen erfasst, die Aufschluss über die Persönlichkeit der Bosserinnen und Bosser geben. Die Interviewteilnehmerinnen und -teilnehmer berichteten von insgesamt 36 Persönlichkeitseigenschaften, die sie den Bosserinnen und Bossern zuschrieben. Es handelte sich dabei um fast ausschließlich negative Eigenschaften. Fünf der neun Befragten gaben an, dass sie die Bosserinnen und Bosser als inkompetent wahrgenommen hatten. Vier der neun Befragten nahmen die Bosserinnen und Bosser als unehrlich wahr.

„Ähm, ich habe gedacht "Das ist eine Pfeife" (IP2: 1421-1422).

„Ähm und da merkte ich dann auch relativ schnell, dass das (.) dieses Mitgefühl eigentlich ein Heucheln war (...)" (IP3: 631-632).

Die Studienteilnehmerinnen und -teilnehmer nahmen die Bosserinnen und Bosser weiterhin als asozial, böse, diktatorisch, unsicher und unsympathisch wahr (jeweils zwei Nennungen).

„(...) die war irgendwie wie ein bisschen asozial fast (...)" (IP6: 149-150).

„Also, das, was man so als klassisch böse, boshaft bezeichnet (...)" (IP3: 564-565).

„Ähm, diktatorisch, würde ich sagen" (IP8: 388).

„Ähm (1,5s) Sehr unsicher" (IP2: 1638).

„(...) was ist das fürn Arschloch (...)" (IP7: 645-646).

Darüber hinaus schrieben die Befragten den Bosserinnen und Bossern die weiteren folgenden negativen Eigenschaften zu: dreist, egozentrisch, eigennützig, ekelig, erbarmungslos, faul, feige, ausschließlich auf den Beruf fixiert, frustriert, gewissenlos, idiotisch, menschenverachtend, negativ, psychopathologisch, reizbar, rücksichtslos, selbstherrlich, unattraktiv, nicht authentisch, undurchsichtig, uneinsichtig, unfair, unfreundlich und wichtig tuend (jeweils eine Nennung).

Vier der neun Befragten schrieben den Bosserinnen und Bossern auch positive Eigenschaften zu. Zwei der neun Befragten erlebten den Bosser/die Bosserin als freundlich. Die Bosserinnen und Bosser wurden auch als charmant, standhaft, stark und vertrauenserweckend erlebt (jeweils eine Nennung).

6.5.2.5.3 Zusammenfassung und Interpretation

Die Interviewpartnerinnen und -partner berichteten von sehr unterschiedlichen Persönlichkeitseigenschaften, die sich selbst zuschrieben. Im überwiegenden Maße schrieben sie sich positive Eigenschaften zu: Fünf der neun Befragten beschrieben sich als engagiert, selbstbewusst und reflektiert sowie freundlich, höflich, friedlich und harmonisch. Vier der neun Befragten bezeichneten sich als ehrlich und korrekt, erfahren und routiniert. Darüber hinaus schrieben sich die Studienteilnehmerinnen und -teilnehmer die folgenden Eigenschaften zu: Kompetent, aktiv, analytisch, beständig, durchsetzungsfähig, entscheidungsfreudig, euphorisch, gut, kontrolliert, leistungsorientiert, motivierend, mutig, offen, ordentlich, resilient, sachlich, sensibel, stolz, standhaft, gefestigt und wehrhaft. Im überwiegenden Maße sind die von den Befragten geäußerten Eigenschaften selbsterklärend und bedürfen daher keiner weiteren Erläuterung. Einer genaueren Betrachtung soll allerdings der geäußerten Eigenschaft resilient unterzogen werden.

Unter *Resilienz* wird im Weitesten zunächst einmal Widerstandsfähigkeit verstanden, Krisen zu bewältigen und sie durch Rückgriff auf persönliche und sozial vermittelte Ressourcen als Anlass für Entwicklungen zu nutzen. Der Resilienzbegriff findet sich aktuell in unterschiedlichsten Kontexten wider. Er wird heute gebraucht für die individuellen, organisatorischen und gesellschaftlichen Herausforderungen, die es zu meistern gilt. Die individuelle Resilienz gilt gemeinhin als gut erforscht. Konsens besteht in der Wissenschaft darüber, dass sich individuelle Resilienz bspw. durch Optimismus, Gelassenheit, die Fähigkeit, in Krisen einen Sinn zu sehen, Verlassen der „Opfer"-Rolle, Verantwortung für die eigene Situation übernehmen, Zukunfts- und Lösungsorientierung auszeichnet (vgl. Benedikter & Fathi, 2015).

Neben den von den Studienteilnehmerinnen und -teilnehmern geäußerten positiven Eigenschaften berichteten nur wenige Befragte auch von Persönlichkeitseigenschaften, die sie selbst als eher negativ im Arbeitskontext beschrieben. Sie nannten die Eigenschaften: altruistisch (selbstlos, aufopfernd), ambivalent, distanziert, emotional, feige, unbequem, undiplomatisch, unpünktlich, vorlaut und vorsichtig. Auch diese von den Befragten berichteten Eigenschaften sind selbsterklärend und bedürfen daher keiner näheren Betrachtung.

Unter Berücksichtigung der fünf Dimensionen der Persönlichkeit (Big Five) nach Goldberg (1990) sowie darauf aufbauend nach Ostendorf und Angleitner (2003): Offenheit für Erfahrungen, Gewissenhaftigkeit, Extraversion, Verträglichkeit und Neurotizismus, zeigen die Aussagen der Befragten kein eindeutiges Persönlichkeitsbild.

Die Befragten zeigen aufgrund der sich selbst zugeschriebenen Persönlichkeitseigenschaften niedrige Werte auf der Dimension Offenheit für Erfahrungen (z. B. erfahren und routiniert), hohe Werte auf der Dimension Gewissenhaftigkeit (z. B. kompetent, engagiert, reflektiert, analytisch, beständig, standhaft, leistungsorientiert, ordentlich und sachlich), hohe Werte auf der Dimension Extraversion (z. B. freundlich, höflich und entscheidungsfreudig), hohe Werte auf der Dimension Verträglichkeit (ehrlich, korrekt, friedlich, altruistisch und harmonisch) und niedrige Werte auf der Dimension Neurotizismus (z. B. selbstbewusst, standhaft, gefestigt und resilient)

Die Persönlichkeitseigenschaften der Bosserinnen und Bosser wurden von den Studienteilnehmerinnen und -teilnehmern fast ausschließlich negativ wahrgenommen. Sie nahmen die Bosserinnen und Bosser als inkompetent (fünf der neun Befragten) und unehrlich (vier der neun Befragten) sowie als asozial, böse, diktatorisch, unsicher und unsympathisch wahr. Außerdem schrieben sie den Bosserinnen und Bossern folgende negative Eigenschaften zu: dreist, egozentrisch, eigennützig, ekelig, erbarmungslos, faul, feige, ausschließlich auf den Beruf fixiert, frustriert, gewissenlos, idiotisch, menschenverachtend, negativ, psychopathologisch, reizbar, rücksichtslos, selbstherrlich, unattraktiv, nicht authentisch, undurchsichtig, uneinsichtig, unfair, unfreundlich und wichtig tuend.

Nur einige Interviewteilnehmerinnen und -teilnehmer schrieben den Bosserinnen und Bossern anfänglich positive Eigenschaften, wie freundlich, charmant, standhaft, stark und vertrauenserweckend zu.

Die von den Befragten berichteten Eigenschaften sind selbsterklärend und bedürfen daher keiner näheren Erläuterung.

Unter Berücksichtigung der Big Five (vgl. Goldberg, 1990; Ostendorf und Angleitner, 2003) schreiben die Befragten den Bosserinnen und Bossern vor allem auf den Dimensionen Gewissenhaftigkeit (z. B. inkompetent, faul) und Verträglichkeit (z. B. menschenverachtend, rücksichtslos, egozentrisch, eigennützig, unehrlich, erbarmungslos und wichtigtuerisch) niedrige Werte und auf der Dimension Neurotizismus (z. B. gereizt, negativ und frustriert) hohe Werte zu.

6.5.2.5.4 Theoretische Einordung unter dem Gesichtspunkt von Persönlichkeitseigenschaften

Aufgrund der von den Interviewpartnerinnen und -partnern sich selbst zugeschriebenen Persönlichkeitsmerkmalen lässt sich keine Typologie ableiten, die die Annahme rechtfertigen könnte, die Befragten seien quasi zwangsläufig und logischerweise zu Bossingbetroffenen geworden. Wie bereits unter Ziff. 6.3.3.5.4 beschrieben, entspricht dies den Ergebnissen von Leymann (1996), der bei seinen Studien zu Mobbing keine typischen Persönlichkeitsmerkmale für die Betroffenen gefunden hatte, sondern sich verändernde Persönlichkeitsmerkmale der Betroffenen als Folge und die Persönlichkeit der Betroffenen nicht als Ursache von Mobbing ausmachte (vgl. Leymann, 1996).

Bei Zugrundelegung des Big-5-Faktoren-Modells nach Goldberg (1990) und darauf aufbauend nach Ostendorf und Angleitner (2003) zeigt sich anhand der Aussagen der Befragten, dass bei ihnen u.a. die Dimension Gewissenhaftigkeit tendenziell stärker ausgeprägt ist. Das deckt sich mit den Ergebnissen von Coyne et al. (2000), die im Rahmen ihrer Studie an 60 irischen Mobbingbetroffenen u.a. feststellen konnten, dass die Mobbingbetroffenen gewissenhafter waren als Nicht-Mobbingbetroffene (vgl. Coyne, Seigne & Randall, 2000).

Hingegen kann die Studie von Vartia (1996) nicht bestätigt werden. Die Autorin fand im Rahmen ihrer finnischen Studie bei Mobbingbetroffenen einen hohen Wert an Neurotizismus als bei Nichtbetroffenen. Die Befragten dieser Studie schrieben sich unter dem Gesichtspunkt des Neurotizismus jedoch hohe Werte zu.

Die von den Befragten sich selbst zugeschriebenen Eigenschaften kompetent, engagiert, aktiv (motiviert) und resilient (belastbar) decken sich mit Ergebnissen von Davenport et al. (2000), die im Zuge ihrer Interviewstudie an US-amerikanischen Mobbingbetroffenen u.a. ermitteln konnten, dass sich die von ihnen Befragten durch Leistung und Hingabe sowie Loyalität und einer starken Identifikation mit ihrer Arbeit auszeichneten. Die Autorinnen und Autoren kommen allerdings zu dem Schluss, dass die von ihnen festgestellten Eigenschaften als Bedrohung für höhere Positionen angesehen wurden, weshalb es zu Mobbing gekommen war. Hinweise darauf, dass die von den Autorinnen und Autoren ermittelten Eigenschaften von den Mobbern schlichtweg ausgenutzt wurden, finden sich in der Studie indes nicht (vgl. Davenport, Schwartz & Eliot, 2000).

Der Interviewpartnerinnen und -partner beschrieben die Bosserinnen und Bosser u.a. als diktatorische, menschenverachtende und böse Menschen, denen es an Perspektivenübernahme mangelt. In diesem Kontext konnten Zapf und Einarsen (2011) sowie Matthiesen und Einarsen (2011) im Rahmen ihrer Studien zu Mobbing ermitteln, dass u.a. mangelnde soziale Kompetenz sowie mangelnde Perspektivenübernahme vorherrschende Faktoren bei einer großen Anzahl von Mobbern, resp. eine wichtige Vorbedingung für Mobbing darstellen, weshalb Menschen zu Tyrannen würden (vgl. Zapf & Einarsen, 2011; Matthiesen & Einarsen, 2007).

6.6 Die zusammenfassende Beschreibung hinsichtlich eines sozialen Konflikts vs. Bossing, der Eskalationsverläufe und der Eskalationsbedingungen

6.6.1 Sozialer Konflikt vs. Bossing

Zur Unterscheidung zwischen einem „normalen" sozialen Konflikt und Bossing wurden zunächst die von Interviewpartnerinnen und -partnern geschilderten Handlungen und Verhaltensweisen beleuchtet. Es handelte sich in der Gesamtbetrachtung über alle untersuchten Fälle hinweg um negativ berichtete Handlungen und Verhaltensweisen, die den von Esser und Wolmerath (2011) aufgestellten zehn (Mobbing)Kategorien (s. Ziff. 6.5.2.1.1) zugeordnet und deshalb als Bossingverhaltensweisen bewertet werden konnten, denn ein normaler sozialer Konflikt führt nicht automatisch zu einer negativen Konnotation. Die Handlungs- und Verhaltensweisen lassen sich als eine Kombination von arbeitsbezogenen (u.a. Ideen blockieren und boykottieren, Informationen vorenthalten, Ignorieren von Problemen, Arbeitsaufgaben entziehen, destruktive Kritik sowie Machtmissbrauch), personenbezogenem (Ausgrenzen, Isolieren, Ignorieren, Bloßstellen und Kaltstellen) sowie physischem Bossing (Anschreien; Drohen) zusammenfassen (vgl. Reknes, Pallesen, Magerøy, Moen, Bjorvatn & Einarsen, 2014a; Spector, Zhou & Che, 2014; Scott, Zagenczyk, Schippers, Purvis & Cruz, 2014; Pilch & Turska, 2015; Loerbroks, Weigl, Li, Glaser, Degen. & Angerer, 2015; Bartlett, 2016; Boyle & Wallis, 2016).

Die Studienteilnehmerinnen und -teilnehmer berichteten von einer wahrgenommenen Bossingdauer von mindestens zwei Monaten und längstens zehn Jahren. Den Beginn des Konfliktes mit den Bosserinnen und Bossern erlebten sie auf heiße (Ablehnung bzw. Konfrontation von vornherein) und kalte Weise (latent, subtil, schleichend). In der Folge zeigte sich ein eskalierender, dynamischer und sich in der Intensität steigernder, konstanter aber auch schleichender Prozess. In Analogie zur Mobbingforschung ist auch Bossing dann erst erfüllt, wenn eine Person negativen Handlungen wiederholt und über einen längeren Zeitraum ausgesetzt ist. Dabei muss das Bossing, analog zu Mobbing, nicht plötzlich an einem bestimmten Punkt beginnen, sondern kann auch schleichend wahrgenommen werden. Insofern können in Anlehnung an Einarsen, Hoel, Zapf & Cooper (2011) und Niedl (1995) die Intensität und die Dauer als entscheidende Kriterien zur Unterscheidung zwischen Alltagskonflikten und Bossing angenommen werden (vgl. Einarsen, Hoel, Zapf & Cooper, 2011; Niedl, 1995).

Die Bossinghandlungen führten zu psychischen (u.a. Angst und Beeinträchtigung des Selbstwerts), somatischen (u.a. Herz-Rhythmus-Störungen), gesundheitlichen (Arbeitsunfähigkeit und Krankheit), sozialen (u.a. Beeinträchtigung des Lebensgefühls und Beziehungs-probleme) und arbeitsrechtlichen Folgen (u.a. Kündigung und Versetzung). Im Gegensatz zu einem normalen sozialen Konflikt, dessen Folgen, wie bereits erwähnt, auch positiv sein können (z. B. Identitätsstiftung, Lernchance), können die Folgen von Bossing hingegen, analog zur Mobbingforschung, ausschließlich als negativ für die Betroffenen angenommen werden. Im Weiteren kann auf die Ausführungen unter Ziff. 6.4.1 verwiesen werden.

Die Beziehung zwischen den Bosserinnen/Bossern und den Betroffenen war durch ein asymmetrisches Machtverhältnis (Vorgesetzte - Geführte) und insofern durch eine arbeitsbezogene Abhängigkeit (Hierarchie) geprägt, was, analog der Mobbingforschung, impliziert, dass die Verteidigungsmöglichkeit des Betroffenen wenigstens beeinflusst, wenn nicht gar eingeschränkt war (vgl. u.a. Keashly & Nowell, 2003; Kolodej, 2016).

Den Bosserinnen und Bossern kann Schädigungsabsicht unterstellt werden, denn alle Handlungen wurden vorsätzlich (mit Wissen und Wollen) ausgeführt und waren darauf ausgerichtet, den Betroffenen Schaden zuzufügen. Schädigungsabsicht ist jedoch kein bestimmendes Merkmal bei Konflikten (vgl. Björkvist, Österman & Hjelt Bäck, 1994).

In der Gesamtschau zur Unterscheidung zwischen einem sozialen Konflikt und Bossing können, wie bereits unter Ziff. 6.4.1 beschrieben, die folgenden maßgeblichen Kriterien für die Annahme eines Bossingsachverhalts aufgeführt werden:

1. Negative Handlungs- und Verhaltensweisen der Bosserinnen und Bosser,
2. Intensität und Dauer des Bossingprozesses,
3. Negative Folgen für die Betroffenen,
4. Asymmetrisches Machtverhältnis mit der Folge der eingeschränkten Verteidigungs-möglichkeit der Betroffenen und
5. Schädigungsabsicht der Bosserinnen und Bosser.

6.6.2 Eskalationsverläufe

Der Beginn eines Konfliktes wurde von den Studienteilnehmerinnen und -teilnehmern sowohl auf heiße (Ablehnung, Desinteresse, Konfrontation) als auch auf kalte Weise (latent, subtil, schleichend) wahrgenommen. Die Ablehnung von vornherein aufgrund von Antipathie konnte in den Fällen 1 und 4, Desinteresse der Vorgesetzten an der Betroffenen im Fall 5 und Konfrontation durch Change-Prozesse auf der strukturellen Ebene durch Umorganisation im Fall 8 und auf der individuellen Ebene durch Wechsel der Vorgesetzten in den Fällen 3 und 9 als Konfliktpotenzial ausgemacht werden. Im Fall 2 kam es aufgrund eines Schreibens der Mitarbeitervertretung zur Konfrontation zwischen der Betroffenen und ihrem Vorgesetzten. Ein latentes Konfliktpotenzial aufgrund einer früheren Zusammenarbeit des Betroffenen mit dem späteren Bosser konnte im Fall 6 und ein schleichender, resp. subtiler Konflikt, ohne klar erkennbares Konfliktpotenzial, im Fall 7 identifiziert werden.

Der Konflikt-Eskalationsverlauf im Sinne des Eskalations-Phasenmodells nach Glasl (2013) wurde von den Interviewpartnerinnen und -partnern unterschiedlich wahrgenommen.

Fall 1:

Die Befragte war sich der Antipathie ihres Vorgesetzten bewusst. Die Haltung des Vorgesetzten wurde der zweiten Eskalationsstufe (Debatte, Polemik) des Glasl'schen Stufenmodells zugeordnet. Antipathie weist auf eine Art Abwertung des Gegenübers und somit auf die Ungleichheit des sozialen Niveaus der Beteiligten hin, was der zweiten Eskalationsstufe entspricht. Ohne den Fortgang der Eskalation an einem bestimmten Punkt (Wendepunkt) festmachen zu können, erlebt die Betroffene in der Folge, dass all ihre Bestrebungen und Ideen von ihrem Vorgesetzten blockiert, resp. boykottiert werden. Die Handlungen des Vorgesetzten wurden der dritten Eskalationsstufe (Taten statt Worte) zugeordnet, denn auf der dritten Eskalationsstufe sprechen nicht mehr Worte, sondern Taten. Im weiteren Verlauf der Konflikteskalation kommt es zur Zuspitzung des Konfliktes, als ihr Vorgesetzter konspirativ per Zeitungsannonce einen neuen Geschäftsführer sucht. Dieses Verhalten des Vorgesetzten markiert die erste Hauptschwelle zwischen der ersten Hauptphase „Verstimmung" (Eskalationsstufen 1 bis 3) und der zweiten Hauptphase „Schlagabtausch" (Eskalationsstufen 4-6) und wird als „Aha-Erlebnis" wahrgenommen.

Die Betroffene bemerkt eine Allianz zwischen ihrem Vorgesetzten und ihrer Kollegin, die dem Empfinden der Betroffenen nach, mehr informiert ist als sie. Das Schmieden von Allianzen wurde der vierten Eskalationsstufe (Sorge um Image und Koalition) zugeschrieben, denn verschiedene Bündnisformen sind für die vierte Eskalationsstufe typisch. In der Folge kommt es zu unterschiedlichen negativen Handlungen (Bloßstellen, Niedermachen, Eingrenzen, Unterstellungen, hinter dem Rücken schlecht reden). Diese Handlungen des Vorgesetzten wurden der fünften Eskalationsstufe (Gesichtsverlust) zugeordnet, denn auf der fünften Eskalationsstufe kommt es zu öffentlichen Anklagen und die angegriffene Person (Betroffene) wird mittels Gesichtsangriffe zu einer anderen Person gemacht (der Feind soll beschmutzt werden). Nachdem die Betroffene ihrem Vorgesetzten Vorwürfe macht, droht er ihr mit Kündigung. Drohungen sind klassisch für die sechste Eskalationsstufe (Drohstrategien und Erpressung).

Das Niedermachen vor anderen und das Unterstellen von Verfehlungen (während der Arbeitszeit spazieren gehen; Unterschlagen von Kursgebühren) markiert die zweite Hauptschwelle zwischen der zweiten Hauptphase „Schlagabtausch" (Eskalationsstufen 4 bis 6) und der dritten Hauptphase „Vernichtung" (Eskalationsstufen 7 bis 9).

Es kommt schließlich zum Einsetzen des neuen Geschäftsführers, was die Betroffene mit dem Ende ihrer Karriere gleichsetzt, denn sie war davon ausgegangen, dass sie die neue Geschäftsführerin wird. Die Handlung des Vorgesetzten konnte der achten Eskalationsstufe (Zersplitterung, totale Zerstörung) zugeordnet werden, denn auf der achten Eskalationsstufe gilt es, die Machtgrundlage (angestrebter Geschäftsführerposten) zu vernichten. Die Handlung konnte zudem als Eskalationsschwelle zur achten Eskalationsstufe (Zersplitterung, totale Zerstörung) identifiziert werden.

Der Konflikt endet mit dem Tode des Vorgesetzten.

Fall 2:

Die Befragte erlebt erste negative Handlungen ihres Vorgesetzten, nachdem sie ihn auf ein Schreiben der Mitarbeitervertretung (MAV) zur Pausenregelung aufmerksam macht. Fortan erlebt die Betroffene vermehrtes (nicht einmaliges) Herumnörgeln, das Kritisieren eigenmächtiger Entscheidungen sowie den Vorwurf der Kleinlichkeit. Die Handlungen und Verhaltensweisen des Vorgesetzten wurden der dritten Eskalationsstufe (Taten statt Worte) zugeordnet; es sprechen nicht mehr Worte, sondern Taten.

Den Vorwurf der Kleinlichkeit erlebt die Betroffene als Eskalationsschwelle zur dritten Eskalationsstufe (Taten statt Worte).

In der Folge wirft der Vorgesetzte der Betroffenen Rumsitzen und ständiges Essen vor. Dieser Vorwurf konnte der ersten Hauptschwelle zwischen der ersten Hauptphase „Verstimmung" (Eskalationsstufen 1 bis 3) und der zweiten Hauptphase „Schlagabtausch" (Eskalationsstufen 4-6) zugeordnet werden. Der Vorwurf, mit der Arbeit der Betroffenen unzufrieden zu sein markiert die Eskalationsschwelle zur fünften Eskalationsstufe (Gesichtsverlust).

In der Folge kommt es seitens des Vorgesetzten zu Vorwürfen (Vorwurf grober Fehler, Vorwurf unbefriedigender Arbeit, Behaupten unwahrer Tatsachen, Ignorieren und Abweisen) und seitens der Betroffenen zu dem Vorwurf mangelnder Wertschätzung durch den Vorgesetzten. Die Handlungen und Verhaltensweisen der Konfliktparteien konnten der fünften Eskalationsstufe (Gesichtsverlust) zugeordnet werden, denn es kommt jetzt zu gegenseitigen Gesichtsangriffen. Es tritt ein quasi atmosphärischer „Vergiftungseffekt" auf, denn der Konflikt schaukelt sich immer weiter hoch und mündet schließlich in Drohstrategien des Vorgesetzten gegenüber der Betroffenen (Drohen mit einem empfindlichen Übel). Die Drohung mit einem empfindlichen Übel wurde der sechsten Eskalationsstufe (Drohstrategien und Erpressung) zugeschrieben.

Das Drohen mit einem empfindlichen Übel (Androhung eines dauerhaften Problems bei Ausbleiben einer Lösung) markiert zudem die zweite Hauptschwelle zwischen der zweiten Hauptphase „Schlagabtausch" (Eskalationsstufen 4 bis 6) und der dritten Hauptphase „Vernichtung" (Eskalationsstufen 7 bis 9).

Es kommt schließlich zu einem Aufhebungsvertrag und einem Hausverbot, womit der Konflikt beendet wird. Diese Handlungen wurden der achten Eskalationsstufe (Zersplitterung, totale Zerstörung) zugeschrieben, denn ein Aufhebungsvertrag sowie ein Hausverbot kommen einem Vernichtungsschlag gleich.

Fall 3:

Der Betroffene erlebt den Konflikt nach dem Wechsel der Hausleitung, bei dem die neue Vorgesetzte ihren Standpunkt und ihren Arbeitsauftrag sowie ihre Erwartungen klar zum Ausdruck bringt. Das Verhalten der Vorgesetzten wurde der ersten Eskalationsstufe (Verhärtung) zugeschrieben, denn Meinungen nehmen auf dieser Eskalationsstufe starre Formen an und kristallisieren sich als Standpunkte heraus.

Im weiteren Verlauf des Konfliktes erlebt der Betroffene das wiederholte Entmachten seiner Person, was die erste Hauptschwelle zwischen der ersten Hauptphase „Verstimmung" (Eskalationsstufen 1 bis 3) und der zweiten Hauptphase „Schlagabtausch" (Eskalationsstufen 4-6) markiert.

In der Folge sucht der Betroffene nach Allianzen, was der vierten Eskalationsstufe (Sorge um Images und Koalitionen) entspricht.

Neben dem Entmachten der Person des Betroffenen kommt es im Weiteren zu ähnlichen Gesichtsangriffen, wie das Untergraben der Autorität, das Bloßstellen und das Ausschließen aus Besprechungsrunden. Der Betroffene wird darüber hinaus immer wieder in Fettnäpfe gelockt. Gesichtsangriffe sind typisch für die fünfte Eskalationsstufe (Gesichtsverlust).

Der Konflikt schaukelt sich im gegenseitigen Anschreien hoch. Gegenseitiges Anschreien konnte der sechsten Eskalationsstufe (Drohstrategien und Erpressung) zugeordnet werden, denn Anschreien als verbal aggressives Verhalten dient einerseits dazu, die Gegenpartei unter absolute Kontrolle zu bekommen und einzuschüchtern und andererseits der Konditionierung des Konfliktgegners. Wesentliches Hauptmerkmal der sechsten Eskalationsstufe ist es, die Gegenpartei und die Gesamtsituation unter absolute Kontrolle zu bekommen.

Im weiteren Verlauf der Konflikteskalation zerreißt die Vorgesetzte vor den Augen des Betroffenen eine von ihm gefertigte Überlastungsanzeige. Diese Handlung markiert die zweite Hauptschwelle zwischen der zweiten Hauptphase „Schlagabtausch" (Eskalationsstufen 4 bis 6) und der dritten Hauptphase „Vernichtung" (Eskalationsstufen 7 bis 9).

Das Zerreißen der Überlastungsanzeige und das vom Betroffenen erlebte kaltschnäuzige Weglächeln der Probleme seitens der Vorgesetzten konnte der siebten Eskalationsstufe (Begrenzte Vernichtungsschläge) zugeordnet werden, denn auf der siebten Eskalationsstufe geht es „...um die Optimierung der Dysfunktion für den Feind und die größtmögliche Steigerung seines Missbehagens" (vgl. Glas, 2013, S. 297).

Der Konflikt endet mit der Kündigung der Vorgesetzten und der Umsetzung des Betroffenen in einen anderen Bereich der Einrichtung.

Fall 4:

Die Befragte erlebt den Beginn des Konfliktes mit einem von ihr unerwünschten Wechsel in eine andere Einrichtung der Behindertenhilfe. Aufgrund einer Vorgeschichte weiß sie, dass sie von der neuen Vorgesetzten dort nicht erwünscht ist. Mit der Aufnahme ihrer Arbeit in der neuen Einrichtung weist die Vorgesetzte sie auf die korrekte Dokumentation der Anwesenheitszeiten und eine Verhaltensänderung hinsichtlich ihrer Unpünktlichkeit hin. Die Handlungen und Verhaltensweisen konnten in diesem Stadium des Konfliktes der ersten Eskalationsstufe (Verhärtung) zugeschrieben werden (Meinungen nehmen starre Formen an und kristallisieren sich als Standpunkte heraus).

Die von der Betroffenen erlebte Ablehnung von vornherein sowie der Hinweis der Vorgesetzten darauf, Privates von Geschäftlichem trennen zu können, konnten der zweiten Eskalationsstufe (Debatte, Polemik) zugeordnet werden. Antipathie weist auf eine Art Abwertung des Gegenübers und somit auf die Ungleichheit des sozialen Niveaus der Beteiligten hin. Der Hinweis darauf, Privates von Geschäftlichen trennen zu können, weist auf eine Überlegenheit gegenüber der Betroffenen hin. Beides entspricht der zweiten Eskalationsstufe.

In der Folge wird die Betroffene von ihrer Vorgesetzten ignoriert, was als Eskalationsschwelle zur dritten Eskalationsstufe (Taten statt Worte) identifiziert werden konnte.

Im weiteren Verlauf des Konfliktes verhält sich die Vorgesetzte unfreundlich und geringschätzig und stellt die fachliche Kompetenz der Betroffenen infrage. Es sprechen Taten, keine Worte, was der dritten Eskalationsstufe entspricht.

Der Vorwurf sozialer Inkompetenz markiert die erste Hauptschwelle zwischen der ersten Hauptphase „Verstimmung" (Eskalationsstufen 1 bis 3) und der zweiten Hauptphase „Schlagabtausch" (Eskalationsstufen 4-6).

Die Betroffene wendet sich an die Mitarbeitervertretung (MAV), was der vierten Eskalationsstufe (Sorge um Images und Koalitionen) entspricht, denn das Werben um Anhänger ist für diese Eskalationsstufe typisch.

Es kommt im Folgenden zu Gesichtsangriffen, indem die Vorgesetzte wiederholt die soziale Kompetenz der Betroffenen infrage stellte, ihr Lüge unterstellt, sie eingrenzt, bloßstellt und ignoriert sowie hinter ihrem Rücken schlecht redet und sie hinsichtlich der Dokumentation von Anwesenheitszeiten unfair behandelt. Diese Handlungen und Verhaltensweisen entsprechen der fünften Eskalationsstufe (Gesichtsverlust).

Darüber hinaus wird die Betroffene von ihrer Vorgesetzten angeschrien, was der sechsten Eskalationsstufe (Drohstrategien und Erpressung) zugeschrieben wurde.

Das Unterstellen der Lüge hinsichtlich der Anwesenheitszeiten markiert die zweite Hauptschwelle zwischen der zweiten Hauptphase „Schlagabtausch" (Eskalationsstufen 4 bis 6) und der dritten Hauptphase „Vernichtung" (Eskalationsstufen 7 bis 9).

Im weiteren Verlauf des Konfliktes erhält die Betroffene eine Abmahnung und die Vorgesetzte verweigert eine Arbeitsvertragsverlängerung (siebte Eskalationsstufe - Begrenzte Vernichtungsschläge). Darüber hinaus zeigt die Vorgesetzte ein demonstratives Desinteresse an der persönlichen Situation der Betroffenen als Alleinerziehende, die in der Verpflichtung steht, Geld verdienen zu müssen (achte Eskalationsstufe - Zersplitterung, totale Zerstörung).

Der Konflikt endet mit der Kündigung durch die Betroffene.

Fall 5:

Die Befragte erlebt den Konflikt durch eine diktatorisch wirkende Vorgesetzte, die von vornherein Desinteresse an neuen Mitarbeiterinnen und Mitarbeitern zeigt. Dieses Verhalten wurde der zweiten Eskalationsstufe (Debatte, Polemik) zugeschrieben, denn Desinteresse kann als eine Form der Abwertung interpretiert werden, was der zweiten Eskalationsstufe entspricht.

Im weiteren Verlauf des Konfliktes sprechen Taten, keine Worte, denn die Vorgesetzte blockiert Veränderungen, Ideen und die Mitbestimmung (dritte Eskalationsstufe - Taten statt Worte).

Die Stigmatisierung, resp. Diffamierung von Mitarbeiterinnen und Mitarbeitern mit dem Einteilen in eine „Loser"-Schicht markiert die erste Hauptschwelle zwischen der ersten Hauptphase „Verstimmung" (Eskalationsstufen 1 bis 3) und der zweiten Hauptphase „Schlagabtausch" (Eskalationsstufen 4-6).

In der Folge verbündet sich die Betroffene mit anderen, was der vierten Eskalationsstufe (Sorge um Images und Koalitionen) entspricht.

Die Vorgesetzte bedient sich nun schwerer Gesichtsangriffe (Stigmatisierung einer Gruppe von Mitarbeiterinnen und Mitarbeiter als Verlierer, das Ignorieren der „Verlierer", die Nichtberücksichtigung der „Verlierer" bei der Dienstplan- und Freizeitgestaltung, das Ablehnen der Arbeit mit Schwangeren, das Fördern von Mobbing der „Gewinner-Gruppe" gegen die „Verlierer-Gruppe" und das Eingrenzen der stellvertretenden Stationsleitung), was der fünften Eskalationsstufe (Gesichtsverlust) zugeordnet werden konnte.

Im Weiteren reagiert die Vorgesetzte verbal aggressiv und rastet aus. Diese Verhaltensweisen dienen dazu die Gegenpartei unter absolute Kontrolle zu be-

kommen und einzuschüchtern und andererseits der Konditionierung des Konfliktgegners, was als einer der Hauptmerkmale der sechsten Eskalationsstufe (Drohstrategien und Erpressung) gilt.

Der Konflikt endet mit der Erkrankung und schließlich mit dem Mutterschutz der Betroffenen.

Fall 6:

Der Betroffene erlebt den Beginn des Konfliktes, nachdem der neue Vorgesetzte Erwartungen an den Betroffenen äußert und der Betroffene seinerseits
gegenüber der Geschäftsleitung Bedenken zur Person des neuen Vorgesetzten äußert. Die Verhaltensweisen der Konfliktparteien konnten der ersten Eskalationsstufe (Verhärtung) zugeordnet werden (Meinungen nehmen starre Formen an und
kristallisieren sich als Standpunkte heraus).

Wiederholtes Untergraben der Autorität des Betroffenen markiert die erste
Hauptschwelle zwischen der ersten Hauptphasen „Verstimmung" (Eskalationsstufen 1 bis 3) und der zweiten Hauptphase „Schlagabtausch" (Eskalationsstufen
4-6).

In der Folge wendet sich der Betroffene an die Mitarbeitervertretung
(MAV), was der vierten Eskalationsstufe (Sorge um Images und Koalitionen) entspricht, denn das Werben um Anhänger ist für diese Eskalationsstufe typisch.

Es kommt im Weiteren zu unterschiedlichen Gesichtsangriffen seitens des
Vorgesetzten (wiederholtes Untergraben der Autorität, Vorwerfen eines Fehlverhaltens, Vorwerfen sozialer Inkompetenz, Bloßstellen und Ignorieren, Unterstellen einer fehlerhaften Arbeitsweise, in Frage stellen einer Krankheit). Gesichtsangriffe entsprechen der fünften Eskalationsstufe (Gesichtsverlust).

Außerdem droht der Vorgesetzte mit arbeitsrechtlichen Konsequenzen
(sechste Eskalationsstufe - Drohstrategien und Erpressung).

Die Diskreditierung des Betroffenen durch Urkundenfälschung markiert
die zweite Hauptschwelle zwischen der zweiten Hauptphase „Schlagabtausch"
(Eskalationsstufen 4 bis 6) und der dritten Hauptphase „Vernichtung" (Eskalationsstufen 7 bis 9).

Der Konflikt ist beendet, nachdem sich der Befragte in einen anderen Bereich bewirbt.

Fall 7:

Die Befragte erlebt den Konflikt mit ihrer Vorgesetzten dadurch, dass sie
von ihrer Vorgesetzten blockiert wird. Zudem stellt die Vorgesetzte wiederholt

die fachliche Kompetenz der Betroffenen infrage. Die Verhaltensweisen wurden der dritten Eskalationsstufe (Taten statt Worte) zugeschrieben (nicht mehr Worte, sondern Taten sprechen).

Der Versuch der Vorgesetzten, der Betroffenen die Karriere zu verbauen, markiert die erste Hauptschwelle zwischen der ersten Hauptphase „Verstimmung" (Eskalationsstufen 1 bis 3) und der zweiten Hauptphase „Schlagabtausch" (Eskalationsstufen 4-6).

In der Folge kommt es seitens der Vorgesetzten zu Gesichtsangriffen durch das Verwehren von Unterstützung, das Behaupten unwahrer Tatsachen, das Unterdrücken, Ignorieren, Kaltstellen und Ausschließen sowie das Bloßstellen und Eingrenzen. Außerdem macht die Vorgesetzte die Betroffene hinter ihrem Rücken schlecht. Die Handlungen und Verhaltensweisen wurden der fünften Eskalationsstufe (Gesichtsverlust) zugeordnet.

Der Konflikt endet mit der Verrentung der Vorgesetzten.

Fall 8:

Die Befragte erlebt den Beginn des Konflikts nach einem Umstrukturierungsprozess im Unternehmen, in dessen Verlauf einer der Teammitglieder ihr Vorgesetzter wird. Die neue Situation führt zur Spaltung des Teams.

Der Vorgesetzte löst bestehende Teamkonflikte nicht auf, was die erste Hauptschwelle zwischen der ersten Hauptphase „Verstimmung" (Eskalationsstufen 1 bis 3) und der zweiten Hauptphase „Schlagabtausch" (Eskalationsstufen 4-6) markiert.

In der Folge kommt es seitens des Vorgesetzten zu Gesichtsangriffen, indem er der Betroffenen Unterstützung verwehrt und ihr gegenüber seine Antipathie offen kommuniziert. Diese Handlungs- und Verhaltensweisen konnten der fünften Eskalationsstufe (Gesichtsverlust) zugeordnet werden.

Der Vorgesetzte löst eine bestehende Mobbingproblematik nicht auf, was als zweite Hauptschwelle zwischen der zweiten Hauptphase „Schlagabtausch" (Eskalationsstufen 4 bis 6) und der dritten Hauptphase „Vernichtung" (Eskalationsstufen 7 bis 9) identifiziert werden konnte.

In der Folge lacht der Vorgesetzte Probleme weg und versucht, einen Arbeitgeber-wechsel der Betroffenen zu verhindern. Diese Verhaltensweisen wurden der siebten Eskalationsstufe (Begrenzte Vernichtungsschläge) zugeordnet (Optimierung der Dysfunktion, größtmögliche Steigerung des Missbehagens).

Der Konflikt endet mit der Kündigung durch die Betroffene.

Fall 9:

Die Befragte erlebt den Beginn des Konfliktes im Rahmen eines Umstrukturierungsprozesses, nachdem während ihrer krankheitsbedingten Abwesenheit ein neuer Vorgesetzter in der Abteilung eingesetzt wird.

Das offene Kommunizieren der Antipathie seitens des Vorgesetzten gegenüber der Betroffenen markiert die erste Hauptschwelle zwischen der ersten Hauptphase „Verstimmung" (Eskalationsstufen 1 bis 3) und der zweiten Hauptphase „Schlagabtausch" (Eskalationsstufen 4-6).

In der Folge kommt es zu Gesichtsangriffen der Konfliktparteien. Der Vorgesetzte kommuniziert weiterhin seine Antipathie. Zudem redet er hinter dem Rücken der Betroffenen schlecht, wirft ihr Aggressivität vor und drängt ihr eine Mediation auf. Die Betroffene ihrerseits verhält sich ihrem Vorgesetzten gegenüber abweisend. Die Handlungen und Verhaltensweisen der Konfliktparteien konnten der fünften Eskalationsstufe (Gesichtsverlust) zugeordnet werden.

Der Konflikt endet mit der langfristigen Krankschreibung der Betroffenen.

In der *Gesamtschau der Eskalationsverläufe* zeigt sich in Anlehnung an Zapf und Groß (2001), dass das neunstufige Eskalationsphasenmodell (Eskalationsstufen und -schwellen) von Glasl (2013) gut zur Beschreibung und Erklärung der Konfliktverläufe der von den Befragten berichteten Konflikt-Eskalationsverläufe (Bossingprozesse) herangezogen werden kann. Es konnte für die vorliegenden Fälle eine kontinuierlich eskalierende Entwicklung der Konflikte ermittelt werden, so wie sie im neunstufigen Phasenmodell der Konflikteskalation nach Glasl beschrieben wird.

Für die Zuordnung einzelner Handlungs- und Verhaltensweisen zu einzelnen Eskalationsstufen des Glasl'schen Modells erwies sich das Inventar zur Messung des Eskalationsgrades von Konflikten in der Arbeitswelt (IKEAr36) von Kolodej et al. (2005) als wertvolle Orientierungshilfe (vgl. Zapf & Groß, 2001; Kolodej, Voutsinas, Jiménez & Kallus, 2005).

Eine Ausweitung der Arena des Konfliktes konnte anhand der von den Betroffenen wahrgenommenen negativen Handlungs- und Verhaltensweisen der Bosserinnen und Bosser in fünf von neun Fällen auf der dritten Eskalationsstufe (Taten statt Worte) sowie in vier der neun untersuchten Fälle auf der fünften Eskalationsstufe (Gesichtsverlust) ausgemacht werden. Bossing kann demnach als eskalierender Konflikt beschrieben werden, der je nach subjektiver Wahrnehmung der Betroffenen auf der dritten Eskalationsstufe (Taten statt Worte) bzw. fünften Eskalationsstufe (Gesichtsverlust) beginnen kann. Diese Annahme wird durch Studien zu Glasl's Eskalationsverlaufmodell und Mobbing gestützt, bei denen der Beginn eines Mobbingprozesses zwischen den Stufen 3 bis 6 eingestuft wurde (vgl. Holzen-Beusch, Zapf und Schallberger, 1998; Zapf & Groß, 2001; Kolodej, Voutsinas, Jiménez & Kallus, 2005; Kolodej, 2016).

6.6.3   Eskalationsbedingungen

6.6.3.1   Persönlichkeitsbezogene Eskalationsbedingungen

Rollenkonflikte und intra-psychische Konflikte und deren Folgen als Eskalationsbedingungen:

Sieben der neun Befragten erleben Rollenkonflikte und zwei Betroffene berichteten von intra-psychischen Konflikten, die sie bei sich wahrgenommen hatten. In fünf Fällen betrafen die Rollenkonflikte die tägliche Arbeit (bspw. differierte das Angestelltenverhältnis und die tatsächliche Arbeitstätigkeit, Entscheidungen mussten für den Vorgesetzten aufgrund dessen Abwesenheit getroffen werden oder es mussten Arbeitstätigkeiten für unterstellte Mitarbeiterinnen und Mitarbeiter ausgeführt werden).

Zwei der neun Betroffenen befanden sich in einer Sandwich-Position (Fall 3 und 6) und standen aufgrund der ihnen zugewiesenen Funktionen hierarchisch zwischen der strategischen Spitze (Unternehmensleitung) und dem operativen Kern des Unternehmens, woraus sich eine Rechenschaftspflicht nach oben und eine Verantwortung gegenüber unterstellten Mitarbeiterinnen und Mitarbeitern ergab. Das Ausfüllen der Sandwich-Position führte bei den Betroffenen zu Rollenkonflikten. Im Fall 3 war von dem Betroffenen erwartet worden, das Unternehmen im Sinne der neuen Vorgesetzten mit auf solide wirtschaftliche Füße zu stellen. Im Fall 6 war von dem Betroffenen erwartet worden, eine hohe Anzahl an Überstunden zu reduzieren (Externe Erwartung durch Vorgesetzte bzw. Unternehmensleitungen). Die Erwartungen standen im Widerspruch zu den Werten und Bedürfnissen (aufgrund von Personalmangel selbst auf Hilfe angewiesen zu sein) und Einstellungen (ein anderes Verständnis von den Dingen haben) der Rolleninhaber (Betroffene).

Zwei der neun Befragten berichteten von intra-psychischen Konflikten in dergestalt, als dass sie sich mit der Frage von Zukunftschancen und einer möglichen Kündigung auseinandergesetzt hatten.

Wie bereits erörtert, postulieren Kahn und Kollegen (1964), dass Rollenkonflikte bei den Betroffenen Angst, Frustration und das Gefühl der Sinnlosigkeit auslösen und dass Rollenkonflikte die zwischenmenschliche Beziehung beeinträchtigen können. Insbesondere in Organisationen, die auf Kooperation und Kommunikation ihrer Beschäftigten angewiesen sind, können Rollenkonflikte und deren Auswirkungen negative Folgen haben (vgl. Kahn, Wolfe, Quinn, Rosenthal & Snoek, 1964).

Als negative Folge kann in diesem Zusammenhang auch das Entstehen von Bossing angenommen werden.

Konfliktlöseverhalten als Eskalationsbedingung:

Das an sich selbst wahrgenommene Konfliktlöseverhalten Betroffenen sowie die Wahrnehmungen der Befragten hinsichtlich des Konfliktlöseverhaltens der Bosserinnen und Bosser wurde unter dem Aspekt der Dual Concern Theory von Pruitt und Carnevale (1993) beleuchtet. Den Wahrnehmungen der Betroffenen nach, hatten die Bosserinnen und Bosser weder die Konfliktmanagementstile *Lösen* und *Nachgeben* angewandt. Das Konfliktmanagement war ausschließlich auf *Kämpfen* und *Vermeiden* ausgerichtet. Darüber hinaus nahmen die Betroffenen die Bosserinnen und Bosser hinsichtlich des Konfliktmanagements mit einem Janusgesicht und kompromisslos wahr. Im Allgemeinen erlebten sie eine fehlende Konfliktlösekompetenz sowie in einem Fall ein diktatorisches System, das eine Problemlösung von vornherein ausschloss.

Die Betroffenen hatten hinsichtlich ihres eigenen Konfliktlöseverhaltens wahrgenommen, dass sie die vier Konfliktmanagementstile *Kämpfen*, *Vermeiden*, *Lösen* und *Nachgeben* angewandt hatten. Darüber hinaus nahmen sich einige Befragte hinsichtlich ihres Konfliktmanagements im Allgemeinen auch als undiplomatisch, unprofessionell und emotional wahr.

Auch wenn einige wenige Betroffene die Konfliktmanagementstile Lösen und Nachgeben angewandt hatten, bestand das Konfliktmanagement der Betroffenen sowie das der Bosserinnen und Bosser im überwiegenden Maße aus den Konfliktmanagementstilen Kämpfen und Vermeiden. Wie bereits unter Ziff. 6.4.3.1 erwähnt, stehen die Konfliktmanagementstile Kämpfen und Vermeiden im Zusammenhang mit einer Konflikteskalation und der Konfliktmanagementstil Lösen im Zusammenhang mit einem Rückgang von Mobbing (vgl. De Dreu, Evers, Beersma, Kluwer & Nauta, 2001; Van de Vliert, 1997; Ayoko, Callan und Härtel, 2003; Leon-Perez, Medina, Arenas & Munduate, 2015).

Es kann postuliert werden, dass das Konfliktmanagement der Konfliktparteien Bossing fördern oder hemmen kann und dass die Konfliktmanagementstile

Kämpfen und Vermeiden einen Bossingprozess befeuern und eskalieren lassen können.

Seelische Funktionen als Eskalationsbedingungen:

Die Perzeptionen hinsichtlich des Bossingprozesses waren vor allem auf den Bossingprozess selbst und die Wahrnehmung des Selbstbildes und das Bild von den Bosserinnen und Bossern ausgerichtet. Über alle Bossingsachverhalte hinweg zeigten sich mit Einsetzen des Bossingprozesses Verzerrungen der Perzeptionen hinsichtlich des Denk- und Vorstellungserlebens. Es kam zu einer eindimensionalen, lückenhaften Sicht auf die Geschehnisse und die Ursachen des Konfliktes wurden vor allem bei den Bosserinnen und Bossern gesehen. Eigene Beiträge zur Konfliktentstehung wurden von den Betroffenen weitestgehend außer Acht gelassen. Starke Verzerrungen der Wahrnehmungen der Betroffenen ließen sich vor allem hinsichtlich des Selbstbildes und des Bildes von den Bosserinnen und Bossern ausmachen, insbesondere in Bezug auf deren Ziele. Diese wurden als problematisch, autokratisch und diktatorisch beschrieben. Dabei wurden ihnen schwere moralische Mängel zugeschrieben. Konstruktive Ziele der Bosserinnen und Bosser wurden nur vereinzelt wahrgenommen. Hinsichtlich des Selbstbildes schrieben sich die Betroffenen im überwiegenden Maße positive Eigenschaften zu (z. B. engagiert, selbstbewusst, reflektiert, freundlich, höflich, friedlich und harmonisch). Das Bild von den Bosserinnen und Bossern wurde hingegen fast ausschließlich negativ beschrieben (bspw. unehrlich, asozial, böse, diktatorisch, unsicher, egozentrisch, erbarmungslos, faul, gewissenlos, menschenverachtend, rücksichtslos, selbstherrlich, unfair und unfreundlich). In Anlehnung an Glasl (2013) bilden sich im Rahmen von Bossingprozessen deutlich stereotype Bilder hinsichtlich der Fähigkeiten und Charaktermerkmale der Konfliktparteien aus (vgl. Glasl, 2013).

Die Wahrnehmungen und die Gedankenwelt der Betroffenen führte dem Glasl'schen Modell zu den seelischen Funktionen in sozialen Konflikten folgend zu Beeinträchtigungen der unterschiedlichen Gefühlsleben der Betroffenen dergestalt, als dass insbesondere hinsichtlich der Vorgesetzten-Mitarbeiter-Beziehung anfänglich unterschiedliche und widersprüchliche Gefühle entstanden, die von den Betroffenen einerseits mit Ablehnung, Antipathie und Respektlosigkeit und andererseits mit Sympathie beschrieben wurden. Insofern bestand ein Konstrukt ambivalenter Gefühle, das durch das Vorhandensein von Polaritäten geprägt war. Das Gefühlsleben hinsichtlich der psychischen Reaktionen war von einer überaus großen Empfindlichkeit nach innen beeinflusst. Es entstanden vor allem Gefühle von Hilf-, Macht- und Aussichtslosigkeit, von Angst, Stress, Minderwertigkeit, Scham und Enttäuschung sowie von Verunsicherung, Misstrauen und Entsetzen. Die Befragten fühlten sich bedroht und deplatziert. Unter dem Aspekt physischer Reaktionen entstanden bei den Betroffenen Gefühle des Unwohlseins und der Erschöpfung. Unter dem Aspekt der Gefühle, bezogen auf das soziale Umfeld, empfanden die Betroffenen einerseits Einsamkeit und andererseits Unterstützung. Diese Gefühle zeigen, wie die Gefühle zur Vorgesetzten-Mitarbeiter-Beziehung, ein sehr ambivalentes Bild. Mit Beginn des Bossingsprozesses wurde das Gefühlsleben noch durch Kampf (sich im Recht und mutig fühlen), Trotz (Innere Kündigung), Empörung (Entsetzen) und Angriff (Gefühl der Kompetenzbeschneidung und des blockiert Werdens) determiniert. Im weiteren Verlauf des Bossings zeigten sich Gefühle des Selbstzweifels (Gefühle des Versagens, der Verunsicherung und der Minderwertigkeit) und des Misstrauens. Schlussendlich führte der Bossingprozess zu Ohnmacht, die sich in Hilf-, Macht- und Aussichtslosigkeit äußerte (vgl. Glasl, 2013).

Das Willensleben der Betroffenen war durch die Perzeptionen, die Gedanken und die Gefühle beeinflusst und durch die Art und Weise des Bossings korrumpiert worden. Zu Beginn des Konfliktes war das Willensleben der Betroffenen noch von Entschlossenheit geprägt (u.a. sich entwickeln wollen und Herausforderung suchen). Im weiteren Verlauf des Konfliktes und vor allem mit Beginn des Bossings bröckelte diese Entschlossenheit mehr und mehr ab (u.a. Klarheit über Arbeitsaufgaben und Problemlösung wollen), weil es immer weniger Alternativen gab, die eigenen Absichten zu verwirklichen. Schließlich mündete der Wille in letzter Konsequenz in eine Art Überlebensstrategie (u.a. sich in Sicherheit bringen, die Rente erreichen, die eigenen Gesundheit erhalten, kündigen wollen). In Anlehnung an Glasl (2013) engt sich mit fortschreitendem Bossingprozess das Wollen der Betroffenen auf einige wenige Möglichkeiten ein. Es gilt nur noch entweder oder, weswegen das Willensleben schlussendlich von Flucht aus der Situation durch Kündigung, Versetzung und Wegbewerben geprägt ist (vgl. Glasl, 2013).

Wahrnehmungen (auch über die Ziele der Bosserinnen und Bosser), Gedanken, Gefühle und Wille der Betroffenen haben die Bossingprozesse determiniert. Eigenes Verhalten (z. B. Kämpfen oder Vermeiden i.S. der Dual Concern Theory) und vor allem das der Bosserinnen und Bosser (Bossinghandlungen) führte zu Effekten mit objektiven und subjektiven Folgen für die Betroffenen (z.

B. Erkrankung, Kündigung, Auflösungsvertrag als objektive Folgen sowie z. B. psychische Belastungen wie Angst, Betroffenheit, Enttäuschung oder Frustration als subjektive Folgen).

Persönlichkeit als Eskalationsbedingung:

Aufgrund der von den Interviewpartnerinnen und -partnern sich selbst zugeschriebenen Persönlichkeitsmerkmalen lässt sich keine Typologie ableiten, die die Annahme rechtfertigen könnte, die Befragten seien quasi zwangsläufig und logischerweise zu Bossingbetroffenen geworden. Wie bereits unter Ziff. 6.5.2.5.4 beschrieben, entspricht dies den Ergebnissen von Leymann (1996), der bei seinen Studien zu Mobbing keine typischen Persönlichkeitsmerkmale für die Betroffenen gefunden hatte, sondern sich verändernde Persönlichkeitsmerkmale der Betroffenen als Folge und die Persönlichkeit der Betroffenen nicht als Ursache von Mobbing ausmachte (vgl. Leymann, 1996).

Jedoch konnten unter Berücksichtigung der fünf Dimensionen der Persönlichkeit (Big-Five) nach Goldberg (1990) und darauf aufbauend nach Ostendorf und Angleitner (2003) anhand der Aussagen der Befragten festgestellt werden, dass bei ihnen u.a. die Dimension Gewissenhaftigkeit tendenziell stärker ausgeprägt ist. Das deckt sich mit den Ergebnissen von Coyne et al. (2000), die feststellen konnten, dass die Mobbingbetroffenen gewissenhafter waren als Nicht-Mobbingbetroffene (vgl. Coyne, Seigne & Randall, 2000). Im Weiteren kann auf die Ausführungen unter Ziff. 6.5.2.5.4 verwiesen werden.

Den Bosserinnen und Bosser waren von den Betroffenen fast ausschließlich negative Persönlichkeitseigenschaften zugeschrieben worden. Sie wurden als diktatorisch, menschen-verachtend und böse erlebt und darüber hinaus als Menschen erlebt, denen es an Perspektivenübernahme mangelt. In der Mobbingforschung gelten mangelnde soziale Kompetenz sowie mangelnde Perspektivenübernahme als vorherrschende Eigenschaften bei einer großen Anzahl von Mobbern bzw. stellen eine wichtige Vorbedingung für Mobbing dar, weshalb Menschen zu Tyrannen würden. Im Weiteren kann auch hier auf die Ausführungen unter Ziff. 6.5.2.5.4 verwiesen werden.

6.6.3.2 Arbeitsweltbezogene Eskalationsbedingungen

Bad Leadership als Eskalationsbedingung:

Die Betroffenen erlebten weder ein mitarbeiter- noch aufgabenorientiertes, noch tranformationales Führungsverhalten. Das Führungsverhalten zeichnete sich vor allem durch soziale Kälte (z. B. durch Ignorieren und Blockieren sowie mangelnde Wertschätzung) und einer defizitären Kommunikation (z. B. Verweigern des Tagesgrußes oder intransparente Personalpolitik durch Zurückhalten von Informationen) aus. Es zeigte sich auch ein feindseliges verbales und non-verbales Verhalten (z. B. Drohen und Anschreien sowie das Einnehmen einer bedrohlichen Körperhaltung).

Der Führungsstil wurde von den Befragten als autoritär/autokratisch sowie diktatorisch wahrgenommen und er zeichnete sich durch Abwesenheit aus.

Bad leaderships bezeichnet ein destruktives Führungshandeln, das vordergründig an den konkreten Wirkungen gemessen werden kann. Autoritäres/autokratisches sowie diktatorisches Führungsverhalten bezeichnen Einarsen et al. (2007) als tyrannisches Führungsverhalten (sog. Tyrannical leadership behaviour), das in den überwiegenden Fällen anzunehmen ist. Ein Führungsverhalten, das sich durch Drückebergerei oder Absentismus gegen die Organisationsziele richtet, bezeichnen die Autoren als völlig entgleistes Führungsverhalten (sog. Derailed leadership behaviour) (vgl. Einarsen Aasland & Skogstad, 2007). Sowohl das sog. Tyrannical leadership behaviour als auch das sog. Derailed leadership behaviour müssen als destruktives Führungshandeln verstanden werden.

Der Zusammenhang zwischen schlechter Führung (bad leadership) und dem Auftreten von Mobbing ist durch diverse Studien hinlänglich belegt (vgl. u.a. Einarsen, 1999; Hoel & Cooper, 2000; Hoel & Salin, 2003; Leymann, 1996; Hauge, Skogstad & Einarsen, 2007; O'Moore & Lynch, 2007;   Hoel, Glasø, Hetland, Cooper & Einarsen, 2010; Nielsen, 2013).

Es kann postuliert werden, dass ein autoritärer/autokratischer, resp. diktatorischer aber auch ein völlig entgleister Führungsstil als Form der destruktiven Führung im Sinne eines bad leaderships als Bossing fördernder Faktor und somit als eine wichtige Eskalationsbedingung angesehen werden kann.

Organisation als Eskalationsbedingung:

In sechs der neun untersuchten Fälle berichteten die Interviewteilnehmerinnen und -teilnehmer von einem Bossinggeschehen, das sich in der *Pflegebranche* abspielte (dreimal Krankenhaus, zweimal Altenpflege und einmal Pflegeeinrichtung der Behindertenhilfe). Die Mobbingforschung weist im Zusammenhang einzelner Branchen und dem Vorkommen von Mobbing widersprüchliche Ergebnisse auf. Mobbing zieht sich quer durch alle Branchen. Dies gilt auch für die Gesundheitsberufe (vgl. Niedl, 1995; Vartia, 1993; 1996; Leymann & Gustafsson, 1996; Piirainen, Elo, Hirvonen, Kauppinen, Ketola, Laitinen, Lindström, Reijula,

319

Riala, Viluksela & Virtanen, 2000; Meschkutat, Stackelbeck & Langenhoff, 2002; Eurofund, 2010; Einarsen & Skogstad, 1996; Zapf, 1999; Salin, 2010). Eindeutige Belege dafür, dass insbesondere die Pflegebranche einem erhöhten Mobbing- und somit Bossingrisiko unterworfen wäre, finden sich bislang nicht. Zwar können einige von den Befragten in dieser Studie beschriebenen Rahmenbedingungen, wie bspw. Arbeitsverdichtung, Überforderung, eine hohe Anzahl an Überstunden und Fehlzeiten, Personalmangel, mangelhafte Entlohnung, verschärfter Wettbewerb, eine desolate Wirtschaftslage des Unternehmens sowie ein mangelnder finanzieller Rahmen und eine mangelhafte Patientenbetreuung als aktuell typisch für die Pflegebranche angenommen werden. Aber die hier untersuchten Fälle lassen nicht den Schluss zu, die Gesundheitsbranche sei per se von dem Phänomen Bossing besonders betroffen.

Unter dem Gesichtspunkt *organisationaler Rahmenbedingungen* zeigte sich anhand der Aussagen der Studienteilnehmerinnen und -teilnehmer eine ganze Reihe an Bossing fördernder Risiken:

a. Mangelhafte Unternehmenskultur (auch Absentismuskultur und mangelnde Fehlerkultur),

b. Change-Prozesse auf individueller Ebene (Einsetzen und Absetzen sowie wiederholter Wechsel von Führungskräften, Umsetzung von Mitarbeiterinnen und Mitarbeitern) sowie den Ebenen der Auf- und Ablauforganisation (Umzug, Auflösen einer Abteilung, Umorganisation, Auszahlung statt Abfeiern von Mehrarbeitsstunden),

c. Formatierte Arbeitswelt (Kontrolle der Anwesenheitszeiten als Gängelung),

d. Schlechtes Betriebsklima, Mobbingverhalten und Konkurrenzdenken,

e. Arbeitsverdichtung, Überforderung, eine hohe Anzahl an Überstunden und Fehlzeiten, Personalmangel, mangelhafte Entlohnung, verschärfter Wettbewerb,

f. Desolate Wirtschaftslage des Unternehmens sowie ein mangelnder finanzieller Rahmen,

g. Perspektivlosigkeit,

h. Eingeschränkter Tätigkeitsspielraum,

i. Rückständige Arbeitsorganisation, mangelhafte Arbeitsmittel, veraltete Arbeitsumgebung und mangelnde Arbeitszeitenregelungen (Pausenregelungen),

j. Mangelnde Fortbildungsmöglichkeiten, mangelnde Führungskräfteentwicklung sowie Beschäftigung unqualifizierter Mitarbeiterinnen und Mitarbeitern,

Wie unter Ziff. 6.5.2.4.4, Buchstabe c) hinreichend beschrieben, wird die Aufzählung der Bossing fördernden Risiken durch diverse Studien im Zusammenhang zwischen Mobbing und der Arbeitsumwelt bestätigt (vgl. Vartia, 1996, 2003; Zapf, Knorz & Kulla, 1996; O'Moore, Seigne, McGuire & Smith, 1998; Lewis, 1999; Hoel & Cooper, 2000; O'Moore & Lynch, 2007; Weber, Hörmann & Köllner, 2007; Hauge, Skogstad & Einarsen, 2007; Baillien & De Witte, 2009; Baillien, Neyens, De Witte & Cuyper, 2009; Reknes, Einarsen, Knardahl & Lau 2014).

Soziale Beziehungen als Eskalationsbedingung:

Die Betroffenen hatten unter dem Aspekt der sozialen Beziehungen sowohl mangelnde Kollegialität und auch Mobbingverhalten als auch kollegiale Verhältnisse erlebt. Wenn die Betroffenen Kollegialität erlebt hatten, dann berichteten sie von einem solchen Verhältnis zu Einzelpersonen (bspw. Hausmeister, Putzfrau, unmittelbare Kollegin). Lediglich eine der neun Betroffenen hatte von einem kollegialen Verhältnis im Team berichtet.

Darüber hinaus hatten die Betroffenen eine Unterstützung der Bosserinnen und Bosser durch die Geschäftsleitung bzw. Geschäftsführung, die nächsthöhere Vorgesetztenebene und durch eine unmittelbare Kollegin erlebt.

Unterstützung für ihre Belange erlebten die Betroffenen sowohl intern (am Arbeitsplatz) und extern (außerhalb des Arbeitsplatzes). Intern erlebten sie Unterstützung vor allem durch die Mitarbeitervertretung (MAV) und in einem Fall durch eine Aushilfe sowie in einem anderen Fall durch Supervision. Extern wurden die Betroffenen vor allem von Hausärzten, Therapeuten bzw. Psychologen, und den Lebenspartnern (Ehemann) unterstützt. Unterstützung verwehrt wurde den Betroffenen durch die nächsthöhere Vorgesetztenebene, durch die Geschäftsführung und den Vorstand sowie in einem Fall durch den Betriebsrat.

Wie bereits erläutert, existiert bislang keine Forschung zu der Frage einzelner Rollen in Mobbing, resp. Bossingprozessen. Die Mobbingforschung weist lediglich darauf hin, dass es sich bei Mobbing um ein Gruppenphänomen (zwei bis vier Beteiligte) handelt. Einzig die Bullying-Forschung konnte im Schulkontext sog. „participant roles" (Täter, „Opfer", Assistenten, Verstärker, Verteidiger und Unbeteiligte) identifizieren (vgl. Leymann, 1993; Salmivalli, Lagerspetz, Björkqvist, Österman & Kaukiainen, 1996; Schäfer & Korn, 2004).

In den hier untersuchten Fällen fanden sich Hinweise auf Unterstützungs-handlungen für die Bosserinnen und Bosser, die als Assistenten- sowie als Ver-stärker-Rollen interpretiert werden könnten. Im Weiteren kann hierzu auf Ziff. 6.5.2.4.4, Buchstabe c) verwiesen werden.

Es kann postuliert werden, dass hinsichtlich der sozialen Beziehungen am Arbeitsplatz mangelnde Kollegialität, mangelnde Unterstützung der Betroffenen und Unterstützung der Bosserinnen und Bosser i.S. des parcitipant-role-approa-ches nach u.a. Salmivalli et al. (1996) Bossingprozesse befeuern und eskalieren lassen können. Die Annahme wird durch Ergebnisse der Mobbingforschung im Hinblick auf soziale Unterstützung (z. B. Weber, Hörmann & Köllner, 2007) und die Arbeitsumgebung (z. B. Baillien, Neyens, De Witte & Cuyper, 2009) unter-stützt.

7 Diskussion

Im Folgenden sollen zunächst die zentralen Ergebnisse der vorliegenden Studie zusammengefasst, vorgestellt und diskutiert werden. Daran anschließend erfolgen die Reflexion des methodischen Vorgehens und eine Diskussion darüber, welche Faktoren unter Umständen den Forschungsprozess beeinflusst haben könnten. Nachdem praxisrelevante Fragen und mögliche Implementierungen erörtert wurden, schließt die Arbeit mit einem Ausblick auf weitere Forschungsfragen.

7.1 Beantwortung der Fragestellung

7.1.1 Zentrale Ergebnisse der Studie

Das Ziel der vorliegenden Untersuchung war es, *die Eskalationsbedingungen im Kontext von Bossingprozessen mit dem Fokus auf die subjektive Wahrnehmung der Betroffenen* zu ermitteln. Dabei war von besonderem Interesse:

- Was unterscheidet Bossing von einem „normalen" sozialen Konflikt?
- Wie wurde der Bossingprozess (Auslöser, Handlungen, Folgen und Verlauf) von den Betroffenen wahrgenommen?
- Was haben die Bossingbetroffenen während des Bossingprozesses gedacht und gefühlt und welche Verhaltensweisen haben sie mit welchem Ziel angenommen?
- Welches Selbstbild haben die Betroffenen und welches Bild haben sie von den Bosserinnen und Bossern gewonnen?
- Welchen sozialen, organisationalen und strukturellen Bedingungen sahen sich die Betroffenen ausgesetzt?

Der Begriff Bossing wird definiert als *„das Mobbing einzelner Mitarbeiter durch den Vorgesetzten"* (vgl. Duden, 2010, S. 168), als *„gesundheitsgefährdende Führerschaft"* (vgl. Kile, 1990, zitiert nach Brinkmann, 2011, S.9) oder als *„parajuristische Personalführung"* (vgl. Sewsz, 2014).

Bossing wird phänomenologisch beschrieben als das bewusste, über einen längeren Zeitraum anhaltende Erniedrigen und Entindividualisieren von Mitarbeiterinnen und Mitarbeiter mit dem Ziel, Kontrolle und Macht über sie auszuüben. Es handelt sich nicht um ein normales "Herumnörgeln" eines Vorgesetzten, sondern Bossing wird mit dem Ziel betrieben, die Betroffenen aus dem Arbeitsbereich zu entfernen oder gar zur Kündigung zu treiben, was häufig einer Exklusion aus dem Arbeitsleben gleichkommt. Bosserinnen und Bosser nutzen das ihnen zur

Verfügung stehende Machtinstrumentarium und missbrauchen mehr oder weniger gezielt ihre Machtposition (vgl. Brinkmann, 2011).

Forschungsarbeiten zum Phänomen Bossing finden sich im deutschsprachigen Raum bislang nicht, obwohl die nationale und internationale Mobbingforschung zeigen konnte, dass in 51 bis zu 81 Prozent aller Mobbingfälle Vorgesetzte an Mobbinghandlungen beteiligt waren (vgl. u.a. Einarsen & Skogstad, 1996; Hoel & Cooper, 2000; Kiener, Graf, Schiffer, von Holzen-Beusch & Fahrni 2002; Meschkutat, Stackelbeck & Langenhoff, 2002; Rowell, 2005; Namie, 2017).

Da Führungskräfte proportional zu Nicht-Führungskräften unterrepräsentiert sind, sie aber überproportional an Mobbingvorfällen beteiligt sind, handelt es sich beim Phänomen „Bossing" offensichtlich um die häufigste „Mobbingvariante". Aus diesem Grund wurden die Ergebnisse der Mobbingforschung für diese Untersuchung adaptiert.

Die zentralen Ergebnisse dieser Studien können wie folgt zusammengefasst werden:

(1) Die Unterscheidung zwischen einem sozialen Konflikt und Bossing
Für die Annahme eines Bossingfalls können die folgenden maßgeblichen Kriterien aufgeführt werden:

a. *Negative Handlungs- und Verhaltensweisen der Bosserinnen und Bosser.* Bossing hat eindeutig eine negative Konnotation. Negative Handlungen werden systematisch auf bestimmte Mitarbeiterinnen und Mitarbeiter ausgerichtet. Konflikte hingegen führen nicht notwendigerweise zu einer negativen Konnotation.

b. *Intensität und Dauer des Bossingprozesses.* Bossing bezieht sich auf systematische (z. B. wöchentliche) und anhaltende (z. B. sechs Monate) negative Handlungen gegen (eine) andere Person(en) am Arbeitsplatz. Die systematischen und anhaltenden Handlungen können arbeitsbezogene (z. B. Zurückhaltung von Informationen) oder persönliche Probleme (z. B. Klatsch, soziale Isolation) betreffen. Die Handlungen verursachen Erniedrigung, Angstzustände, Depressionen und Disstress und können die Arbeitsleistung beeinträchtigen und/oder eine unangenehme Arbeitsumgebung schaffen. Konflikte hingegen beziehen sich auf eine Interaktion zwischen zwei Individuen, einer Person und einer Gruppe oder zwei Gruppen, in denen sich mindestens eine der Parteien durch die andere behindert oder irritiert fühlt.

c. *Negative Folgen für die Betroffenen.* Bossinghandlungen führen zu psychischen (u.a. Angst und Beeinträchtigung des Selbstwerts), somatischen (u.a. Herz-Rhythmus-Störungen), gesundheitlichen (Arbeitsunfähigkeit und Krankheit), sozialen (u.a. Beeinträchtigung des Lebensgefühls und Beziehungsprobleme) und arbeitsrechtlichen Folgen (u.a. Kündigung und Versetzung). Im Gegensatz zu einem normalen sozialen Konflikt, dessen Folgen auch positiv sein können (z. B. Identitätsstiftung, Lernchance), sind die Folgen von Bossing für die Betroffenen ausschließlich negativ.

d. *Asymmetrisches Machtverhältnis mit der Folge der eingeschränkten Verteidigungsmöglichkeit der Betroffenen.* Die soziale Beziehung zwischen Bosserinnen und Bossern und den Betroffenen ist durch ein asymmetrisches Machtverhältnis (Vorgesetzter - Geführter) geprägt, was impliziert, dass die Verteidigungsmöglichkeit der Betroffenen wenigstens beeinflusst, wenn nicht gar eingeschränkt wird.

e. *Schädigungsabsicht der Bosserinnen und Bosser.* Bosserinnen und Bosser nehmen im Verlaufe des Bossingprozesses wenigstens die Gefährdung der psychischen Gesundheit der Betroffenen billigend in Kauf, was eine Schädigungsabsicht impliziert. Schädigungsabsicht ist jedoch kein bestimmendes Merkmal bei normalen sozialen Konflikten.

(2) Eskalationsverlauf bei Bossing

Bossing kann als Folge eines bereits bestehenden Konfliktes angesehen werden. Der dem Bossing vorausgehende Konflikt wird von den Betroffenen sowohl auf heiße (Ablehnung, Desinteresse, Konfrontation) als auch auf kalte Weise (latent, subtil, schleichend) wahrgenommen.

Eine Ausweitung der Arena des Konfliktes konnte anhand der von den Befragten wahrgenommenen negativen Handlungs- und Verhaltensweisen der Bosserinnen und Bosser in sechs von zehn Fällen auf der dritten Eskalationsstufe (Taten statt Worte) sowie in vier der zehn untersuchten Fälle auf der fünften Eskalationsstufe (Gesichtsverlust) ausgemacht werden.

In allen untersuchten Fällen konnte die erste Hauptschwelle zwischen der ersten Hauptphase (Verstimmung) und der zweiten Hauptphase (Schlagabtausch) gefunden werden. Die Befragten erlebten die erste Hauptschwelle des Konfliktes sehr unterschiedlich (Kategorisches Ablehnen von Fortbildung, konspirative Suche eines neuen Geschäftsführers per Zeitungsannonce, Vorwurf des Dasitzens und Essens, Vorwurf der sozialen Inkompetenz, wiederholtes Entmachten, wiederholtes Untergraben der Autorität, Verbauen der Karriere, Stigmatisieren der

Mitarbeiterinnen und Mitarbeiter als „Verlierer", offenes Kommunizieren der Antipathie sowie das Nichtlösen bestehender Teamkonflikte).

Die erste Hauptphase (Eskalationsstufen 1 bis 3) ist vor allem auf der ersten und zweiten Eskalationsstufe noch von Sachbezogenheit geprägt. Standpunkte werden eingenommen, Erwartungen und Bedenken klar zum Ausdruck gebracht. Die dritte Eskalationsstufe zeigt hingegen schon ein Bild negativer, konfrontierender und provozierender Akte, die von den Betroffenen u.a. als blockierend, unfreundlich, geringschätzend und nörgelnd wahrgenommen werden. Mit Überschreiten der ersten Hauptschwelle erkennen die Betroffenen, dass es nicht mehr um die Sache geht, sondern die Beziehungen zwischen den Bosserinnen und Bossern und ihnen selbst im Mittelpunkt der Betrachtung steht, weshalb sie sich um ihre Reputation sorgen und in der Regel nach Allianzen suchen (Eskalationsstufe 4).

Die zweite Hauptschwelle zwischen der zweiten Hauptphase (Schlagabtausch) und der dritten Hauptphase (Vernichtung) konnte in sieben der zehn untersuchten Fälle gefunden werden. Die Befragten berichteten von unterschiedlichen Erlebnissen (z. B. Unterstellungen, Drohen mit einem empfindlichen Übel, Zerreißen einer Überlastungsanzeige, Diskreditierung durch Urkundenfälschung). Die von den Befragten geschilderten Wahrnehmungen markierten den zweiten größeren Wendepunkt des Konfliktgeschehens. Nachdem in der zweiten Hauptphase insbesondere der Schlagabtausch durch Gesichtsangriffe und Drohungen (Eskalationsstufen 5 und 6) im Vordergrund standen, erlebten sie die Handlungen und Verhaltensweisen der Bosserinnen und Bosser an der zweiten Hauptschwelle als Übergang zur Vernichtung (dritte Hauptphase). Den Befragten wird klar, dass der Konflikt eine neue Qualität der Auseinandersetzung erfährt, was sich durch die Handlungen und Verhaltensweisen der Bosserinnen und Bosser auf den Eskalationsstufen 7 und 8 bewahrheitet.

Bossing kann den Ergebnissen dieser Studie zufolge als eskalierender Konflikt beschrieben werden, der je nach subjektiver Wahrnehmung der Befragten auf der dritten Eskalationsstufe (Taten statt Worte) bzw. fünften Eskalationsstufe (Gesichtsverlust) beginnen kann.

(3) Eskalationsbedingungen

a) Persönlichkeitsbezogene Eskalationsbedingungen:
Unter den persönlichkeitsbezogenen Eskalationsbedingungen konnten in dieser Studie Rollenkonflikte und intra-psychische Konflikte, das individuelle

Konfliktlöseverhalten, die seelischen Funktionen im Bossingprozess und die Persönlichkeit der Betroffenen sowie der Bosserinnen und Bosser ermittelt werden.

Unter dem Aspekt der *Rollenkonflikte* wurden vor allem Person-Rollen-Konflikte ermittelt, die sich auf die tägliche Arbeit (bspw. differierte das Angestelltenverhältnis und die tatsächliche Arbeitstätigkeit, Entscheidungen mussten für den Vorgesetzten aufgrund dessen Abwesenheit getroffen werden oder es mussten Arbeitstätigkeiten für unterstellte Mitarbeiterinnen und Mitarbeiter ausgeführt werden) oder die bestehende Sandwich-Position bezogen. Darüber hinaus wurden intra-psychische Konflikte identifiziert, bei den sich die Betroffenen mit der Frage von Zukunftschancen und einer möglichen Kündigung auseinandergesetzt hatten.

Unter dem Aspekt des *Konfliktlöseverhaltens* im Sinne der Dual Concern Theory von Pruitt und Carnevale (1993) konnte ermittelt werden, dass sich das Konfliktmanagement der Betroffenen und das der Bosserinnen und Bosser vor allem durch Kämpfen und Vermeiden auszeichnete. Die Konfliktmanagementstile Lösen und Nachgeben war von den Betroffenen nur bedingt und in neun der zehn untersuchten Fälle von den Bosserinnen und Bosser gar nicht angewandt worden. Im Allgemeinen wurde den Bosserinnen und Bossern von den Betroffenen eine fehlende Konfliktlösekompetenz attestiert. Einige Betroffene bezeichneten sich hinsichtlich des Konfliktmanagements als undiplomatisch, unprofessionell und emotional.

Unter dem Aspekt der *seelischen Funktionen im Bossingprozess* konnte ermittelt werden, dass sie, wie bei allen anderen sozialen Konflikten auch, den Bossingprozess determiniert haben. Über alle Bossingsachverhalte hinweg zeigten sich Verzerrungen der Perzeptionen hinsichtlich des Denk- und Vorstellungserlebens. Es kam zu einer eindimensionalen, lückenhaften Sicht auf die Geschehnisse. Starke Verzerrungen der Wahrnehmungen aller Befragten ließen sich vor allem hinsichtlich des Selbstbildes und des Bildes der Gegenpartei ausmachen. Hinsichtlich des Selbstbildes schrieben sich die Befragten im überwiegenden Maße positive Eigenschaften zu. Das Bild vom Konfliktgegner wurde hingegen fast ausschließlich negativ beschrieben (deutlich stereotype Bilder hinsichtlich der Fähigkeiten und Charaktermerkmale der Konfliktparteien).

Die Perzeptionen und Gedankenwelt beeinflussten das Gefühlsleben der Befragten insofern, als dass ein Konstrukt ambivalenter Gefühle entstand, das durch das Vorhandensein von Polaritäten geprägt war (Ambivalenz bzgl. der Vorgesetzten-Mitarbeiter-Beziehung). Das Gefühlsleben der Betroffenen war zudem von einer überaus großen Empfindlichkeit nach innen beeinflusst (bspw. Gefühle von Hilf-, Macht- und Aussichtslosigkeit, Angst, Minderwertigkeit, Enttäuschung, Einsamkeit). Mit Beginn des Bossingsprozesses wurde das Gefühlsleben noch durch Kampf (sich im Recht und mutig fühlen), Trotz (Innere Kündigung), Empörung (Entsetzen) und Angriff (Gefühl der Kompetenzbeschneidung und des blockiert Werdens) determiniert. Im weiteren Verlauf des Bossings zeigten sich Gefühle des Selbstzweifels (Gefühle des Versagens, der Verunsicherung und der Minderwertigkeit) und des Misstrauens. Schlussendlich führte der Bossingprozess zu Ohnmacht, die sich in Hilf-, Macht- und Aussichtslosigkeit äußerte. Der befragte Bosser unterdrückte die Gefühle aus Gründen der Psychohygiene. Das im Laufe des Bossingsprozesses veränderte Gefühlsleben im Bosser weist auf den Verlust der Fähigkeit zum Einfühlen in den Betroffenen hin. Die mangelnde Empathie und sozialer Autismus prägen sich immer mehr aus.

Das Willensleben der Befragten war durch die Perzeptionen, die Gedanken und die Gefühle sowie durch die Art und Weise des Bossings korrumpiert worden. Zu Beginn des Konfliktes war das Willensleben der Betroffenen noch von Entschlossenheit geprägt. Im weiteren Verlauf des Konfliktes und vor allem mit Beginn des Bossings bröckelte diese Entschlossenheit mehr und mehr ab, weil es immer weniger Alternativen gab, die eigenen Absichten zu verwirklichen. Schließlich mündete der Wille in eine Art Überlebensstrategie. Mit fortschreitendem Bossingprozess engte sich das Wollen der Betroffenen auf einige wenige Möglichkeiten ein. Es gilt nur noch entweder oder, weswegen das Willensleben schlussendlich von Flucht aus der Situation durch Kündigung, Versetzung und Wegbewerben geprägt ist. Das Willensleben des befragten Bossers ist auf die organisationale Funktionstüchtigkeit des Unternehmens ausgerichtet. Es tritt Erstarrung und Fixierung auf. Flexibilität und die Suche nach Alternativen im Umgang mit der Situation gehen ihm verloren, weswegen Probleme ignoriert oder totgeschwiegen werden.

Wahrnehmungen Gedanken, Gefühle und Wille der Befragten beeinflussten ihr eigenes Verhalten (z. B. Kämpfen oder Vermeiden i.S. der Dual Concern Theory) und das der Konfliktgegner, was insbesondere zu Effekten mit objektiven und subjektiven Folgen für die Betroffenen (z. B. Erkrankung, Kündigung, Auflösungsvertrag als objektive Folgen sowie z. B. psychische Belastungen wie Angst, Betroffenheit, Enttäuschung oder Frustration als subjektive Folgen) führte.

Unter dem Aspekt der *Persönlichkeit* konnten unter Berücksichtigung der fünf Dimensionen der Persönlichkeit (Big-Five) nach Goldberg (1990) und Ostendorf und Angleitner (2003) festgestellt werden, dass bei den Betroffenen die Dimension Gewissenhaftigkeit tendenziell stärker ausgeprägt ist. Den Bosserinnen und Bosser wurden fast ausschließlich negative Persönlichkeitseigenschaften zugeschrieben (u.a. diktatorisch, menschenverachtend, böse, Mangel an Perspektivenübernahme). Auch das von dem interviewten Bosser gezeichnete Selbstbild weist auf mangelnde Sozialkompetenz und eine damit einhergehende mangelnde Perspektivenübernehme hin.

b) Arbeitsumweltbezogene Eskalationsbedingungen:

Unter den arbeitsumweltbezogenen Eskalationsbedingungen konnten in dieser Studie die Führung (leadership), organisationale Rahmenbedingungen und soziale Beziehungen ermittelt werden.

Unter dem Aspekt des *leadership* zeigte sich autoritäres/autokratisches und diktatorisches Führungsverhalten, das als tyrannical leadership behaviour bezeichnet wird. Es wurde auch ein völlig entgleistes Führungsverhalten (gegen Organisationsziele gerichtete Drückebergerei bzw. Absentismus), das sog. derailed leadership behaviour, identifiziert. Das ermittelte Führungsverhalten entspricht einer destruktiven Führung i.S. eines bad leadership.

Es zeigte sich weder ein mitarbeiter- noch aufgabenorientiertes, noch tranformationales Führungsverhalten. Das Führungsverhalten ist durch soziale Kälte, einer defizitären Kommunikation, intransparenter Personalpolitik sowie durch feindseliges verbales und non-verbales Verhalten geprägt.

Unter dem Aspekt der *organisationalen Rahmenbedingungen* konnte eine ganze Reihe an Bossing fördernder Risiken ermittelt werden:

a. Mangelhafte Unternehmenskultur (auch Absentismuskultur und mangelnde Fehlerkultur),
b. Change-Prozesse auf individueller Ebene (Einsetzen und Absetzen sowie wiederholter Wechsel von Führungskräften, Umsetzung von Mitarbeiterinnen und Mitarbeitern) sowie den Ebenen der Auf- und Ablauforganisation (Umzug, Auflösen einer Abteilung, Umorganisation, Auszahlung statt Abfeiern von Mehrarbeitsstunden),
c. Formatierte Arbeitswelt (Kontrolle der Anwesenheitszeiten als Gängelung),
d. Schlechtes Betriebsklima, Mobbingverhalten und Konkurrenzdenken,

e. Arbeitsverdichtung, Überforderung, eine hohe Anzahl an Überstunden und Fehlzeiten, Personalmangel, mangelhafte Entlohnung, verschärfter Wettbewerb,

f. Desolate Wirtschaftslage des Unternehmens sowie ein mangelnder finanzieller Rahmen,

g. Perspektivlosigkeit,

h. Eingeschränkter Tätigkeitsspielraum,

i. Rückständige Arbeitsorganisation, mangelhafte Arbeitsmittel, veraltete Arbeitsumgebung und mangelnde Arbeitszeitenregelungen (Pausenregelungen),

j. Mangelnde Fortbildungsmöglichkeiten, mangelnde Führungskräfteentwicklung sowie Beschäftigung unqualifizierter Mitarbeiterinnen und Mitarbeitern,

Unter dem Aspekt der *sozialen Beziehungen* konnten mangelnde Kollegialität, mangelnde Unterstützung der Betroffenen sowie eine Unterstützung der Bosserinnen und Bosser als Eskalationsbedingungen ermittelt werden.

Im Sinne des participant role Approaches nach u.a. Salmivalli et al. (1996) zeigten sich die Unterstützerinnen und Unterstützer der Bosserinnen und Bosser während des Bossingprozesses als deren Mitspieler. Sie traten als Assistenten und Verstärker auf.

7.1.2 Diskussion der Forschungsergebnisse

Die vorliegende Studie konnte zeigen, dass sich Bossing von einem sozialen Konflikt gut unterscheiden lässt. Bossing unterscheidet sich von einem sozialen Konflikt durch die negativen Handlungs- und Verhaltensweisen der Bosserinnen/Bosser gegenüber den Betroffenen, die Intensität und Dauer des Bossingprozesses, die negativen Folgen für die Betroffen, das asymmetrische Machtverhältnis zwischen Bosserinnen/Bosser und der Betroffenen aufgrund eines Über- und Unterstellungsverhältnisses sowie die Schädigungsabsicht. Dieses Ergebnis wird durch die Mobbingforschung insofern unterstützt, als dass einige Autoren die negativen Handlungen (gezielte Schikanen und schwere Attacken), den Zeitraum, über den diese negativen Handlungen ausgeführt werden, die Intension (Schädigungsabsicht), das Machtungleichgewicht und die eingeschränkte Möglichkeit der Verteidigung der Betroffenen als Unterscheidung zwischen einem sozialen Konflikt und Mobbing als wesentliche Kriterien postulieren (vgl. u.a. Thomas, 1992; Einarsen, Reknes & Matthiesen, 1994; Björkvist, Österman & Hjelt Bäck, 1994; Zapf & Gross, 2001; Keashly & Nowell, 2003; Nielsen, Nielsen, Notelaers & Einarsen, 2015a; Kolodej, 2016).

Ein Zusammenhang zwischen einem sozialen Konflikt und Bossing lässt sich insofern herstellen, als dass soziale Konflikte eine wichtige Vorbedingung für Bossing darstellen. Dieses Ergebnis wird durch die Empirie der Mobbingforschung gestützt, die aufzeigen konnte, dass zwischenmenschliche Konflikte der Betroffenen eine der wesentlichen Hauptursachen für das Entstehen von Mobbing darstellen (vgl. u.a. O'Moore, Lynch & Daéid, 2003; Zapf, 1999; Zapf, Knorz & Kulla, 1996).

Der dem Bossing zugrunde liegende Konflikt kann auf kalte und heiße Art und Weise entstehen. Auf heiße Art und Weise entsteht der Konflikt, wenn er sich von vornherein durch Ablehnung einer Konfliktpartei, bzw. Desinteresse an einer Konfliktpartei oder durch Konfrontation in der Sache zeigt. Auf kalte Art und Weise entsteht der Konflikt, wenn er von den Konfliktparteien latent, schleichend oder subtil wahrgenommen wird. In diesem Fall können die Konfliktparteien das spürbare Problem noch gar nicht klar benennen. Dieses Ergebnis steht nicht im Einklang mit der Mobbingforschung und der Auffassung Glasl's (2013), der postuliert, dass der dem Mobbing zugrunde liegende Konflikt nicht auf heiße, sondern ausschließlich auf kalte Art und Weise und verdeckt eskaliert und deshalb von den Mobbingbetroffenen erst spät wahrgenommen wird (vgl. Glasl, 2013).

Die Eskalation des dem Bossing vorgelagerten Konfliktes wird von den Betroffenen unterschiedlich wahrgenommen. Während ein Teil der Betroffenen wiederholte negative Handlungs- und Verhaltensweisen auf der dritten Eskalationsstufe (Taten statt Worte) des Glasl'schen Konflikt-Eskalationsmodells wahrnehmen, nimmt ein anderer Teil der Betroffenen die feindlichen Angriffe erst auf der fünften Eskalationsstufe (Gesichtsverlust) wahr. Diejenigen Betroffenen, die negative Handlungs- und Verhaltensweisen auf der dritten Eskalationsstufe wahrnehmen, nehmen den Konflikt in der Regel auch auf der ersten und/oder zweiten Eskalationsstufe (Verhärtung sowie Debatte, Polemik) zur Kenntnis. Bossing beginnt der vorliegenden Studie nach, je nach subjektiver Wahrnehmung der Betroffenen, entweder bereits auf der dritten Eskalationsstufe durch Taten statt Worte oder spätestens auf der fünften Eskalationsstufe durch Gesichtsangriffe. Dieses Ergebnis wird von der Mobbingforschung nur teilweise unterstützt. In den wenigen Studien zu Mobbing und Glasl's Konflikt-Eskalationsmodell kommen die Autorinnen und Autoren hinsichtlich des Beginns von Mobbing zu unterschiedlichen Ergebnissen. Sie sind der Meinung, dass Mobbing zwischen der zweiten und dritten oder auf der dritten oder zwischen der vierten bis sechsten oder auf der fünften Eskalationsstufe beginnt. Gemeinsam ist allen Studien, dass

Mobbing nicht auf den ersten beiden Eskalationsstufen entsteht (vgl. Zapf & Groß, 2001; Holzen-Beusch, Zapf und Schallberger, 1998; Glasl, 2013; Kolodej, Voutsinas, Jiménez & Kallus, 2005). Unter diesem Aspekt kann festgehalten werden, dass weder Mobbing noch Bossing auf der ersten und zweiten Eskalationsstufe des Konflikt-Eskalationsmodells nach Glasl entstehen kann.

In der Gesamtschau der in dieser Studie untersuchten Eskalationsverläufe der einzelnen Bossingsachverhalte zeigt sich, dass Glasl's neunstufiges Eskalationsphasenmodell mit seinen Eskalationsstufen und -schwellen gut zur Beschreibung und Erklärung der Konflikt-Eskalationsverläufe (Bossingprozesse) herangezogen werden kann. Es kann eine kontinuierlich eskalierende Entwicklung der Konflikte postuliert werden, so wie sie im neunstufigen Phasenmodell der Konflikteskalation nach Glasl beschrieben wird (vgl. Glasl, 2013).

Für die Zuordnung einzelner Handlungs- und Verhaltensweisen zu einzelnen Eskalationsstufen des Glasl'schen Modells erweist sich das Inventar zur Messung des Eskalationsgrades von Konflikten in der Arbeitswelt (IKEAr36) von Kolodej et al. (2005) als wertvolle Orientierungshilfe (Kolodej, Voutsinas, Jiménez & Kallus, 2005).

Die vorliegende Untersuchung konnte zeigen, dass die Ausweitung des sozialen Konfliktes hin zu einem Bossingprozess von persönlichkeits- und arbeitsumweltbezogen Eskalationsbedingungen beeinflusst wird. Unter dem Aspekt der persönlichkeitsbezogen Eskalationsbedingungen zeigen sich bestehende Rollenkonflikte, die sich aus der Arbeitstätigkeit selbst und aufgrund hierarchischer Gegebenheiten, bspw. durch eine Sandwich-Position ergeben, sowie ein defizitäres Konfliktmanagement als Bossing fördernd. Hinweise auf die Persönlichkeitseigenschaften der Betroffenen sowie der Bosserinnen und Bosser zeigen, dass sie Bossing befeuern können. Zudem zeigt die vorliegende Untersuchung, dass die seelischen Funktionen im Konflikt nach Glasl (2013) das Konfliktgeschehen in Bossingprozessen determinieren.

Die ermittelten Rollenkonflikte, die sich im überwiegenden Maße als Person-Rolle-Konflikte zeigen, führen bei den Betroffenen u.a. zu Frustration. Rollenkonflikte und deren Auswirkungen führen Kahn et al. (1964) zufolge gerade in Organisationen zu negativen Folgen. Als negative Folge kann auch ein erhöhtes Bossingrisiko unterstellt werden. Diese Annahme wird von der Mobbingforschung unterstützt, die Mehrdeutigkeit von Rollen und Rollenkonflikte im Zusammenhang mit einem erhöhten Mobbingrisiko sieht (vgl. Kahn, Wolfe, Quinn,

Rosenthal & Snoek, 1964; Baillien & De Witte, 2009; Hauge, Skogstad & Einarsen, 2007; Reknes, Einarsen, Knardahl & Lau 2014).

Die Entstehung von Bossing kann vor allem auf ein defizitäres Konfliktmanagement der Konfliktparteien zurückgeführt werden. Demnach kann die Art und Weise, wie Arbeitnehmerinnen und Arbeitnehmer mit bestehenden Konflikten umgehen, Bossing fördern oder verhindern. Ein erhöhtes Bossingrisiko ist dann anzunehmen, wenn die Konfliktparteien im Sinne der Dual Concern Theory konstruktive Konfliktmanagementstile (Lösen und Nachgeben) weitestgehend außer Acht lassen und destruktive Konfliktmanagementstile (Kämpfen und Vermeide) anwenden. Die Ergebnisse dieser Studie werden durch empirische Arbeiten der Mobbingforschung belegt, die eine signifikante Beziehung zwischen den Reaktionen der Konfliktparteien auf Konflikte und Mobbing zeigen konnte. Produktive Reaktionen (Lösung des Konflikts) stehen in Verbindung mit einem Rückgang von Mobbing, destruktive Reaktionen (Konflikte ignorieren oder durch Kampf gewinnen wollen) stehen in Verbindung mit erhöhtem Mobbing (vgl. u.a. Vartia, 1996; Hauge, Skostad & Einarsen, 2007; Ayoko, Callan und Härtel, 2003; Pruitt & Carnevale, 1993; Pruit & Rubin, 1986; Van de Vliert, 1997; Leon-Perez, Medina, Arenas & Munduate, 2015).

Die vorliegende Studie zeigt auch, dass Persönlichkeitseigenschaften der Betroffenen sowie der Bosserinnen und Bosser einen Bossingprozess befeuern können. Unter Berücksichtigung der Big-Five nach Goldberg (1990) und Ostendorf und Angleitner (2003) weisen die Betroffenen ihrer subjektiven Wahrnehmung nach auf der Dimension Gewissenhaftigkeit tendenziell eine stärke Ausprägung auf. Den Bosserinnen und Bossern werden fast ausschließlich negative Persönlichkeitseigenschaften sowie eine mangelnde Sozialkompetenz und eine damit einhergehende mangelnde Perspektivenübernahme zugeschrieben.

Die in dieser Studie ermittelten Persönlichkeitseigenschaften der Betroffenen decken sich zwar mit Ergebnissen von Coyne et al. (2000), die feststellen konnten, dass die Mobbingbetroffenen gewissenhafter waren als Nicht-Mobbingbetroffene (vgl. Coyne, Seigne & Randall, 2000).

Es lässt sich aber aufgrund der ermittelten Ergebnisse jedoch keine Typologie ableiten, die die Annahme rechtfertigen könnte, die Befragten seien quasi zwangsläufig und logischerweise zu Bossingbetroffenen geworden. Dies entspricht den Ergebnissen von Leymann (1996), der bei seinen Studien zu Mobbing keine typischen Persönlichkeitsmerkmale für die Betroffenen gefunden hatte, sondern sich verändernde Persönlichkeitsmerkmale der Betroffenen als Folge und die Persönlichkeit der Betroffenen nicht als Ursache von Mobbing ausmachte (vgl. Leymann, 1996). Die den Bosserinnen und Bossern zugeschriebene, resp. sich von einem Bosser selbst zugeschriebene mangelnde soziale Kompetenz sowie mangelnde Perspektivenübernahme gelten in der Mobbingforschung als vorherrschende Eigenschaften bei einer großen Anzahl von Mobbern bzw. stellen eine wichtige Vorbedingung für Mobbing dar, weshalb Menschen zu Tyrannen werden. Mangelnde soziale Kompetenzen und mangelnde Perspektivenübernahme der Bosserinnen und Bosser können in diesem Zusammenhang als wesentliche Eskalationsbedingungen für das Entstehen von Bossing angenommen werden (vgl. Zapf & Einarsen, 2011; Matthiesen & Einarsen, 2007).

Die seelischen Funktionen im Konflikt nach Glasl (2013) beeinflussen nicht nur den „normalen" sozialen Konflikt, sondern auch das Konfliktgeschehen im Kontext von Bossing. Im Wesentlichen zeigen sich starke Verzerrungen der Perzeptionen hinsichtlich des Denk- und Vorstellungserlebens, vor allem hinsichtlich des Selbstbildes und des Bildes der Gegenpartei. Es zeigen sich deutlich stereotype Bilder hinsichtlich der Fähigkeiten und Charaktermerkmale der Konfliktparteien. Das Konstrukt ambivalenter Gefühle ist durch das Vorhandensein von Polaritäten geprägt (Ambivalenz bzgl. der Vorgesetzten-Mitarbeiter-Beziehung) und das Gefühlsleben der Betroffenen wird von einer überaus großen Empfindlichkeit nach innen beeinflusst (bspw. Gefühle von Hilf-, Macht- und Aussichtslosigkeit). Mit Beginn des Bossingprozesses wird das Gefühlsleben durch Kampf, Trotz, Empörung und Angriff determiniert. Im Weiteren zeigen sich Gefühle des Selbstzweifels und des Misstrauens. Schlussendlich führt der Bossingprozess zu Ohnmacht, die sich in Hilf-, Macht- und Aussichtslosigkeit äußert. Gefühle werden aus Gründen der Psychohygiene unterdrückt. Das Gefühlsleben der Bosserinnen und Bosser weist auf den Verlust der Empathiefähigkeit hin. Mangelnde Empathie und sozialer Autismus prägen sich immer mehr aus. Das korrumpierte Willensleben ist zu Beginn des Konfliktes noch von Entschlossenheit geprägt, bröckelt aber mehr und mehr ab. Der Wille führt schließlich in eine Art Überlebensstrategie. Es gilt nur noch entweder oder, weswegen das Willensleben schlussendlich von Flucht aus der Situation geprägt ist. Im Willensleben der Bosserinnen und Bosser tritt Erstarrung und Fixierung auf. Flexibilität und die Suche nach Alternativen im Umgang mit der Situation gehen verloren.

Wahrnehmungen, Gedanken, Gefühle und Wille der Befragten beeinflussten ihr eigenes Verhalten und das der Konfliktgegner, was insbesondere zu Effekten mit objektiven und subjektiven Folgen für die Betroffenen führt (vgl. Glasl, 2013).

Es zeigt sich, dass das Modell der seelischen Funktionen im Konflikt nach Glasl (2013) gut geeignet ist, das „Innenleben" der an einem Bossingprozess beteiligten Protagonisten abzubilden.

Unter dem Aspekt der arbeitsumweltbezogenen Eskalationsbedingungen zeigen sich das „bad leadership", organisationale Rahmenbedingungen und soziale Verhältnisse als Bossing fördernd.

Die vorliegende Studie weist schlechte Führung unter dem Aspekt eines „bad leadership" im Sinne einer destruktiven Führung, die sich als tyrannical leadership behaviour und/oder derailed leadership behaviour zeigt, als eine wesentliche Eskalationsbedingung für Bossing aus. Defizitäre Kommunikation, intransparente Personalpolitik sowie feindseliges verbales und non-verbales Verhalten sind dem Führungsverhalten imanent. Die Ergebnisse dieser Studie werden von empirischen Studien zum bad leadership und der Mobbingforschung gestützt, die einen Zusammenhang zwischen schlechter Führung und dem Auftreten von Mobbing hinreichend belegen (vgl. Kellerman, 2004; Padilla, Hogan & Kaiser, 2007; Einarsen, Aasland & Skogstad, 2007; Aasland, Skogstad, Notalaers, Nielsen & Einarsen, 2010; Einarsen, 1999; Hoel & Cooper, 2000; Hoel & Salin, 2003; Leymann, 1996; Hauge, Skogstad & Einarsen, 2007; O'Moore & Lynch, 2007; Hoel, Glasø, Hetland, Cooper & Einarsen, 2010; Nielsen, 2013).

Überdies konnte die vorliegende Untersuchung zahlreiche organisationale Rahmenbedingungen als Bossing fördernde Risiken aufzeigen. Als Bossing fördernde Risiken zeigen sich eine mangelnde Unternehmenskultur, Change-Prozesse auf der individuellen und der aufbau- und ablauforganisatorischen Ebene, eine formatierte Arbeitswelt, schlechtes Betriebsklima, Mobbingverhalten und Konkurrenzdenken, Arbeitsverdichtung, Überforderung, eine hohe Anzahl an Überstunden und Fehlzeiten, Personalmangel, mangelhafte Entlohnung, verschärfter Wettbewerb, eine desolate Wirtschaftslage des Unternehmens sowie ein mangelnder finanzieller Rahmen, Perspektivlosigkeit, eingeschränkter Tätigkeitsspielraum, eine rückständige Arbeitsorganisation, mangelhafte Arbeitsmittel, eine veraltete Arbeitsumgebung und mangelnde Arbeitszeitregelungen, mangelnde Fortbildungsmöglichkeiten, eine mangelnde Führungskräfteentwicklung sowie die Beschäftigung unqualifizierter Mitarbeiterinnen und Mitarbeitern. Die Aufzählung der Bossing fördernden Risiken wird durch diverse Studien im Zusammenhang zwischen Mobbing und der Arbeitsumwelt bestätigt (vgl. Vartia, 1996, 2003; Zapf, Knorz & Kulla, 1996; O'Moore, Seigne, McGuire & Smith, 1998; Lewis, 1999; Hoel & Cooper, 2000; O'Moore & Lynch, 2007; Weber, Hörmann & Köllner, 2007; Hauge, Skogstad & Einarsen, 2007; Baillien & De Witte, 2009; Baillien, Neyens, De Witte & Cuyper, 2009; Reknes, Einarsen, Knardahl & Lau 2014).

Schlussendlich zeigt die vorgelegte Studie unter dem Gesichtspunkt der sozialen Beziehungen mangelnde Kollegialität, mangelnde Unterstützung der Betroffenen sowie eine Unterstützung der Bosserinnen und Bosser als Mitspieler (Assistenten/Verstärker) im Sinne des participant role Approaches nach u.a. Salmivalli et al. (1996) als Eskalationsbedingungen für Bossing auf. Auch diese Ergebnisse werden von der Mobbingforschung unterstützt, die unter dem Gesichtspunkt des Person-Environment/Group-Misfit vor allem auch gruppendynamische Prozesse (z. B. soziale Unterstützung, resp. mangelnde soziale Unterstützung) als Mobbing förderndes Risiko verantwortlich machen (vgl. Zapf, Knorz & Kulla, 1996; Weber, Hörmann & Köllner, 2007; O'Moore & Lynch, 2007).

Die Ergebnisse der Studie werden allesamt auf die subjektiven Wahrnehmungen der Betroffenen zurückgeführt. Fraglich ist, ob sich neben den subjektiven Wahrnehmungen auch objektive Hinweise auf einen bestehenden Bossingprozess ableiten lassen.

Im weitesten Sinne wird in dieser Studie unter subjektiver Wahrnehmung verstanden, dass jeder Mensch die Welt auf seine ganz subjektive und individuelle Weise wahrnimmt. Jeder Mensch konstruiert insofern seine eigene Wirklichkeit. Der Wahrnehmungsprozess lässt sich als theoretisches Konstrukt prozesshaft darstellen: Äußere Objekte oder Reize werden selektiv mit den Sinnen wahrgenommen (Sinneswahrnehmung). Dabei spielen bereits Präferenzen der Sinne (Hören, Führen usw.) sowie u.a. auch Verzerrungen (bspw. optische Täuschungen) als erster Filter eine Rolle. Da Wahrnehmen immer mit Bewertungen und Gefühlen einhergeht, erfolgt sodann eine subjektive Bewertung der Sinneseindrücke (Bewertung). Auf der Ebene der Bewertung findet eine Filterung im Sinne eines psychologischen Prozesses statt. Hier spielen u.a. die Persönlichkeit, die Prägung, Erfahrungen und Erwartungen, Werte und Glaubensausprägungen eine entscheidende Rolle. Diese zweite Filterebene beeinflusst die erste Filterebene. Bei Stress

z. B. wird häufiger etwas übersehen (Tilgung). Prägungen und Erfahrungen wiederum beeinflussen Verzerrungen oder Fokussierungen. Der Wahrnehmungsprozess führt schließlich zu einer subjektiven, internen Repräsentation (das, was für die Wirklichkeit gehalten wird), auf die mit Gefühlen und Handlungen reagiert wird (vgl. Franz, 2006). Die Ergebnisse der vorliegenden Studie basieren demzufolge auf der konstruierten Wirklichkeit der Untersuchungspersonen.

Die vorliegende Studie zeigt jedoch auch objektive Hinweise für das Vorhandensein eines Bossingprozesses. Zu den objektiven Hinweisen auf einen Bossingprozess lassen sich zunächst einmal alle wiederholten und über einen längeren Zeitraum anhaltenden negativen Handlungen und Verhaltensweisen der Bosserinnen und Bosser zählen, die nicht nur von den Betroffenen selbst, sondern auch von Nichtbetroffenen wahrgenommen werden. Hierzu zählen deutlich erkennbare offene Anfeindungen der Bosserinnen und Bosser, wie bspw. das Anschreien, Ignorieren, Isolieren und Demütigen der Betroffenen. Diese Handlungen und Verhaltensweisen können nicht im Verborgenen bleiben, sondern sie sind quasi für jedermann offensichtlich.

Im Weiteren kann die Hilfesuche der Betroffenen, vor allem bei der Mitarbeitervertretung (MAV), bzw. beim Betriebsrat aber auch bei anderen Personen, intern wie extern, als objektiver Hinweis auf das Vorliegen einer Bossingproblematik verstanden werden, denn durch die Hilfesuche werden Außenstehende durch die Konfrontation mit dem vorliegenden Bossinggeschehen mit in den Prozess eingebunden. Im Rahmen des Bossingprozesses treten sie als Verteidigerinnen und Verteidiger der Betroffenen (z. B. Aushilfe als Unterstützerin,) oder im Rahmen von psychosozialer Unterstützung (z. B. Therapeuten, Hausärzte, Lebenspartner, Ehemann) oder zur Durchsetzung arbeitsrechtlicher Ansprüche (Rechtsanwältin, Arbeitsrechtlerin) in Erscheinung. Mit Konfrontation der Bossingproblematik offenbaren sich für die jetzt eingebundenen Beteiligten auch die psychischen und somatischen Reaktionen der Betroffenen (z. B. Ärger, Traurigkeit oder die von einem Arzt attestierten Herz-Rhythmus-Störungen).

Als objektive Hinweise auf einen Bossingprozess können darüber hinaus all jene Folgen des Bossings gezählt werden, die sich aufgrund von Fehlzeiten (Arbeitsunfähigkeit durch Krankheit und/oder Krankschreibung) sowie arbeitsrechtlichen Konsequenzen (Abmahnung, Versetzung, Kündigung) für alle Beschäftigen des Unternehmens zeigen, soweit sie einen Bezug zu der Bossingproblematik herstellen können.

Resümierend kann festgestellt werden: Bossing lässt sich aufgrund wiederholter, negativer Handlungen der Bosserinnen und Bosser, der Intensität und Dauer des Bossingprozesses, der negativen Folgen für die Betroffenen, des asymmetrischen Machtverhältnisses (Führende-Geführte) und der Schädigungsabsicht der Bosserinnen und Bosser von einem „normalen" sozialen Konflikt abgrenzen.

Der dem Bossing zugrunde liegende soziale Konflikt wird sowohl auf kalte als auch auf heiße Art und Weise von den Konfliktparteien wahrgenommen.

Bossing selbst wird unter Anwendung des Konflikt-Eskalationsmodells nach Glasl frühestens auf der dritten Eskalationsstufe durch Taten statt Worte und spätestens auf der fünften Eskalationsstufe durch Gesichtsangriffe von den Konfliktparteien wahrgenommen und weist eine kontinuierlich eskalierende Entwicklung auf.

Bossing wird von persönlichkeitsbezogenen Eskalationsbedingungen beeinflusst. Bestehende Rollenkonflikte sowie ein Konfliktlöseverhalten, das auf Kämpfen und Vermeiden ausgerichtet ist, sind wesentliche Faktoren dafür, dass sich ein bereits bestehender sozialer Konflikt zu Bossing ausweitet. Persönlichkeitseigenschaften der Konfliktparteien können einen Bossingprozess zumindest befeuern. Unter Anwendung der Big Five können hohe Werte der Betroffenen auf der Dimension Gewissenhaftigkeit Bossingprozesse tendenziell begünstigen. Mangelnde soziale Kompetenzen und eine damit verbundene mangelnde Empathiefähigkeit der Bosserinnen und Bosser können hingegen als wesentlicher Faktor für das Entstehen von Bossing angenommen werden. Die seelischen Funktionen im Konflikt wirken auch bei Bossing.

Bossing wird darüber hinaus von arbeitsumweltbezogenen Eskalationsbedingungen determiniert. Destruktives Führungsverhalten im Sinne eines bad leadership kann als ein wesentlicher Faktor für die Entstehung von Bossing angenommen werden. Organisationale Rahmenbedingungen können dann ein Nährboden für Bossing sein, wenn sie Bossing fördernde Risiken aufweisen. Zu den Bossing fördernden Risiken zählen in diesem Zusammenhang: Eine mangelnde Unternehmenskultur, Change-Prozesse auf der individuellen und der aufbau- und ablauforganisatorischen Ebene, eine formatierte Arbeitswelt, schlechtes Betriebsklima, Mobbingverhalten und Konkurrenzdenken, Arbeitsverdichtung, Überforderung, eine hohe Anzahl an Überstunden und Fehlzeiten, Personalmangel, mangelhafte Entlohnung, verschärfter Wettbewerb, eine desolate Wirtschaftslage des Unternehmens sowie ein mangelnder finanzieller Rahmen, Perspektivlosigkeit, eingeschränkter Tätigkeitsspielraum, eine rückständige Arbeitsorganisation, mangelhafte Arbeitsmittel, eine veraltete Arbeitsumgebung und mangelnde Arbeitszeitenregelungen, mangelnde Fortbildungsmöglichkeiten, eine mangelnde Führungskräfteentwicklung sowie die Beschäftigung unqualifizierter Mitarbeiterinnen und Mitarbeiter. Unter dem Aspekt der sozialen Beziehungen sind eine mangelnde Kollegialität, die mangelnde Unterstützung der Bossingbetroffenen und die Unterstützung der Bosserinnen und Bosser fördernd für einen Bossingprozess.

Bossingprozesse werden nicht nur subjektiv von den Konfliktparteien wahrgenommen. Es finden sich auch objektive Hinweise auf das Konfliktgeschehen. Wiederholte und über einen längeren Zeitraum anhaltende Anfeindungen der Bosserinnen und Bosser bleiben nicht im Verborgenen, sie sind für jedermann offensichtlich. Die Hilfesuche der Betroffenen führt zur Einbindung Außenstehender in das Konfliktgeschehen. Bislang Außenstehende können dabei als Verteidigerinnen und Verteidiger, psychosoziale und professionelle (Ärzte, Therapeuten, Rechtsanwälte) Unterstützerinnen und Unterstützer der Betroffenen in Erscheinung treten. Mit der Konfrontation mit dem Konfliktgeschehen offenbaren sich diesen Personen gegenüber auch die psychischen und somatischen Befindlichkeiten der Betroffenen. Folgen des Bossings, wie Fehlzeiten u.a. aufgrund von Arbeitsunfähigkeit sowie arbeitsrechtliche Konsequenzen, wie Abmahnung, Versetzung oder Kündigung zeigen sich allen Beschäftigen eines Unternehmens und können als objektive Hinweise auf ein Bossinggeschehen angenommen werden, soweit die Beschäftigten einen Bezug zur Bossingproblematik herstellen können.

Bossing zeigt sich insofern als ein multidimensionales Konstrukt, bei dem neben den Konfliktparteien weitere Protagonisten, wie Mitspielerinnen und Mitspieler der Bosserinnen und Bosser sowie Unterstützerinnen und Unterstützer der Betroffenen, der Bossingprozess selbst sowie persönlichkeitsbezogene und arbeitsumweltbezogene Eskalationsbedingungen im Mittelpunkt der Betrachtung stehen.

7.2   Reflexion des methodischen Vorgehens

Bortz und Döring (2006) weisen darauf hin, dass die Methoden im Rahmen von Forschungsarbeiten nicht frei wählbar sind. Vielmehr müssen sich die Untersuchungsmethoden an dem Stand der Forschung und der eigentlichen Fragestellung des zu untersuchenden Phänomens orientieren. Mit Beendigung der Literaturrecherche und -arbeit entscheidet sich mit einem ersten Schritt, ob aus dem ermittelten Forschungsstand Hypothesen abgeleitet und überprüft (explanative

Untersuchung) oder wegen des identifizierten neuen Phänomens generiert werden sollten (explorative Untersuchung) (vgl. Bortz & Döring, 2006, S. 49 ff.). Der ermittelte Stand zur Forschung zum Phänomen Bossing ließ eine hypothesengenerierende (explanative) Untersuchung nicht zu. Zwar lassen sich Ergebnisse der vorliegenden Mobbingforschung auf das Bossingphänomen adaptieren, aber insgesamt ist das Phänomen in der Wissenschaftslandschaft bislang unbeachtet geblieben. Da im Rahmen dieser Untersuchung die Eskalationsbedingungen im Kontext von Bossingprozessen sowohl auf der individuellen als auch auf der organisationalen Ebene ermittelt werden sollten, musste insofern ein hypothesengenerierendes Verfahren (explorative Untersuchung) zur Anwendung kommen (vgl. Bortz & Döring, S. 50).

Bortz und Döring (2006) weisen darauf hin, dass dem Forschenden bei explorativen Untersuchungen ein gewisser Spielraum hinsichtlich der Untersuchungsplanung und Anfertigung des Untersuchungsberichtes zur Verfügung steht. Insofern besteht im Gegensatz zu explanativen Untersuchungen bei explorativen Untersuchungen eine geringere Verbindlichkeit. Die AutorInnen führen weiterhin aus, dass methodische Ansätze wie bspw. offene Befragungen von Einzelpersonen, etwa mit narrativen Interviews, und qualitative Inhaltsanalysen, für hypothesengenerierende (explorative) Untersuchungen charakteristisch sind (vgl. Bortz & Döring, 2006, S. 50 ff.).

Die Ergebnisse der vorliegenden Studie basieren auf einem qualitativen Untersuchungsdesign, denn es sollte, bezogen auf die Eskalationsbedingungen in Bossingprozessen, das individuelle Erleben und Wahrnehmen, Denken und Verhalten, sowie das persönliche Wahrnehmen organisationaler Einflüsse der Betroffenen ermittelt werden.

In einem zweiten Schritt ist Bortz und Döring (2006) folgend sodann zu klären, mit welcher Untersuchungsart die angestrebte Güte und Aussagekraft (interne und externe Validität) einer Untersuchung hergestellt werden kann. Die AutorInnen postulieren, dass die interne Validität einer Untersuchung dann anzunehmen ist, wenn die *„Ergebnisse der Untersuchung kausal eindeutig interpretierbar sind"* (S. 53). Die interne Güte nimmt ab, wenn sich zunehmend plausible Alternativerklärungen finden lassen. Die externe Validität ist dann anzunehmen, *„wenn die Ergebnisse der Untersuchung über die Untersuchungssituation und die Untersuchten hinaus generalisierbar sind"* (ebd). Die externe Güte nimmt immer dann ab, wenn die Untersuchungsbedingungen zunehmend unnatürlicher werden oder die untersuchte Stichprobe hinsichtlich ihrer Repräsentativität abnimmt (vgl. Bortz & Döring, 2006, S. 53).

Wie bereits unter Ziff. 5.1.3 unter der Überschrift Gütekriterien hinreichend beschrieben, besteht hinsichtlich der Gütekriterien in der Qualitativen Sozialforschung keine Einigkeit. Einigkeit scheint weitestgehend darüber zu bestehen, dass die Gütekriterien Quantitativer Forschung (Objektivität, Reliabilität und Validität), wenn überhaupt, modifiziert auf die Qualitative Sozialforschung anwendbar sind, weshalb im Rahmen dieser Untersuchung den von Steinke (2000) und Mayring (2002) aufgestellten Gütekriterien gefolgt wurde (vgl. Steinke, 2002; Mayring, 2002).

Im Mittelpunkt stand im Rahmen dieser Forschungsarbeit zuvorderst das Kriterium der intersubjektiven Nachvollziehbarkeit des Forschungsprozesses. Dieses Kriterium wurde durch das Aufzeigen relevanter Textstellen und entsprechender Interpretationen sowie durch das detaillierte Beschreiben des Datenerhebungs- und -auswertungsprozesses erfüllt.

Im Sinne der Methodenreflexion sollen in der Folge einige kritische Aspekte beleuchtet werden.

Wie unter Ziff. 5.1.4 bereits beschrieben, erfolgte die Auswahl der Interviewpartnerinnen und -partner im Sinne des theoretical sampling nach Glaser und Strauss (1998) und insofern nach inhaltlich fallbezogenen Überlegungen, die sich in der Fragestellung begründen (vgl. Glaser & Strauss, 1998). Es stellt sich allerdings die Frage, warum sich die Befragten und vor allem der befragte „Bosser" für die Studie zur Verfügung gestellt haben. Aussagen über die Motivation der Teilnehmenden sind einerseits zwar höchst spekulativ, andererseits kann die Motivation der Befragten aber die Aussagekraft der Interviews und das gesamte Forschungsergebnis, insbesondere unter dem Aspekt der Selbstdarstellung, beeinflusst haben. Im überwiegenden Maße (sieben der zehn Befragten) kann den Interviewpartnerinnen und -partnern motivational der Wunsch nach Aufarbeitung der Geschehnisse unterstellt werden. Die Befragten litten nach wie vor unter einer sehr hohen emotionalen Betroffenheit. Ihr Ziel war es, die Geschehnisse noch einmal deutlich zu machen und im Sinne einer Psychohygiene aufzuarbeiten. Das folgende Interviewzitat weist auf die anhaltende emotionale Betroffenheit der Betroffenen hin:

"...ich find's gerade nur erstaunlich (...) dass es ja auch weitergeht, (...) trotzdem (...) sie nicht mehr bei uns ist, wie mich das immer noch so belastet (...) von außerhalb" (IP8: 420-422).

Denkbar ist unter motivationalen Gesichtspunkten jedoch auch, dass ein Teil der aus Pflegeeinrichtungen stammenden Interviewteilnehmerinnen und -teilnehmer (sieben von zehn Befragten) das Interview dazu nutzen, um auf die eigene Situation und die der Pflegekräfte im Allgemeinen aufmerksam zu machen, vor allem unter dem Gesichtspunkt eines anhaltenden Pflegenotstandes und den damit verbundenen problematischen Arbeitsbedingungen in ihren Organisationen.

Bei zwei der neun befragten Betroffenen sowie beim befragten Bosser fanden sich einige Selbstdarstellungstendenzen (Impression-Management), die anhand der folgenden Interviewzitate verdeutlicht werden sollen:

„... *ich versuche schon (...) mit Leuten in irgendeiner Form gut (---) klarzukommen. Klar gibt es Differenzen, und ich bin auch (...) ein Mensch, der Sachen ganz klar anspricht, aber (...) ich versuche das immer auf eine Art und Weise, wo man irgendwie sich auch wieder begegnen kann (...)"* (IP5: 84-87).

„*Also ich möchte mich natürlich als guter Vorgesetzter im Nachhinein darstellen"* (IP4: 733-734).

Auch Fragen zum Selbstbild könnte die Aussagekraft aller Interviews darüber hinaus im Sinne von Selbstdarstellungstendenzen beeinflusst haben.

Die Aussagekraft der Interviews könnte zudem dadurch beeinflusst worden sein, dass zwischen den erlebten Geschehnissen und dem Zeitpunkt des Interviews zum Teil erhebliche Zeitspannen lagen (in einem Fall 14 Jahre). Es ist daher nicht auszuschließen, dass einige Aussagen und Sinnzusammenhänge im Nachhinein konstruiert wurden. Unter dem Gesichtspunkt der Gedächtnispsychologie könnten von daher Erinnerungsleistungen beeinträchtigt gewesen sein (vgl. auch Surma, 2012, S. 242).

Im Weiteren könnte die Beziehung zwischen Interviewer (Autor) und Interviewten sowie die Interviewsituation die Aussagekraft der Interviews beeinflusst haben. Unter dem Aspekt der Interviewsituation könnten die gewählten Intervieworte das Aussageverhalten der Interviewpartnerinnen und -partner beeinflusst haben. Die Befragten wurden in separaten Räumlichkeiten im häuslichen Bereich, an ihren Arbeitsstellen und an neutralen Orten interviewt. Es kann unterstellt werden, dass der häusliche Bereich den Befragten mehr emotionale Sicherheit bietet als der mehr oder weniger unbekannte neutrale Ort oder mehr oder weniger beaufsichtigte, resp. unbeaufsichtigte Arbeitsplatz. Insofern könnte der Interviewort unter dem Gesichtspunkt der Offenheit und Authentizität mehr oder weniger Einfluss auf das Aussageverhalten der Befragten genommen haben. Auch Sympathie und Antipathie, ausgehend sowohl vom Interviewer (Autor) als auch von den Interviewten, könnten die Aussagen genauso beeinflusst haben, wie die Art und Weise der Interviewführung oder der Fragestellung. Es ist u.a. nicht auszuschließen, dass die Befragten im Zuge der Interviews eigene Vorstellungen über das Ziel der Studie entwickelt und sich ihren Vorstellungen entsprechend verhalten haben.

Die aufgeführten möglichen Faktoren können das Aussageverhalten der Interviewpartnerinnen und -partner zwar determiniert haben, jedoch kann daraus nicht automatisch geschlossen werden, dass diese Determinanten auch wirksam wurden. Gegen ein Impression-Management spricht bspw., dass die Aussagen der Befragten sowohl positive als auch negative Äußerungen hinsichtlich der eigenen Persönlichkeit („ ... also ich bin nicht der super pünktliche Mensch... ", IP5: 164-165), sowie hinsichtlich der Persönlichkeit und des Verhaltens der Führungskräfte und des Verhaltens von Teammitgliedern beinhaltete. Gegen ein überzogenes Impression-Management des interviewten „Bossers" spricht z. B., dass er sich für sein Verhalten schämte und Schuldgefühle hatte, die er dem Interviewer nach Beendigung des Interviews zum Ausdruck brachte. Insofern kann auch dem Einfluss sozial erwünschten Antwortverhaltens im Rahmen dieser Studie eine eher geringe Bedeutung beigemessen werden.

Unter dem Aspekt der Offenheit und Authentizität kann ins Felde geführt werden, dass die Interviewpartnerinnen und -partner an bestimmten Stellen des Interviews stark emotional reagierten (z. B. mit der Hand auf den Tisch schlagen). Bei der Schilderung belastender Situationen fingen drei Interviewpartnerinnen und -partner an zu weinen.

Zwar wurden im Rahmen der Datenerhebung alle Interviews durch den Autor selbst geführt, aber seitens des Autors wurden im Zuge der Interviewdurchführung die methodologischen und methodisch-technischen Aspekte des qualitativen Interviews strikt beachtet, um die mögliche Beeinflussung der Interviewteilnehmerinnen und -teilnehmer zu vermeiden. Dennoch wäre die Interviewdurchführung durch verschiedene Interviewer wünschenswert gewesen, um mögliche Versuchsleitereffekte auszuschließen (vgl. hierzu auch Surma, 2012, S. 241).

Um zu einer Erhöhung der Güte durch umfassendere, abgesichertere und gründlichere Forschungsergebnisse zu gelangen, wäre, Lamnek (2010) folgend, der Zugang mit verschiedenen Methoden und Interpreten (sog. Triangulation) zum Forschungsfeld, bspw. durch teilnehmende Beobachtung hinsichtlich der

Führung von Mitarbeiterinnen und Mitarbeiter in unterschiedlichen Unternehmen, wünschenswert gewesen (vgl. Lamnek, 2010, S. 132). Diesem methodischen Anspruch konnte nicht Rechnung getragen werden. Einerseits konnte ein Zugang zu unterschiedlichen Unternehmen angesichts des eher problematischen Themas, insbesondere für Führungskräfte, und den damit verbundenen Schwierigkeiten nicht realisiert werden. Andererseits konnten keine weiteren Sozialwissenschaftler als sogenannte „Interrator", vor allem für die Überprüfung von Generalisierungen und Reduktionen im Rahmen der qualitativen Inhaltsanalyse nach Mayring (2015), gewonnen werden (vgl. hierzu auch Surma, 2012, S. 241).

7.3   Praxisrelevante Fragen

Bei Bossing handelt es sich um ein systemisches, multikausales Phänomen, bei dem die handelnden und weitere Protagonisten, die Situation selbst sowie organisationale Strukturen des Arbeitsumfeldes von hoher Bedeutung sind.

Aus der Perspektive der Arbeits- und Organisationspsychologie sowie der Konfliktforschung sind von besonderem Interesse, welche Maßnahmen das Phänomen Bossing verhindern bzw. wenigstens reduzieren können. Die Ergebnisse der vorliegenden Studien weisen auf sehr unterschiedliche Handlungsstränge hin. Aus Sicht des Autors kommt dabei den folgenden Punkten eine wesentliche Bedeutung zu.

1. Sensibilisierung und Problembewusstsein:

Obwohl diverse Studien darauf hinweisen, dass beim Phänomen des Mobbings Führungskräfte überproportional beteiligt sind (vgl. u.a. Meschkutat, Stackelbeck & Langenhoff, 2002), führt das Phänomen Bossing sowohl in der Forschungslandschaft als auch in den Unternehmen der öffentlichen Hand sowie in der Privat- und Sozialwirtschaft nach wie vor ein Schattendasein. Dies ist insofern problematisch, als dass Bossing zu erheblichen individuellen Folgen sowie arbeitsrechtlichen Konsequenzen führt und aus betriebswirtschaftlicher Perspektive mit erhöhten Absentismuszahlen und den daraus resultierenden Folgekosten sowie mit erheblichen Imageschäden einhergeht. Sowohl Forschende als auch Unternehmen müssen ein Problembewusstsein dafür entwickeln, dass nicht untereinander mobbende Mitarbeiterinnen und Mitarbeiter das Arbeitsklima in den betroffenen Bereichen vergiften, sondern dass die in den Unternehmen wirkenden Führungskräfte Arbeitnehmerinnen und Arbeitnehmer sowie das Unternehmen durch Bossing schädigen. Insofern scheint es angezeigt zu sein, das Phänomen

Bossing eingehender zu erforschen sowie die Öffentlichkeit und Unternehmensleitungen mit den Ergebnissen der aktuellen Forschungsergebnisse zu diesem Phänomen aus dieser Studie und anderen Untersuchungen zu konfrontieren und sie dazu zu ermutigen, Bossingsachverhalte zu ächten und gegen Bosser mit den zur Verfügung stehenden Möglichkeiten des Arbeitsrechts vorzugehen (vgl. Rusch, 2014).

2. Führungskräfteauswahl und Führungskräfteentwicklung

Die Ergebnisse der vorgelegten Untersuchung zeigen, dass das Vorgesetztenverhalten und -handeln über alle explizierten Bossingsachverhalte hinweg eine große Bedeutung gespielt hatte. Die von den Betroffenen beschriebenen Bossingverhaltensweisen weisen auf das sog. „bad leadership" hin, das in dieser Qualifikationsschrift umfassend erörtert wurde. „Bad leadership" wird von den AutorInnen auf toxische Führungsprozesse und auf das Verfolgen schädlicher Ziele (organisationale (Leistungs-)Ziele auf Kosten der Mitarbeiter(-Ziele)) zurückgeführt und umfasst Führende und Geführte sowie die Führungssituation. Es handelt sich u.a. um ein tyrannisches Führungsverhalten, worunter u.a. auch Schikane, Mobbing, Demütigung und Bestrafung fallen.

Die bisherigen Forschungsergebnisse zum „bad leadership", gepaart mit den Ergebnissen aus dieser Studie, drängen einen unmittelbaren Zusammenhang mit der Auswahl von Führungskräften geradezu auf. Kanning (2014) weist darauf hin, dass es sich bei der Führungskräfteauswahl um eine zentrale Aufgabe für jede Organisation handelt. Führungskräfte entscheiden über Einsatz und Koordination ihrer Mitarbeiterinnen und Mitarbeiter und tragen somit maßgeblich zu deren Entwicklung, Motivation und Zufriedenheit bei. Kanning weist zurecht darauf hin, dass man in keinem Bereich des Personalmanagements mit professioneller Arbeit so viel Nutzen für die Organisation schaffen bzw. durch mangelnde Professionalität so viel Schaden, insbesondere für die Geführten, anrichten kann, wie bei der Führungskräfteauswahl. Obwohl umfangreiche Studien auf dem Gebiet der Personaldiagnostik seit Jahren grundlegende Erkenntnisse und Methoden zur Optimierung von Auswahlprozessen liefern, kommt es nach wie vor zu Fehlentscheidungen bei der Besetzung von Führungspositionen (vgl. Kanning, 2014).

Angesichts der erörterten Problematik ist es hinsichtlich der Auswahl von Führungskräften von besonderer Bedeutung, das auf die Personalauswahl und -entwicklung häufig in Unternehmen anzutreffende „eminenzbasierte Wissen" endlich durch ein „evidenzbasiertes" zu ersetzen, um eine Führungskräfteauswahl realisieren zu können, die das Risiko einer „gesundheitsgefährdenden Führerschaft" zumindest reduziert. Überdies müssen künftige Kompetenzmodelle das Thema „bad leadership" und im Besonderen das Thema Bossing als ein Aspekt von „the dark side of leadership" berücksichtigen. Nur das künftige Wissen um Bedingungen und Mechanismen von schlechter Führung kann dazu beitragen, Fehler in den Führungsprozessen wenigstens auf ein erträgliches Maß zu minimieren.

3. Professionelle Begleitung von Veränderungsprozessen

Wie die vorliegende Studie zeigen konnte, scheinen Veränderungen in der Organisation durch Change-Prozesse, insbesondere durch Personalwechsel auf Führungsebene für das Zustandekommen eines Bossingprozesses mitverantwortlich zu sein. Arbeitnehmerinnen und Arbeitnehmer erleben organisationale Veränderungsprozesse häufig als kritische Ereignisse, die mit Stress und/oder negativen Konsequenzen einhergehen können (vgl. Terry & Jimmieson, 2003).

Veränderungsprozesse verlaufen grundsätzlich nie wie geplant, weshalb die Betroffenen aufgrund von Change-Prozessen im überwiegenden Maße Verunsicherung, die Bedrohung der Arbeitsplatzsicherheit und der Karriere sowie der finanziellen Sicherheit erleben. Sie erleben organisationale Veränderungen zudem als Bedrohung der eigenen Macht sowie des Prestiges und des Kohärenzgefühls (vgl. Terry, Jimmieson & Callan, 2004).

Darüber hinaus machen sich Mitarbeiterinnen und Mitarbeiter sowie Führungskräfte Gedanken darüber, welche Auswirkungen die organisationalen Veränderungen auf sie selbst, ihre Arbeit und die Kollegen haben könnten (vgl. Herscovitch & Meyer, 2002).

Folge dieses Erlebens sind u.a. aktiver und passiver Widerstand. Aktiver Widerstand beinhaltet bspw. Verhaltensweisen, wie Schuldzuweisungen, das Sabotieren oder Bedrohen sowie das Gerüchte in Umlauf bringen oder das Streiten. Passiver Widerstand hingegen umfasst Verhaltensweisen, wie bspw. Informationen oder Ressourcen zurückzuhalten und dabei zuzusehen, wie die geplante Veränderung misslingt (vgl. Hultman, 1998).

Bei der Betrachtung jener Bossingsachverhalte, denen ein Veränderungsprozess als ein Teil risikobehafteter Verhältnisse der Arbeitsumwelt zugrunde lag, wurde deutlich, dass ein professionelles Change-Management nicht zur Anwendung gekommen war. Dieses ist aber erforderlich, um einerseits Ängste bei allen Beteiligten abzubauen und andererseits zumindest kooperatives Verhalten zu bewirken, das im Einklang mit den Zielen der geplanten Veränderungen steht.

4. Implementierung von Bewältigungsstrukturen

Die vorliegende Studie konnte zeigen, dass die Bossingbetroffenen im überwiegenden Maße die Verweigerung interner Hilfe erfahren hatten. Die Hilfe war ihnen von den Bosserinnen und Bossern selbst und der nächsthöheren Hierarchieebene (Vorstand, Vorstandskollegen, Geschäftsleitung, obere Vorgesetztenebene und Pflegedirektion) sowie von Kolleginnen und Kollegen und dem Betriebsrat verweigert worden.

Werden Arbeitnehmerinnen und Arbeitnehmer allerdings im Rahmen ihrer Berufsausübung mit Situationen konfrontiert, die psychische, physische und soziale Folgen nach sich ziehen, sind Arbeitgeber dazu angehalten, sich mit dem Problem zu befassen und darüber nachzudenken, wie mit diesen kritischen Ereignissen umgegangen werden soll. Vorstellbar ist die Erarbeitung von Handlungshilfen im Umgang mit Bossing, analog jener, die in den 1990er und 2000er Jahren zum Phänomen Mobbing entwickelt worden sind. Beispielhaft kann hier die im Jahre 2008 vom Ministerium für Arbeit, Gesundheit und Soziales des Landes Nordrhein-Westfalen veröffentlichte Handlungshilfe von Bärbel Meschkutat und Martina Stackelbeck unter dem Titel *„Konfliktlösung am Arbeitsplatz. Eine Handlungshilfe für Führungskräfte bei Konflikten und Mobbing"* angeführt werden.

5. Anwendung geeigneter Interventionsstrategien

Glasl (2013) beschreibt, bezogen auf sein Konflikt-Eskalationsmodell, insgesamt sieben Strategiemodelle der Konfliktbehandlung. Im Einzelnen handelt es sich um Moderation (Stufen 1-3), Prozessbegleitung (Stufen 3-5), Systemtherapeutische Prozessbegleitung (Stufen 4-7), klassische Vermittlung (Stufen 5-7), Schieds(Gerichts)verfahren (Stufen 6-8) und Machteingriff (Stufen 7-9). Der Autor weist darauf hin, dass alle Strategiemodelle für unterschiedliche Konflikte einen unterschiedlichen Wert haben. Insofern kann je nach Situation z. B. eine Systemtherapeutische Prozessbegleitung auf der dritten Eskalationsstufe oder bspw. eine klassische Vermittlung auf der achten Eskalationsstufe versucht werden (vgl. Glasl, 2013).

Die Ergebnisse der Studie weisen darauf hin, dass Bossingsachverhalte frühestens auf der dritten Eskalationsstufe durch Taten und Worte und spätestens auf der fünften Eskalationsstufe durch Gesichtsangriffe wahrgenommen werden. Dieser Erkenntnis folgend, kommt die Moderation als Rollen- und Strategiemodell für Bossingsachverhalte aus folgenden Gründen nicht zum Tragen:

Nach Glasl (2013) kann der Moderator darauf vertrauen, dass die Konflikt-parteien den Streitgegenstand nach einigen Interventionen selbstständig bewälti-gen können. Probleme der Interaktion sowie inhaltliche und prozedurale Diffe-renzen können von den Beteiligten mit sofortigen Selbstheilungseingriffen korri-giert werden. Insofern entfaltet die Moderation ihren Nutzen für Konflikte der zweiten Eskalationsstufe und für weniger komplexe Sachverhalte der dritten Stufe. In Fällen von Bossing geht es den Ergebnissen der Studie nach aber bereits um stark verfestigte stereotype Selbst- und Feindbilder und um multikausale Zu-sammenhänge, demnach also um sehr komplexe Sachverhalte. Hinsichtlich eines solchen Interventionsschwerpunktes geht es Glasl (2013) zufolge immer wieder um Perzeptionsklärungen im Rahmen von Prozessbegleitung, resp. Prozesskon-sultation, die eine aktive, konstruktive und integrale Konfliktbehandlung vorsieht. Die Prozessbegleitung widmet sich der Konfrontation der stereotypen Selbst- und Feindbilder bei gleichzeitigem Abbau der psychosozialen Mechanismen. Im Wei-teren konzentriert sich die Intervention auf das Ausbilden empathischer Fähigkei-ten, die als Grundlage für die Verbesserung der Beziehungen zwischen den Par-teien dienen soll. Einstellungsänderungen sollen bewirkt und Vertrauen zwischen den Konfliktparteien wieder aufgebaut werden. Diesbezüglich sollen die Beteilig-ten ihre erstarrten Positionen verlassen und sich für die Anliegen des Konflikt-gegners wieder öffnen (vgl. Glasl, 2013).

Im Ergebnis dieser Ausführungen empfiehlt sich bei Bossingsachverhalten im Anfangsstadium eine Intervention mit dem Strategiemodell der Prozessbeglei-tung. Im weiteren Verlauf des Bossings kommen die von Glasl (2013) beschrie-benen weiteren Interventionsstrategien in Betracht.

7.4 Ausblick und weiterer Forschungsbedarf

In der methodischen Reflexion wurde bereits dargelegt, dass eine Beein-flussung der Untersuchungsergebnisse durch signifikante Determinanten nicht ausgeschlossen werden kann. Insofern bedarf es weiterer Forschungsarbeiten, um die in dieser Studie herausgearbeiteten Eskalationsbedingungen im Kontext von Bossingprozessen zu bestätigen bzw. weitere Eskalationsbedingungen zu identi-fizieren.

Zum Phänomen Bossing bedarf es darüber hinaus weiterer Forschungsar-beiten, bspw. Untersuchungen darüber, ob und inwieweit organisationale Macht-instrumente, wie z. B. Beurteilungen oder Vergütungssysteme, und arbeitsrechtliche Möglichkeiten, wie die Instrumente Ermahnung und Abmahnung, Bossing begünstigen können.

In einer sich durch zunehmende Technologisierung rasant verändernden Gesellschaft und somit auch Arbeitswelt scheint es sinnvoll zu sein, zu untersuchen, ob und inwieweit die Art und Weise der digitalisierten Kommunikation, bspw. durch E-Mails oder die Führung virtueller Teams, ein Nährboden für Bossing sein kann. In diesem Kontext können als moderierende Variable Faktoren wie der Interaktionsspielraum, das Führungsverhalten sowie Persönlichkeitsfaktoren thematisiert werden.

Ein weiteres, sehr umfangreiches Forschungsgebiet im Kontext von Bossing weist der Bereich der sozialen Beziehungen am Arbeitsplatz auf. Bossing ist offensichtlich, wie Mobbing, ein Gruppenphänomen, bei dem neben den Betroffenen und den Bosserinnen und Bossern weitere Protagonisten eine wichtige Rolle spielen. Insofern könnte von Interesse sein, inwieweit der u.a. von Christina Salmivalli und Kollegen (1996) im Schulkontext identifizierte participant-role-Approach auch auf die sozialen Beziehungen am Arbeitsplatz anzuwenden ist. Daran anschließend stellen sich Fragen hinsichtlich der sozialen Kompetenzen und des prosozialen Verhaltens, wie z. B. zivilcouragiertes Verhalten, von Arbeitnehmerinnen und Arbeitnehmer in Fällen von wahrgenommen Bossing zum Nachteil von Kolleginnen und Kollegen.

Am Ende dieser Arbeit richtet sich der Appell an Forschende und Praktiker, das Phänomen Bossing möglichst zeitnah von seinem Schattendasein zu befreien, um künftig einerseits die Anzahl Betroffener bestenfalls auf Null zu reduzieren und andererseits Führungskräfte mit entsprechenden Kompetenzen auszustatten.

„Die Tiefen der Menschenseele sind unergründlich, die Wandlungen eines Herzens rätselhaft und unberechenbar"

Sophie Verena, Pseudonym für Sophie Alberti
(1826 - 1892)

Literaturverzeichnis

Aasland, M.S., Skogstad, A., Notelaers, G. Nielsen, M.B. & Einarsen, S. (2010). The prevalence of destructive leadership behavior. In British Journal of Management 21(2), pp. 438 – 452.

Al Bir, A.T.S. & Hassan, A. (2014). Workplace Bullying in Malaysia: An Exploratory Study. Malaysian Management Review. January-June 2014, Vol. 49 No. 1.

Amason, A.C. (1996).Distinguishing the effect of functional and dysfunctional conflict on strategic decision making: Resolving a paradox for top management teams. Academy of Management Journal, 39, 123–148.

Appelberg, K.; Romanov, K., Honkasalo, M.-L. & Koskenvuo, M. (1991). Interpersonal conflict at work and psychosocial characteristics of employees. Social Scientific Medicine, 32 (9), 1051-1056.

Arnold, R. & Schüßler, I. (2001). Entwicklung des Kompetenzbegriffs und seine Bedeutung für die Berufsbildung und für die Berufsbildungsforschung, in: G. Franke (Hrsg.): Komplexität und Kompetenz. Ausgewählte Fragen der Kompetenzforschung, Bielefeld, S. 52-74.

Asendorpf, J.B. (2015). Persönlichkeitspsychologie für Bachelor. 3., aktualisierte Auflage. Berlin, Heidelberg: Springer-Verlag.

Ayoko, O.B., Callan, V.J. and Härtel, C.E. (2003) Workplace Conflict, Bullying, and Counter productive Behaviors. International Journal of Organizational Analysis, 11, 283- 301.

Bach, C. (2014). Wertschätzende Führung. Das kleine Führungskräfte-ABC. Mitarbeiter erobern. Mit Menschlichkeit gewinnen. Gesundheit fördern. Unternehmenskultur leben. 1. Auflage. Hamburg: Verlag tredition GmbH

Baillien, E., Neyens, I. & De Witte, H. (2008). Organizational, team related and job related risk factors for bullying, violence and sexual harassment in the workplace: A qualitative study. International Journal of Organisational Behavior, 13, 132–146.

Baillien, E. & De Witte, H. (2009). Why is organizational change related to workplace bullying? Role conflict and job insecurity as mediators. Economic and Industrial De mocracy, 30, 348–371.

Baillien, E., Neyens, I., De Witte, H. & De Cuyper, N. (2009). A qualitative study on the deve lopment of workplace bullying: Towards a three way model. Journal of Community & Applied Social Psychology, 19, 1–16.

Bardes, M. & Piccolo, R.F. (2010). Goal setting as an antecendent of destructive leader behaviors. In: Schyns, B. & Hansbrought, T. (Hrsg.): When leadership goes wrong. De structive leadership, mistakes, and ethical failures. Portsmouth, pp. 3 – 22.

Bandura, A. (1976). Lernen am Modell. Ansätze zu einer sozial-kognitiven Lerntheorie. Stuttgart: Klett.

Baron, R.A. (1990). Conflict in Organizations. In: Murphy, K.R. & Saa, F.E. (Hrsg.). Psychology in Organizations: Integrating Science and Practice. Hillsday New Jersey: Lawrence Erlbaum Associates.

Bartlett, J.A. (2016). Workplace bullying: A silent epidemic. Library Leadership & Management 31(1): 1-4.

Bashir, A, Hanif, R & Nadeem, M. (2014). Role of Personal Factors in Perception of Workplace Bullying Among Telecommunication Personnel. Pakistan Journal of Commerce and Social Sciences, Vol. 8 (3), 817-829

Bassman, E. (1992). Abuse in the workplace. Management remedies and bottom line impact. Westüport & Londen: Qourum.

Beals, A. R. & Siegel, B. J. (1966). Divisiveness and social conflict: An anthropological approach. Stanford, CA: Stanford University Press.

Becker, M. (2011). Systematische Personalentwicklung. Planung, Steuerung und Kontrolle im Funktionszyklus. 2., überarbeitete und erweiterte Auflage Edition. Stuttgart: Schäfer Poeschel.

Beermann, B. & Meschkutat, B. (1995). Psychosoziale Faktoren am Arbeitsplatz unter Berücksichtigung von Streß und Belästigung, Sonderschrift S. 38, Schriftenreihe der Bundes anstalt für Arbeitsschutz. Dortmund.

Benedikter, R & Fathi, K (2015). Resilienz und Zivilrelegion. Anforderungen an die widerstandsfähige Gesellschaft. Heidelberg, Berlin: Springer.

Berkel, K. (1991). Konflikte in und zwischen Gruppen. In L. von Rosenstiel, E. Regnet & Domsch (Hrsg.), Führung von Mitarbeitern. Handbuch für erfolgreiches Personal management (pp. 283-294). Stuttgart: Schaeffer.

Björkqvist, K. (1992). Trakassering förekommer bland anställda vid AA (Harassment exists among employees at Abo Academy). Meddelande från Åbo Akademi, 9, 14-17.

Björkvist, K., Österman, K., & Hjelt-Bäck, M. (1994). Aggression among university employees. Aggressive Behaviour, 20, 173-184.

Blickle, G. (2004). Interkation und Kommunikation. In H. Schuler, Enzyklopädie der Psychologie D/III/4: Organisationspsychologie - Gruppe und Organisation (S. 55-128). Göttingen: Hogrefe.

Borz, J. & Döring, N. (2006). Forschungsmethoden und Evaluation für Human- und Sozialwissenschaftler. 4., überarbeitete Auflage. Heidelberg: Springer Medizin Verlag.

Boyle, M.J. & Wallis, J. (2016). Working towards a definition for workplace violence actions in the health sector. Safety in Health 2(1): 4.

Brandenburg, U. & Nieder, P. (2009). Betriebliches Fehlzeiten-Management. Instrumente und Praxisbeispiele für erfolgreiches Anwesenheits- und Vertrauensmanagement. 2., überarbeitete und erweiterte Auflage. Wiesbaden: Gabler.

Brinkmann, R.D. (2011). Mobbing, Bullying, Bossing. Treibjagd am Arbeitsplatz. Hamburg: Windmühle-Verlag.

Brodsky, C.M. (1976). The Harassed Worker. Lexington, MA: Heath and Company.

Burghardt, K. (2016). Einweiser- und Patientenbeziehungsmanagement im Krankenhaus. Die Option der direkten Patientenakquisition und -bindung. Wiesbaden: Springer-Gabler.

Burisch, M. (2010). Das Burnout-Syndrom. Berlin: Springer.

Carr, J. Z. & Schmidt, A. M. & Ford, J. K. & DeShon, R.P. (2003). Climate perception matter: A meta-analytic path analysis relating molar climate, cognitive and affective states, and individual level work outcomes. Journal of Applied Psychology, 88, 605- 619.

Cassitto, M.G., Fattorini, E., Gilioli, R., Rengo, C., Gonik, V., di Perfezionamento, I.C., Fingerhut, M.A. & Kortum-Margot, E. (2003). Psychological Harassment at Work: WHO, Protecting Workers' Series.

Coser, L. A. (1956). The functions of social conflict. Glencoe, IL: Free Press.

Coser. L.A. (1965). Theorie sozialer Konflikte. Neuwied: Luchterhand.

Cowie, H, Naylor, P., Rivers, I., Smith, P.K. & Pereira, B. (2002). Measuring workplace bullying. Aggression and Violent Behaviour. 7, 33 – 51.

Coyne, I., Seigne, E. & Randall, P. (2000) "Predicting Workplace Victim Status from Personality", (335- 349), European Journal of Work and Organizational Psychology, vol. 9 (3).

Dahrendorf, R. (1958). Zu einer Theorie des sozialen Konfliktes. In: Hamburger Jahrbuch für Wirtschafts- und Gesellschaftspolitik. Tübingen.

Dahrendorf, R. (1961). Elemente einer Theorie des sozialen Konfliktes. In R. Dahrendorf, Gesellschaft und Freiheit: Zur soziologischen Analyse der Gegenwart (S. 197-235). München: Piper.

Dahrendorf, R. (1992). Der moderne soziale Konflikt. Stuttgart: Deutsche Verlags-Anstalt.

Davenport, N. Distler Schwartz, R. & Pursell Eliot, G. (2000) Mobbing: Emotional Abuse in the American Workplace, Ames, Iowa: Civil Society Publishing.

D'Cruz, P. (2014). Workplace bullying in India. London, New York, New Delhi: Taylor and Francis Group.

De Dreu, C.K.W., Harinck, F. & Van Vianen, A.E.M. (1999). Conflict and performance in groups and organizations. International Review of Industrial and Organizational Psychology, 14, 369-414.

De Dreu, C.K.W., Evers, A., Beersma, B., Kluwer, E.S. & Nauta, A. (2001). A theory-based measure of conflict management strategies in the work place. Journal of Organizational Behavior, 22, 645-668.

De Dreu, C.K.W.., Van Dierendonck, D., & Dijkstra, M. (2004). Conflict at work and individual well-being. International Journal of Conflict Management, 15, 6-26.

Deutsch, M. (1976). Konfliktregelung: konstruktive und destruktive Prozesse. München: Reinhardt.

Duden (2010). Das Fremdwörterbuch. 10., aktualisierte Auflage. Mannheim. Zürich: Dudenverlag.

Eberhardt, B. (2014). Gefährdungsanzeige: Aus Verantwortung handeln. In GuteArbeit – Gesundheitsschutz und Arbeitsgestaltung 12/2014 (pp. 18-20).

Einarsen, S. (1999). "The Nature and Causes of Bullying at Work." International Journal of Manpower, 20: 16- 27.

Einarsen, S. (2000). Harassment and bullying at work: A review of the Scandinavian approach. Aggression and Violent Behaviour, 5, 379-401.

Einarsen, S. & Raknes, B.I. (1991). Mobbing i arbeidslivet. En undersokelse av forekomst og helsemessige konsekvenser av mobbing på norske arbeidsplasser. (Bullyingat work. A study on the occurence and consequences of bullying at Norwegian workplaces). Forskningssenter for Arbeidsmiljo, Helse of Sikkerhet FAHS, Universiteteti Bergen.

Einarsen, S., Raknes, B. I., & Matthiesen, S. B. (1994). Bullying and harassment at work and their relationships to work environment quality - An exploratory study. European Work and Organizational Psychologist, 4(4), 381–401.

Einarsen, S. & Skogstad, A. (1996). Bullying at work: epidemiological findings in public and private organizations. European Journal of Work and Organizational Psychology, 5 (2), 185- 201.

Einarsen, S. (1996). Bullying and Harassment at Work: Epidemiological and Psychosocial Aspects. Unpublished Doctoral Dissertation. Bergen, Norway: University of Bergen.

Einarsen, S., & Raknes, B.I. (1997). Harassment in the workplace and the victimization of men. Violence and Victims, 12, 247-263.

Einarsen, S., Aaaland, M.S. & Skogstad, A. (2007). Destructive leadership behaviour: A definition and conceptual model. In: The Leadership Quarterly 18(3), pp. 207 – 216.

Einarsen, S., Tangedal, M., Skogstad, A., Matthiesen, S.B., Aaasland, M.Sch., Nielsen, M.B., Bjorkelo, B. Glaso, L. & Hauge, L.J. (2007). Et Brutalt Arbeidsmiljø? En Undersøkelse av Mobbing, Konflikter og Destruktiv Ledelse i Norsk Arbeidsliv [A Brutal Work Environment. An Exploration of Bullying, Conflicts and Destructive Leadership in Norwegian WorkingLife]. Bergen, Norway: Universitetet i Bergen.

Einarsen, S., Hoel, H., Zapf, D. & Cooper, C.L. (2003), Bullying and Emotional Abuse in the Workplace: International Perspectives in Research and Practice, CRC Press.

Einarsen, S., Hoel, H., Zapf, D. & Cooper, C.L. (2011). The concept of bullying and harassment at work: The European tradition: In Bullying and Harassment in the Workplace. Developments in Theory, Research, and Practice, ed. S. Einarsen, H. Hoel, D. Zapf , C.L. Cooper, 1:3-39. Boca Raton, London, New York: CRC Press. Taylor and Francis Group.

Eisenhardt, K. & Schoonhoven ,C. (1990). Organizational growth:Linking founding team, strategy, environment, and growth among U.S. semiconductor ventures, 1978–1988. Administrative Science Quarterly, 35, 504–529.

Eriksen, W., Einarsen, S., (2004). Gender minority as a risk factor of exposure to bullying at work: The case of male assistant nurses. European Journal of Work and Organizational Psychology 13 (4), 473-492.

Esser, A., Wollmerath M. & Niedl, K. (1999): Mobbing. Der Ratgber für Betroffene. Wien: ÖGB Verlag.

Esser, A. & Wollmerath M. (2000): Mobbing: Ansätze für die Betriebsratsarbeit; AiB 2000, 388.

Esser,A. & Wolmerath, M. (2011). Mobbing und psychische Gewalt. Der Ratgeber für Betroffene und ihre Interessenvertretung. Frankfurt am Main: Bund-Verlag.

Eurofound (2013), Physische und psychische Gewalt am Arbeitsplatz, Amt für Veröffentlichungen der Europäischen Union, Luxemburg.

Fanti, K.A. & Henrich, C.C. (2015). Effects of self-esteem and narcissism on bullying and victimization during early adolescence. The Journal of Early Adolescence 35(1): 5-29.

Filley, A.C. (1975). Interpersonal conflict resolution. Glenview, Illinois: Scott, Foresman.

Flick, U., Kardoff, E. & Steinke, I. (2000): Was ist die qualitative Forschung? Eine Einleitung und Überblick. In: U. Flick, Uwe, E. Kardorff & I. Steinke: Qualitative Forschung. Ein Handbuch. Reinbek bei Hamburg: Rowohlt.

Frei, D. (1970). Kriegsverhütung und Friedenssicherung. Frauenfeld.

Fryling, M.J., Johnston, C. & Hayes, L. (2011). Understanding observational learning: An interbehavioral approach. The Analysis of Verbal Behavior 27: 191-203.

Galanaki, E. & Papalexandris, N. (2013). Measuring workplace bullying in organisations. The International Journal of Human Resource Management. Vol. 24, pp. 2107-2130.

Gamian-Wilk, M., Salton Meyer, E. & Wilk, K. (2017). Workplace bullying as a social influence arena:. a review of social influence tactics occurring in the bullying process. The Educational Forum.

Gifford, J. (2015). Getting under the skin of workplace conflict: Tracing the experiences of employees. Survey report. Chartered Institute of Personnel and Development. London. United Kingdom.

Glaser, B.G. & Strauss, A.L. (1998). Grounded theory: Strategien qualitativer Forschung (2., korrigierte Aufl.). Bern: Huber.

Gläser, J. & Laudel, G. (2008). Experteninterviews und qualitative Inhaltsanalyse als Instrumente rekonstruierender Untersuchungen. Studienbrief, FernUniversität Hagen. Hagen.

Glasl, F. (1980). Konfliktmanagement. Diagnose und Behandlung von Konflikten in Organisationen. Bern, Stuttgart: Haupt, Verlag Freies Geistesleben.

Glasl, F. (2013). Konfliktmanagement. Ein Handbuch für Führungskräfte, Beraterinnen und Berater. 11., aktualisierte Auflage. Stuttgart: Haupt Verlag. Verlag Freises Geistesleben.

Gnahs, D. (2007). Kompetenzen – Erwerb, Erfassung, Instrumente. Bielefeld: W. Bertelsmann.

Goldberg, L.R. (1990). An alternative Description of personality. The Big-Five factor structure. Journal of Personality and Social Psychology., 59, 1216-1229.

Gourmelon, A, Seidel, S. & Treier, M. (2014). Personalmanagement im öffentlichen Sektor. Grundlagen und Herausforderungen. Heidelberg, München, Landsberg, Frechen, Hamburg: Hüthig Jehle Rehm.

Griffin, R.S. & Gross, A.M. (2004). Childhood bullying: Current empirical findings and future directions for research. Aggression and Violent Behavior 9(4): 379-400.

Groß, C.T. (2004). Analyse sozialer Konflikte und Mobbing am Arbeitsplatz – eine Tagebuchstudie (ASKA-Projekt). Dissertationsschrift. Vorgelegt dem Fachbereich Psychologie und Sportwissenschaften der Johann Wolfgang Goethe-Universität Frankfurt am Main. http://www.danielengler.de/mobbing/dissertation_claudia_grossMobbing.pdf. [Abruf: 07.08.2018].

Grüne, P. (2000). Verfahren SynBA-3K zur Analyse von Kommunikationsstörungen, Konflikten und Strategien der Konflikthandhabung in Organisationen. Dissertationsschrift. Vorgelegt dem Fachbereich 3 der Bergischen Universität Gesamthochschule Wuppertal. webdoc.sub.gwdg.de/ebook/dissts/Wuppertal/Gruene 2000.pdf [Abruf: 7.8.2018].

Grunwald, W. & Redel, W. (1989). Soziale Konflikte. In E. Roth (Hrsg.), Organisationspsychologie, Enzyklopädie der Psychologie, D/III/3, 529-551. Göttingen: Hogrefe.

Guetzkow, H. & Gyr, J. (1954). An analysis of conflict in decision-maing groups. In: Human Relations, vol 7, 1954, pp. 367-381.

Hacker, W. (1978). Allgemeine Arbeits- und Ingenieurpsychologie. Schriften zur Arbeitspsychologie. Hrsg. E. Ulich. Band 20. Bern: Huber.

Hansen, Å. M., Hogh, A., Persson, R., Karlson, B., Garde, A. H., & Ørbæk, P. (2006). Bullying at work, health outcomes, and physiological stress response. *Journal of Psychosomatic Research, 60*(1), 63-72.

Hauge, L. J., Skogstad, A., & Einarsen, S. (2007). Relationships between stressful work environments and bullying: Results of a large representative study. *Work and Stress, 21*(3), 220–242.

Hauge L. J., Skogstad A., Einarsen S. (2010). The relative impact of workplace bullying as a social stressor at work. Scand. J. Psychol. 51, 426–433.

Hering, T. & Beerlage, I. & Kleiber, D. (2010). Organisationsklima und Gesundheit: Handlungsebenen zur Burnoutprävention und Förderung des Engagements im Rettungsdienst. Prävention und Gesundheitsförderung, 5, 64-74.

Herscovitch, L., & Meyer, J. P. (2002). Commitment to organizational change: Extension of a three-component model. Journal of Applied Psychology, 87(3), 474-487.

Hoel, H., & Cooper, C.L. (2000). Destructive Conflict and Bullying at Work, Manchester School of Management, University of Manchester Institute of Science and Technology.

Hoel, H., Sparks, K., and Cooper, C.L. (2001): The Cost of Violence / Stress at Work and the Benefits of a Violence and Stress-Free Working Environment. University of Manchester, Institute of Science and Technology, Report commissioned by the International Labour Office, Geneva.

Hoel, H., Cooper, C.L. & Faragher, B. (2001). The experience of bullying in Great Britain: The impact of organizational status. European Journal of Work and Organizational Psychology. Volume 10, 2001 - Issue 4, pp. 443-465.

Hoel, H., Zapf, D., & Cooper, C.L. (2002). Workplace bullying and stress. In P.L. Perrewé & D.C. Ganster, Historical and current perspectives on stress and health (pp. 293-333). Amsterdam: Elsevier.

Hoel, H., & Salin, D. (2003). Organisational antecedents of workplace bullying. In S. Einarsen, H. Hoel, D. Zapf & C.L. Cooper (Eds.), Bullying and emotional abuse inthe workplace: International perspectives in research and practice (pp. 203– 218). London: Taylor & Francis.

Hoel, H., Glasø, L., Hetland, J., Cooper, C.L. & Einarsen, S. (2010) Leadership Styles as Predictors of Self-Reported and Observed Workplace Bullying. British Journal of Management, 21, 453-468.

Hoel, H., Sheehan, M. J., Cooper, C. L., & Einarsen, S. (2011). Organizational effects of workplace bullying. In: S. Einarsen, H. Hoel, D. Zapf, & C. L. Cooper (Eds.), Bullying and harassment in the workplace (pp.129–148). London: Taylor & Francis.

Hogh, A. & Dofradottir, A. (2001) Coping with bullying in the workplace, European Journal of Work and Organizational Psychology, 10:4, 485-495.

Höflich, P. & Weller, F. (2005). Strafrecht. Schnell erfasst. 2., vollständig überarbeitete Auflage. Berlin, Heidelberg, New York: Springer.

Holzen-Beusch, E. von, Zapf, D. & Schallberger, U. (1998). Warum Mobbingopfer ihre Arbeitsstelle nicht wechseln. Universität Zürich: Institut für Psychologie.

Holzer, C. (1993). Arbeitszufriedenheit und Absentismus - eine empirische Studie unter Berücksichtigung der qualitativen Formen der Arbeitszufriedenheit. Diplomarbeit an der Universität Bayreuth.

Homma, N., Bauschke, R. & Hofmann, L.M. (2014). Einführung Unternehmenskultur. Grundlagen, Perspektiven, Konsequenzen. Wiesbaden: Springer Gabler.

https://wirtschaftslexikon.gabler.de/definition/autoritaet-31414 [Zugriff: 12.4.2018]

Hubert, A.B., Veldhoven, M., van (2001). Risk sectors for undesirable behaviour and mobbing. The European Journal of Work and Organisational Psychology. Special Issue: 'Recent trends on workplace bullying: Research and practice', 10 (4), 415-424.

Hultman, K.E. (1998). Making Change Irresistible: Overcoming Resistance to Change in Your Organization. Palo Alto. C.A.: Davis-Black Publishers.

Hungenberg, H. & Wulf, T. (2006). Grundlagen der Unternehmensführung. 5. Auflage. Berlin, Heidelberg: Springer

Jaggi, F. (2008) Burnout – praxisnah. Stuttgart: Georg Thieme Verlag

Jehn, K.A. (1995). A multimethod examination of the benefits and determinants of intragroup conflict. Administrative Science Quarterly, 40, 256-282.

Jenkings, M.F., Zapf, D., Winefield, H. & Sarris, A. (2012). Bullying Allegations from the Accused Bully's Perspective. In: British Journal of Management. Vol. 23, 489–501 (2012).

Kahn, R. L., Wolfe, D. M., Quinn, R. P., Rosenthal, R. A. & Snoek, J. D. (1964). Organizational Stress: Studies in Role Conflict and Ambiguity. New York: Wiley.

Kanning, U.P. (2014). Führungskräfteauswahl zwischen Anspruch und Wirklichkeit. In: P. Mehlich, T. Brandenburg & M.T. Thielsch (Hrsg.). Praxis der Wirtschaftspsychologie III. Themen und Fallbeispiele für Studium und Anwendung. Münster: MV Wissenschaft.

Kauffeld, S. (2006). Kompetenzen messen, bewerten, entwickeln. Ein prozessanalytischer Ansatz für Gruppen, Stuttgart.

Kaufmann, S. & Kilian, C. (2010). Arbeitsrecht für Arbeitgeber. München: Verlag Franz Vahlen.

Keashly, L., & Jagatic, K. (2003). "Conflict, Conflict Resolution and Bullying." In S. Einarsen & H. Hoel & D. Zapf & C. L. Cooper (Eds.), Bullying and Emotional Abuse at Work: International Perspectives (pp. 339- 369). London, UK: Taylor & Francis.

Kellerman, B. (2004). Bad leadership: what it is, how it happens, why it matters. Boston: Harvard Business School Publishing.

Kerr, C. (1954). Industrial conflict and ist mediator. In: American Journal of Sociology, vol. 60.

Kiener, A., Graf, M., Schiffer, J., von Holzen-Beusch, E., & Fahrni.; M. (2002). Mobbing und andere psychosoziale Spannungen in der Schweiz. Bern: Staatssekretariat für Wirtschaft (SECO). Ressort Grundlagen Arbeit und Gesundheit. SECO Direktion für Arbeit. Nr. 3 (11.2002).

Kile, S. (1990). Helsefarlegeleiarskap. Ein eksplorerande Studie. Rapport til Norge Almenvitenskapleige Forskningsrad. Universität Bergen.

Kivimäki, M., Elovainio, M., & Vahtera, J. (2000). Workplace bullying and sickness absence in hospital staff. Occupational and Environmental Medicine, 57, 656-660.

Kivimäki, M., Virtanen, M., Vartia, M., Elovainio, M. Vahtera, J. & Keltikangas-Järvinen, L. (2003). Workplace bullying and the risk of cardiovascular disease and depression. In: Occupational and Environmental Medicine 2003; 60:779-783.

Knecht, M. (2011). Kommunikation und Führung für HR-Fachleute. Eine praxisorientierte Darstellung mit Repetitionsfragen und Antworten sowie Minicases. Zürich: Compendo Bildungsmedien AG.

Knorz, C. & Zapf, D. (1995). Mobbing – eine extreme Form sozialer Stressoren am Arbeitsplatz. Zeitschrift Arbeits- und Organisationspsychologie 1996, 40 (1), S. 12-21, Gießen und Konstanz.

Kolodej, C. (1999): Mobbing, Psychoterror am Arbeitsplatz und seine Bewältigung. Mit zahlreichen Fallbeispielen. Wien: WUV Verlag.

Kolodej, C. (2008): Mobbingberatung: Fallbeispiele und Lösungen für BeraterInnen und Betroffene. Wien: WUV Verlag.

Kolodej, C. (2016). Strukturaufstellungen für Konflikte, Mobbing und Mediation. Vom sichtbaren Unsichtbaren. Berlin, Heidelberg: Springer Gabler.

Kolodej, C., Voutsinas, A., Jiménez, P. & Kallus, K.W. (2005): Inventar zur Messung des Eskalationsgrades von Konflikten in der Arbeitswelt. Zeitschrift für Wirtschaftspsychologie, Heft 4, 19-28: Lengerich.

Königswieser, R. (1987). Konflikthandhabung. In A. Kieser, G. Reberer & R. Wunderer (Hrsg.), Handwörterbuch der Führung (S. 1240-1246). Stuttgart: Poeschel.

Kriesberg, L. (1973). The sociology of social conflicts. Englewood Cliffs, NJ: Prentice Hall.

Kromrey, H. (2009). Empirische Sozialforschung: Modelle und Methoden der standardisierten Datenerhebung und Datenauswertung. Stuttgart: Lucius & Lucius Verlagsgesellschaft mbH.

Krüger, W. (1973). Konfliktsteuerung als Führungsaufgabe. Positive und negative Aspekte von Konfliktsituationen. München: Verlag Moderne Industrie.

Krysmanski, H.J. (1977). Soziologie des Konflikts. Reinbek bei Hamburg: Rowohlt.

Kunchandy, E.M. (2007). The Relationship Between Self-esteem and Aggression in Urban, African American. US: ProQues Information and Learning Company

Lamnek, S. (2010). Qualitative Sozialforschung. 5., überarbeitete Auflage. Weinheim: Beltz-Verlag.

Lauer, T. (2014). Change Management. Grundlagen und Erfolgsfaktoren. 2. Auflage. Berlin, Heidelberg: Springer-Verlag.

Leon-Perez, J.M., Medina, F.J., Arenas, A. & Munduate,L. (2015) "The relationship between interpersonal conflict and workplace bullying", Journal of Managerial Psychology, Vol. 30 Issue: 3, pp.250-263.

Lewin, K. (1968). Die Lösung sozialer Konflikte. Bad Nauheim: Christian-Verlag.

Lewis, D. (1999). Workplace bullying – interim findings of a study in further and higher education in Wales. International Journal of Manpower, Vol. 20 Issue: 1/2, pp.106-119.

Lewis, D.S., French, E. & Steane, P. (1997) "A culture of conflict", Leadership & Organization Development Journal, Vol. 18 Issue: 6, pp.275-282

Leydecker, J. & Kutscher, J. (2017). Wenn Gefährdungsanzeigen zur Gefahr werden - Vier Säulen, die Gefährdungsanzeigen in der Pflege entbehrlich machen. In: CNE Pflegemanagement 01/2017, S. 6ff.

Leymann, H. (1992). *Vuxenmobbning på svenska arbeidsplatser, Delrapport 1 om frekvenser* [Adult bullying at Swedish workplaces: Report 1 concerning frequencies]. Stockholm: Arbetarskyddstyrelsen.

Leymann, H. (1993). Ätiologie und Häufigkeit von Mobbing am Arbeitsplatz – eine Übersicht über die bisherige Forschung. Zeitschrift für Personalforschung, 2 (7), 271-284.

Leymann, H. (1995). Der neue Mobbingbericht. Reinbek: Rowohlt Taschenbuchverlag GmbH.

Leymann, H. (1996). The content and development of mobbing at work. European Journal of Work and Organizational Psychology, 5 (2), 165-184.

Leymann, H. & Gustafsson, A. (1996) Mobbing and the development of posttraumatic stress disorders. European Journal of Work and Organizational Psychology, 5, 251-276.

Lindemeier, B. (1996). Mobbing – Krankheitsbild und Intervention des Betriebsarztes. Die BG, 6/1996, S. 428-431.

Lipman-Blumen, J. (2005). The allure of toxic leaders: Why we follow destructive bosses and corrupt politican – and how we can survive them. New York: Oxford. University Press.

Löber, N. (2011). Fehler und Fehlerkultur im Krankenhaus. Eine theoretisch-konzeptionelle Betrachtung. Wiesbaden: Gabler.

Loerbroks, A., Weigl, M., Li, J., Glaser, J., Degen, C. & Angerer, P. (2015). Workplace bullying and depressive symptoms: A prospective study among junior physicians in Germany. Journal of Psychosomatic Research 78(2): 168-172.

Lorenz, K. (1991). Hier bin ich – Wo bist du? Ethiologie der Graugans. München [u.a.]: Piper.

Lynch, J.M. (2004), Adult Recipients of Workplace Bullying: Effects and Coping Strategies (Unpublished Doctoral Thesis). Dublin, Ireland: University of Dublin, Trinity College.

Mack, R.W & Snyder, R.C. (1957). The analysis of social conflict-toward an overview and synthesis, In: Journal of Conflict Resolution, vo. 1, 1957, pp. 212-248.

Mack, R.W. & Snyder, R.C. (1971).The Analysis of Social Conflict. Toward an Overview and Synthesis. In: C.G. Smith (Ed.). Conflict Resolution. Contributions of the Behavioral Sciences.

Mackensen, S. von, & Morfeld, M. (1999). The impact of mobbing on well-being and health-related quality of life of office workers. Symposium on "Mobbing". 9th European Congress on Work and Organizational Psychology, 12. – 15. 5. 99. Helsinki, Finland.

Magee, C., Gordon, R., Robinson, L., Reis, S., Caputi, P., & Oades, L. (2015). Distinct workplace bullying experiences and sleep quality: A person-centred approach. Personality and Individual Differences, 87, 200-205

March, J.G. & Simon, H.A. (1958). Organizations. Massachussets: Wiley.

Martin, G.E. & Bergmann, T.J. (1996). The dynamics of behavioural respoonse to conflict in the workplace. Journal of Occupational Organizational Psychology, 69, 377-387.

Martino, V. D., Hoel, H., & Cooper, C. L. (2003). Preventing Violence and Harassment in the Workplace. Dublin, Ireland: European Federation for the Improvement of Living and Working Conditions.

Matenbroek, W.F.G. (1981). Conflicthantering en organisatieontwikkeling. Brussel: Alphen aan den Rijn.

Matthiesen, S.B. & Einarsen, S. (2007). Perpetrators and targets of bullying at work: Role stress and individual differences. Violence and Victims 22(6): 735-752.

Matthiesen, S.B. & Einarsen, S. (2010). Bullying in the Workplace: Definition, Prevelance, Antecedents and Consequences. International Journal of Organization Theory and Behavior, 13 (2), 202-248.

Mayring, P. (2002). Einführung in die qualitative Sozialforschung: Eine Anleitung zum qualitativen Denken. Weinheim: Beltz.

Mayring, P. (2015). Qualitative Inhaltsanalyse. Grundlagen und Techniken. 12., überarbeitete Auflage, Weinheim und Basel: Beltz Verlag.

Meschkutat, B., Stackelbeck, M. & Langenhoff, G. (2002). Der Mobbing-Report: Repräsentativstudie für die Bundesrepublik Deutschland. Bremerhaven: Wirtschaftsverlag NW, Verlag für neue Wissenschaft.

Meschkutat, B. & Stackelbeck, M. (2008). Konfliktlösung am Arbeitsplatz. Analysen, Handlungsmöglichkeiten, Prävention bei Konflikten und Mobbing.. Ein Handbuch für Führungskräfte. Sozialforschungsstelle. Zentrale Wissenschaftliche Einrichtung der Technischen Universität Dortmund. Dortmund.

Mikkelsen, E, G. & Einarsen, S. (2001). Bullying in Danish worklife: Prevalence and health correlates. European Journal of Work and Organizational Psychology, 10, 393-414.

Mikkelsen, E.G., & Einarsen, S. (2002). Basic assumptions and symptoms of posttraumatic stress among victims of bullying at work. European Journal of Work and Organizational Psychology, 11, 87-111.

Modecki, K.L., Minchin, J., Harbaugh, A.G., Guerra, N.G. & Runions, K.C. (2014). Bullying prevalence across contexts: A meta-analysis measuring cyber and traditional bullying. Journal of Adolescent Health 55(5): 602-611.

Montada, L., & Kals, E. (2001). Mediation. Lehrbuch für Psychologen und Juristen. Weinheim: Psychologie Verlags Union.

Morschhäuser, M., Beck, D. & Lohmann-Haislah, A. (2014). Psychische Belastung als Gegenstand der Gefährdungsbeurteilung. In: Bundesanstalt für Arbeitsschutz und Arbeitsmedizin (Hrsg.). Gefährdungsbeurteilung psychischer Belastung. Erfahrungen und Empfehlungen. Berlin: Erich Schmidt Verlag.

Naito, S. (2013). Workplace Bullying in Japan. The Japan Institute for Labour Policy and Training. 2013 JILPT Seminar on Workplace Bullying and Harassment. JILPT Report. No. 12, 2013.

Namie, G. (2017). U.S. Workplace Bullying Survey. Workplace Bullying Institute. Minnesota Association of professionel employees (MAPE). Minnesota. USA.

Nerdinger, F.W., Blickle, G. & Schaper, N. (2014). Arbeits- und Organisationspsychologie. Springer Lehrbuch. Berlin, Heidelberg: Springer-Verlag.

Neuberger, O. (1995): Mikropolitik. Der alltägliche Aufbau und Einsatz von Macht in Organisationen ; 12 Tabellen. Stuttgart: Enke (Basistexte Personalwesen, 7). Publishers.

Neuberger, O. (1999). Mobbing – Übel mitspielen in Organisationen (3., verb. u. wesentl. erw.
Aufl.). München: Hampp.

Niedl, K. (1995). Mobbing/Bullying am Arbeitsplatz. In: D. von Eckardstein & O. Neuberger
(Hrsg.), Personalwirtschaftliche Schriften, Band 4. München: Hampp.

Nielsen, M. B. (2013). Bullying in work groups: The impact of leadership. Scandinavian Journal of Psychology, 54, 127-136.

Nielsen, M.B., Matthiesen, M.B. & Einarsen, S. (2010). The impact of methodological mode-
ratos on prevelence rates of workplace bullying. A meta-analysis. Journal of Occupational and Organizational Psychology. 83, 955 – 979.

Nielsen, M.B. & Einarsen, S. (2012). Outcomes of exposure to workplace bullying.A meta-
analytic review.Work and Stress. 26, 309-332.

Nielsen, M.B., Tangen, T. Idsoe, Th. Matthiesen, S.B. & Mageroy, N. (2015). Post-traumatic
stress diorder as a consequence of bullying at work and at school. A literature review
and meta-analysis. Aggression and Violent Behavior 21 pp. 17-24.

Nielsen, M.B., Nielsen, G.H., Notelaers, G. & Einarsen, S. (2015a). Workplace bullying and
suicidal ideation: A 3-wave longitudinal Norwegian study. American Journal of Public
Health 105(11): e23-e28.

Niestroj, I. (2000). Praxis der Orthomoekularen Medizin. Physiologische Grundlagen. Therapie
mit Mikronährstoffen. 2. durchgesehene Auflage. Baiersbronn-Obertal: Hippokrates.

Noll, N. (1996): Gestaltungsperspektiven interner Kommunikation. Aus der Reihe: Neue be-
triebswirtschaftliche Forschung. Band 180. Wiesbaden.

Northcraft, G.B. & Neale, M.A. (1990). Organizational behavior: a management challenge. Or-
lando: The Dryden Press.

Notelaers, G., Einarsen, S., De Witte, H., & Vermunt, J. (2006). Measuring exposure to bullying
at work: The validity and advantages of the latent class cluster approach. Work & Stress,
20, 288-301.

O'Connell, P.J. ,Calvert, E & Watson, D. (2007). Bullying in the Workplace: Survey Reports,
2007. The Economic and Social Research Institute. Dublin: Department of Enterprise,
Trade and Employment.

O'Donnell, S.M. & MacIntosh, J.A. (2016). Gender and workplace bullying. Qualitative Health
Research 26(3): 351-366.

O'Moore, M., Seigne, M., McGuire, L., & Smith, M. (1998). "Victims of Bullying at Work in
Ireland." Journal of   Occupational Health and Safety - Australia and New Zealand, 14:
569-574.

O'Moore, M. & Lynch, J. (2007). Leadership, Working Environment and Workplace Bullying.
International Journal of Organization Theory and Behavior, 10 (1), 95-117.

Oser, F. & Hascher, T. (1997). Lernen aus Fehlern. Zur Psychologie «negativen»Wissens. Schriftenreihe zum Projekt «Lernen Menschen aus Fehlern? Zur Entwicklung einer Fehlerkultur in der Schule» (Nr. 1). Freiburg: Pädagogisches Institut der Universität Freiburg, CH.

Ostendorf, F. & Angleitner, A. (2003). NEO-Persönlichkeitsinventar (revidierte Form, NEO-PI-R) nach Costa und McCrae. Göttingen: Hogrefe.

Padilla, A., Hogan, R., & Kaiser, R. B. (2007). The toxic triangle: Destructive leaders, susceptible followers, and conducive environments. The Leadership Quarterly, 18, 176−194.

Park, S. (2013). Workplace Bullying and Harassment in South Korea. The Japan Institute for Labour Policy and Training. 2013 JILPT Seminar on Workplace Bullying and Harassment. JILPT Report. No. 12, 2013.

Park, H.I., Jacob, A.C., Wagner, S.H. & Baiden, M. (2014). Job Control and Burnout: A Meta-Analytic Test of the Conservation of Resources Model. Applied Psychology: An International Review, 63(4), 607-642.

Peschanel, F. (1993). Phänomen Konflikt. Die Kunst erfolgreicher Lösungsstrategien. Paderborn.

Pilch, I. & Turska, E. (2015). Relationships between Machiavellianism, organizational culture, and workplace bullying: Emotional abuse from the target's and the perpetrator's perspective. Journal of Business Ethics 128(1): 83-93.

Piirainen, H., Elo, A.-L., Hirvonen, M., Kauppinen, K., Ketola, R., Laitinen, H., Lindström, K., Reijula, K., Riala, R., Viluksela, M. and Virtanen, S. (2000) Työja terveys – haastattelututkimus (Work and health – an interview study). Helsinki: Työterveyslaitos.

Pondy, L.R. (1967; 1969). Organizational conflict. Concepts and models. Administrative Sciences Quaterly. Vol. 12, pp. 296-320.

Pruitt, D.G. & Rubin, J.Z. (1986). Social conflict. New York: McGraw-Hill.

Pruitt, D.G. & Carnevale, P.J. (1993). Negotiation in social conflict. Pacific Grove, CA: Brooks/Cole.

Quine, L. (1999). Workplace bullying in NHS Community Trust: Staff questionnaire survey. British Medical Journal, 318, 228−232

Quine, L. (2001). Workplace Bullying in Nurses. Journal of Psychology. 2001; Vol 6(1); 73-84.

Quine, L. (2002). Workplace bullying in junior doctors: questionnaire survey BMJ. 2002; Vol; 324:878-9.

Rahim, M. A. (2001). Managing conflicts in organizations (3rd ed.). Westport, CT: Quorum Books.

Randle, J. (2006), Workplace Bullying in NHS. Oxford, Seattle: Radcliffe Publishing.

Rapoport, A. (1957). Lewis F. Richardson's mathematical theory of war. In: Journal of Conflict Resolution, vol. 1, pp. 249-299.

Rapoport, A. (1960). Fights, games and debates. Ann Arbor. University of Michigan Press.

Rapoport, A. (1974) Conflict in man-made environment. Hardmondsworth: Penguin.

Rautenberg, M. (1990). Promotionsskizze. Zürich: Institut für Arbeitspsychologie der ETH.

Rayner, C. & Hoel, . (1997). "A Summary Review of Literature Relating to Workplace Bullying", (181–191), Journal of Community & Applied Social Psychology, Vol. 7.

Rayner, C., & Keashly, L. (2005). "Bullying at Work: A Perspective from Britain and North America." In S. Fox & P. E. Spector (Eds.), Counterproductive Work Behavior. Investigations of Actors and Targets (pp. 271-296). Washington, DC: American Psychological Association.

Regnet, E. (1992). Konflikte in Organisationen. Göttingen: Verlag für Angewandte Psychologie.

Reichertz, J. (2005): Gütekriterien qualitativer Sozialforschung. In: Mikos, Lothar; Wegener, Claudia (Hrsg.): Qualitative Medienforschung. Ein Handbuch. Konstanz: UVK.

Reißmüller, R. (2008). Methoden der Qualitativen Sozialforschung. Präsentation im Rahmen des Blockseminars an der TU Chemnitz. www.tu-chemnitz.de [download: 18.1.2018].

Reknes, I., Einarsen, S., Knardahl, S. & Lau, B. (2014). The prospective relationship between role stressors and new cases of self-reported workplace bullying. Scandinavian Journal of Psychology, 55, 45-52.

Reknes, I., Pallesen, S., Magerøy, N., Moen, B. E., Bjorvatn, B. & Einarsen, S. (2014a). Exposure to bullying behaviors as a predictor of mental health problems among Norwegian nurses: results from the prospective SUSSH-survey. International Journal of Nursing Studies 51(3): 479-487.

Rivers, I., Poteat, V.P., Noret, N. & Ashurst, N. (2009). Observing bullying at school: The mental health implications of witness status. School Psychology Quarterly 24(4): 211-223.

Roscher, S. (2008). Konfliktmanagement und Prävention von Mobbing in Krankenhäusern – Eine Evaluationsstudie -. Disserationsschrift. [Abruf: 02.08.2018] ediss.sub.uni-hamburg.de/volltexte/ 2009/ 4091/ pdf Dissertation_Susanne_Roscher.pdf.

Rosenstiel, von, L. (1980). Grundlagen der Organisationspsychologie. Basiswissen und Anwendungshinweise. Stuttgart: Poeschel.

Rosenstiel, von, L. & Nerdinger, F. W. (2011). Grundlagen der Organisationspsychologie: Basiswissen und Anwendungshinweise. 7. Aufl. Stuttgart: Schäffer-Poeschel.

Roth, S. (2016). The Middle Management – new awareness needed in the current information society? EIKV-Schriftenreihe zum Wissens- und Wertemanagement, No. 14.

Rowell, P.A. (2005). Being a "target" at work: or William Tell and how the apple felt. US National Library of Medicine National Institutes of Health. J Nurs Adm. 2005 Sep; 35(9):377-9.

Rusch, S. (2014). Bossing. Mitspieler und organisationale Einflüsse.Bremen: NR-Fachverlag.

Rüttinger, B. (1977). Konflikt und Konfliktlösen. München: Wilhelm Goldmann.

Sackmann, S. A. (2006). Messen – Werten – Optimieren. Erfolg durch Unternehmenskultur, Bertelsmann Stiftung (Hrsg.) Gütersloh: Bertelsmann Stiftung.

Safferling, Ch. J.M. (2008). Vorsatz und Schuld. Subjektive Täterelemente im deutschen und englischen Strafrecht. Tübingen: Mohr Siebeck.

Salin, D. (2001). "Prevalence and Forms of Bullying among Business Professionals: A Comparison of Two Different Strategies for Measuring Bullying." European Journal of Work and Organizational Psychology, 10: 425-441.

Salin, D. (2003). Bullying and Organizational Politics in Competitive and Rapidly Changing Work Environments. International Journal of Management and Decision Making, 4: 35-46.

Salin, D. (2015). Risk factors of workplace bullying for men and women: The role of the psychosocial and physical work environment. Scandinavian Journal of Psychology, 2015, 56, 69–77.

Salin, D. & Hoel, H. (2011). Organizational causes of bullying. In S. Einarsen, H. Hoel, D. Zapf & C. Cooper (Eds.), Workplace bullying and harassment: Developments in theory, research and practice (pp. 227-243). London: Taylor & Francis.

Salmivalli, C., Lagerspetz, K., Björkqvist, K., Österman, K., & Kaukiainen, A. (1996). Bullying as a group process: Participant roles and their relations to social status within the group. Aggressive Behavior, 22, 1-15.

Samnani, A.-K & Singh, P. (2012). 20 Years of workplace bullying research: A review of the antecendents and consequences of bullying in the workplace. Aggression and Violenve Behavior 17, pp. 581-589.

Schäfer, M., & Korn, S. (2004). Bullying als gruppenphänomen: Eine adaptation des 'participant role' -Ansatzes. Entwicklungspsychologie und Pädagogische Psychologie, 36, 19-29.

Schein, E.H. (2004). Organizational culture and leadership. 3. Auflage. San Francisco, California: Jossey-Bass.

Scheithauer, H., Hayer, T. & Petermann, F. (2003). Bullying unter Schülern. Erscheinungsformen, Risikobedingungen und Interventionskonzepte. Göttingen: Hogrefe.

Schelling, T.C. (1958). The strategy of conflict prospectus for a reorientation of game theory. In: Journal of Conflict Resolution, vol. 2, pp. 203-264.

Schlaugat, K. (1999). Mobbing am Arbeitsplatz: eine theoretische und empirische Analyse. München: Mering.

Schmidt, B. (2015). Burnout in der Pflege. Risikofaktoren – Hintergründe – Selbsteinschätzung. 2., erweiterte und überarbeitete Auflage. Stuttgart: Kohlhammer.

Schmidt, G. (2011) Organisation – Aufbauorganisatorische Strukturen. 5. Auflage. Wettenberg (bei Gießen): Verlag Dr. Götz Schmidt.

Schmidt, S. M., & Kochan, T. A. (1972). Conflict: Toward conceptual clarity. Administrative Science Quarterly, 17, 359-370.

Scholl, W. & Riedel, E. (2010). Using high or low power as promotive or restrictive control – differential effects on learning and performance. Social Influence, Vol. 5, pp. 40-58.

Schreyögg, G. (2003). Organisation : Grundlagen moderner Organisationsgestaltung. Mit Fallstudien. Wiesbaden: Gabler.

Schuler, H. (2007). Lehrbuch Organisationspsychologie. 4., aktualisierte Ausgabe. Bern: Huber.

Schwickerath, J., Carls, W., Zielke, M. & Hackhausen, W. (2004). Mobbing am Arbeitsplatz. Grundlagen, Beratungs- und Behandlungskonzepte. Lengerich: Papst Sciences Publichers.

Scott, K.L., Zagenczyk, T.J., Schippers, M., Purvis, R.L. & Cruz, K.S. (2014). Co-worker exclusion and employee outcomes: An investigation of the moderating roles of perceived organizational and social support. Journal of Management Studies 51(8): 1235-1256.

Seibel, H. D. & Lühring, H. (1984). Arbeit und psychische Gesundheit. Göttingen: Hogrefe.

Selting, M., Auer, P., Barden, B., Bergmann, J., Couper-Kuhlen, E., Günthner, S., Quasthoff, U., Meier, Ch., Schlobinski, P. & Uhmann, S. (1998): Gesprächsanalytisches Transkriptionssystem (GAT): In: Linguistische Berichte 173, 91-122.

Senghaas, D. (1970). Bedrohungsvorstellungen und Drohstrategien in den internationalen Beziehungen unter besonderer Berücksichtigung der Abschreckungspolitik. In: Papiere des Kolloquiums „Bedrohungsvorstellungen als Faktor der internationalen Politik" der Arbeitsgemeinsachft für Friedens- und Konfliktforschung. München.

Sewsz, G. (2014). Konfliktmanagement. Vortrag im Rahmen der Präsenzveranstaltung Konfliktmanagement des Instituts für Organisationspsychologie im Rahmen des Masterstudiengangs Arbeits- und Organisationspsychologie der Bergischen Universität Wuppertal am 14. März 2014. Hagen.

Simmel, G. (1992). Soziologie: Untersuchungen über Formen der Vergesellschaftung. Frankfurt am Main: Suhrkamp.

Slany, C., Schütte, S., Chastang, J.F., Parent-Thirion, A., Vermeylen, G.& Niedhammer I. (2014). Psychosocial work factors and long sickness absence in Europe. Int J Occup Environ Health. 2014 Jan-Mar;20(1):16-25.

Sonnentag, S. (1996). Arbeitsbedingungen und psychisches Befinden bei Frauen und Männern. Eine Meta-Analyse. Zeitschrift für Arbeits- und Organisationspsychologie, 40, 118-126.

Spada, H. & Mandl, H. (1988): Wissenspsychologie. Einführung, in: H. Mandl & H. Spada (Hrsg.). Wissenspsychologie, München u.a., S. 1-16.

Spector, P.E. (1986). Perceived control by employees: A meta-analysis of studies concerning autonomy and participation at work. Human Relations, 39(11), 1005-1016.

Spector, P.E., Zhou, Z.E. & Che, X.X. (2014). Nurse exposure to physical and nonphysical violence, bullying, and sexual harassment: A quantitative review. International Journal of Nursing Studies 51(1): 72-84.

Spence Laschinger, H.K. & Nosko, A. (2015). Exposure to workplace bullying and post-traumatic stress disorder symptomology: The role of protective psychological resources. Journal of Nursing Management 23(2): 252-262.

Spieß, E. & Winterstein, H. (1999). Verhalten in Organisationen: Eine Einführung. Stuttgart: Kohlhammer.

Spisak, M. & Della Picca, M. (2017). Führungsfaktor Psychologie. Fragen aus der Führungspraxis – Antworten der Psychologie. Berlin, Heidelberg: Springer-Verlag.

Staehle, W.H. (1991;1999). Management. Eine verhaltenswissenschaftliche Perspektive. München: Verlag Franz Vahlen.

Steinke, I. (2000). Gütekriterien qualitativer Forschung. In: U. Flick; E. von Kardorff & I. Steinke (Eds.), Qualitative Forschung: Ein Handbuch (pp. 319-331). Reinbek bei Hamburg: Rowohlt-Taschenbuch-Verlag.

Stigler, H. & Felbinger, G. (2005). Der Interviewleitfaden im qualitativen Interview. In: H. Stigler & H. Reicher (Hrsg.). Praxisbuch Empirische Sozialforschung in den Erziehungs- und Bildungswissenschaften. Innsbruck, Wien, Bozen: StudienVerlag.

Stock-Homburg, R. (2013). Personalmanagement. Theorien – Konzepte – Instrumente. 3., überarbeitete und erweiterte Auflage. Wiesbaden: Springer Gabler.

Stolzenberg, K. & Heberle, K. (2013). Change Management. Veränderungsprozesse erfolgreich gestalten – Mitarbeiter mobilisieren. 3., überarbeitete Auflage. Berlin, Heidelberg: Springer-Verlag.

Surma, S. (2012). Selbstwertmanagement. Psychische Belastung im Umgang mit schwierigen Kunden. Wiesbaden: Gabler Verlag.

Tedeschi, J. T., Schlenker, B. R., & Bonoma, T. V. (1973). Conflict, power, and games: The experimental study of interpersonal relations. Chicago, IL: Aldine.

Tempel, J. & Ilmarinen, J. (2013). Arbeitsleben 2025. Das Haus der Arbeitsfähigkeit im Unternehmen bauen. M. Giesert (Hrsg). Hamburg: VSA-Verlag.

Tepper, B. (2007). Abusive supervision in work organizations: Review, synthesis, and research agenda. Journal of Management, 33(3), 261-289.

Terry, D.J., Jimmieson, N.L. & Callan, V.J. (2004). A Longitudinal Study of Employee Adaptation to Organizational Change: The Role of Change-Related Information and Change-Related Self-Efficacy. Journal of Occupational Health Psychology 9(1):11-27, February 2004.

Thomas, K.W. (1976). Conflict and conflict management. In M.D. Dunnette (Ed.), Handbook of industrial and organizational psychology (pp. 889-935). Chicago: Rand McNally.

Thomas, K.W. (1992). Conflict and negotiation processes in organizations. In M.D. Dunnette & L.M. Hough (Hrsg.), Handbook of industrial and organizational psychology (Bd. 3, S. 651-718). Palo Alto, CA: Consulting Psychologists Press.

Trépanier, S.-G., Fernet, C. & Austin, S. (2015). A longitudinal investigation of workplace bullying, basic need satisfaction, and employee funtioning. Journal of occupational health psychology 20, pp. 105-116.

Tsuno, K. & Kawakami, N. (2015). Multifactor leadership styles and new exposure to workplace bullying: a six- month prospective study. Industrial Health 2015, 53, 139-151.

Tuckey, M.R. & Neall, A.M. (2014). Workplace bullying erodes job and personal resources: Between- and within-person perspectives. Journal of Occupational Health Psychology 19(4): 413-424.

Ulich, E. (1984). Psychologie der Arbeit. In: Management Enzyklopädie, Band 7 (S. 914-929). Landsberg: Moderne Industrie.

Ulich, E. (2011). Arbeitspsychologie. 7., neu überarbeitete und erweiterte Auflage. Stuttgart: Schäffer-Poeschel.

Van de Vliert, E. (1997). Complex interpersonal conflict behaviour. East Sussex: Psychology Press.

Varhama LM & Björkqvist K. (2004). Conflicts, workplace bullying and burnout problems among municipal employees. Psychological Reports, 94, 1116-1124.

Vartia, M. (1991). Bullying at workplaces. In S. Lehtinene, J. Rantanen, P. Juuti,A. Koskela, K. Lindström, P. Rehnström, and J. Saari (Eds.), Towards the 21st Century: Work in the 1990's: Proceedings from the international symposium on future trends in the changing working life (pp. 131-135). Helsinki: Institute of Occupational Health.

Vartia, M. (1993) Psychological harassment (bullying, mobbing) at work. In K. Kauppinen-Toropainen (eds), OECD Panel group on women, work, and health (pp. 149–152). Helsinki: Ministry of Social Affairs and Health.

Vartia, M. (1996). "The Sources of Bullying - Psychological Work Environment and Organizational Climate" European Journal of Work and Organizational Psychology, 5: 203-205.

Vartia, M. (2003). Workplace bullying – A study on the work environment, well-being and health. People and Work Research Reports 56, 2003, Finnish Institute of Occupational Health. Helsinki.

Verlage, H. (2015). Aufgabenorientierung und Mitarbeiterorientierung. Psychometrische Erfassung essentieller Führungsstile. München: AVM-Akademische Verlagsgemeinschaft.

Walton, R.E. (1969). Confrontations and third-party consultation techniques and methods. London: Addison Wesley Longman Publishing C.

Walton, R.E. & Dutton, J. (1969). The management ofo interdepartmental conflict: a model and review. In: Administrative Science Quarterly, vol. 14, 1969, pp. 73-84.

368

Watters, D.A. & Hillis, D.J. (2015). Discrimination, bullying and sexual harassment: Where next for medical leadership?. Medical Journal of Australia 203(4): 175-175e.

Weber, A., Hörmann, G. & Köllner, V. (2007). Mobbing – eine arbeitsbedingte Gesundheitsgefahr der Dienst-Leistungs-Gesellschaft? In: Das Gesundheitswesen Jg. 69, 2007, Nr. 5, S. 267-276.

Wegerich, C. (2015). Strategische Personalentwicklung in der Praxis. Berlin, Heidelberg: Springer-Verlag.

Weibler, J. (2012). Personalführung. 2., komplett überarbeitete und erweiterte Auflage. München: Verlag Franz Vahlen.

Willingstorfer, B., Schaper, N. & Sonntag, K. (2002). Mobbingmaße und -faktoren sowie bestehende Zusammenhänge mit sozialen Arbeitsplatzbedingungen. Zeitschrift für Arbeits- und Organisationspsychologie, 46 (3), 111-125.

Witzel, A. (2000). Das problemzentrierte Interview. Forum Qualitative Sozialforschung. Social Research. Volume 1, No. 1, Art. 22 Januar 2000.

Wöhe, G. & Döring, U. (2013). Einführung in die Allgemeine Betriebswirtschaftslehre. 25. Auflage. München: Vahlen.

Wright, Q. (1965). The escalation of international conflicts. In: Journal of Conflict Resolution. Vol. 5, pp. 291-303.

Yildirim, A, & Yildirim, D. (2007). Mobbing in the workplace by peers and managers: mobbing experienced by nurses working in healthcare facilities in Turkey and its effect on nurses. Journal of Clinical Nursing. Volume 16, Issue 8, pp. 1444-1453.

Yun, S. & Kang, J. (2014). Factors affecting workplace bullying in Korean hospital nurses. Korean Journal of Adult Nursing 26(5): 553-562.

Zapf, D., Knorz, C., & Kulla, M. (1996). On the relationship between mobbing factors, and job content, the social work environment and health outcomes. European Journal of Work and Organizational Psychology, 5, 215-237.

Zapf, D. (1999). Mobbing in Organisationen – Überblick zum Stand der Forschung. Zeitschrift für Arbeits- und Organisationspsychologie, 43 (1), 1 – 25.

Zapf, D. & Groß, C. (2000). Mobbing - Konflikteskalation am Arbeitsplatz. Forschung Frankfurt - Wissenschaftsmagazin der Johann Wolfgang Goethe-Universität, 18(6), 22-33.

Zapf, D. & Gross, C. (2001). Conflict escalation and coping with workplace bullying: a replication and extension. European Journal of Work and Organizational Psychology, 10, 497-522.

Zapf, D. & Einarsen, S. (2003). Individual antecedents of bullying: Victims and perpetrators. In S. E. Einarsen, H. Hoel, D. Zapf, & C. L. Cooper (Eds.), Bullying and emotional abuse in the workplace. International perspectives in research and practice (pp. 165-184). London: Taylor & Francis.

Zapf, D. & Einarsen, S. (2011). Individual antecedents of bullying: Victims and perpetrators. In Bullying and Harassment in the Workplace. Developments in Theory, Research and Practice, edited by S. Einarsen, H. Hoel, D. Zapf & C.L. Cooper, 177-200. Boca Raton, FL: CRC Press.

Zapf, D., Einarsen, S., Hoel, H. & Vartia, M. (2003). Empirical findings on bullying in the workplace. In S. Einarsen, H. Hoel, D. Zapf & C. L. Cooper (Hrsg.), Bullying and Emotional Abuse in the Workplace. International perspectives in research and practice (S. 103-126). London: Taylor & Francis.

Zimber A. & Gregersen, S. (2011). Gesundheitsfördernd führen – Ein Projekt der Berufsgenossenschaft für Gesundheitsdienst und Wohlfahrtspflege (GGW). In: B. Badura, A. Ducki, H. Schröder, J. Klose & K. Macco (Hrsg.). Fehlzeiten-Report 2011. Führung und Gesundheit. Zahlen, Daten, Analysen aus allen Branchen der Wirtschaft. Berlin, Heidelberg: Springer-Verlag.

Zusammenfassung

Die vorliegende Studie befasst sich mit dem Phänomen Bossing, das phänomenologisch beschrieben wird als das bewusste, wiederholte und anhaltende Erniedrigen und Entindividualisieren von unterstellten Beschäftigten mit dem Ziel, einerseits Kontrolle und Macht über sie auszuüben und andererseits die Betroffenen aus dem Arbeitsbereich zu entfernen oder gar zur Kündigung zu treiben, was häufig einer Exklusion aus dem Arbeitsleben gleichkommt.

Forschungsarbeiten zum Phänomen Bossing finden sich im deutschsprachigen Raum bislang nicht, obwohl die nationale und internationale Mobbingforschung zeigen konnte, dass in 51 bis zu 81 Prozent aller Mobbingfälle Vorgesetzte an Mobbinghandlungen beteiligt waren.

In der Wissenschaft besteht Einigkeit darüber, dass es sich beim Phänomen Mobbing um ein multikausales Geschehen handelt, bei dem die handelnden Personen, die Situation sowie die organisationalen Strukturen des Arbeitsumfeldes im Mittelpunkt der Betrachtung stehen.

Ziel der vorliegenden Untersuchung war es, zu ermitteln, welche Eskalations-bedingungen sich aus subjektiver Sicht der Betroffenen beim Phänomen Bossing zeigen. Dabei war von besonderem Interesse, wodurch sich soziale Konflikte von Bossing unterscheiden lassen, welche Eskalationsverläufe sich bei Bossing zeigen und welche persönlichkeits- und arbeitsumweltbezogenen Eskalationsbedingungen einen Bossingprozess befeuern.

Im Rahmen von zehn leitfadengestützten qualitativen Interviews (darunter ein Bosser) wurden sieben Frauen und drei Männer zu ihren Wahrnehmungen hinsichtlich der von ihnen erlebten Bossingsachverhalte befragt.

Die Datenauswertung erfolgte im Zuge einer inhaltlich strukturierenden qualitativen Inhaltsanalyse mit einem deduktiv/induktiven Vorgehen nach Mayring. Die nach dieser Methode ausgewerteten Interviews können wie folgt interpretiert werden:

1. Bossing lässt sich aufgrund wiederholter, negativer Handlungen der BosserInnen, der Intensität und Dauer des Bossingprozesses, der negativen Folgen für die Betroffenen, des asymmetrischen Machtverhältnisses (Führende-Geführte) und der Schädigungsabsicht der BosserInnen von einem „normalen" sozialen Konflikt abgrenzen.

2. Der dem Bossing zugrundeliegende soziale Konflikt wird sowohl auf kalte als auch auf heiße Art und Weise von den Konfliktparteien wahrgenommen. Bossing selbst wird unter Anwendung des Konflikt-Eskalationsmodells nach Glasl

371

frühestens auf der dritten Eskalationsstufe durch Taten statt Worte und spätestens auf der fünften Eskalationsstufe durch Gesichtsangriffe von den Konfliktparteien wahrgenommen und weist eine kontinuierlich eskalierende Entwicklung auf.

3. Bestehende Rollenkonflikte sowie ein Konfliktlöseverhalten, das auf Kämpfen und Vermeiden ausgerichtet ist, sind wesentliche Faktoren dafür, dass sich ein bereits bestehender sozialer Konflikt zu Bossing ausweitet.

4. Unter dem Gesichtspunkt der Persönlichkeitseigenschaften können unter Anwendung der Big-Five-Faktoren hohe Werte der Betroffenen auf der Dimension Gewissenhaftigkeit Bossingprozesse tendenziell begünstigen. Mangelnde soziale Kompetenzen der BosserInnen können als wesentlicher Faktor für das Entstehen von Bossing angenommen werden.

5. Destruktives Führungsverhalten im Sinne eines bad leadership kann als ein wesentlicher Faktor für die Entstehung von Bossing erachtet werden.

6. Organisationale Rahmenbedingungen können dann ein Nährboden für Bossing sein, wenn sie Bossing fördernde Risiken aufweisen. Als Bossing fördernde Risiken konnten u.a. ermittelt werden: Eine defizitäre Unternehmenskultur, Change-Prozesse, schlechtes Betriebsklima, Mobbingverhalten, Arbeitsverdichtung, Überforderung, Personalmangel, verschärfter Wettbewerb, eine desolate Wirtschaftslage des Unternehmens sowie ein mangelnder finanzieller Rahmen, Perspektivlosigkeit, eingeschränkter Tätigkeitsspielraum, eine rückständige Arbeitsorganisation, mangelhafte Arbeitsmittel, eine veraltete Arbeits-umgebung und mangelnde Arbeitszeitenregelungen, mangelnde Fortbildungs-möglichkeiten, eine mangelnde Führungskräfteentwicklung sowie die Beschäftigung unqualifizierter Mitarbeiterinnen und Mitarbeiter.

7. Unter dem Aspekt der sozialen Beziehungen sind eine mangelnde Kollegialität, die mangelnde Unterstützung der Bossingbetroffenen und die Unterstützung der BosserInnen Bossing fördernd.

8. Neben den subjektiven Wahrnehmungen der Betroffenen zeigen sich auch objektive Hinweise auf ein Bossinggeschehen. Hierzu zählen: Die für jedermann offensichtlichen, wiederholten und anhaltenden Anfeindungen der BosserInnen, die nicht im Verborgenen bleiben. Die Hilfesuche der Betroffenen, die zur Einbindung Außenstehender als VerteidigerInnen sowie psychosozialer und professioneller (Ärzte, Therapeuten, Rechtsanwälte) UnterstützerInnen der Betroffenen führt. Die Konfrontation der bislang Außenstehenden mit dem

Konfliktgeschehen, denen sich jetzt die psychischen und somatischen Befindlichkeiten der Betroffenen zeigen. Die Folgen des Bossings, wie Fehlzeiten u.a. aufgrund von Arbeitsunfähigkeit sowie arbeitsrechtliche Konsequenzen, wie Abmahnung, Versetzung oder Kündigung, die sich allen Beschäftigen eines Unternehmens zeigen und dann als objektive Hinweise auf ein Bossinggeschehen angenommen werden können, soweit die Beschäftigten einen Bezug zur Bossingproblematik herstellen.

Summary

The present study deals with the phenomenon of bossing, which is phenomenologically described as the conscious, repeated and persistent humiliation and deindividualization of subordinated employees. The aim is on one side to wield power and exercise control, but also to remove the affected persons out of the working environment or even push them into terminating the contract, which often equals an exclusion from working life.

Despite the fact that national and international investigation on workplace bullying proved that 51 up to 81 percent of all cases of workplace bullying involve supervisors, research papers on the phenomenon bossing in the German-speaking area are yet to be found.

Science agrees, that the phenomenon of workplace bullying is a multi causal occurrence, in which the acting persons, the situation as well as the organizational structures of the working environment are center of consideration.

Aim of this research was to investigate, which conditions of escalation were seen out of the subjective perspective from the people affected by bossing. It was especially interesting, how social conflicts differ from bossing, which processes of escalation show while bossing and which personal and working environmental aspects fuel the process of bossing.

Within the context of ten guided qualitative interviews (including one "Bosser") seven women and three men were questioned about their perception of experienced bossing.

The analysis of data occurred in the course of a contentwise structured qualitative content analysis with a deductive/inductive approach according to Mayring. The interviews evaluated by this method can be interpreted as follows.

1. bossing can be differed from a "normal" conflict due to repeated negative actions by "Bossers", the intensity and duration of the process of bossing, negative consequences for the affected, the imbalance of power (leading-led) and the malice of the "Bossers".

2. The underlying social conflict in actions of bossing is perceived hot and cold by the conflict parties. In the model of conflict escalation by Glasl bossing itself is perceived earliest at escalation level three, because of actions instead of words and latest on escalation level five, because of attacks of the conflict parties. It shows a continuously escalating development.

3. Existing role-conflicts as well as a conflict resolution behavior, which is directed towards fighting and not avoiding are key factors for an already existing conflict to turn into bossing.

4. Under application of the Big-Five-Factors personality characteristics high values on the dimension conscientiousness can favor processes of bossing. Lack of social competences of "Bossers" can be a significant factor vor the development of bossing.

5. Destructive management behavior in the sense of bad leadership kann be seen as a substantial factor vor the development of bossing.

6. Organizational framework can be a breeding ground for bossing, if it shows bossing supporting risks. As bossing supporting risks could be identified i.a.: deficit in company culture, change-processes, bad working atmosphere, bullying, work intensification, excessive demand, staff shortage, increased competition, desolate economic situation of the company as well as shortage in financial means, lack of perspective, limited job autonomy, underdeveloped working organization, shortage of working materials, outdated working environment and working-time management, lack of training opportunities, lack of manager training as well as employment of unqualified coworkers.

7. Lack of fellowship, lack of support for the affected of bossing and the support for "Bossers", all support bossing under the aspect of social relations.

8. Besides the subjective perceptions of the affected, also objective indications can be found for bossing. To that counts: the for everyone apparent, repeated and persistent hostilities of "Bossers", which do not remain hidden. The seeking for help by the affected, which leads to an involvement of outsiders as defenders as well as psychosocial and professional (doctors, therapists, lawyers) supporters for the affected. The confrontation of the, until that point, outsiders, who now face the psychological and somatic state of the affected.

The consequences of bossing such as absence i.a. because of incapacity for work, as well as consequences concerning labor law, like warnings, transfers or termination, which are noticed by all employees of a company and can be understood as an action of bossing, as long as the employees are familiar with the issue of bossing.

Aus unserem Verlagsprogramm:

Andrea Bibow
EBBA – Evaluation Beruflicher Belastungen am Arbeitsplatz
Entwicklung, Validierung und Anwendung
Hamburg 2017 / 200 Seiten / ISBN 978-3-8300-9658-0

Christoph Müller
Innovationsbezogene Selbstwirksamkeitserwartung
Konzeptualisierung, Operationalisierung und Validierung
eines mehrdimensionalen Konstrukts
Hamburg 2016 / 360 Seiten / ISBN 978-3-8300-9193-6

Annekathrin Richter
Erfolgsfaktoren für die interkulturelle Zusammenarbeit
in Deutschland, Singapur und den USA
Eine empirische Analyse am Beispiel eines internationalen
Unternehmens mit Hauptsitz in Deutschland
Hamburg 2015 / 558 Seiten / ISBN 978-3-8300-8778-6

Monika Lenz-Kruschinski
Mobbing am Arbeitsplatz
Was können Vorgesetzte tun?
Hamburg 2015 / 136 Seiten / ISBN 978-3-8300-8434-1

Matthia Quellmelz
Entwicklung und Evaluation eines psychologischen Trainings
für Stabsmitglieder und Leitstellendisponenten der Feuerwehr
Hamburg 2013 / 322 Seiten / ISBN 978-3-8300-7404-5

Natalie Vannini
„E-motional-Learning"
Effekt- und Prozessanalyse einer computergestützten
Anti-Bullying-Intervention
Hamburg 2012 / 348 Seiten / ISBN 978-3-8300-6270-7

Stefan Klaußner
Abusive Supervision
Eine systemtheoretische Analyse prekärer Führungsbeziehungen
in Organisationen
Hamburg 2011 / 348 Seiten / ISBN 978-3-8300-5921-9

Petra Hemmerling-Wegmann
Wahrnehmung kompensatorischen Verhaltens alternder Arbeitnehmer
Ansätze einer alternsorientierten Personalentwicklung
Hamburg 2011 / 156 Seiten / ISBN 978-3-8300-5584-6

Mareile Riedel
Coaching von Mobbing-Opfern
Ein systemisch-lösungsorientierter Ansatz zur pädagogischen Kurzzeitberatung
Hamburg 2009 / 362 Seiten / ISBN 978-3-8300-4482-6

VERLAG DR. KOVAČ
FACHVERLAG FÜR WISSENSCHAFTLICHE LITERATUR

Postfach 57 01 42 · 22770 Hamburg · www.verlagdrkovac.de · info@verlagdrkovac.de